Hans-Diedrich Fuhlendorf

RÜCKKEHR ZUM PARADIES ODER ERBAUEN DES NEUEN JERUSALEM?

Hans-Diedrich Fuhlendorf

Rückkehr zum Paradies
oder Erbauen des Neuen Jerusalem?

Geschichtsbetrachtungen in apokalyptischer Zeit

Flensburger Hefte Verlag

CIP-Titelaufnahme der Deutschen Bibliothek

Fuhlendorf, Hans-Diedrich:
Rückkehr zum Paradies oder Erbauen des Neuen Jerusalem? :
Geschichtsbetrachtungen in apokalyptischer Zeit / Hans-Diedrich
Fuhlendorf. - Flensburg : Flensburger Hefte Verl., 1992

ISBN 3-926841-37-0

Titelphoto: Weihs
© 1992 Flensburger Hefte Verlag GmbH, Flensburg
Satz: Flensburger Hefte
Druck: Westholsteinische Verlagsdruckerei Boyens & Co., Heide

INHALT

VORWORT

Die Anregung, dieses Buch zu schreiben, ging von Freunden aus, die mein am 26. Januar 1991 in Flensburg gehaltenes Seminar über das Thema „Nahost-Krise und Nahost-Krieg in apokalyptischer Zeit" gehört hatten. Das Seminar, zehn Tage nach Ausbruch des Golfkrieges durchgeführt, war stark von der Stimmung des Augenblicks geprägt. Es galt, die Darstellung von der Zeitbezogenheit zu lösen und das Blickfeld zu erweitern. Ebenso schien es geboten, Arbeitsmaterial in Form vieler, zum Teil recht ausführlicher Zitate zur Verfügung zu stellen. So kommen jetzt Juden, Muslime, Christen, von moderner Wissenschaft und Technik Begeisterte, Sozialisten und Nationalisten zu Wort, fast alle in einem Kampf zwischen Gut und Böse, Gott und Satan darinnenstehend, viele von dem Willen erfüllt, eine altgewordene Welt zu zerschlagen, um eine neue, bessere, menschlichere aufzubauen. Dabei wird das, was die einen als gottgewollte neue Weltordnung erstreben, von anderen als von Satan herrührend verdammt. Die Erwartungen hinsichtlich der neuen Weltordnung schwanken zwischen der Sehnsucht nach Rückkehr zum Paradies und der Hoffnung, das Neue Jerusalem, die Stadt auf dem Hügel, erbauen zu können. So wird ein Bild vom apokalyptischen Charakter unserer Zeit entworfen.

Am Anfang ist vom Garten Eden und am Ende vom himmlischen Jerusalem die Rede. Es soll der Weg des Menschen von der „Zeit" vor dem Sündenfall bis zum Jüngsten Gericht und dem neuen Himmel und der neuen Erde verfolgt werden. Da es sich vielfach um Geschehnisse handelt, die sich einer scharfen begrifflichen Festlegung entziehen, werden Bilder verwendet, und zwar Bilder, wie sie in der Überlieferung vorhanden sind. Ein solches Bild ist der Garten Eden, das Paradies. Das Wort Paradies kann sich aber sowohl auf einen Anfang als auch auf einen Endzustand beziehen: aus dem Paradies vertrieben werden, nach dem Tode ins Paradies aufgenommen werden. Viele Bilder sind mit Jerusalem verbunden: in der Geschichte die Heilige Stadt für Juden, Christen, Muslime, in der Gegenwart die zwischen Palästinensern und Israelis umkämpfte Stadt mit Tempelberg, Westmauer und Tempelplatz, für den Seher Johannes „die Heilige Stadt Jerusalem, die von Gott aus dem Himmel herniederstieg" nach der „Endzeit". Bilder werden verwendet, um die Endzeit, die Letzten Dinge, die Letzten Tage zu kennzeichnen. Es ist die Rede von Erneuerung, Erneuerung der Welt, vom neuen Menschen, von der neuen Welt und von der Neuen Weltordnung, denen vielfältige Bilder vom Altwerden, vom sündigen Menschen, von der alten Welt gegenüberstehen.

Für die weitere Entwicklung wird es um die Entscheidung gehen, ob der Mensch sich solchen Impulsen unterstellt, die lediglich eine alte Vergangenheit in neuer Form wieder aufleben lassen, oder ob er aus einem aktiven Ergreifen des mit dem Christus-Ereignis in die Menschheitsentwicklung gekommenen Impulses den weiteren Weg in die Zukunft antritt. Dieser Gesichtspunkt durchzieht als Leitmotiv unausgesprochen alle Kapitel dieser Arbeit.

Der Text ist in der Zeit vom 6. April bis 5. November 1991 geschrieben worden, von einem Zeitgenossen, der das gewaltige Zeitgeschehen mit tiefer Anteilnahme verfolgt. Den Leser wird überraschen, ja vielleicht sogar befremden, daß derart viele Zeitungen und Zeitschriften, dazu noch in einer Reihe fremder Sprachen, zitiert werden, daß offenbar immer wieder die Zeitungslektüre den Anstoß zur Ausarbeitung eines Kapitels gegeben hat. An einigen Stellen ist sogar ein Hinweis gegeben, an welchem Tage das Kapitel geschrieben wurde. Ich hoffe, daß der Leser das ausgearbeitete Ergebnis meiner Verfolgung zeitgenössischer Quellen wird zu schätzen wissen.

Es seien noch einige mehr technische Einzelheiten genannt: Alle Übersetzungen sind, falls nichts anderes angegeben, von mir. Die von mir benutzten Ausgaben der Bibel und des Korans sind im Literaturverzeichnis aufgeführt und werden nicht immer wieder genannt. Bei der Wiedergabe von Namen, insbesondere bei der Schreibweise arabischer Wörter, war es aus technischen Gründen nicht möglich, Aussprachezeichen zu verwenden. Drei Texte, bei denen es besonders darauf ankam, die Aussprache arabischer Wörter deutlich zu machen, sind als Reproduktionen der Originalvorlagen dem Text eingefügt.

Bei dem Wort „Muslim" habe ich mich für die Mehrzahlform „Muslime" entschieden. Wo zitiert wird, steht aber, wie im Original, entweder „Muslims" oder gar „Muslim". Die letztgenannte Form findet sich in einem Text des Zweiten Vatikanischen Konzils.

Den Freunden, im besonderen Frank Linde, die die Entstehung des Manuskripts kritisch begleitet und mich immer wieder ermuntert haben, noch weiteres einzubeziehen, sei für ihre Hinweise, Verbesserungsvorschläge und tatkräftige technische Mithilfe herzlich gedankt.

Ein besonderer Dank gilt der Redaktion des Flensburger Hefte Verlages, die geradezu Engelsgeduld mit meiner Arbeitsweise aufgebracht hat.

Rendsburg, 5. November 1991
Hans-Diedrich Fuhlendorf

DAS ZWEISTROMLAND:
WIEGE DER MENSCHHEIT

Die Gestaltung der ersten Kapitel ergab sich aus der Berichterstattung über die Golfkrise und den Golfkrieg in den Medien. Es war auffällig, daß Saddam Hussein und die Geschichte Mesopotamiens so verbunden wurden, wie er selbst seine Herrschaft legitimierte, nämlich als Erbe der gesamten Tradition, die von Sargon I. über Hammurabi und Nebukadnezar bis zu Harun al-Raschid und Saladin reicht. Verglich man die Bilder, die er selbst in seiner Propaganda verwendete, mit den in der Geschichte überlieferten Tatsachen, so war auffällig, wie genau er sich in manchem an das Überlieferte hielt. Da in den Presseberichten auch der Hinweis auf das Paradies, den Garten Eden, nicht fehlte, ergab sich die Möglichkeit, einen kurzen Abriß der Geschichte des Zweistromlandes anhand der in der Presse verwendeten Bilder zu schreiben, wobei die Bilder viel mehr auszusagen schienen, als es eine nüchterne Analyse geographischer, geschichtlicher und sozialer Daten möglich gemacht hätte.

Die Verbundenheit einiger herausragender geschichtlicher Persönlichkeiten mit göttlich-geistigen Wesenheiten, wie sie für Nebukadnezar in seiner Verbindung mit Marduk gilt, für Kyros mit Ahura Mazda, für Alexander den Großen mit Zeus-Ammon, wird nicht so dargestellt, als hätten diese Menschen an die göttliche Führung nur geglaubt – wo viele doch zu wissen vermeinen, daß es diese gar nicht gibt –, sondern in der Art, daß das Wirken der Herrscher nur verständlich wird, wenn wir die geistigen Wesenheiten als die Impulsgeber ansehen, die durch die Menschen in die Geschichte hineinwirken. Dies ist besonders zu beachten bei dem Verhältnis der Juden zu Jahve und der Muslime zu Allah.

Da Saddam Babylon wieder aufzubauen befahl, da bei der Nachbildung der Bauten des Königs Nebukadnezar die Prozessionsstraße eine wichtige Funktion hat und Saddam selbst in Bagdad eine große Prozessionstraße anlegen ließ, entsteht die Frage, welche Rolle eigentlich die Neujahrsfestlichkeiten in Babylon, bei denen die Prozessionsstraße feierlich durchschritten wurde, in der Geschichte Babyloniens gespielt haben. So ist in dieser Arbeit auch auf Neujahrsfestlichkeiten an anderen Orten hingewiesen, wo sie eine besondere Bedeutung für den jeweiligen geschichtlichen Sachverhalt haben. Ich habe versucht aufzuzeigen, daß die Kräfte der Erneuerung, die jedes Jahr wieder aufgerufen wurden, sich erschöpften und daß eine renovatio, zum Beispiel unter Augustus, nicht mehr gelang. Gerade zu dieser Zeit fand das Christus-Ereignis statt. Jetzt kann der Blick von der Vergangenheit der Welt in die Zukunft der Menschheit und der Weltentwicklung gelenkt werden.

Wählen wir nun einen geeigneten Ausgangspunkt. Im *Observer* heißt es am 31.3.1991 auf Seite 20: „Die Bewohner des alten Mesopotamiens, so sagt uns die Wissenschaft, wurden von der Furcht verfolgt, daß unerklärliche Mächte jeden Augenblick Unheil über die menschliche Gesellschaft bringen könnten. Niemand kann ihre heutigen irakischen Nachkommen dafür tadeln, daß sie das gleiche empfinden.“[1] Damit ist also ein Hinweis auf das alte Mesopotamien gegeben. In derselben Ausgabe des *Observer* heißt es auf Seite 16: „Latter-day Crusaders pity children of the valley"[2]. Das Wort „Latter-day" wird in der Bezeichnung „Latter-Day Saints", die Heiligen der Letzten Tage (Mormomen), verwendet. Übersetzt bedeutet die Schlagzeile: Die Kreuzfahrer der Letzten Tage bedauern die Kinder des Tales.

Berichtet wird von amerikanischen Soldaten, die Bewacher der alten Stadt Ur geworden seien, in deren Nähe Saddam Hussein eine streng geheime Militärbasis angelegt habe. Nun kämen amerikanische Soldaten als Touristen in diese gottverlassene Einöde des Südirak und hörten von ihrem islamischen Fremdenführer, hier sei Abraham geboren und auch gestorben, obwohl dies von jüdischen Siedlern in Hebron bestritten werde. Der schon etwas betagte Araber habe ihnen gesagt: „Die Juden wissen nichts, wir Araber kennen wirklich die Tatsachen, und ich kann Ihnen sagen, daß Abraham, Sarah und Haggar alle hier begraben sind."[3]

Damit ist ein großes Thema angeschlagen: der Streit um das Erbe Abrahams, ein Thema, das uns noch vielfach beschäftigen wird. Daß die Kinder des Tales bedauert werden, bedeutet, daß die Amerikaner einmal wieder abziehen und die Kinder ihrem ungewissen Schicksal überlassen werden.

Schon ein flüchtiger Blick in eine englischsprachige Zeitung liefert also Stichwörter wie: altes Mesopotamien, die Letzten Tage, Kreuzfahrer, Ur, Abraham.

Landschaftsgliederung des Irak

Mit Hilfe einer Karte sei einleitend einiges Wesentliche über die Landschaftsgliederung des heutigen Irak ausgesagt, wobei sich ein kurzer Rückblick in die Geschichte ergibt.

Das Gebiet, das in der älteren Literatur Mesopotamien genannt wurde, umfaßt hauptsächlich das Land auf beiden Seiten des mittleren und unteren Euphrat und Tigris. Es ist dies ein Teil des heutigen Staates Irak. Der Norden und der Süden dieses Gebietes haben sehr unterschiedlichen Charakter. Zwei Kernräume sind besiedelt und werden durch nur dünn bevölkerte Gebiete voneinander getrennt. Im Bereich des unteren Euphrat und Tigris finden sich weite Anschwemmungsebenen, die seit Jahrtausenden im Bewässerungsfeldbau genutzt werden. Dieses Tiefland ist das antike

Babylonien. Hier haben die Sumerer gegen Ende des vierten Jahrtausends vor Christi Geburt die höchstwahrscheinlich erste Hochkultur* der Erde hervorgebracht.

Im Norden des Zweistromlandes finden sich die Ackerebenen und Regenfeldfluren des (heute kurdischen) Gebirgsvorlandes. Dies ist das alte Assyrien, ein Gebiet, das seit mindestens 9.000 Jahren von einer seßhaften Bevölkerung bewohnt wird, die Getreidebau und Großviehhaltung betrieb und in

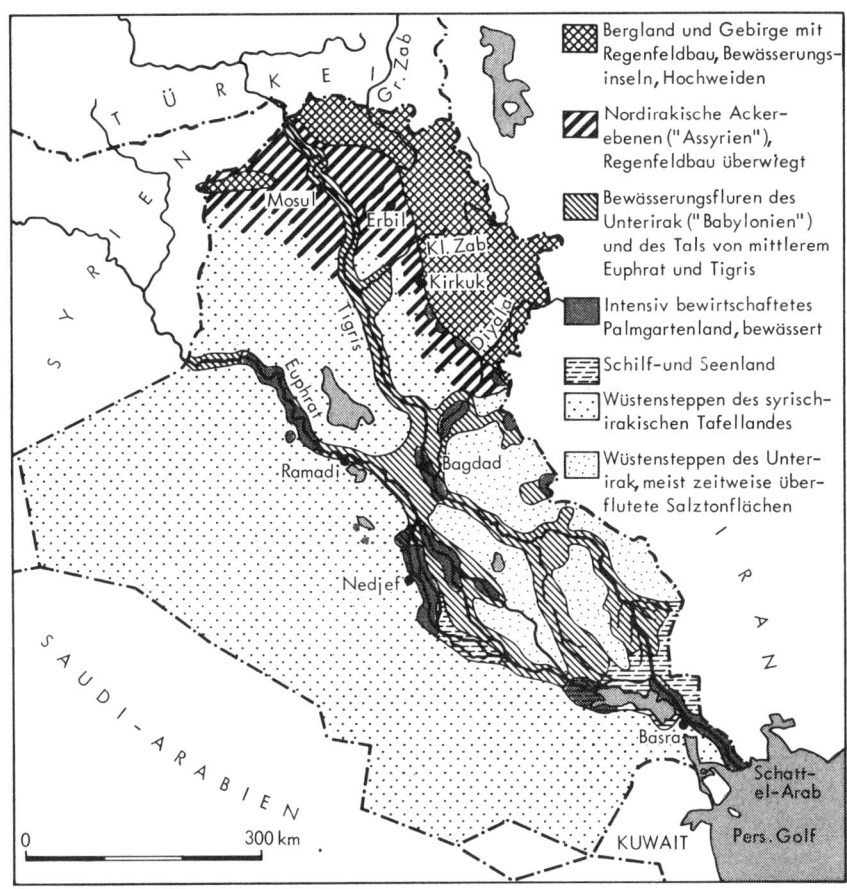

Berglund und Gebirge mit Regenfeldbau, Bewässerungsinseln, Hochweiden

Nordirakische Ackerebenen ("Assyrien"), Regenfeldbau überwiegt

Bewässerungsfluren des Unterirak ("Babylonien") und des Tals von mittlerem Euphrat und Tigris

Intensiv bewirtschaftetes Palmgartenland, bewässert

Schilf- und Seenland

Wüstensteppen des syrisch-irakischen Tafellandes

Wüstensteppen des Unterirak, meist zeitweise überflutete Salztonflächen

Irak – Landschaftsgliederung

---

* Mit Hochkultur bezeichnet man einen Entwicklungsstand der menschlichen Kulturleistung, der durch wohlgeordnete, über weite Flächen ausgedehnte Gemeinwesen mit städtischer Lebensweise in den Zentren gekennzeichnet ist, in denen sich eine arbeitsteilige Wirtschaft gebildet hat. Zum Durchbruch dieser neuen Form des menschlichen Zusammenlebens kam es gegen 3000 v.Chr.

Lehmhüttendörfern wohnte. Im Gegensatz zum Nil mit seinem Herbst-
hochwasser führen Euphrat und Tigris ihr Hochwasser im Frühjahr. Dabei
entstehen oft katastrophale Überschwemmungen, worauf das alte baby-
lonische Sintflutmotiv hindeutet.
Weitere Einzelheiten ergeben sich beim eigenen Studium der Karte.
Von diesen geographischen Gegebenheiten her sei das Bild nun durch
Einbeziehung von Klima und Tradition erweitert. Dazu mag folgender
Auszug aus dem Werk von Arnold Hottinger „7mal Naher Osten" dienen.

Das altmesopotamische Erbe

„Die Häuser der mesopotamischen Bauern gleichen noch immer dem
alten Lehmhaus innerhalb einer Umfriedungsmauer aus Lehm, das aus den
Ausgrabungen bekannt ist und vier oder fünf Jahrtausende zurückgeht.
Wenn sich die Bauweise und mit ihr wesentliche Teile der Lebensform und
Lebensbedingungen aus Altmesopotamien erhalten haben, ist es nicht
absurd, anzunehmen, daß auch etwas vom Geist jener Zeiten im heutigen
Zweistromland überlebt hat. Die Menschen sind schließlich demselben
Klima ausgesetzt, das damals so gut wie heute schwer zu ertragen gewesen
sein muß. Ausgedehnte, drückend heiße Sommer, Wüstenwinde und Sand-
stürme, die erstickend wirken; plötzlich einsetzende eisige Wintertage mit
schneidender Kaltluft; extreme Trockenheit, die nur in unmittelbarer Nähe
der großen Ströme in ein frischeres Mikroklima der Verdunstungskühle
umschlägt, das sich paradiesisch auf die überreizten Nerven auswirkt und
den Wunsch weckt, die lebensspendende, kühle Nachbarschaft des Wassers
nie mehr zu verlassen.
Klima und Tradition scheinen der irakischen Politik ihre besondere
Färbung zu geben. Der Irak ist ein Land chaotischer und grausamer Partei-
und Richtungskämpfe, die nur ein starker Mann zu zügeln vermag – in
Altmesopotamien pflegte es ein Gottkönig zu sein, der durch sein strenges
Regiment Gehorsam erzwang."[1]
Der Unterschied zu Ägypten besteht in folgendem: „Auch dort regiert ein
Pharao, den man heute Rais, Präsidenten, zu nennen pflegt. Die Ägypter
aber unterwerfen sich ihm leichter. Ihm wird geschmeichelt, doch die
Schmeichelei ist urbaner. Er hat seine Geheimpolizei, doch sie muß nicht
unbedingt immer blutig eingreifen. Religion und Staat gehen in Ägypten
Hand in Hand, nachdem sie ein paar Jahrtausende lang ohnehin an der
Spitze des Reiches durch ein und dieselbe Person verkörpert waren, doch die
Religion hat in Ägypten stets auch die Funktion, zwischen Herrscher und
Beherrschten zu vermitteln. Sie beschränkt sich nicht darauf, den Herrscher
über alle Wolken zu erheben und seine Bluttaten als Strafen des Himmels
zu rechtfertigen und zu preisen.

In Mesopotamien dagegen scheint es immer einen 'Personenkult' gegeben zu haben, der dem starken Mann huldigte und wohl schon immer apotropäische (Unheil abwehrende, H.-D.F.) Züge aufwies: Der Herrscherkönig wird wie einst der Gottkönig beweihräuchert, um vor seinen Schergen Schutz zu geben. Ganz konkret heißt das, wenn sie einen abholen kommen, kann man mit dem Hinweis auf das Herrscherbild seine treue Gefolgschaft bekunden. Einst stand es auf dem Hausaltar und war aus Lehm gemacht, heute ist es eine Photographie des großen Chefs auf dem Kaminsims, viele hängen es zur größeren Sicherheit über ihre Haustüre. Wer eine Photographie besitzt, die Er unterschrieben hat, rahmt sie ein in der Gewißheit, daß er einen besonderen Talisman in der Stunde der Not vorweisen kann. Man spricht nur von 'Ihm', wenn man Ihn überhaupt zu erwähnen wagt. In den Radiosendungen und Zeitungen des Staates, wie einst auf den Lehmtafeln der Tempelschreiber, wird Er hingegen mit vollem Namen und mit all seinen Ehrentiteln aufgeführt; die repetitive (ständige, H.-D.F.) Wiederholung ist beabsichtigt; Er soll seinen Untertanen gewissermaßen unter die Haut gehen.

Heute wie einst singen eigens dazu bestellte Kultspezialisten Hymnen zu seinem Lob. Sie können gar nicht hyperbolisch (im Ausdruck übertreibend, H.-D.F.) genug ausfallen. Er ist der Herr allen Lebens, und wenn er es jemanden nehmen will, sorgt er dafür, daß dieser Prozeß möglichst qualvoll vor sich geht. Macht und Sadismus wirken zusammmen. (...)

Die Heereskommuniqués der assyrischen Könige und der modernen Herrscher in Bagdad weisen eine verblüffende Übereinstimmung in der Beurteilung ihrer Feinde auf. Diese werden als 'Insekten' beschrieben, die von der mächtigen Armee des Gottherrschers zertreten werden. Der Assyriologe Georges Roux sieht in Aufstieg und Zerfall des Reiches Akkad eine typische Erscheinung, die sich in späteren Zeiten mehrfach wiederholte: 'Eine – wie im Irak – auf Landwirtschaft und Metallbearbeitung beruhende Zivilisation benötigte, um Bestand zu haben, zwei Vorbedingungen: perfekte Zusammenarbeit zwischen den verschiedenen ethnischen und soziopolitischen Gruppen innerhalb des Landes und eine freundliche oder zumindest neutrale Haltung seiner Nachbarn. Unglücklicherweise war weder das eine noch das andere je von Dauer. Der enge Nationalismus der Sumerer, der aus alten Zeiten auf sie gekommen war und auf der Bindung an lokale Götter beruhte, konnte sich nicht an Gehorsam gegenüber einem allen gemeinsamen Herrscher gewöhnen, denn der war notwendigerweise immer ein 'Fremder'. Andererseits zogen die Schätze, die sich in den wohlhabenden Städten der Ebene ansammelten, die armen Hirtenvölker des Berglandes und jene der Steppen an; sie suchten Kriegsbeute. Für die Mesopotamier genügte es nicht, sie in respektvoller Entfernung zu halten: Sie mußten sie erobern und unterwerfen, wenn sie die lebenswichtigen Straßenverbindungen offenhalten wollten, die ihrem Handel dienten. Dieser endlose Guerillakrieg an zwei Fronten zermürbte die Kraft der Könige von Akkad, wie später jener von Ur, Babylon und Assyrien, und früher oder später brachen ihre Reiche zusammen.' (Ancient Iraq, Penguin Books 1982 S.152f.) Diese Einschätzung trifft weitgehend auch die moderne Situation. Für den engen Nationalismus der Sumerer kann man die 'engen Stammes- und Gruppenloyalitäten' der heutigen Zeit und ihre 'lokalen Götter' setzen. Bis in die Gegenwart hat sich der Irak aus dem Teufelskreis von totalitärer Herrschaft und auf deren Zusammenbruch folgenden blutigen Unruhen nicht wirklich befreien können."[2]

Hottinger sieht eine vier- bis fünftausend Jahre alte Vergangenheit Mesopotamiens in die Gegenwart hineinragen, die die Lebensform und Lebensbedingungen im heutigen Irak noch immer prägt. Wie recht er mit seiner Annahme hat, daß auch etwas vom Geist jener alten Zeiten im Zweistromland überlebt habe, wird deutlich, wenn die in dem Text angeschlagenen Motive – Heereskommuniqués, Akkad, Ur, Babylon und Assyrien – näher betrachtet werden. Zunächst aber wenden wir uns noch einmal der Region des Zweistromlandes zu.

Der Garten Eden

Vergegenwärtigt man sich die geographische Lage des Irak mit den beiden Flüssen Euphrat und Tigris, so erinnert man sich vielleicht jenes großen Bildes aus einem Dokument unseres Kulturraumes, das über weit in eine Urvergangenheit zurückreichende Ereignisse berichtet und dabei den Euphrat und Tigris nennt. Dieses Dokument ist das Alte Testament. Im 1. Buch Moses heißt es im 2. Kapitel:

„Da bildete Gott, der Herr, den Menschen aus dem Staub der Ackerscholle und blies in seine Nase den Odem des Lebens; so ward der Mensch zu einem lebendigen Wesen.

Darauf pflanzte Gott, der Herr, einen Garten in Eden, gegen Osten, und versetzte dorthin den Menschen, den er gebildet hatte. Und Gott, der Herr, ließ aus dem Erdboden allerlei Bäume aufsprießen, lieblich zum Anschauen und gut zur Nahrung, den Lebensbaum aber mitten im Garten und auch den Baum der Erkenntnis von Gut und Böse. Ein Strom entsprang in Eden zur Bewässerung des Gartens. Von da an teilte er sich in vier Arme. Der eine heißt Pischon; er umfließt ganz Chawila, das Goldland. Das Gold jenes Landes ist kostbar; auch Balsamharz und Karneolsteine sind dort vorhanden. Der zweite Strom heißt Gichon; er umfließt ganz Kusch. Der dritte Strom, der Tigris, fließt östlich von Assur, und der vierte trägt den Namen Euphrat."[1]

So ist mit den Flüssen Euphrat und Tigris nach dem Alten Testament der Ausgangspunkt der gesamten Menschheitsentwicklung auf Erden verbunden – der Garten Eden, das Paradies. Dann heißt es:

„Gott, der Herr, nahm den Menschen und setzte ihn in den Garten Eden, damit er ihn bebaue und erhalte. Gott, der Herr, gebot dem Menschen: 'Von allen Bäumen des Gartens darfst du essen, nur vom Baum der Erkenntnis von Gut und Böse darfst du nicht essen; denn am Tage, da du davon ißt, mußt du sterben.'

Gott, der Herr, sprach: 'Es ist nicht gut, daß der Mensch allein sei; ich will ihm eine Hilfe machen als sein Gegenstück.'

So bildete Gott, der Herr, aus der Erde allerlei Tiere des Feldes und alle Vögel des Himmels und brachte sie zum Menschen, um zu sehen, wie er sie benennen würde; und ganz wie der Mensch jedes Lebewesen benannte, so lautet sein Name. Der Mensch gab allem Vieh, allen Vögeln des Himmels und allem Feldgetier Namen; aber für den Menschen fand sich keine Hilfe als sein Gegenstück."[2] 1 Mose 2, 21–25 berichtet von der Erschaffung Evas und 1 Mose 3, 1–34 von Sündenfall und Vertreibung aus dem Garten Eden.

Es sei jetzt eine Stelle aus dem Koran, 2. Sure, vom 30. Vers an gebracht. In dieser Darstellung der Paradiesesgeschichte ist von *Iblis* die Rede. Dazu eine kurze Erläuterung: Nach dem Handwörterbuch des Islam leitet sich das Wort wahrscheinlich aus dem griechischen *diabolos* ab. Es ist der Eigenname des Teufels. Die Bezeichnung *al-shaitan* (Satan) hingegen, die auch den Teufel meint, ist kein Eigenname. In der folgenden Koranstelle tritt Iblis als der „Widerspenstige" bei der Schöpfung Adams auf.

„Und als dein Herr zu den Engeln sprach: 'Ich werde auf der Erde einen Nachfolger einsetzen.' Sie sagten: 'Willst Du auf ihr einen einsetzen, der auf ihr Unheil stiftet und Blut vergießt, während wir dein Lob singen und deine Heiligkeit rühmen?' Er sprach: 'Ich weiß, was ihr nicht wißt.' Und Er lehrte Adam alle Dinge samt ihren Namen. Dann führte Er sie den Engeln vor und sprach: 'Tut mir die Namen dieser kund, so ihr die Wahrheit sagt.' Sie sagten: 'Preis sei Dir! Wir haben kein Wissen außer dem, was Du uns gelehrt hast. Du bist der, der alles weiß und weise ist.' Er sprach: 'O Adam, tu ihnen ihre Namen kund.' Als er ihre Namen kundgetan hatte, sprach Er: 'Habe Ich euch nicht gesagt: Ich weiß das Unsichtbare der Himmel und der Erde, und Ich weiß, was ihr offenlegt und was ihr verschweigt?' Und als Wir zu den Engeln sprachen: 'Werft euch vor Adam nieder.' Da warfen sie sich nieder, außer Iblis. Der weigerte sich und verhielt sich hochmütig, und er war einer der Ungläubigen.

Und Wir sprachen: 'O Adam, bewohne du und deine Gattin das Paradies. Eßt reichlich von ihm zu eurem Wohl, wo ihr wollt. Aber naht euch nicht diesem Baum, sonst gehört ihr zu denen, die Unrecht tun.' Da ließ sie Satan beide vom Paradies fallen und vertrieb sie vom Ort, wo sie waren. Und Wir sprachen: 'Geht hinunter. Die einen von euch sind Feinde der anderen. Ihr habt auf der Erde Aufenthalt und Nutznießung für eine Weile.' Da nahm Adam von seinem Herrn Worte (der Umkehr) entgegen, so wandte Er sich ihm gnädig zu. Er ist der, der sich gnädig zuwendet, der Barmherzige. Wir sprachen: 'Geht von ihm alle hinunter. Wenn dann von Mir eine Rechtleitung zu euch kommt, dann haben diejenigen, die meiner Rechtleitung folgen, nichts zu befürchten, und sie werden nicht traurig sein. Diejenigen aber, die nicht glauben und unsere Zeichen für Lüge erklären, das sind die Gefährten des Feuers; sie werden darin ewig weilen.'"[3]

Die Übereinstimmungen und Verschiedenheiten der beiden Texte ergeben sich bei genauem Lesen. Auf eines sei jetzt schon etwas näher eingegangen. Es heißt im Korantext: „Ich werde auf der Erde einen Nachfolger einsetzen." Hier steht im arabischen Text das Wort *khalifa*. Was mit dieser Aussage gemeint ist, bleibt umstritten. Nach Rudi Paret „ist das vermutlich so zu verstehen, daß Adam (und mit ihm das Geschlecht der Menschen) künftig die Engel (oder ganz allgemein die Geister) als Bewohner der Erde ablösen solle. Dem würde die Vorstellung zugrunde liegen, daß vor der Erschaffung des Menschen die Engel (oder Geister) als die einzigen vernunftbegabten Wesen existieren und (unter anderem auch) die Erde bevölkert haben."[4]

Der aus Mostar in der Herzegowina stammende Muslim Smail Balic (sprich: Balitsch) ist da viel kühner, wenn er schreibt: „Der Mensch ist nach dem Koran Statthalter Gottes auf Erden. In diesem Sinne partizipiert er an der Kreativität (hat also Anteil an der Schöpferkraft, H.-D.F.), die er allerdings unter steter Beachtung der seinem Auftrag angemessenen Verantwortung einzusetzen hat. Seine Handlungsfreiheit ist sittlichen Grenzen unterworfen."[5]

Bei dem Wort *khalifa,* Kalif, kommen wir auf die Frage der rechtmäßigen Nachfolge des Propheten Mohammed, eine Frage, die zu weitreichenden Auseinandersetzungen in der islamischen Welt geführt hat und uns später noch beschäftigen wird.

Ein Hinweis auf den Garten Eden findet sich in der *Frankfurter Allgemeinen Zeitung* vom 23. Januar 1991 auf Seite 25. Dort heißt es unter der Überschrift „Geisel Babylon":

„Die Namen Wüstenschild und Wüstensturm für die alliierten Militäraktionen gegen den Irak lassen in Vergessenheit geraten, daß der Krieg nicht bloß auf verstepptem Ödland stattfindet, sondern in jener Region, in der der Legende nach der Garten Eden lag, das Paradies, aus dem Adam und Eva vertrieben wurden. (...) Das Babylon Nebukadnezars, Abrahams Geburtsstadt Ur, Nimrud, Uruk – solche archäologischen Stätten, in denen wertvollste Dokumente der frühen Menschheitsgeschichte gefunden wurden, sind zu Geiseln des Irak geworden. (...) Doch von Bomberpiloten jetzt zu erwarten, daß sie mitten im tödlichen Gefecht ausgerechnet um die Schätze des Nationalmuseums von Bagdad, die Moschee und das Minarett von Samarra, das wiedergefundene Lehmziegelfundament des Turms von Babylon hundert Kilometer südlich von Bagdad Sorge tragen sollen, wäre naiv oder zynisch. Auch die größte Zielgenauigkeit der Waffen kann nicht verhindern, daß antike Stätten bedroht sind. Denn im Irak liegen, wie die 'New York Times' jüngst berichtete, die Militäreinrichtungen und Waffenfabriken von Mosul, Iskandariya, Ur oder Samarra auffallend häufig in der Nähe solcher Denkmäler. Anfang der achtziger Jahre hatte der Diktator Saddam Hussein noch als Teil seiner Kampagne zur arabischen Wiedererweckung ein groß-angelegtes Programm verkündet, das unter anderem den Wiederaufbau des alten Babylon und des antiken Weltwunders der hängenden Gärten der Semiramis vorsah. Diese Schätze haben die irakischen Militärs heute gleichsam gekidnappt und sie schonungslos in ihr Kriegskalkül einbezogen, indem sie neben den Kriegsgefangenen auch die Kulturgüter wie Geiseln behandeln. (...) Nicht mehr allein die Zukunft der arabischen Welt, sondern auch die Wiege der abendländischen Kultur ist bedroht."[6]

Babel und Nimrod

In dem eben zitierten Artikel der FAZ wird unter anderem vom wieder-gefundenen Lehmziegelfundament des Turms von Babylon gesprochen. In der Bibel finden wir Babel zusammen mit anderen wichtigen Städten im 10. Kapitel des 1. Buches Moses, Vers 8–10, erwähnt:

„Kusch zeugte den Nimrod; dieser war der erste Gewaltherrscher auf Erden. Er war ein gewaltiger Jäger vor dem Herrn; daher sagte man: 'Wie Nimrod ein gewaltiger Jäger vor dem Herrn.' Der Anfang seiner Königs-herrschaft war Babel, Erech, Akkad und Kalne im Lande Sinear."[1]

Der Anfang des 11. Kapitels des 1. Buches Moses berichtet dann vom Turmbau zu Babel:

„Alle Welt hatte nur eine Sprache und dieselben Laute. Als man vom Osten her aufbrach, fand man im Lande Sinear eine Ebene und wohnte daselbst. Sie sprachen zueinander: 'Wohlan, laßt uns Ziegel streichen und sie hart brennen!' Und es diente ihnen der Ziegel als Stein, und das Erdpech diente ihnen als Mörtel. Dann riefen sie: 'Auf! Laßt uns eine Stadt und einen Turm bauen, dessen Spitze bis in den Himmel reicht! Wir wollen uns einen Namen machen, damit wir nicht in alle Welt zerstreut werden!' Der Herr aber fuhr herab, um sich die Stadt und den Turm, den sich die Menschen erbaut hatten, anzuschauen. Der Herr sprach: 'Siehe, sie sind ein Volk, und nur eine Sprache haben sie alle; das ist aber erst der Anfang ihres Tuns. Nichts von dem, was sie vorhaben, wird ihnen unmöglich sein. Wohlan, laßt uns hinabsteigen! Wir wollen dort ihre Sprache verwirren, daß keiner mehr die Rede des andern versteht!' Und der Herr zerstreute sie von da aus über die ganze Erde hin; sie hörten mit dem Städtebau auf. Darum heißt die Stadt 'Babel'; denn dort hat der Herr die Sprache der ganzen Welt verwirrt, und von da aus hat er sie über die ganze Erde hin zerstreut."[2]

19

Zur Bedeutung des Namens Babel = *bab-ili: bab* heißt Pforte, *ili* der Götter, *bab-ili* also Pforte der Götter, Tor der Götter. Volksetymologisch leitet sich Babel von *balal,* vermischen, ab.

Achten wir noch einmal auf die Worte des Herrn: „Das ist aber erst der Anfang ihres Tuns. Nichts von dem, was sie vorhaben, wird ihnen unmöglich sein." In den Sagen der Juden wird die Geschichte folgendermaßen erzählt und vor allem mit Nimrod verbunden:

„*Der Turm.* Es hatte alle Welt einerlei Zunge und einerlei Sprache. Die Leute jenes Geschlechtes verließen das herrliche Land und begaben sich nach Morgen, nach dem Lande Sinear, wo sie eine große, weite Ebene fanden, und wohnten daselbst. Sie warfen von sich das Reich des Himmels ab und machten über sich zum König Nimrod, den Knecht und Knechtessohn, den Abkömmling Hams, dessen Kinder alle Knechte sind. Doch, 'wehe dem Land, dessen König ein Knecht ist!'

Nimrod sprach zu seinem Volk: Wohlan, laßt uns eine große Stadt bauen, daß wir in ihr wohnen können und uns nicht über die ganze Welt zerstreuen wie die ersten, die vor uns waren. In der Stadt wollen wir einen hohen Turm errichten und so den Himmel erreichen, dann werden wir uns einen großen Namen machen.

Aber sie hatten keine Steine, um die Stadt zu bauen und den Turm. So kneteten sie Ziegel und brannten sie nach der Weise der Töpfer und machten den Turm siebzig Meilen hoch. Sieben Stufen waren an der Morgenseite des Turmes und sieben Stufen an der Abendseite. Die, die die Ziegel hinauftrugen, nahmen die Stufen von Morgen, die aber, die hinuntergingen, benutzten die Stufen von Abend.

Doch dieser Bau ward ihnen als Frevel und Sünde angerechnet. Denn da sie bauten, stifteten sie Aufruhr wider den Herrn und gedachten mit ihm zu streiten und selber den Himmel in Besitz zu nehmen. Sie teilten sich untereinander in drei Teile. Der eine Teil sprach: Wir wollen in den Himmel steigen und mit dem Gott, der dort wohnt, Krieg führen. Der andere sprach: Wir wollen in den Himmel steigen und dorthin unsern eigenen Gott bringen, daß wir ihm dienen. Die dritten sprachen: Wir wollen in den Himmel steigen und ihn mit Bogen und Spießen stürmen. (...)

Und der Herr sah allem zu.

Während sie aber bauten, schossen sie mit Pfeilen gen Himmel, und die Pfeile fielen blutgefärbt zurück."[3]*

Was hat das nun mit Saddam Hussein und den gegenwärtigen Geschehnissen zu tun? Saddam Hussein gab in den letzten zehn Jahren mindestens 25 Millionen Dollar zur Wiederherstellung der Stadt Babylon aus. Ferner versuchte auch er offenbar, einen Schuß in den Himmel abzufeuern. Dazu sollte die vom kanadischen Ingenieur Dr. Gerald Bull konstruierte Super-

---

* Siehe das Ende des Kapitels „Mohammed warnt vor dem Gericht Gottes".

kanone dienen. Auf den Flughäfen in London und Frankfurt am Main wurden im April bzw. Mai 1990 Einzelteile beschlagnahmt, die im Irak vermutlich zum Bau der Superkanone verwendet werden sollten. Es handelt sich dabei um ein Geschütz von ca. vierzig Meter Länge, mit dem sich Satelliten in den Weltraum befördern oder chemische Waffen und Atomwaffen abfeuern lassen. Die Reichweite sollte ca. 1.500 km betragen. Nach einer Meldung der *Frankfurter Allgemeinen Zeitung* vom 19. März 1991 auf Seite 21 soll jetzt gegen Mitarbeiter des zweitgrößten Schweizer Metallkonzerns ein Strafverfahren eröffnet werden. „Die Behörden schöpften Verdacht, nachdem im Mai 1990 zwei Lieferungen auf dem Frankfurter Flughafen und in Bern beschlagnahmt worden waren. Erste Untersuchungen ergaben, daß es möglicherweise Teile für die Superkanone waren, und zwar eine Rohrrücklaufbremse für eine extrem großkalibrige Kanone."[4] Man lese die Bibelstelle und die Schilderung aus den Sagen der Juden noch einmal und achte auf den Eindruck, den man dabei gewinnt.

Erech/Uruk – Gilgamesch

Über Nimrod hatten wir schon erfahren, daß der Anfang seiner Königsherrschaft Babel, Erech, Akkad und Kalne im Lande Sinear gewesen ist (1. Buch Moses, 10. Kapitel, 10. Vers). Greifen wir erst einmal das Stichwort Erech auf. Die Stadt, die so im Alten Testament heißt, wird sonst Uruk genannt; es ist das heutige Warka. Um 3000 v.Chr. war es die mächtigste Stadt Sumers. Die Stadtmauer, 1934/35 von deutschen Archäologen freigelegt, ist eine fast 10 km lange doppelte Ziegelmauer. Sie ist auch heute noch an vielen Stellen bis zu 7 m hoch und ca. 5 m dick. Als ihr Erbauer gilt Gilgamesch, der Held des nach ihm benannten Epos. Um 2700 v.Chr. sollen in Uruk nach vorsichtiger Schätzung mehr als 50.000 Menschen gelebt haben. Nicht nur die Heiligtümer und Wohnviertel, sondern auch Vorstädte, Gärten, Äcker und Weiden wurden durch die Verteidigungsanlage geschützt. Bedenken wir, daß wir hier auf eine 5.000 Jahre zurückliegende Vergangenheit hinblicken. Die angegebenen Zahlen lassen etwas von den Fähigkeiten erahnen, die zur Organisation eines so großen städtischen Gemeinwesens gehörten. Es war unter anderem nur mit Hilfe der Schrift möglich, und die Schaffung der Schrift ist eine der großen damals vollbrachten Kulturleistungen.

Wichtiger noch ist aber Folgendes: Der Eigentümer des gesamten Grund und Bodens war der Stadtgott. In seinem Dienst standen alle Bewohner. Die Grundlage für die straffe Führung bildete die Unterordnung unter den Stadtgott. Nach der Darstellung Rudolf Steiners hatte eine solche Stadtgemeinde eine Gruppenseele. Eine Stammes-Ichheit lebte und webte durch die einzelnen Persönlichkeiten hindurch. Die spirituellen Angelegenheiten einer Stadt wurden in Tempelstätten von Mysterienpriestern verwaltet. Die Gruppenseele hatte gewissermaßen in der Tempelstätte ihre Wohnung. Durch Inspiration – durch Orakel – empfingen die Priester ihre Aufträge von dieser Gruppenseele. Wurde eine Stadt von ihrer Nachbarstadt erobert – und die damalige Zeit war von solchen Kämpfen erfüllt –, so wurden die Tempelpriester als Verwalter der Tempelgeheimnisse zu Gefangenen gemacht. Auf diese Weise wollten die Eroberer in den Besitz der heiligen Geheimnisse und damit der Macht der betreffenden Stadt kommen.

Das Gilgamesch-Epos erzählt nun, daß Gilgamesch die Einweihung erstrebte. Rudolf Steiner sagt von Gilgamesch, den er den Inaugurator der babylonischen Kultur nennt, daß er „gewissermaßen an der Pforte der Initiation stehengeblieben ist, daß er nicht ganz klar in die höheren geistigen Welten hineinschauen konnte, und daß er deshalb der babylonischen Kultur so recht das Gepräge gegeben hat, welches ein Abdruck ist von einem bloßen Hineinschauen in die Initiationsgeheimnisse."[1] Rudolf Steiner fährt fort: „Deshalb haben wir in der Tat im alten Babylonien die historische Entwicklung so, daß wir deutlich nebeneinander gehend einen äußeren Kulturverlauf und einen esoterisch-inneren haben. Während im ägyptischen Leben diese beiden mehr ineinanderspielen, fallen sie gewissermaßen in der alten babylonischen Kultur durchaus auseinander. Und innerhalb dessen, was wir als die babylonische Kultur anzusehen haben, wie sie inauguriert worden ist durch Gilgamesch, lebte dasjenige, was in den heiligsten, verborgensten Mysterien der Chaldäer liegt.

Diese Initiierten der Mysterien waren allerdings in das Innerste eingeweiht, aber das zog sich doch nur wie ein kleiner Strom durch die äußere Kultur hindurch. Diese äußere Kultur war ein Ergebnis der Impulse des Gilgamesch."[2]

Dem Worte Chaldäer werden wir bei der Schilderung von Abraham wieder begegnen.

Die Sumerer

Von Uruk sagten wir, sie sei die mächtigste Stadt Sumers gewesen. Einige Einzelheiten über die Sumerer können uns nun in unseren Betrachtungen weiterführen. Nach ihrer eigenen Überlieferung sind die Sumerer von Osten her über das Meer gekommen. In der Region zwischen dem heutigen Bagdad und dem Persischen Golf waren sie schon um 3400 v.Chr. ansässig. Sie sind wohl aus einer Verbindung eines bodenständigen Elements mit einem oder mehreren Einwanderervölkern hervorgegangen, worauf ihre Sprache und Kultur hindeuten. Eine ihrer Städte war Eridu, von der es hieß: „Als das Königstum vom Himmel herabkam, war es in Eridu."[1]

Rudolf Steiner bezeichnet die Sumerer als Vorbabylonier und weist darauf hin, daß innerhalb dieses Volkes hochbedeutsame geistige Überliefe-

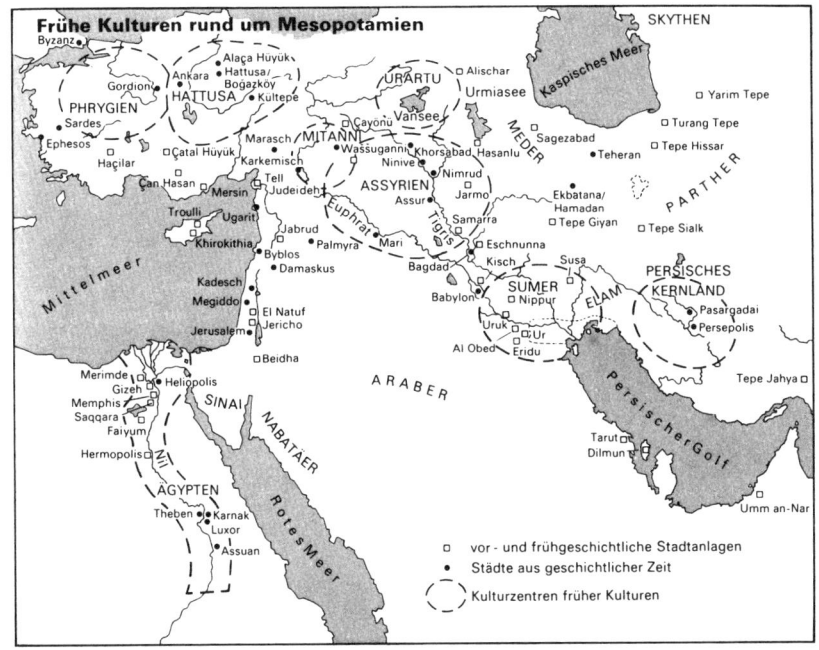

Frühe Kulturen rund um Mesopotamien

□ vor- und frühgeschichtliche Stadtanlagen
• Städte aus geschichtlicher Zeit
Kulturzentren früher Kulturen

rungen lebten, daß eine bedeutungsvolle spirituelle Weisheit vorhanden gewesen sei. Damals sei zwar die Sprache der einzelnen Stämme und Rassen im weitesten Umkreis Europas, Asiens und Afrikas schon in einer gewissen Weise differenziert gewesen, „aber eine Art gemeinsamen Sprachelements, das auf dem ganzen damals bekannten Erdkreis, namentlich von dem tieferen geistigen Menschen, verstanden werden konnte, war gerade bei den Sumerern vorhanden."[2]

Rudolf Steiner führt im weiteren aus: „Dann aber hatte gerade das babylonische Volk die Aufgabe, diesen lebendigen spirituellen Zusammenhang des Menschen mit der geistigen Welt herunterzuführen in das Persönliche, da wo die Persönlichkeit auf sich gestellt ist in ihrer Einzelheit, in ihrer Sonderheit. Das war die Aufgabe der Babylonier, die spirituelle Welt in den physischen Plan hinunterzuführen. Und verbunden damit ist, daß dieses lebendige Gefühl, dieses spirituelle Gefühl für die Sprache aufhört und die Sprache sich richtet nach Klima, nach geographischer Lage, nach der Volksrasse und dergleichen. Daher schildert uns die Bibel (...) diese wichtige Tatsache in dem babylonischen Turmbau, wo alle eine gemeinsame Sprache sprechenden Menschen der Erde verstreut werden."[3]

Saddam Hussein und Sargon I. von Akkad

In der zweiten Hälfte des dritten vorchristlichen Jahrtausends wandern kleinere Gruppen semitischer Nomaden aus der arabischen Halbinsel in Sumer ein. Diese Semiten werden nun als Akkader bezeichnet und bringen eine Herrschergestalt hervor, die Sargon I. heißt, dessen Regierungszeit etwa um 2300 v.Chr. angesetzt wird. Er stammte nicht aus einem alten berühmten Geschlecht, war nicht Mitglied einer Herrscherfamilie; ein Unbekannter wie er konnte sich nicht einfach durch die Kraft seiner Persönlichkeit durchsetzen oder durch Gewalt die Macht an sich reißen. Damit er anerkannt wurde, mußte er durch einen Orakelspruch von einem Gott zum König bestimmt werden, er mußte „bei seinem Namen gerufen werden", von Schamasch „angeschaut werden" oder schon im Mutterleib erwählt worden sein.

Wie war das im Fall von Sargon, dessen Vorfahren unbekannt sind? In uns erhaltenen Textbruchstücken macht Sargon geltend, er sei Sohn einer Tempelpriesterin, einer enitum. Eine solche *enitum* war ursprünglich die Braut eines Gottes in den Fruchtbarkeitsriten der Heiligen Hochzeit. Sie war als solche unberührbar. Sargon berichtet nun von sich, eine solche *enitum* habe ihn empfangen, insgeheim zur Welt gebracht und in einem Binsenkorb, den sie mit Erzpech verschloß, in einem Fluß ausgesetzt. Ein Wasserträger fand ihn, so heißt es weiter, zog ihn als seinen Sohn auf, und er wurde dann Gärtner, und die Göttin Ischtar schenkte ihm ihre Liebe.

Er wurde König für 56 Jahre, gründete die Stadt Akkad, von der wir nicht wissen, wo sie lag, möglicherweise sogar innerhalb des Weichbildes der späteren Stadt Babylon, und errichtete ein Imperium, das vom Persischen Golf bis an die Levanteküste reichte. Von 34 siegreichen Schlachten ist in alten Texten die Rede, auch davon, daß er ganz Sumer bis zum „unteren Meer" unterwarf, wo er in einem feierlichen Siegesritual „seine Waffen wusch"[1].

Warum berichte ich so ausführlich darüber? Weil Saddam Hussein in den letzten Jahren versuchte, sich als Erben der großen Reiche der Vergangenheit darzustellen, die auf dem Gebiet des heutigen Irak bestanden hatten. „Bei der Feier seines Geburtstages in seiner Heimatstadt Takrit im Jahre 1990 ließ er sich mit Sargon dem Großen vergleichen. In lebenden Bildern wurde die Geburtslegende Sargons dargestellt, der wie Moses in einem Binsenkorb im Schilf des Flusses gefunden wurde. Andere Szenen zeigten die großen Schlachten, die er bestanden und gewonnen hatte. Sargon soll 34mal in der Schlacht gesiegt und seine Feinde dezimiert haben, während er seine Herrschaft vom unteren Meer – dem Golf – bis zum oberen Meer – dem Mittelmeer – ausbreitete."[2]

Dieses Zitat aus dem Buch „Saddams Krieg" zeigt, wie genau man sich bei den lebenden Bildern in Takrit an die Überlieferung hielt. Um seine Herrschaft zu legitimieren, läßt Saddam sich in die Tradition der Geschichte seines Landes stellen.

Der Sonnengott Schamasch, Hammurabi und Saddam Hussein

Die Zusammenstellung in der Überschrift stammt nicht von mir, sondern sie findet sich auf Bildern, die der Verherrlichung des irakischen Staatschefs dienen. Ein solches sei hier gebracht. Auf Nebukadnezar, der hier zu sehen ist, kommen wir noch zu sprechen. Aber im oberen Rand, in der Mitte des Bildes, ist der obere Teil der Gesetzesstele des Hammurabi abgebildet. Der König ist vor dem Sonnengott Schamasch, dem Gott der Gerechtigkeit, in Gebetshaltung dargestellt. Auf der Stele selbst, einem Dioritblock, von dem nur ein Teil zu sehen ist, ist das sogenannte Gesetzeswerk in 54 Keilschriftkolumnen eingemeißelt. Ob es sich um Gesetze im heutigen Sinne des Wortes handelt, ist eine Frage. Eingeleitet werden die einzelnen Bestimmungen unter anderem von folgenden Worten:
„'Damals haben *Chammurabi*,
Den ehrfürchtigen Fürsten, dienend den Göttern, mich,
Gerechtigkeit im Lande sichtbar zu machen,

Propagandaplakat, das Saddam Hussein neben König Nebukadnezar stellt.

Den Ruchlosen und Bösen zu vernichten,
Vom Starken den Schwachen nicht entrechten zu lassen,
Gleich der Sonne den Schwarzhäuptigen (d.h. den Menschen)
aufzugehen und das Land zu erleuchten,
(Haben) Anum (der Himmelsgott) und Ellil (Herr der Welt) den
Menschen zum Wohlgefallen meinen Namen kundgetan:
Chammurabi, der Hirte,
Der Berufene Ellils bin ich.
.............,
Der Schluß des Prooemiums (Vorwort, H.-D.F.) lautet:
'Der mächtige König, die Sonne von Babylon, der aufgehen macht das
Licht über das Land Sumer und Akkad,
Der König, der auf sich hören läßt die vier Weltenden, –
der Günstling der Ischtar bin ich.
Als Marduk zur Rechtsordnung der Menschen,
Leite dem Lande mich bestellte,
Habe Recht und Gerechtigkeit in das Land ich eingeführt
den Menschen zum Wohlgefallen, – damals.'

Und nun schließen unmittelbar an die eigentlichen Gesetzesbestimmungen,
so beginnend:"[1]

„1. Wenn ein Mann einen anderen des Mordes beschuldigt, ohne daß er es
beweisen kann, dann soll der Ankläger mit dem Tode bestraft werden.
22–23. Wenn ein Mann einen Raub begangen hat und gefangen wird, dann
soll er getötet werden. Wenn der Räuber nicht gefangen wird, dann soll der
Beraubte seinen Verlust ausdrücklich vor einem Gott erklären, und die
Stadt und der Bürgermeister, in dessen Gebiet oder Distrikt der Raub
begangen wurde, soll ihm sein verlorenes Eigentum ersetzen.
153. Wenn eine Frau wegen eines anderen Mannes ihren Ehemann
umgebracht hat, dann soll diese Frau gepfählt werden.
195. Wenn ein Sohn seinen Vater geschlagen hat, dann soll man dessen
Hand abhauen."[2]

„In dem *Epilog* des Gesetzes heißt es:
'Auf Geheiß Schamaschs,
Des großen Richters von Himmel und Erde
Werde meine Gerechtigkeit im Lande offenbar!
....
Chammurabi, der König der Gerechtigkeit,
Dem Schamasch das Recht geschenkt hat, bin ich.'

Der Epilog schließt mit langen Verfluchungsformeln gegen den, der des
Königs Worte nicht achten würde ...

So wird der König eines mit der Sonne. Man bezeichnet ihn im orientalischen Hofstil geradezu als 'die Sonne'.“[3]

Die Gerechtigkeit wird den Menschen von der Sonne zugestrahlt, sie wird sol iustitiae, Sonne der Gerechtigkeit, genannt. Das alte Recht ist noch kein Menschenrecht, d.h. kein Recht, das von Menschen aus menschlichem Rechtsempfinden heraus gefunden worden wäre, sondern dieses alte Recht ist den Menschen auf eine Weise gegeben, die bei der Schilderung der Tempelstätten charakterisiert worden ist.

Es war Hammurabi, der um 1700 v.Chr. die Vormachtstellung von Babylon begründete, das erstmals gegen Ende des dritten Jahrtausends v.Chr. erwähnt wird, zu dieser Zeit aber eine unbedeutende Kleinstadt war. Für ungefähr 1.400 Jahre war Babylon das kulturelle Zentrum der gesamten vorderasiatischen Welt. Es war vor allem die überragende Stellung des Hauptgottes Marduk, die der Stadt ihr Ansehen verlieh. Darüber wird weiteres im Zusammenhang mit Nebukadnezar ausgeführt werden. Dabei werden wir auch eine Einsicht gewinnen, wo die eigentlichen Kraftquellen dieser vorderasiatischen Menschengemeinschaften zu suchen sind.

Zunächst aber müssen wir uns einem düsteren Kapitel in der Geschichte Mesopotamiens zuwenden, nämlich den von den Assyrern ausgehenden Impulsen.

Assyrische Macht, assyrische Kriegsführung

Von Nimrod hatte es geheißen: „Der Anfang seiner Königsherrschaft war Babel, Erech, Akkad“[1]. Darüber haben wir schon gesprochen. In der Bibel heißt es dann weiter: „Von diesem Land zog er nach Assur aus und erbaute Ninive ...“[2] Die Stadt Assur stand am Mittellauf des Tigris. Dort hatte sich bereits um 2400 v.Chr. eine kleine semitisch-akkadische Herrschaft gebildet, die aber keinen Bestand hatte. Als jedoch gegen 1200 v.Chr. die umliegenden Mächte im Niedergang waren, entstand ein neues Machtzentrum in Assur. Unter Tiglatpilesar I., der wohl von 1115–1077 v.Chr. herrschte, wurde Babylonien erobert. Die gesamte östliche Mittelmeerküste, die Levante, geriet im 9. und 8. Jahrhundert unter assyrische Gewalt, im 7. Jahrhundert wurde sogar Ägypten dem Reich eingegliedert. Eine gewaltige Kraft schien hinter der Ausdehnung dieser Macht zu stehen. Welche Mittel wurden eingesetzt? Ziehen wir dazu eine Schilderung aus der „Weltgeschichte“ heran. Dort heißt es:

„Das Neuassyrische Reich war ein perfekter Militärstaat, geführt von einem absoluten Königtum, getragen von einem Militäradel und organisiert von einer leistungsfähigen Beamtenverwaltung nach babylonischem Muster. Kennzeichnender ist aber für das Neuassyrische Reich, daß es systematisch Terror als Mittel des Krieges und der Herrschaft über Unterworfene einsetzte. Massenmorde an Zivilbevölkerung und Kriegsgefangenen, Umsiedlung ganzer Völker (z.B. der Israeliten 722 v.Chr.) und individuelle Folter neben einem ausgezeichneten Nachrichtendienst und einer Perfektionierung der vor allem von den Hethitern übernommenen Militärtechnik machten die Assyrer zum gefürchtetsten und meistgehaßten Volk des Nahen Ostens. Kein Wunder, daß viele Völker darauf warteten, diesen Staat zu zerstören."[3]

Manche der hier geschilderten Einzelheiten können einem sehr bekannt vorkommen. Man bedenke, daß Takrit – der Geburtsort von Saddam Hussein – auf dem Boden dieses alten assyrischen Reiches liegt. Wir hatten oben Arnold Hottinger zitiert, der schrieb: Wenn der Herrscher jemandem das Leben „nehmen will, sorgt er dafür, daß dieser Prozeß möglichst qualvoll vor sich geht."[4] Auch dazu ein Beispiel aus der Zeit des Königs Assurbanipal, der in der Mitte des 7. Jahrhunderts v.Chr. regierte. Ein Schreiber stellt dar, wie der König „persönlich über die Zerstörung von Elam Bericht erstattet:

'Auf der Entfernung eines Marsches von einem Monat und fünfundzwanzig Tagen verwüstete ich die Bezirkskreise von Elam. Ich streute Salz und Dornbusch dort (um den Boden unfruchtbar zu machen). Söhne der Könige, Schwestern der Könige, Mitglieder der königlichen Familie von Elam, junge und alte, Präfekten, Statthalter, Ritter, Gewerbetreibende, Pferde, Maultiere, Esel und Herden – zahlreicher als ein Schwarm Heuschrecken – schleppte ich fort als Beute nach Assyrien. Den Staub von Susa, von Madaktu, von Haltemasch und ihrer andern Städte schleppte ich fort nach Assyrien. In der Zeit von einem Monat unterwarf ich Elam in seiner ganzen Ausdehnung. Die Stimme des Menschen, die Schritte der Herden, die glücklichen Schreie der Lustigkeit – ich setzte ihnen auf seinen Feldern ein Ende, und ich überließ sie den Eseln, den Gazellen und aller Art wilder Tiere.'

Das vom Rumpfe getrennte Haupt des elamitischen Königs wurde Assurbanipal überbracht, als er mit der Königin das Siegesfest im Garten des Palastes beging; er ließ das Haupt in der Mitte seiner Gäste auf einen Spieß stecken, und das königliche Fest nahm seinen Fortgang; später wurde die Trophäe über dem Tor von Ninive angeschlagen und ging langsam in Fäulnis über. Der elamitische General Dananu wurde bei lebendigem Leibe geschunden und blutete darauf wie ein Lamm aus; seinem Bruder schnitt man den Kopf ab und hackte seinen Körper in Stücke, die überall im Lande als Zeichen des Sieges verteilt wurden.

Es kam Assurbanipal nie in den Sinn, daß er und seine Männer brutal handelten; diese drakonischen Maßnahmen waren notwendig, um Aufstände im Keime zu ersticken und die Zucht unter den verschiedenartigen und ungestümen Völkerschaften, von Äthiopien bis nach Armenien und von Syrien bis nach Medien, aufrechtzuerhalten. Es war die Pflicht des Herrschers, sein Erbe intakt dem Nachfolger zu bewahren. Assurbanipal rühmte sich daher des Friedens, den er in seinem Reiche errichtet hatte, und der guten Ordnung, die in seinen Städten vorherrschend war."[5]

Was als eigentlich treibende Kraft hinter diesem Kriegsgeschehen stand, ergibt sich aus den Worten von Asarhaddon, der von 681–669 v.Chr. herrschte: „Ich zerstörte Sidon bis auf die Grundmauern. Seine Wälle und Häuser trug ich ab und warf sie ins Meer. Mit Hilfe meines Gottes Assur fing ich Abdi-Milkutti, der vor meinen Wachen geflohen war, wie einen Fisch aus der See und ließ ihn köpfen."[6]

Als Zeichen dafür, daß sie den Willen ihres Gottes erfüllten, führten die Assyrer das Bild ihres Kriegsgottes Assur/Aschur mit in die Schlacht und stellten es in jeder eroberten Stadt anstelle des Bildes des besiegten Gottes auf. Mit welchen Mitteln vorgegangen wurde, ergibt sich aus folgender Stelle:

„690 folgte ein kurzer Feldzug gegen die Araber und 689 der große Rachezug gegen das nun isolierte Babylon. Die Stadt wurde erobert und völlig zerstört, die Tempel ausgeraubt und eingeebnet und das Wasser des Arachtu-Kanals über die Ruinen geleitet. Acht Jahre lang blieb die Stadt unbewohnt. Diese Unmenschlichkeit erregte auch in Assyrien Empörung und hat in den letzten Jahren Sanheribs zu schweren Auseinandersetzungen geführt. Denn Marduk war durch die Zerstörung seines Tempels und die Verschleppung seines Bildes beleidigt worden, und zu Marduk beteten doch auch Tausende von Assyrern, die zu Assur kein Vertrauen hatten. Da begann wie vor Jerusalem die assyrische Propaganda. Man ersetzte Marduk im Weltschöpfungsepos und im Neujahrskult durch Assur und schuf einen mythischen Bericht, der vielleicht auch szenisch aufgeführt wurde, nach dem Marduk einer Sünde wegen von den Göttern festgenommen und vor ein Gericht gestellt worden sei. Ein Teil des Kommentars zu diesem Machwerk ist erhalten, während wir die literarische Gegenpropaganda, die es in Babylonien sicher auch gegeben hat, nicht kennen."[7]

Es wurde oben schon erwähnt, daß 722 die Israeliten umgesiedelt wurden. Es handelt sich dabei um die Angehörigen der zehn Nordstämme. Dazu kurz dieses: Nach Salomos Tod (er starb 928 v.Chr.) bildeten zehn Nordstämme ein eigenes Königreich. Sie trennten sich also von den verbleibenden Stämmen Benjamin und Juda, trennten sich aber auch vom Tempel in Jerusalem. Nach der Deutung des 1. Buches der Könige, Kapitel 13, Vers 34, ist dies die „Sünde des Hauses Jerobeam", nämlich der Abfall von Jahve und der damit verbundene Keim des Untergangs. Die Angehörigen der zehn Nordstämme wurden also ein Opfer der assyrischen Deportationspolitik, die darin bestand, daß die Menschen eines unterworfenen Volkes in entfernte Gegenden des Reiches verschleppt wurden, wo sie sich mit der einheimischen Bevölkerung vermischen und somit ihre Eigenart verlieren sollten. In den eroberten Gebieten wurden aus anderen Reichsteilen andere Bevölkerungsteile angesiedelt und einer für sie fremden Herrschaft unterworfen.

Lesen wir in der Bibel das Buch Jona, so werden wir nach Ninive geführt. Die Lektüre sei angeraten.

Nachdem wir uns mit Todes- und Vernichtungskräften haben beschäftigen müssen, sei jetzt der Gegenpol gekennzeichnet, nämlich Leben, Fruchtbarkeit, Verjüngung, Erneuerung. Wir kommen damit wieder nach Babylon und werden uns mit Nebukadnezar II. (bis 562 v.Chr.) befassen.

Saddam Hussein und Nebukadnezar

Lesen wir, was Saddam Hussein über seine Beziehung zu Nebukadnezar ausspricht: „Der Name Nebukadnezar ... berührte in mir alles, was mit der alten Geschichte vor dem Islam zu tun hat. Er erinnert mich daran, daß jedes menschliche Wesen, das mit einem weiten Blick, Glauben und tiefen Gefühlen ausgestattet ist, weise und dennoch praktisch handeln, seine Ziele erreichen und ein großer Mann werden kann, der sein Land zu einem mächtigen Staat macht. Und was für mich das wichtigste an Nebukadnezar ist, ist die Verbindung zwischen arabischer Fähigkeit und der Befreiung Palästinas. Schließlich war Nebukadnezar ein Araber aus dem Irak, wenn auch aus dem alten Irak. Nebukadnezar war es, der die jüdischen Sklaven in Fesseln aus Palästina brachte. Deshalb möchte ich die Araber, besonders aber die Iraker, an ihre historische Verantwortung erinnern. Dies ist eine Bürde, die sie nicht vom Handeln abhalten, sondern aufgrund ihrer Geschichte zum Handeln anspornen sollte."[1]

Betrachten wir jetzt das Bild genauer, das uns schon zur Gestalt des Königs Hammurabi geführt hat. Wir sehen einen riesigen Saddam Hussein, die eine Seite der Prozessionsstraße von Babylon überragend, gegenüber der Statue eines babylonischen Herrschers, die Nebukadnezar darstellen soll. Am Ende der Prozessionsstraße ist das Ischtar-Tor.

Die zeremonielle Begehung des neuen Jahres in Babylon: die Akitu-Feierlichkeiten

Gehen wir jetzt auf die Verantwortung ein, die der Herrscher übernommen hatte. Über die Art seiner „Berufung" wurde schon im Zusammenhang mit Sargon gesprochen. Für „Gerechtigkeit" zu sorgen, war seine Hauptaufgabe. Die Interessen und Rechte jeder sozialen Gruppe mußten gesichert werden. Erfüllte der Herrscher seine Pflicht, so genoß das Land Wohlfahrt, akkadisch: shulmu, hebräisch: *schalom,* wovon „Friede" nur ein Aspekt ist. Die enge Verbindung zwischen Gerechtigkeit nach dem Willen Gottes und leiblichem Wohlergehen findet ihren schönsten Ausdruck im 72. Psalm:

„(Von Salomo) Gott, gib dein Richteramt dem König, dein gerechtes Walten dem Königssohn! Er richte dein Volk in Gerechtigkeit und deine Bedrängten nach Recht! Mögen die Berge dem Volke Wohlfahrt bringen, die Hügel Gerechtigkeit! Den Bedrängten im Volke schaffe er Recht, helfe den Söhnen des Armen und zermalme den Bedrücker! Er lebe, solange die Sonne scheint und der Mond, von Geschlecht zu Geschlecht! Er sei dem Regen gleich, der auf den Rasen fällt, den Regenschauern, die das Land benetzen! In seinen Tagen blühe das Recht und Fülle des Heils, bis kein Mond mehr scheint!

Er herrsche von Meer zu Meer, vom Euphratstrom bis an die Enden der Erde! Die Gegner sollen vor ihm sich beugen und seine Feinde den Staub lecken! Die Könige von Tarsis und den Inseln sollen Geschenke bringen, die Könige von Saba und Seba Gaben entrichten! Alle Könige sollen ihm huldigen, alle Völker ihm dienstbar sein!

Denn er befreit den Armen, wenn er um Hilfe ruft, den Bedrängten und den, der keinen Helfer hat. Er erbarmt sich des Geringen und Armen, das Leben der Armen rettet er. Aus Bedrückung und Gewalt erlöst er ihr Leben; denn kostbar ist in seinen Augen ihr Blut. Er lebe, und Gold aus Saba gebe man ihm! Man bete ständig für ihn, erflehe ihm allezeit Segen!

Fülle von Korn sei im Lande; selbst auf den Gipfeln der Berge woge es! Üppig wie der Libanon sei seine Frucht, und seine Halme mögen blühen wie das Gras des Feldes! Sein Name sei ewig gelobt! Solange die Sonne scheint, bleibe sein Name! In ihm mögen sich segnen alle Geschlechter, alle Völker sollen ihn glücklich preisen! – Gepriesen sei der Herr, Israels Gott, der allein Wunder wirkt! Ja, gepriesen sei sein herrlicher Name in Ewigkeit, und die ganze Erde sei erfüllt von seiner Herrlichkeit! Amen. Amen."[1]

Der König bürgt also für die rechte Ordnung in der Natur und in der Gesellschaft. In einer Reihe von eindrucksvollen Bildern wurden die Geschehnisse der Weltschöpfung bei den Akitu-Feierlichkeiten vergegenwärtigt, die nunmehr etwas näher betrachtet werden sollen. Insgesamt dauerten die Zeremonien zwölf Tage. Zu wiederholten Malen wurde der sogenannte Schöpfungsgesang *enuma elisch* im Tempel Marduks rezitiert. *Enuma elisch* (wörtlich: „als hoch droben") sind die Anfangsworte des sogenannten babylonischen Schöpfungsmythos. Der Text beginnt – es ist natürlich nur ein Übersetzungsversuch – folgendermaßen: „Als hoch droben der Himmel noch nicht benannt worden, fester Boden unten noch nicht ‚beim Namen gerufen' worden war, gab es nichts als den uranfänglichen Apsu, ihren Vater, und die Mutter Tiamat, die alle gebar."[2]*

Den tiefen Gehalt des Mythos können wir erahnen, wenn wir folgende Schilderung Rudolf Steiners heranziehen:

---

* Texte aus dem *enuma elisch* sind in dem Werk „Die Schöpfungsmythen", mit einem Vorwort von Mircea Eliade, Darmstadt 1991, abgedruckt.

„Da wurde etwa im alten Chaldäa, sagen wir, folgendes gelehrt: Der Mensch erlebt die äußersten Grenzen des Daseins, bis zu denen er kommen kann mit seinen Seelenkräften, wenn er den geistigen, den Seelenblick auf den wunderbaren Gegensatz lenkt zwischen dem Leben, wenn er schläft – das Bewußtsein ist dumpf, der Mensch weiß nichts von seinem Leben –, und demjenigen Leben, das er verbringt, wenn er wach ist – es ist hell um den Menschen herum, der Mensch weiß von seinem Leben.

Anders wurden diese Wechselzustände zwischen Schlafen und Wachen vor Jahrtausenden empfunden. Der Schlaf war nicht so bewußtlos, das Wachen war nicht so bewußtvoll. Im Schlafe nahm man sich wandelnde, mächtige Bilder, webend-wellendes Weltenleben wahr; man war unter Wesenhaftem, wenn man schlief. Daß der Schlaf so bewußtlos geworden ist, ist erst mit der Entwickelung der Menschheit geschehen. Dafür aber war vor Jahrtausenden das Wachleben nicht so durchsonnt, nicht so durchleuchtet wie heute. Die Dinge hatten nicht feste Grenzen, waren verschwommen. Sie sprühten noch allerlei Geistiges aus. Es war kein so schroffer Übergang zwischen Schlafen und Wachen. Aber man konnte unterscheiden, und man nannte alles das, worinnen man lebte im Wachen der damaligen Zeit, etwa 'Apsu'. Das war die Welt des Wachens.

Man nannte dasjenige, worin man war, wenn man schlief, das Webend-Wellende, das, wodurch man nicht so gut unterscheiden konnte, wie wenn man wach war, Mineralien, Tiere und Pflanzen, man nannte das 'Tiamat'.

Nun wurde in den chaldäischen Mysterien gelehrt: Mehr ist der Mensch im Wahren, im Wirklichen drinnen, wenn er im Tiamat schlafend webt, als wenn er wachend unter den Mineralien, Pflanzen und Tieren lebt. Tiamat ist ursprünglicher, ist mehr der Welt des Menschlichen verbunden, als Apsu; Apsu ist unbekannter; Tiamat stellt dasjenige dar, was dem Menschen naheliegt. Aber es traten Veränderungen ein im Tiamat im Laufe der Zeit. So sagte man und lehrte man den Schülern der Mysterien. Aus dem Weben und Leben entstanden Dämonengestalten, pferdeähnliche Gestalten mit Menschenköpfen, löwenähnliche Gestalten mit Engelsköpfen. Sie entstanden aus dem Gewebe des Tiamat. Das, was da lebte als dämonische Gestalten, wurde dem Menschen feindlich.

Da aber trat in die Welt ein mächtiges Wesen ein: 'Ea'. Wer heute noch Laute fühlt, der fühlt in dem Zusammenklange von E und A den Hinweis auf jenes mächtige Wesen, das dem Menschen hilfreich im Sinne dieser alten Mysterienlehre zur Seite war, als die Dämonen aus Tiamat mächtig waren: Ea, Ia, was dann später, indem man die Seinspartikel 'soph' voraussetzte, Soph Ea = Sophia wurde. Ea, ungefähr dasjenige, was wir mit dem abstrakten Worte: Weisheit, die in allen Dingen waltet, bezeichnen. Ia = die in allem waltende Weisheit, Sophia. Soph = eine Partikel, die ungefähr 'seiend' bedeutet. Sophia, Sophea, Sopheia = die waltende Weisheit, die überall waltende Weisheit schickte dem Menschen einen Sohn, jenen Sohn, den man dazumal mit dem Namen bezeichnete: 'Marduk', den wir gewohnt worden sind in einer etwas späteren Terminologie als Michael zu bezeichnen, als den aus der Hierarchie der Archangeloi heraus waltenden Michael. Das ist dieselbe Wesenheit wie Marduk, der Sohn von Ea, der Weisheit, Marduk-Michael.

Und Marduk-Michael – so ist die Mysterienlehre – war mächtig, groß und gewaltig. Und alle jene Dämonenwesen, wie Pferde mit Menschenköpfen, Löwengestalten mit Engelsköpfen, alle diese webenden, wogenden Dämonen standen eben in ihrem Zusammenhange als die große Tiamat ihm gegenüber. Er war mächtig, Marduk-Michael, den Sturmwind, der durch die Welt wogt, zu beherrschen. Also Tiamat, alles das wurde wesenhaft vorgestellt, mit Recht, denn so sah man es, wesenhaft. Alle diese Dämonen zusammen bildeten einen mächtigen Drachen, der feuerwütig sich entgegenstellte als die Summe all der Dämonengewalten, die aus Tiamat, der Nacht, herausgeboren wurden. Als ihr Wesen feuerwütig Marduk-Michael entgegentrat, da stieß er ihr erst seine anderen Waffen, dann die ganze Gewalt des Sturmwindes in die Eingeweide, und das Wesen Tiamat barst und rollte auseinander, zerbarst in alle Welt. Und Marduk-Michael konnte oben formen den Himmel und unten die Erde. Und so entstand das Oben und Unten.

Und so lehrte man in den Mysterien: Der große Sohn der Ea, der Weisheit, er hat Tiamat bezwungen und aus einem Teil des Tiamat das Obere, die Himmel gebildet, aus einem anderen Teil des Tiamat das Untere, die Erde gebildet. Siehst du hin in die Himmel zu den Sternen, o Mensch, dann siehst du einen Teil desjenigen, was aus den furchtbaren Abgründen der Tiamat Marduk-Michael oben geformt hat zum Heile der Menschen.

Und siehst du nach unten, wo die Pflanzen aus dem mineraldurchsetzten Irdischen wachsen, wo die Tiere sich gestalten, dann findest du den anderen Teil, den der Sohn der Ea, der Weisheit, aus Tiamat zum Heile der Menschheit umgeformt hat.

Und so sah jene alte Menschheitszeit im alten Chaldäa zurück auf ein Gestalten in der Welt, sah hin auf Wesenhaftes. Alles das empfand man wesenhaft: diese Dämonengestalten, die die Nacht bevölkerten, all das, was aus diesen Nachtgestalten, aus den waltenden, webenden Wesenheiten in der Tiamat, die ich Ihnen geschildert habe, Marduk-Michael geformt hat als oben die Sterne, als unten die Erde – all das, was uns aus den Sternen entgegenglänzt: umgewandelte, durch Marduk-Michael umgewandelte Dämonen – all das, was uns aus der Erde selber herauswächst: durch Marduk-Michael umgewandelte Haut, umgewandeltes Gewebe von Tiamat; so sah man in alten Zeiten dasjenige an, was man durch die alten Seelenfähigkeiten sich vergegenwärtigen konnte. Das war Erkenntnis."[3]

Der Sinn des Neujahrsfestes war „Erneuerung". Alle übliche Tätigkeit ruhte, und die ersten vier Festtage wurden als außerhalb des Kalenders stehend betrachtet. Der Gott Marduk war während dieser Zeit zur Unterwelt niedergefahren und „im Berg" eingeschlossen. Am fünften Tag wurde der Tempel mit Wasser besprengt und mit Weihrauch durchräuchert. Alle Unzulänglichkeiten der Gemeinschaft wurden in einem „Sündenbock" zusammengefaßt, der dann geköpft wurde. Mit dem Blut dieses Tieres rieb man die Mauern des Neboschreins ein; Nebo war Mittler zwischen den Göttern und den Menschen. Der abgetrennte Kopf und der Leib wurden dann in den Fluß geworfen und von der Menschenansiedlung fortgeschwemmt. Der Ritus hieß auf akkadisch *kupparu* = Sühne, Buße. Diejenigen, die den Ritus zelebrierten, wurden aus der Stadt in die Einöde hinausgesandt, wo sie bis zum Ende der Festlichkeiten blieben. Am selben Tag legte der König sein Amt im Marduk-Tempel nieder. Als Höhepunkt der Zeremonie wurde er seiner königlichen Insignien entkleidet und vom Priester mit der Hand geschlagen und beschimpft. Dann kniete der König demütig vor dem Bilde des Gottes Marduk nieder und sagte sich los von Tyrannei, Ungerechtigkeit und Amtsmißbrauch. Dies war der Höhepunkt der dramatischen Handlung. Anschließend wurde der König wieder mit seinen Herrschaftssymbolen bekleidet und ergriff die Hand des Marduk-Bildes, wodurch er wieder als Stellvertreter des Gottes eingesetzt wurde. Am Schluß schlug ihn der Priester wiederum scharf ins Gesicht. Dadurch wurde noch einmal deutlich, daß der König von seinem Gott abhängig war.

Am sechsten Tag kam Nebo, der als Marduks Sohn angesehen wurde, aus seinem Kultzentrum, dem benachbarten Borsippa. Das Thema des Rituals des siebten Tages war Marduks Befreiung durch Nebo. Am achten Tag wurde Marduk vom Rat der Götter als König eingesetzt, am folgenden Tag fand ein Triumphzug statt, und Marduks Sieg wurde feierlich begangen. Am zehnten Tag wurde ein Festmahl veranstaltet, wodurch das Gastmahl der Götter gefeiert wurde, das die gesamte Menschengemeinschaft zu einem Ganzen zusammenschloß. Hierbei wurde auch die Vereinigung des Gottes und der Fruchtbarkeitsgöttin zelebriert. Am elften Tag wurden die Lose festgelegt, die den Verlauf der Ereignisse in Natur und Gesellschaft im kommenden Jahr bestimmen würden, während man schließlich am zwölften Tag die Bilder der Götter wieder in ihre jeweiligen Tempel zurückbrachte.

Dies ist nur die Außenseite eines tieferen Geschehens. Die soeben gegebene Schilderung beruht auf der Darstellung des Buches „Near Eastern Mythology"[4]. Sie läßt sich nun durch die Heranziehung einer Arbeit von Mircea Eliade[5] vertiefen. Hierdurch wird ein Einblick in eine der Kraftquellen der älteren Kulturen möglich, in eine Kraftquelle, die in einer Stärkung der Seelenkräfte durch gemeinsame Feiern, die einen kosmischen Hintergrund haben, besteht. Was bedeutet so etwas wie „Jahr", „neues Jahr" in alten Kulturen?

Mit den geschilderten Festlichkeiten wird nicht einfach das Ende eines Zeitabschnitts von zum Beispiel einem Jahr bezeichnet, indem man den

Beginn eines neuen feiert, sondern das Ritual bewirkt die Vernichtung des vergangenen Jahres und der abgelaufenen Zeit. Schauen wir auf das Sühne-Ritual, das *kupparu,* so haben wir es nicht einfach mit einer „Reinigung" zu tun, sondern es handelt sich um eine Verbrennung, um eine Annullierung der Sünden und Fehler der Menschengemeinschaft insgesamt. Es ist Regeneration oder neue Geburt. Bei den Zeremonien wird jedesmal der gewaltige Versuch gemacht, den Augenblick der Schöpfung wieder herzustellen, die Zeit an ihrem Beginn wieder aufzunehmen, also die Entstehung der geordneten Welt aus dem Chaos zu wiederholen. Die überragende Bedeutung, die die Akitu-Feierlichkeiten für die Babylonier hatten, wird sich aus weiteren Kapiteln ergeben.

Nebukadnezar und Marduk

Der König von Babylon mit dem Namen Nebukadnezar, der ungefähr 630 v.Chr. geboren wurde und 562 starb, ist eine der bedeutendsten Herrschergestalten des Altertums. Sein Name, in der damaligen Verkehrssprache, dem Akkadischen, *Nabukudurri-usur,* bedeutet: „Oh Nabu, schütze meinen Grenzstein". Nabu/Nebo galt als Sohn des Marduk, des Hauptgottes von Babylon, er war der Gott der Schreiber und verwaltete die Schicksalstafeln der Menschen. Beim Neujahrsfest besuchte er, von Borsippa kommend, in feierlicher Prozession seinen Vater. Auch mit dem Marduk-Tempel in Babylon war Nebukadnezar verbunden. Sein Vater, der König Nabopolassar, führte ihn in einer seiner Inschriften als einfachen Arbeiter bei der Wiederherstellung dieses Tempels auf. Nebukadnezar verfolgte ganz bewußt eine Eroberungspolitik, bei der er geltend machte, Marduk habe ihm die Oberherrschaft über alle Könige zugesprochen.

Seine Hauptenergie richtete er aber auf den Ausbau der Stadt Babylon. Er baute starke Befestigungswerke, ließ die große Prozessionsstraße pflastern und stattete die Haupttempel prachtvoll aus. Schwer tadelte er Vorgänger, die außerhalb Babylons Paläste gebaut hatten und nur zum Neujahrsfest dahin gereist waren. Auf die feierliche Begehung des Neujahrsfestes legte er den größten Wert.

Aus der Geschichte der Juden ist er durch die Eroberung Jerusalems, die Zerstörung des Tempels und die Wegführung der jüdischen Oberschicht nach Babylonien bekannt. Über seinen Traum und sein Verhältnis zu Daniel wird noch im einzelnen berichtet. In der jüdischen Überlieferung wird manch Günstiges über ihn erzählt. Erst in der Neuzeit wurde er zum Typ des gottlosen Eroberers; als ein solcher wurde Napoleon mit ihm verglichen.

Nabonid und der Mondgott Sin

Wie Nebukadnezar seine erfolgreiche Herrschaft im Dienste des Gottes Marduk ausgeübt hatte, so bemühte sich einer seiner Nachfolger mit Namen Nabonid, der von 555–539 v.Chr. regierte, die Stellung des Mondgottes in Harran zu stärken (wir kennen Harran bereits aus der Abraham-Geschichte). Nabonid stammte nicht aus königlichem Geschlecht, und er verbarg diese Tatsache auch nicht, und doch hatte seine Abstammung einen bedeutenden Einfluß auf seine Handlungen. Seine Mutter, Adda-Guppi mit Namen, war ganz besonders dem Gott Sin zu Harran verbunden. Sin war ein Mondgott. Seine Bevorzugung, die in der vom König stark geförderten Wiederherstellung seines Tempels zum Ausdruck kam, bedeutete eine Vernachlässigung des Gottes Marduk. Dies brachte Nabonid in Schwierigkeiten, die sich noch vergrößerten, als er seinen Sohn Belschar-uschur (Belsazar) als Regenten in Babylon einsetzte und mit einem Heer zur Oase Taima in Nordarabien zog, die er die nächsten zehn Jahre nicht mehr verließ. Während dieser ganzen Zeit konnten die Neujahrsfestlichkeiten nicht stattfinden; das wurde erst 539 v.Chr. nach seiner Rückkehr wieder möglich. Inzwischen aber war jener König zu einer Bedrohung der babylonischen Macht geworden, der sein Geschlecht von Achaimenes herleitete. Dieser hatte im 7. Jahrhundert v.Chr. eine Dynastie begründet, die nach ihm die achaimenidische genannt wurde, auf die der letzte Schah sich noch berief und in deren rechtmäßiger Nachfolge er sich selbst sah.

Als Kyros, der Achaimenide, sich Babylon mit einem Heer näherte, versuchte Nabonid die Stadt dadurch zu schützen, daß die Kulte der Götter in Borsippa, Kutha und Sippar nach Babylonien verlegt wurden. Aber die Priester dieser Götter weigerten sich, auf diese Weise ihre eigenen Städte schutzlos zu lassen, und verblieben an den den Göttern geweihten Orten. Die Babylonier leisteten keinen entschiedenen Widerstand und erlebten nach Einnahme ihrer Stadt einen Herrscher, der keine aus assyrischer Tradition stammenden Grausamkeiten beging, der sogar die Zivilverwaltung und die religiösen Einrichtungen unangetastet ließ. Die Herrschaft der letzten einheimischen babylonischen Dynastie war nunmehr zu Ende.

Damit die Übergabe der Herrschaft an die Perser den Überlieferungen des Landes gemäß geschehen konnte, wurden im folgenden Jahr die Neujahrsfestlichkeiten durchgeführt, bei denen Kambyses als Stellvertreter seines Vaters Kyros die rituellen Handlungen vollzog.

Der Koloß auf tönernen Füßen

Im Hinblick auf die Sowjetunion wird in Zeitungsartikeln immer wieder von einem Koloß gesprochen. Dafür seien aus den letzten Tagen des Monats

August 1991, in denen dieses Kapitel begonnen wurde, einige Beispiele angeführt:

Rheinischer Merkur, 30.8.1991, S.1: „Der Koloß explodiert";

FAZ, 29.8.1991, S.1: „Wie sich vom kommunistischen Betonkoloß befreien, ohne von seinen Trümmern erschlagen zu werden?";

Die Welt, 26.8.1991, S.1: „Aus dem bösartigen Koloß UdSSR, den so viele als das Tausendjährige Reich schlechthin feiern, wird eine Gemeinschaft friedlicher Staaten";

FAZ, 26.8.1991, S.10: „Nebenan der Koloß" (ein Hinweis auf die Stimmungslage in Polen).

Dieses Bild vom russischen Koloß ist nicht neu. Es wurde bereits in der politischen Publizistik des Deutschen Reiches vor dem Ersten Weltkrieg verwendet. Darauf sei eingegangen, bevor die Herkunft des Bildes dargestellt wird.

Die Großmacht in der Mitte Europas, die durch die Reichsgründung 1871 entstanden war, fand ihre Beziehungen zu Frankreich dadurch belastet, daß als eine der Bestimmungen des Friedens von Frankfurt die Abtretung des Elsaß und eines großen Teiles von Lothringen mit Metz vorgesehen war. Den Verlust der beiden Ostprovinzen konnte ein großer Teil der französischen Öffentlichkeit nicht verschmerzen. Immer wieder wurde der Ruf nach Revanche laut.

Der große Nachbar im Osten, das zaristische Rußland, wurde von vielen Deutschen als Bedrohung empfunden. Die Furcht vor ihm fand ihren Ausdruck in dem Bild eines Kolosses, den einige für die Reichspolitik Verantwortliche als solide, als stabil ansahen, den andere dagegen als einen Koloß auf tönernen Füßen betrachteten. Dies waren vor allem einige Baltendeutsche, die einen beachtlichen Einfluß auf die deutsche öffentliche Meinung ausübten.

Da ist einmal Paul Rohrbach zu nennen, der 1869 in Kurland geboren wurde. Er hatte von 1887 an in Dorpat Theologie studiert; 1890 siedelte er nach Berlin über. Hier wurde er Mitarbeiter der „Preußischen Jahrbücher", lernte als solcher auf Studienreisen Rußland, Asien, Afrika und Amerika kennen und erwarb sich einen Ruf als Fachmann besonders für Rußlandfragen. Nach einer Untersuchung der russischen Wirtschaft kam er zu dem Ergebnis, daß Rußland ein Koloß auf tönernen Füßen sei. 1902 sagte er in einer Reihe von Artikeln voraus, daß die russische Wirtschaft kurz vor dem Zusammenbruch stehe.*

„Auch die Aufbauarbeit in Rußland nach dem russisch-japanischen Krieg ließ Rohrbach nicht sein abwertendes Urteil über das Zarenreich revidieren: 'Von Rußland kann man heute sagen, daß seine Kraft militärisch wie finanziell fast allgemein überschätzt wird, daß ihm sehr wahrscheinlich

---

* Die Angaben über Rohrbach sowie die folgenden über Schiemann, Haller und Bethmann Hollweg entnehme ich dem Buch von Fritz Fischer, „Krieg der Illusionen".

noch große innere Erschütterungen bevorstehen, und daß es vielleicht noch eine Zeit offenbarer politischer Kraftlosigkeit erleben wird, während derer es im Rate der Nationen wenig bedeutet', schrieb er im Juni 1913; allerdings räumte er ein, 'auf die Dauer' würde Rußland sich als 'ein national-politisches Massengebilde erster Ordnung' behaupten – wobei er auf die Weite des Raumes und seine Bodenschätze hinwies, die es Rußland ermöglichten, sich 'irgendeinmal ... auch finanziell, volkswirtschaftlich und technisch auf die Stufe der anderen großen Weltvölker zu entwickeln'. Wie Schiemann forderte Rohrbach unermüdlich eine 'Befreiung' der baltischen Provinzen aus der russischen Herrschaft und ihre Angliederung an Deutschland, im Vorkrieg wie im Krieg. 1907 notierte er in seinem 'Weltpolitischen Wanderbuch', er habe schon 1890 darum gewettet, daß Dorpat nach 20 Jahren wieder deutsch sein werde: 'noch drei Jahre also!'"[1]

Dann war da der Historiker Theodor Schiemann, 1847 geboren, der 1887 aus Reval ins Deutsche Reich gekommen war. Als Lehrer an der Kriegsakademie machte er die Bekanntschaft hoher Offiziere des preußischen Heeres. Er knüpfte enge Beziehungen zum Auswärtigen Amt. Als Gast des Kaisers nahm er seit 1904 mehrfach an dessen jährlicher Nordlandreise teil.

„Auch Schiemanns Rußlandbild ist geprägt durch die Vorstellung der moralisch-geistigen Überlegenheit der deutschen Kultur gegenüber der russisch-slawischen: Schiemann spricht von den Russen als einem barbarischen Volk, von ihrer 'Gleichgültigkeit gegen die Pflicht', 'die ein unvermeidliches slawisches Kennzeichen' sei, vom 'Fundamentalsatz', daß 'Rechtsgefühl dem russischen Genius fremd sei' und dem 'Bedürfnis zu zerstören, das tief in der russischen Natur begründet' sei. Schiemann vertrat die Ansicht, daß Rußland aus vielen auseinanderstrebenden Elementen zusammengesetzt sei und nur durch die brutale Autokratie des Zaren zusammengehalten werde. Aus der Lehre des Wirtschaftshistorikers v. Haxthausen, der Rußland in vier Zonen aufteilte (Großrußland, Kleinrußland, die Westgebiete, die Turkvölkergebiete), der aber durchaus nicht an eine Aufteilung des russischen Staates gedacht hatte, schloß Schiemann, das Gefüge des Vielvölkerstaates sei so morsch, daß bei Ausbruch eines Krieges sein innerer Zerfall sich nicht vermeiden lasse. Neue Nahrung fand diese Zuversicht durch das Anwachsen der revolutionären Strömungen, wie sie bei der Revolution 1905/06 erstmals erfolgreich aufwallten. In den russischen Ostseeprovinzen, in denen Letten und Esten gegen die meist deutschen streng monarchistisch gesinnten Gutsbesitzer rebellierten, überlagerte die Nationalitätenfrage die soziale Revolutionsbewegung.

Schiemann trat in diesen Monaten zusammen mit Hans Delbrück für Hilfsmaßnahmen zugunsten der bedrängten Baltendeutschen ein und für eine Intervention deutscher Marinekräfte und preußischer Truppen mit dem Ziel, die Provinzen zu annektieren. Damals äußerte der Kaiser in einem Gespräch mit Schiemann:

'Falls in Rußland demnächst alles drunter und drüber geht, dann lasse ich die baltischen Provinzen unter keinen Umständen im Stich, sondern komme ihnen zu Hilfe, und sie müssen dann dem Deutschen Reich angegliedert werden.'

Schiemann entgegnete darauf, er 'würde diesen 7. Juli (1905) nie vergessen und wollte gern sterben', wenn er 'den Tag des Einmarsches der Preußen in die baltischen Provinzen erlebte'.

Freilich hoffte Wilhelm II., daß der Zar sich behaupten würde, und er schreckte auch schon aus Furcht vor den deutschen Sozialdemokraten vor einer Aktion zurück."[2]

Als dritter Baltendeutscher sei der Tübinger Historiker Johannes Haller aufgeführt, der durch seine „Deutsche Geschichte" und die mehrbändige Geschichte über „Das Papsttum" bekanntgeworden ist. Er wurde 1865 auf der Insel Dagö bei Estland geboren. In Dorpat studierte er Geschichte, 1890 ging er nach Berlin. Was er beim Überschreiten der Grenze erlebte, hielt er in seinen Lebenserinnerungen fest, die 1960 in Stuttgart erschienen. Seine Worte kann man heute nur mit tiefem Erschrecken lesen. Sie lauten:

„Wer im Jahre 1890, aus Rußland kommend, die preußische Grenze überschritt, der trat in eine bessere Welt; an dieser Grenze prallten slawisch-mongolische Halbkultur mit deutsch-abendländischer Gesittung hörbar aufeinander."[3]

Während des Ersten Weltkrieges wurde Haller „zum glühenden Propagandisten für eine entscheidende Schwächung Rußlands durch Abtrennung der Ostseeprovinzen, einschließlich Estlands, und durch Abtrennung der Ukraine."[4]

All dies gehört zur Vorgeschichte der russischen Oktoberrevolution, deren Durchführung von der deutschen Obersten Heeresleitung dadurch ermöglicht wurde, daß Lenin mit einigen Mitarbeitern in einem plombierten Waggon, von Zürich kommend, durch Deutschland zum Fährhafen Saßnitz fahren konnte, dann, über Schweden und Finnland weiterreisend, am 16. April 1917 in St. Petersburg eintraf und sofort in den Ablauf der im März begonnenen revolutionären Vorgänge kraftvoll eingriff.

Aber nicht alle Verantwortlichen in Deutschland hielten Rußland für einen Koloß auf tönernen Füßen. Daß der „russische Koloß" auch als Bedrohung empfunden werden konnte, zeigt folgendes Zitat:

„Im Blick auf Deutschlands geographische Lage zwischen Ost und West wurde Schiemann zum Befürworter eines deutsch-englischen Bündnisses oder doch Neutralitätsabkommens gerade wegen seiner Rußlandfeindschaft. Auch hierin berührte sich Schiemann mit der Meinung des Kaisers. Bethmann Hollwegs politisches Weltbild war dieser Konzeption ebenfalls verwandt, nur daß bei ihm – anders als bei Schiemanns Geringschätzung Rußlands – der Alptraum vor der wachsenden Stärke des russischen Kolosses eine große Rolle spielte."[5]

Fritz Fischer hatte durch die Art, wie er Material zum Beweis für eine schwerwiegende deutsche Mitschuld am Ausbruch des Ersten Weltkrieges zusammengetragen hatte, eine heftige Kontroverse ausgelöst, die noch keineswegs abgeschlossen ist. In der Bewertung verschiedener Vorgänge trat ihm Karl Dietrich Erdmann entgegen, der aber die Anschauungen der oben behandelten Persönlichkeiten selbst auch folgendermaßen kennzeichnet:

„Neben den verschiedenen Formen des Mitteleuropagedankens gab es in der politischen Publizistik auch die Vorstellung, daß Deutschland zur Verbreiterung seiner Basis Annexionen auf Kosten seiner Nachbarn vornehme müsse. Hier sind in erster Linie einige baltendeutsche Schriftsteller zu nennen, die vor der russischen Nationalisierungswelle* ihre Heimat verlassen hatten und nun in Deutschland die Vorstellung propagierten, das russische Reich sei ein morsches Gebilde, es werde auseinanderbrechen, und die baltischen Provinzen müßten Deutschland zufallen. Solche Gedanken wurden vertreten von dem Osteuropahistoriker und Freund Kaiser Wilhelms, Theodor Schiemann, und dem vielgelesenen Reiseschriftsteller Paul Rohrbach. Aber auch die Gegenstimme fehlte nicht. Der bedeutende Kenner der osteuropäischen Geschichte Otto Hoetzsch, als politischer Kommentator der konservativen *Kreuzzeitung* Nachfolger von Theodor Schiemann, vertrat die Überzeugung, daß Rußland in seinem staatlichen Gesamtumfange ein organisches Gebilde der Geschichte sei und eine große Zukunft besitze. Gerade diese Anschauung ist es gewesen, die für die Lagebeurteilung durch die politische Führungsschicht vor dem Kriege bestimmend war. Bethmann Hollweg und der Generalstab rechneten für die kommenden Jahre mit einer schnellwachsenden militärischen Kraft Rußlands. Man wußte um die russischen Heeresvermehrungen und um die in Angriff genommenen strategischen Bahnbauten im Westen des Zarenreiches. Bei Bethmann Hollweg steigerte sich diese Sicht zu der in den Tagebüchern Riezlers bezeugten Zukunftsvision von einer unaufhaltsam wachsenden Macht und Größe Rußlands. Wenn man davon ausging, daß sich die militärischen Machtverhältnisse im Laufe der Jahre eindeutig zuungunsten Deutschlands verschieben würden, so lag es von den Denkvoraussetzungen der Zeit her, die den Krieg als ein legitimes Mittel nationaler Machtpolitik betrachtete, nahe, den Gedanken an einen Präventivkrieg in das politische Kalkül einzubeziehen."[6]**

---

* Die zaristische Regierung wurde in den achtziger und neunziger Jahren des letzten Jahrhunderts durch einen aggressiven Nationalismus, der vorher bereits viele europäische Völker ergriffen hatte, zu einer Politik veranlaßt, die eine der Mitursachen der Völkerkatastrophe des 20. Jahrhunderts wurde. In den bis dahin deutsch verwalteten Ostseeprovinzen begannen in den achtziger Jahren scharfe Russifizierungsmaßnahmen, denen entsprechende Maßnahmen in Finnland, Polen und Litauen folgten. Die Ukrainer galten ohnehin als Russen.
** Dieser Teil des Kapitels ist am 2. September 1991 geschrieben worden. Am Abend dieses Tages wurde im Fernsehen gezeigt, wie Hagen Graf Lambsdorff, der Bruder von Otto Graf Lambsdorff, sein

Gehen wir jetzt auf den Ursprung des Bildes vom Koloß auf tönernen Füßen ein. Wir finden es im Buch Daniel im 2. Kapitel:

„Im zwölften Jahre der Regierung Nebukadnezars hatte dieser einen Traum. Sein Geist beunruhigte sich darüber, und er konnte nicht mehr schlafen. Da ließ der König die Wahrsager, Beschwörer, Zauberer und Kaldäer* rufen. Sie sollten dem König über seinen Traum Aufschluß geben."[7]

Der König verlangte von ihnen, ihm den Traum und seine Deutung zu erzählen. Sie erklärten, es sei unmöglich, den Traum zu deuten, ohne diesen selbst zu kennen. Der König ergrimmte und gab den Befehl, alle Weisen umzubringen. Auch Daniel und seine drei Gefährten sollten hingerichtet werden. Sie gehörten zu den Juden, die Nebukadnezar ins Exil nach Babylon geführt hatte. Sie hatten eine sorgfältige Erziehung erhalten und waren in königliche Dienste getreten, wo sie sich als Zeichendeuter bewährt hatten. Es gelang Daniel, vom König eine Frist gewährt zu bekommen, nach deren Ablauf er die Deutung kundtun wollte. Vom Gott des Himmels, den er um Erbarmen angefleht hatte, wurde Daniel in einem Nachtgesicht das Geheimnis geoffenbart. Daniel wurde vor den König geführt und sprach folgendes zu ihm:

„Das Geheimnis, nach dem der König fragt, können Weise und Zauberer, Wahrsager und Sterndeuter dem König nicht mitteilen. Doch ist ein Gott im Himmel, der Geheimnisse aufdeckt und den König Nebukadnezar wissen läßt, was am Ende der Tage geschehen wird. Dein Traum und was dir an Bildern auf deinem Lager durch den Kopf ging, ist folgendes:

Dir, o König, stiegen auf deinem Lager Gedanken auf, was dereinst geschehen wird. Er, der Geheimnisse enthüllt, ließ dich wissen, was sein wird. Mir aber ward dieses Geheimnis nicht etwa infolge einer Weisheit, durch die ich anderen Menschen überlegen wäre, enthüllt. Es geschah, damit man dem König die Deutung kundtue und du die Gedanken deines Herzens verstehst. Du, o König, hattest ein Gesicht und schautest eine gewaltige Bildsäule. Jene Bildsäule war überaus groß, ihr Glanz ganz außergewöhnlich. Sie stand vor dir. Ihr Aussehen war furchterregend. An diesem Bild war der Kopf von lauterem Golde, seine Brust und seine Arme aus Silber, sein Bauch und seine Hüften aus Erz; seine Schenkel waren aus Eisen, seine Füße teils aus Eisen, teils aus Ton. Du schautest hin, bis sich ein Stein ohne Zutun von Menschenhand loslöste, die eisernen und tönernen Füße traf und sie zermalmte. Da zerstoben im Nu das Eisen, der Ton, das Erz, das Silber und das Gold. Sie wurden wie Spreu auf den sommerlichen Tennen; der Wind trug sie fort, und keine Spur fand sich mehr von ihnen. Der Stein aber, der die Bildsäule getroffen hatte, ward zu einem großen Berg und erfüllte die ganze Erde."[8]

Beglaubigungsschreiben als deutscher Botschafter in Lettland in eben jenem Rittersaal überreichte, in dem der deutsche baltische Adel, zu dem das Geschlecht der Lambsdorff gehört, seine Tagungen abhielt.
*Kaldäer ist hier eine Bezeichnung für eine Klasse von Wahrsagern.

Es ist schon eine eigentümliche Erscheinung, daß während der Zeit, in der die Blicke der Weltöffentlichkeit auf den Irak, das alte Mesopotamien mit seiner Hauptstadt Babylon, gerichtet waren, mehrere Male in Zeitungen das Bild vom Koloß auf tönernen Füßen gebraucht wurde. Es wurde jedoch immer eine andere Macht als ein solcher Koloß bezeichnet.

Am 30.1.1991 heißt es in der *International Herald Tribune*: „The Grand European Colossus Shows Feet of Clay", übersetzt etwa: „Der so eindrucksvoll wirkende europäische Koloß steht doch nur auf tönernen Füßen". Dieses Urteil wird unter anderem so begründet: „From the outset, the Gulf crisis has revealed that the whole process of European political integration has feet of clay. For all the brave talk of union, the Community can apparently sustain only fair weather 'common' foreign policies."[9] – „Vom Anfang an hat die Golfkrise enthüllt, daß der ganze Prozeß der europäischen politischen Einigung auf tönernen Füßen steht. Mag auch noch so großartig von Einheit geredet werden, es kann die europäische Gemeinschaft doch offensichtlich nur eine Schönwetter 'gemeinsame' Außenpolitik aushalten".

Am 18.2.1991 beschreibt die *Frankfurter Allgemeine Zeitung* einen anderen derartigen „Koloß": „Der Zorn über Deutschland, den 'Koloß auf tönernen Füßen', hat sich gelegt, seit Außenminister Hurd in Bonn 800 Millionen Mark Kriegslastenausgleich bekam und die erste Bonner Begegnung zwischen 'Chancellor Helmut' und 'dear friend' Major einer Verbrüderung glich. Größer ist nun das britische Verständnis für die Gründe deutscher Kriegsangst. Eines aber hat sich nicht geändert. Die Briten sprechen Deutschland seit dem Golfkrieg die schon halb zugestandene Führungsrolle in Europa ab. Sie wollen diese Rolle selbst spielen. Das 'reiche, gesunde, unsichere' Deutschland soll ihnen in Europa zur Hand gehen, in einem Dreieck mit Frankreich."[10]

Am 8.3.1991 führt Die *Zeit* noch eine weitere nicht gar so starke Macht an: „Die vielbeschworene Neue Weltordnung schließlich? 'Endlich Pax Americana', frohlockt die Rechte in den Vereinigten Staaten. Sie stellt sich die künftige Ordnung als 'unipolar' vor: Nur noch Amerika zähle, nachdem die Sowjetunion als Supermacht aus dem Rennen geschieden sei. Aber Rußland bleibt mit 30.000 Atomwaffen bei aller wirtschaftlichen und politischen Schwäche doch ein ernst zu nehmender Faktor. Und auch die westliche Supermacht steht ja auf tönernen Füßen. Ihre militärische Kraft hat die Welt beeindruckt, doch kann niemand die Augen davor verschließen, daß die amerikanische Gesellschaft unter der Last der häuslichen Probleme gefährlich wankt; daß Amerika sein wirtschaftliches Schicksal längst nicht mehr selbst bestimmt; daß Washington sich seine Weltpolizistenrolle von anderen finanzieren lassen muß."[11]

So werden also Machtverhältnisse in diesem letzten Jahrzehnt vor der Jahrtausendwende durch ein Bild gekennzeichnet, das aus der apokalyptischen Tradition unserer Kultur stammt.

Menetekel

Das Bild vom Koloß auf tönernen Füßen hat uns zum Buch Daniel im Alten Testament geführt. Auch das „Menetekel", dessen Verwendung erst einmal dokumentiert werden soll, ist darin zu finden.

In der FAZ vom 20.12.1990 heißt es auf Seite 1: *„Moskauer Menetekel. Gegen Bonapartismus schien die Sowjetunion bisher gefeit zu sein.* Wenn immer ein General auch nur andeutungsweise andere als soldatische Ambitionen erkennen ließ, sah er sich vom jeweiligen Generalsekretär der Partei prompt für immer kaltgestellt. Um so dramatischer mutet es daher an, daß die militärische Führung des Landes Gorbatschow jetzt geradezu ultimativ aufgefordert hat, mit ihrer Hilfe jenen politischen Kräften das Handwerk zu legen, die im Grunde nur die nationale Eigenständigkeit ihrer Republiken anstreben, nun aber nach alter Manier als machthungrige Separatisten und antisozialistische Volksfeinde abgestempelt werden.

In dieses beklemmende Bild paßt es, daß der im Kongreß der Volksdeputierten erhobene Ruf nach Verhängung des Ausnahmezustands über 'Unruhegebiete' nicht nur von hohen Militärs und orthodoxen Parteifunktionären ausging, sondern selbst vom Oberhaupt der Russischen Orthodoxen Kirche unterstützt wurde. Wohl hat auch die Kirche unter der kommunistischen Herrschaft gelitten, sich ungeachtet dessen jedoch, wie schon zu Zarenzeiten, mit dem Staatswesen russischer Prägung stets vorbehaltlos identifiziert und nie einen Hehl aus ihrer Abneigung gegen westliche Einflüsse kultureller und wirtschaftlicher Art gemacht. An diese Tradition knüpfte jetzt, ebenfalls im Kongreß der Volksdeputierten, auch Ministerpräsident Ryschkow an, der seinen möglicherweise letzten Auftritt als gescheiterter Lenker der sowjetischen Wirtschaft zu einer ideologischen Verdammung der Perestrojka nutzte. In der Sowjetunion den Kapitalismus einführen, die Kommunistische Partei zerschlagen? Ganz im Sinne der Betonköpfe in Politik, Generalität und KGB lief Ryschkows Antwort auf eine scharfe Abrechnung mit der bisherigen Politik Gorbatschows hinaus.

Der Präsident selbst hatte tags zuvor die sich mehrenden Anzeichen für den Rückfall in ein kommunistisches Regime klassischen Stils zwar noch einmal in Abrede gestellt. Ohne größere Rücksichtnahme auf jene Kräfte aber, die jetzt aus dem Schatten der repressiven Vergangenheit wieder offen hervortreten, wird sich Gorbatschow nur schwer an der Macht halten können. Sein Gegenspieler Jelzin, der auf die jüngsten Entwicklungen nicht von ungefähr mit der Warnung vor einer neuen Kreml-Diktatur reagierte, nimmt sich schon beinahe wie der sprichwörtliche Rufer in der Wüste aus."[1]

Hier wird die politische Situation in Moskau am 20. Dezember 1990 als ein Menetekel bezeichnet. Etwa einen Monat später wird das gleiche Bild durch den letzten Satz einer Leitglosse derselben Zeitung auf die Rolle der Bundesrepublik im Golfkrieg bezogen.

„Dies zeigt, wie von Minute zu Minute die Bundesrepublik immer weiter in den Golfkrieg verstrickt wird, mag sie sich noch so gewehrt haben, daran unmittelbar beteiligt zu sein. (...)

Dem Streben des Bundeskanzlers, den deutschen Einsatz auf Geld zu beschränken, ist nur unter zwei Voraussetzungen Aussicht auf Erfolg beschieden: daß die Opposition mithilft, die Summe so groß zu machen, daß es innerhalb der Völkergemeinschaft tatsächlich nach akzeptabler Lastenverteilung aussieht – und daß den Alliierten bald die Erfüllung ihres UN-Auftrags gelingt. Doch auch dann wird die Illusion verflogen sein, Deutschland könne die führende Kraft des freien Europas werden. Das Urteil wird lauten: gewogen und zu leicht befunden."[2]

Die Welt vom 4.3.1991 bringt für den Kommentar die Überschrift *Mene, mene tekel.* Zum Verständnis des Auszuges sei folgendes in Erinnerung gerufen: Die Kampfhandlungen am Golf endeten am 28.2.1991. Es wurden „in einem Zelt auf dem ehemaligen Schlachtfeld um Kuwait" die Bedingungen der Waffenruhe ausgehandelt, während man in Bagdad „das blutige Abenteuer des Saddam Hussein um Kuwait immer noch als einen Sieg" feierte. Dann heißt es:

„'Der Frieden rückt näher', zog Schwarzkopf die Bilanz. Damit rückt zugleich für die Bürger des Irak die Stunde der grausamen Wahrheit näher, die in Basra, der Frontstadt im Süden, offenbar schon eingekehrt ist.

Alles deutet darauf hin, daß damit auch die letzte Stunde für Saddam gekommen ist. Seine Bürger erwachen aus einem schlimmen Traum. Sie haben zwei Kriege mit diesem Mann verloren. Dies und die Bilanz der Toten ist mehr, als jede verlogene Propaganda zu übertünchen vermag. Es bedarf deshalb nicht mehr der Bomben und der Panzer, das letzte Kapitel dieses Krieges zu schließen. Es gibt zur Bewältigung dieses letzten Problems namens Saddam Hussein eine wirksamere Waffe: die grausame Wahrheit.

So war es ein weiser Entschluß des Siegers George Bush, diese Waffe den Bürgern dieses zerschundenen und irregeleiteten Volkes zu übertragen: Gewogen, zu leicht befunden und den Irakern überlassen."[3]

Dieses Zitat lenkt unseren Blick auf den Irak, das alte Mesopotamien, wo in dem Palast des Königs nach dem Bericht der Bibel die Worte Mene mene tekel an die Wand geschrieben wurden.

Es seien jetzt die für uns wesentlichen Teile des 5. Kapitels des Buches Daniel gebracht:

„Der König Belschazzar veranstaltete ein großes Gastmahl für seine tausend Großfürsten, und mit den Tausend trank er Wein. In der Weinlaune ließ er die goldenen und silbernen Gefäße herbeiholen, die sein Vater Nebukadnezar aus dem Tempel zu Jerusalem geraubt hatte, damit der König, seine Großfürsten, seine Frauen und Nebenfrauen daraus trinken könnten. Da holte man die goldenen und silbernen Gefäße, die man aus dem Tempel in Jerusalem geraubt hatte, und der König, seine Großfürsten, seine

Frauen und Nebenfrauen tranken daraus. Sie tranken Wein und priesen die Götter aus Gold, Silber, Erz, Eisen, Holz und Stein. Zur gleichen Stunde erschienen die Finger einer Menschenhand und schrieben auf der Kalktünche an der Wand des königlichen Palastes gegenüber dem Leuchter. Der König bemerkte die schreibende Hand. Da veränderte sich die Gesichtsfarbe des Königs, seine Gedanken erschreckten ihn, seine Hüftgelenke lockerten sich, und seine Knie schlugen zitternd aneinander. Der König rief laut nach den Wahrsagern, Kaldäern und Sterndeutern. Er hob an und sprach zu den Weisen von Babel: 'Wer immer diese Schrift lesen und mir deuten kann, der soll in Purpur gekleidet werden, um seinen Hals eine goldene Kette tragen und als Rangdritter im Reiche herrschen.'

Da traten alle königlichen Weisen an. Sie vermochten aber nicht, die Schrift zu lesen und ihre Deutung dem König kundzutun."[4]

Auf den Rat der Königin, die auf die Schreckensrufe des Königs und seiner Großfürsten hin in den Festsaal gekommen war, wurde Daniel gerufen, von dem sie sagte, der König Nebukadnezar habe ihn zum Obersten der Wahrsager, Zauberer, Kaldäer und Sterndeuter bestellt. Daniel sprach zum König:

„O König, der höchste Gott hat Königtum, Größe, Ehre und Pracht deinem Vater Nebukadnezar verliehen. Ob der Größe, die er ihm gab, zitterten und bebten vor ihm alle Völker, Nationen und Sprachen. Denn wen er wollte, konnte er töten; wen er wollte, konnte er am Leben lassen; wen er wollte, konnte er erhöhen; wen er wollte, konnte er erniedrigen. Da sich aber sein Herz erhob und sein Geist bis zur Vermessenheit sich verstockte, wurde er vom Thron seines Reiches gestürzt, und seine Würde ward ihm genommen. Aus der menschlichen Gesellschaft wurde er ausgestoßen, sein Sinn wurde dem eines Tieres ähnlich, bei den Wildeseln hauste er; wie den Rindern gab man ihm Gras zur Nahrung, und vom Tau des Himmels wurde sein Leib benetzt, bis er einsah, daß der höchste Gott Gewalt hat über menschliches Königtum, und daß er dazu bestimmen kann, wen er will.

Auch du, sein Sohn Belschazzar, hast dein Herz nicht gedemütigt, obwohl du all das wissen mußtest. Vielmehr hast du dich gegen den Herrn des Himmels erhoben. Die Gefäße seines Tempels mußte man dir bringen, und du trinkst daraus Wein mit deinen Großfürsten, Frauen und Nebenfrauen. Die Götter aus Silber und Gold, Erz und Eisen, Holz und Stein, die weder sehen noch hören können und keinen Verstand besitzen, hast du gepriesen. Jedoch den Gott, in dessen Gewalt dein Lebensodem ist und der über alle deine Wege verfügt, hast du nicht verherrlicht.

Da wurde von ihm diese Hand gesandt und die Schrift dort niedergeschrieben. So lautet die Schrift, die da geschrieben ward: 'Mene mene tekel upharsin'. Und das ist die Deutung des Inhalts: Mene: gezählt hat Gott dein Königtum und es weggegeben. Tekel: gewogen bist du auf der Waage und zu leicht befunden. Peres: geteilt wird dein Reich und den Medern und Persern gegeben.'

Da gab Belschazzar Anweisung, und man kleidete Daniel in Purpur und legte die goldene Kette um seinen Hals. Man verkündete von ihm, daß er als Rangdritter im Reiche herrschen solle. In derselben Nacht wurde der kaldäische König Belschazzar ermordet."[5]

In einer Anmerkung zu dieser Bibelstelle heißt es: „5, 25–28: Das Rätselhafte an den Wörtern mene, tekel, peres (Einzahl zur Mehrzahl p[h]arsin) liegt vor allem in deren Doppelsinn. Als Hauptwörter bedeuten sie Geldsorten: Mine, Sekel und Halbmine. Daniel sieht darin Zeitwörter und kommt so zu seiner Deutung. Peres ist zudem fast gleichlautend mit 'Perser', also wohl auch eine Anspielung auf dieses Volk, das dem babylonischen Weltreich ein Ende machte."[6]

Auf folgendes sei aufmerksam gemacht: „... wen er (Nebukadnezar, H.-D.F.) wollte, konnte er töten; wen er wollte, konnte er am Leben lassen". In dem Kapitel „Das altmesopotamische Erbe" hatte es vom Herrscherkönig geheißen: „Er ist Herr allen Lebens".

Weiterhin: „... den Gott, in dessen Gewalt dein Lebensodem ist, ... hast du nicht verherrlicht." In dem Kapitel „Der Garten Eden" ist aus dem 1. Buch Moses 2, 7 zitiert worden: „Da bildete Gott, der Herr, den Menschen aus dem Staub der Ackerscholle und blies in seine Nase den Odem des Lebens; so ward der Mensch zu einem lebendigen Wesen".

Es seien noch einige Beispiele über die Verwendung des mit Menetekel gekennzeichneten Bildes in der deutsch- und englischsprachigen Presse gebracht:

FAZ, 25.2.1991, S.1: „Der Irak-Kuwait-Konflikt ist kein Menetekel kommender Dinge";
Die Zeit, 8.3.1991, S.2: „Menetekel für Moskaus Militärs";
Newsweek, 18.3.1991, S.5: „The handwriting was on the wall";
Time, 1.4.1991, S.41: „Writing on the Wall";
FAZ, 2.4.1991, S.16: „Marshallplan zwischen Mythos und Menetekel";
The European, 5.–7.4.1991, S.2: „Daniel prophesied at Belshazzar's Feast";
FAZ, 22.4.1991, S.15: „Menetekel in Rom";
Die Welt, 7./8.9.1991, S.1: „Eine Rechnung wurde erstellt und der Saldo lautet: Gewogen, gewogen und zu leicht befunden".

Der letzte Satz des Zitats aus der *Frankfurter Allgemeinen Zeitung* vom 20.12.1990, S.1, lautet: „Sein (Gorbatschows, H.-D.F.) Gegenspieler Jelzin, der auf die jüngsten Entwicklungen nicht von ungefähr mit der Warnung vor einer neuen Kreml-Diktatur reagierte, nimmt sich jetzt schon beinahe wie der sprichwörtliche Rufer in der Wüste aus."[7]

Wo wird vom „Rufer in der Wüste" gesprochen? Lesen wir die Worte am Anfang des 3. Kapitels des Matthäus-Evangeliums:

„In jenen Tagen trat Johannes der Täufer auf und predigte in der Wüste von Judäa, indem er sprach: 'Bekehrt euch (oder: denket um), denn genaht hat sich das Reich des Himmels.' Dieser nämlich ist es, von dem durch den Propheten Isaias gesagt ist: 'Stimme eines Rufers in der Wüste: Bereitet den Weg des Herrn; macht gerade seine Pfade!'"[8)]

Welche Worte hat also Johannes der Täufer in der Wüste von Judäa gesprochen? – „Denket um, denn genaht hat sich das Reich des Himmels."

Die Babylonische Gefangenschaft

Die nach Babylon deportierten Juden hatten keine Sklavenarbeiten zu verrichten. Die babylonischen Herrscher wußten ihre Fähigkeiten zu schätzen, so daß manche es zu Wohlstand brachten. Es kehrten auch nicht alle zurück, als Kyros ihnen die Rückkehr gestattet hatte. Und doch gibt es ein eindrucksvolles Dokument für die Zionssehnsucht. Es ist Psalm 137, 1–6:
„An den Strömen Babylons, da saßen wir und weinten,
Wenn wir Zions gedachten;
An die Weiden im Lande
Hängten wir unsere Harfen.
Denn dort hießen uns singen,
Die uns hinweggeführt,
Hießen uns fröhlich sein unsere Peiniger:
'Singt uns eines von den Zionsliedern!'

Wie könnten wir des Ewigen Lied singen
Auf fremder Erde?
Vergesse ich deiner, Jerusalem,
so müsse meine Rechte verdorren!
Die Zunge müsse mir am Gaumen kleben,
Wenn ich dein nicht gedenke,
Wenn ich nicht Jerusalem setze über meine höchste Freude!"[1)]

Kyros und Ahura Mazda

In mehrfacher Hinsicht ist die Gestalt des Perserkönigs Kyros (lat. Cyrus, in der hebräischen Bibel: kóresch), 558–529 v.Chr., mit unserem Gesamtthema verbunden. Das Buch Esra im Alten Testament beginnt mit diesen Worten:
„Im ersten Jahr des Cyrus, des Königs von Persien, erweckte der Herr den Geist des Perserkönigs Cyrus, damit des Herrn Verheißung aus dem Mund des Jeremias in Erfüllung ginge. Er verbreitete in seinem ganzen Reich eine Bekanntmachung, die auch schriftlich erging:

'So spricht Cyrus, der König von Persien: Alle Reiche der Erde hat mir der Herr, der Himmelsgott, verliehen. Er hat mich beauftragt, ihm ein Haus in Jerusalem zu bauen, das in Juda liegt. Wer unter euch zur Gesamtheit seines Volkes gehört, mit dem sei sein Gott! Er ziehe hinauf nach Jerusalem in Juda und baue das Haus des Herrn, des Gottes Israels. Dieser ist der Gott, der in Jerusalem wohnt. Jedem, der noch übriggeblieben ist, sollen an allen Orten, wo immer er als Fremdling weilt, die Ortsinsassen mit Silber, Gold, beweglicher Habe und Vieh aushelfen, ferner mit freiwilligen Gaben für das Haus Gottes in Jerusalem."[1]

„Der Herr", von dem hier die Rede ist, ist der Gott Israels. Der Verfasser des Buches Esra sieht also den fremden Herrscher von Israels Gott geführt. Noch auffälliger ist es, daß in den folgenden Worten des Propheten Jesaja gesagt wird, der Herr habe zu seinem Gesalbten zu Cyrus gesprochen.

„So sprach der Herr zu seinem Gesalbten, zu Cyrus: 'Du, dessen rechte Hand ich ergriff, um Völker vor ihm niederzuwerfen und an Königshüften den Gürtel zu lösen, um vor ihm Türen zu öffnen, so daß keine Tore verschlossen bleiben. Ich gehe einher vor dir und ebne die Berge ein; die ehernen Türen zerbreche ich, zerschlage die eisernen Riegel. Verborgene Schätze gebe ich dir und geheime Vorräte. Erkennen sollst du, daß ich der Herr bin, der dich mit deinem Namen rief, Israels Gott.

Um meines Knechtes Jakob willen und Israels, meines Erwählten, willen rief ich dich bei deinem Namen, gab dir Ehrennamen, obwohl du mich nicht kanntest. Ich bin der Herr, und sonst gibt es keinen; einen Gott außer mir gibt es nicht! Ich gürtete dich, obwohl du mich nicht kanntest. Vom Aufgang der Sonne bis zu ihrem Untergang soll man erkennen, daß es keinen gibt außer mir. Ich bin der Herr, und sonst keiner! Das Licht bilde ich und erschaffe die Finsternis; ich bewirke das Heil und schaffe das Unheil! Ich, der Herr, bin es, der all dieses wirkt. Träufelt, ihr Himmel, von oben, Wolken mögen Gerechtigkeit rieseln lassen! Die Erde tue sich auf, und es erblühe das Heil! Gerechtigkeit lasse sie zugleich hervorsprießen! Ich, der Herr, habe das erschaffen."[2]

Der Gesalbte, hebr. *maschiach*, gebräuchliche Form *messias*, griechisch *christos*, der verheißene Retter, Erlöser, wird der nicht aus dem königlichen Haus David erwartet? Nehmen wir jetzt die Aussagen aus der „Schatzhöhle" (Näheres darüber im Augustus-Kapitel) hinzu, so wird sogar eine solche Verbindung zum Haus David geltend gemacht. „Weil Cyrus die Rückkehr der Israeliten veranlaßte, sprach Gott: 'Ich habe meinen Diener Cyrus bei der Rechten ergriffen.' Und Cyrus wird genannt: 'Mein Hirte, der Gesalbte des Herrn', darum, daß sein Same in Davids Samen durch Mesainat, Zerubabels Schwester, die er heiratete, aufgenommen wurde."[3]

Im Matthäus-Evangelium im 1. Kapitel, das die Abstammung Jesu Christi aufführt, heißt es in Vers 12: „Nach der Wegführung nach Babylon stammte von Jechonias Salathiel, von Salathiel stammte Zorobabel."[4]

Zorobabel wird auch Zerubabel, Serubbabel geschrieben. In dem Namens-
bestandteil babel ist der Name Babel = Babylon enthalten.

Der Ausdruck: „Du, dessen rechte Hand ich ergriff", entspricht genau dem
Ritual des fünften Tages des babylonischen Neujahrsfestes, auf dem der
König, nachdem er aller Herrschaftszeichen entkleidet worden war, die
Hand des Bildes des Gottes Marduk als Zeichen seiner Wiedereinsetzung als
Stellvertreter des Gottes ergriff.

Auch die Berufungsformel: „Ich rief dich bei deinem Namen", findet sich
bei Jesaja ebenso wie in der Herrschergeschichte Mesopotamiens.

Die Hauptgottheit Babylons war Marduk, die Rudolf Steiner Marduk-
Michael nennt. Von Michael wird in besonders eindringlicher Weise im Buch
Daniel gesprochen, und zwar im Zusammenhang mit Aussagen über die
Endzeit. Der Daniel des Alten Testaments war, wie in dem Kapitel „Der
Koloß auf tönernen Füßen" genauer dargestellt, in hoher Stellung im
Dienste des Königs Nebukadnezar.

Zwei Stellen aus Daniel seien kurz gebracht:

„Doch siehe da, Michael, einer der ersten Fürsten, kam mir zu Hilfe."[5]

„In jener Zeit tritt Michael auf, der große Fürst, der über den Söhnen
deines Volkes schützend steht."[6]

Die Haltung dreier Griechen, die wir gleich kennzeichnen werden, Kyros
gegenüber führt ebenso wie die Einstellung der Juden zu der Frage, von
welchem Gott sie Kyros geführt sehen. Wie erstaunlich die Haltung der
Griechen ist, ergibt sich aus folgendem.

Auf Kyros folgte 529 v.Chr. sein Sohn Kambyses II. (529–521 v.Chr.).
Dieser hatte Dareios I. (521–485 v.Chr.) zum Nachfolger, der aus einer
Nebenlinie des achämenidischen Königsgeschlechts stammte. Durch Heirat
zweier Töchter des Kyros suchte er die Rechtmäßigkeit seiner Herrschaft zu
sichern. Dieser Dareios ist uns unter der Namensform Darius als jener
Perserkönig bekannt, durch den die Griechen ihre Freiheit bedroht sahen.
Die Athener brachten den persischen Angriff durch den Sieg bei Marathon
490 v.Chr. zum Stehen. Der zweite Vorstoß unter Darius' Sohn Xerxes führte
zu den Niederlagen der persischen Flotte bei Salamis 480 v.Chr. und der
Armee bei Plataä 479 v.Chr.

Bei Marathon und bei Salamis hatte der Athener Aischylos mitgekämpft,
der 472 v.Chr., also nur wenige Jahre später, in seinem Perserdrama dieses
Urteil über Kyros brachte:

„Ein glückseliger Mann war er, und Frieden brachte er all den Seinigen,
gewann das Land der Lyder und der Phrygier, und unterwarf sich ganz
Ionien mit Gewalt; denn da er Maß hielt, zürnte ihm die Gottheit nicht."[7]

Der zweite Grieche ist der Geschichtsschreiber Herodot, Lebensdaten ca.
484–430 v.Chr., der in seinem Werk „Neun Bücher griechischer Geschichte"
im „Ersten Buch" besonders in den Kapiteln 99–121 und 176–198 ein

positives Bild des Kyros zeichnete. Dieses tat auch Xenophon – geboren 426, sein Todesjahr ist nicht bekannt – in seiner „Erziehung des Kyros", dem Bild eines idealen Gemeinwesens, in dem Kyros alle Tugenden eines Herrschers zugeschrieben werden: Selbstzucht, Genügsamkeit und Gottvertrauen, vorbildliches Verhalten gegenüber den Untertanen, die ihm aufrichtigen Gehorsam entgegenbringen.

Welchem Gott vertraute Kyros? Welche Gottheit zürnte ihm nicht, da er Maß hielt? Damit kommen wir zu dem Gott, den Zardoscht/Zarathustra verkündete, nämlich Ahura Mazda.

Nach Franz Altheims Untersuchungen, die er in seinem Buch „Zarathustra und Alexander" niedergelegt hat, wurde Zarathustra 599/98 geboren, empfing seine erste Offenbarung 569/68 und gewann einen der Mächtigen seiner baktrischen Heimat mit Namen Vischtaspa für seine Lehre. 553 errang Kyros die Herrschaft. Der große Prophet und der große König waren also Zeitgenossen.

In welchen Bildern und Vorstellungen die Verbindung eines persischen Herrschers mit Ahura Mazda zum Ausdruck kam, wird in dem Kapitel „Der Kampf zwischen Iran und Turan" bei der Darstellung des Wesens dessen, was „der Glanz der königlichen Majestät" genannt wird, genauer gekennzeichnet. Zum Abschluß sei nur darauf hingewiesen, daß der letzte Schah sich in besonderer Weise mit Kyros verbunden glaubte und den „Glanz der königlichen Majestät" auf seine eigene Weise der Welt zu zeigen versuchte.

Alexander der Große

Eine kurze Darstellung von Persönlichkeit und Wirkung Alexander des Großen wird aus folgenden Gesichtspunkten heraus gegeben:

Zur Aufrechterhaltung einer dem Willen der Götter entsprechenden sozialen Ordnung gehörten Rituale, wie sie schon bei der Schilderung des babylonischen Neujahrsfestes gekennzeichnet wurden. Der König hatte bestimmten Anforderungen zu entsprechen, zu denen eine Berufung durch einen Gott gehörte. Die Herrschaft mußte jedes Jahr rituell erneuert werden. Drohte dem König aufgrund von Voraussagen Gefahr, so wurde ein Scheinkönig inthronisiert. Mit einem solchen haben wir es wohl in der Schilderung zu tun, die Plutarch (Lebenszeit etwa 45–125 n.Chr.) in seiner Alexanderbiographie gibt. Alexander war im Frühjahr 323 v.Chr. unter beunruhigenden Vorzeichen nach Babylon zurückgekehrt. Plutarch, dem das Ritual des Scheinkönigs wohl nicht vertraut war, berichtet:

„Und eines Tages, nachdem er sich entkleidet hatte, um sich einölen zu lassen, und sich dem Ballspiel hingab, gerade als man seine Kleider zurückbringen wollte, da bemerkten die jungen Männer, die mit ihm spielten, einen Mann, angetan mit den Gewändern des Königs, ein Diadem auf dem Kopfe, der schweigend auf seinem Throne saß. Sie fragten ihn, wer er wäre, worauf er eine ganze Weile keine Antwort gab, bis er schließlich zu sich kam; dann sagte er ihnen, sein Name wäre Dionysios, er käme aus Messenia und wäre wegen irgendeines Verbrechens, dessen man ihn angeklagt hätte, hierher verbracht worden. In seiner langen Gefangenschaft sei ihm Serapis (ägyptischer Gott, H.-D.F.) erschienen, hätte ihn von seinen Ketten befreit, ihn an diesen Platz geleitet und ihm befohlen, des Königs Gewand und Diadem anzulegen und sich dort hinzusetzen, wo sie ihn gefunden hätten, und nichts zu sagen. Als Alexander dies hörte, ließ er auf Weisung seiner Wahrsager den Mann hinrichten; danach aber war sein Elan dahin, er verlor das Vertrauen in den Schutz und die Hilfe der Götter und begann, seinen Freunden zu mißtrauen."[1]

Es wird auch von Erwartungen berichtet, die Alexander hinsichtlich des persischen, also nicht des babylonischen Neujahrsfestes hegte. Am 31. März 330 v. Chr. war er in Persepolis eingezogen. Dies war eine heilige Stadt, in der Art wie Mekka und Jerusalem heilige Städte sind. Der hier herrschende Gott war Ahura Mazda, der König war der von ihm Erwählte. Alexander hoffte offensichtlich, der persische Adel würde ihn als einen solchen König anerkennen. Wenn auch Persepolis von seinen Mazedonen geplündert wurde, so blieben doch jene Gebäude, die Paläste und Tempel, unangetastet, die das geistige Zentrum der Stadt bildeten und zur Begehung des Neujahrsfestes erforderlich waren, das jedes Jahr am 21. März stattfand. Als aber der April gekommen war und es klar wurde, daß es keine Prozession, keine rituelle Erneuerung des Königtums geben würde, beschloß Alexander die Zerstörung der Stadt, die von der jahrhundertelangen Herrschaft der Archaimeniden Zeugnis ablegte. Über den Brand von Persepolis schreibt Peter Bamm:

„Der Brand von Persepolis war die Fackel, die Alexander über Asien entzündete, den fernsten Völkern in den Steppen, Wüsten und Gebirgen des großen Reiches, die bisher dem König der Könige untertan gewesen waren, zu verkünden, daß Ahuramazda, der große Gott, dem Herrscherhaus der Achaimeniden seine Gnade entzogen habe, und daß er, Alexander von Makedonien, den Sieg errungen habe und der Erbe der Macht sei."[2]

Wir kommen damit zu dem Eindruck, den seine Persönlichkeit und seine Taten auf die Mit- und Nachwelt machten. Von dem Umfange dieser Wirkung läßt folgende Darstellung etwas erahnen, die als Einleitung zu dem langen Kapitel über den Alexanderroman in Kindlers Literatur Lexikon gegeben ist:

„In der gesamten Weltliteratur gibt es keine geschichtliche Persönlichkeit, die die gleiche bedeutsame Rolle spielt und die so oft und so vielgestaltig in Geschichtsbüchern, Epen, Romanen und Legenden, Liedern und dramatischen Dichtungen, in frommen Erbauungsbüchern und in prophetischen Offenbarungen dargestellt wurde wie Alexander der Große. Räumlich umfaßt der Bereich dieser Literatur das ganze Gebiet von Island bis zur Wüste

51

Sahara und bis Äthiopien und von Spanien bis nach China und den Sundainseln, und in rund 35 Sprachen dieses Gebietes wurde von ihm, mündlich und literarisch, erzählt."[3]

Zu den rund 35 Sprachen, von denen hier die Rede ist, gehört auch das Syrische. Außer dem syrischen Alexanderroman gibt es auch eine christliche Alexanderlegende, über die dieses mitgeteilt wird:

„Vom syrischen *Alexanderroman* ist zu unterscheiden eine christliche *Alexanderlegende*, eine syrische Originalschöpfung, die in den Handschriften auf den Roman folgt, aber nur allgemeine Beziehungen zur syrischen Version des Romans aufweist. Der Inhalt ist wie folgt:

Alexander gibt im zweiten Regierungsjahr bekannt, daß er, im Glauben an Christus, dessen Wiederkunft er vielleicht noch erleben werde, die Enden der Welt erkunden möchte. Gott habe ihm zwei Hörner auf dem Haupt wachsen lassen, damit er die Reiche der Welt zerstoße. (Aufgrund seines Besuches in der Oase Siwah wurde der historische Makedonenkönig schon zu Lebzeiten als Sohn des Gottes Ammon verehrt, dessen Sinnbild der Widder war; daher ist er seit hellenistischer Zeit immer wieder gehörnt dargestellt). Mit 320.000 Mann zieht er von seiner Hauptstadt Alexandria aus. König Sarnaqus von Ägypten gibt ihm 7.000 Erzarbeiter mit. Nach langer Seefahrt über die 'hellen Meere' kommt Alexander an das 'stinkende Meer', zieht zum Berg Masis und durch Armenien nach Norden. Von dreihundert Greisen erfährt er, daß König Tubarlaq das Land beherrscht und daß hinter dem großen Gebirge (Kaukasus) die furchtbaren Hunnen (darunter auch Gog und Magog) hausen. Alexander läßt durch die ägyptischen Handwerker ein ungeheures Tor aus Eisen und Erz gegen diese wilden Völker bauen und daran eine Inschrift anbringen, die besagt, die Hunnen würden nach 826 Jahren einen Einfall machen, nach 940 Jahren aber werde Gott selbst den Hunnen das Tor öffnen. Aus den darauffolgenden schweren blutigen Kämpfen werde das griechische Reich siegreich hervorgehen. König Tubarlaq zieht mit 82 anderen Königen und großem Heer zur Entscheidungsschlacht heran, wird aber von Alexander mit Gottes Hilfe vernichtend geschlagen. Tubarlaqs Wahrsager prophezeien, daß die Römer am Ende der Tage alle Länder unterwerfen und das Römerreich bis zur Wiederkunft Christi dauern werde. Daraufhin läßt Alexander 6.000 Römer und 6.000 Perser zur Bewachung des Tores zurück und zieht über Jerusalem heim nach Alexandria, wo er stirbt."[4]

Aus dieser Darstellung sei einiges hervorgehoben: einmal die Verehrung des Makedonenkönigs schon zu Lebzeiten als Sohn des (Zeus) Ammon, der durch den Widder dargestellt wurde. Weiterhin der Hinweis auf die Hunnen und die Prophezeiung, daß die Römer am Ende der Tage alle Länder unterwerfen und das Römerreich bis zur Wiederkunft Christi dauern werde.

Über Versuche, das Römerreich mit seiner Ausstrahlung wiederzuerrichten, werden im Laufe der Arbeit noch Beispiele gebracht. Dabei wird auch gezeigt werden, wie diese Versuche mit bestimmten religiösen, ja mit endzeitlichen Erlösungsvorstellungen verbunden waren.

Im Jahre 323 v.Chr. war Alexander mit den Vorbereitungen für einen Feldzug nach Arabien beschäftigt. Ein großes Hafenbecken wurde in Babylon ausgebaggert, weit genug, tausend Schiffen Liegeplatz zu bieten. Phönizische Galeeren wurden in Teile zerlegt, auf Tragtieren durch das Land transportiert und am Euphrat wieder zusammengefügt. Trotz aller Beanspruchung war Alexander in eine Art Lähmung verfallen. Er machte die Bemerkung, daß er überhaupt nicht wisse, was er in seinem weiteren Leben noch tun solle. Später äußerte Augustus sein Erstaunen darüber, daß Alexander die Ordnung des Reiches, das er erobert habe, nicht als eine größere Aufgabe angesehen habe als die Eroberung selbst. Als er im Jahre 323 nach tagelangem hohen Fieber dem Tode nahe schien und altgediente Soldaten still an seinem Lager vorbeiziehen durften, um Abschied zu nehmen, befragten einige Offiziere den Gott Marduk, ob es Alexander helfen werde, wenn man ihn in den Tempelbezirk verlege. Die Antwort des Orakels lautete, es sei besser für ihn, er bleibe, wo er sei. Befragt, wem er das Königtum übertrage, flüsterte er mit schwacher Stimme: dem Stärksten. Seine letzten nur allzu prophetischen Worte waren: „Ich sehe einen gewaltigen Nachfolgekampf für die Zeit nach meinem Tode voraus."[5] Der Nachfolgekrieg war unbeschreiblich grausam und blutig und dauerte vierzig Jahre.

Die Gestalt des Alexander, der bei seinem Tode im Jahre 323 nicht älter als 33 Jahre war, wuchs in der Phantasie der Nachwelt in übermenschliche Dimensionen, wie es zum Beispiel das Bildnis des „Zweigehörnten" zeigt.

Wie die Erzählung vom „Zweigehörnten" im Zusammenhang mit Gog und Magog in den Koran, Sure 18, Eingang gefunden hat, wird in dem Kapitel „Gog und Magog" genauer dargestellt.

In welcher Weise Alexander mit Zeus und Amon (Ammon) in Verbindung gebracht wurde, sei noch etwas näher betrachtet. Alexanders Mutter Olympias kam aus einem Geschlecht, das seine Abstammung von Achilles über dessen Enkel Pyrrhus herleitete. Achilles Vater, so die Überlieferung, war der König Peleus, dessen eigener Vater Aeakos ein Sohn des Zeus und der Nymphe Aegina war.

Das Geschlecht der Argeaden, dem Alexanders Vater Philipp angehörte, stammte von Herakles, dem Sohn des Zeus, ab. So nannten sich die Argeaden „Zeus-Geborene".

Der ägyptische Gott Amon (Ammon) trug einen Namen, der „der Verborgene" bedeutet. Während der Zeit des Neuen Reiches, 1550 bis 1085 v.Chr., als Ägypten zur Weltmacht aufstieg und ein Gebiet beherrschte, das vom Euphrat bis zum Sudan reichte, wurde Amon als „König der Götter", als „Herr der Throne der Welt" weithin bekannt. Als solcher wurde er mit Zeus gleichgesetzt. Amon galt als leiblicher Vater des Pharao; denn die Königin empfing den Thronerben vom Gott, der sich in der Gestalt des Pharao mit ihr vereinigte.

Was Alexander im Frühjahr des Jahres 331 v.Chr. bewogen hat, 300 Meilen durch die glühend heiße libyschische Wüste zur Oase Siwah zu reiten, bleibt ein Rätsel. Er selbst sprach von *pothos*, einem unwiderstehlichen Drang. Vom Orakel wurde er als Sohn des Gottes Amon begrüßt. Was er bei der Befragung des Orakels erfahren hatte, wollte er nur seiner Mutter mitteilen. Da er sie nie wiedersah, nahm er das Geheimnis mit ins Grab.

Nach dem Zug zum Amon-Orakel wurde Alexander immer mehr als Sohn eines Gottes angesehen. Es gab sogar Erzählungen, sein eigentlicher Vater sei Zeus, nicht der König Philipp.

So haben wir hier, in einer entscheidenden Stunde der Weltgeschichte, das Bild eines Gottessohnes, der, wie Peter Bamm im Untertitel eines seiner Alexanderbücher sagt, die Verwandlung der Welt bewirkt. Den tiefen Einschnitt, den sein Wirken darstellt, kennzeichnet Johann Gustav Droysen so: „Der Name Alexander bezeichnet das Ende einer Weltepoche, den Anfang einer neuen."[6]

„Es begab sich aber zu der Zeit, daß ein Gebot von dem Kaiser Augustus ausging, daß alle Welt geschätzt würde"

In einem verwickelten, ja dramatischen Wechselverhältnis stehen das glanzvolle Geschehen in Rom zur Zeit des Augustus und seines Nachfolgers Tiberius und das gleichzeitige von der großen Welt unbeachtete Geschehen in Jerusalem zueinander. Von den Bildern ausgehend, mit denen wir uns hier beschäftigen, sei einiges hierzu gekennzeichnet. Stellen wir einmal aurea aetas – Goldenes Zeitalter – und Johannestaufe einander gegenüber.

In Rom erwartete man in den letzten Jahrzehnten vor der Zeitenwende den Beginn eines neuen Zeitalters, das unter der Herrschaft Saturns stehen und „Glück" im weitesten Sinne bringen sollte. Die Bilder, die sich die Menschen damals machten, seien verdeutlicht. Wohl die weiteste Wirkung hat die dichterische Gestaltung der Aufeinanderfolge der vier Weltalter gehabt, die von Ovid stammt, einem Zeitgenossen des Augustus. Sie lautet in deutscher Übersetzung:

„Und es entstand die erste, die goldene Zeit: ohne Rächer,
Ohne Gesetz, von selber bewahrte man Treue und Anstand.
Strafe und Angst waren fern; kein Text von drohenden Worten
Stand an den Wänden auf Tafeln von Erz; es fürchtete keine
Flehende Schar ihren Richter: man war ohne Rächer gesichert.
Fichten fällte man nicht, um die Stämme hernieder von ihren
Höhn in die Meere zu rollen, nach fremden Ländern zu fahren;
Außer den ihrigen kannten die Sterblichen keine Gestade.
Keinerlei steil abschüssige Gräben umzogen die Städte;

Keine geraden Posaunen, nicht eherne Hörner, gekrümmte,
Gab es, nicht Helme noch Schwert, des Soldaten bedurften die Völker
Nicht: sie lebten dahin sorglos in behaglicher Ruhe.
Selbst die Erde, vom Dienste befreit, nicht berührt von der Hacke,
Unverwundet vom Pflug, so gewährte sie jegliche Gabe,
Und die Menschen, zufrieden mit zwanglos gewachsenen Speisen,
Sammelten Früchte des Erdbeerbaums, Erdbeeren der Berge,
Kornelkirschen, in stachligen Brombeersträuchern die Früchte
Und die Eicheln, die Jupiters Baum, der breite, gespendet.
Ewiger Frühling herrschte, mit lauem und freundlichem Wehen
Fächelten Zephyrlüfte die Blumen, die niemand gesäet.
Ja, bald brachte die Erde, von niemand bepflügt, das Getreide:
Ungewendet erglänzte das Feld von gewichtigen Ähren.
Hier gab's Ströme von Milch, dort ergossen sich Ströme von Nektar,
Und es troff von der grünenden Eiche der gelbliche Honig.
Aber nachdem man Saturn in des Tatarus Dunkel geworfen,
Und die Welt unter Jupiter stand, erschien ein Geschlecht von
Silber, geringer als jenes von Gold, wertvoller als Bronze.
Jupiter kürzte den einstigen Frühling: durch Winter und heiße
Sommer, durch wetterwendische Herbste und einen gar kurzen
Frühling ließ er das Jahr in vier Perioden verlaufen.
Damals erglühte die Luft in trockener Hitze zum ersten
Mal, und es hingen Zapfen von Eis, von den Winden gefroren;
Jetzt erst suchte man Obdach: die Häuser bestanden aus Höhlen,
Auch aus dichtem Gesträuch und aus Ruten, von Rinde umkleidet;
Jetzt erst warf man die Samen der Ceres in längliche Furchen,
Und es stöhnten die Stiere, die jungen, vom Joche geknechtet.
Drittens folgte auf dieses sodann ein ehern Geschlecht nach,
Grimmiger schon im Gemüt, zu den schaurigen Waffen bereiter,
Aber noch ohne Verbrechen. Das letzte Geschlecht ist von hartem
Eisen. Da brachen sogleich in die Zeit des geringern Metalles
Jegliche Frevel; es flohen die Scham, die Wahrheit, die Treue.
Dafür erwuchsen die Laster: Betrug und allerlei Ränke,
Hinterlist und Gewalt und die frevle Begier nach Besitztum.
Segel bot man den Winden – noch kannte der Schiffer sie wenig –,
Und die Kiele, die lang in den hohen Gebirgen gestanden,
Munter tanzten sie jetzt auf unbekannten Gewässern;
Und der Boden, der früher Gemeingut war wie die Lüfte
Und wie das Licht, jetzt ward er genau mit Grenzen bezeichnet.
Nicht nur Saaten verlangte der Mensch von dem üppigen Boden,
Nahrung, die zu gewähren er schuldete, nein, in der Erde
Tiefen drang man, die Schätze zu graben, Lockmittel des Bösen,
Die sie im Innern verwahrte, zunächst bei den stygischen Schatten.

Schon ist das schädliche Eisen erschienen und, schlimmer als Eisen,
Gold; nun erscheint auch der Krieg: er kämpft ja mit beiden Metallen,
Und er schüttelt mit blutiger Hand die klirrenden Waffen.
Also lebt man vom Raub: nicht trauen sich Wirte und Gäste,
Nicht der Schwäher dem Eidam, auch Bruderliebe ist selten.
Gatte und Gattin, sie trachten nach wechselseitigem Morde;
Für Stiefkinder mischen die Mütter entsetzliche Gifte;
Frühe erforscht der Sohn die Todesstunde des Vaters;
Ehrfurcht und Rechtlichkeit liegen zertreten; Astraea, die Jungfrau,
Hat, die letzte der Götter, die blutige Erde verlassen."[1]

Wenn es am Schluß heißt, Astraea, die Jungfrau, habe als letzte der Götter
die blutige Erde verlassen, so wird dieses Motiv in der sogenannten Vierten
Ekloge, einem Hirtenlied, des Dichters Virgil wieder aufgenommen. Mit
prophetischen Worten wird hier der Anbruch einer neuen Weltzeit verkündet. Es geht mir dabei nur um das Motiv, nicht darum, daß der eine Text an
den anderen anknüpft. Virgils Ekloge wurde früher geschrieben.
„Schon zieht der Weltalter letztes
herauf nach dem Wort der Sybille,
Und von neuem beginnt
der Jahrhunderte mächtiger Kreislauf.
Schon kehrt die göttliche Jungfrau
zurück und die Goldene Urzeit.
Schon steigt vom hohen Olymp
ein neues Geschlecht zu uns nieder.
Sei der Geburt des Knaben,
mit dem jetzt das Eiserne Weltjahr
Endlich sich schließt und das Goldene
rings sich erhebt auf dem Erdkreis,
Keusche Diana, geneigt;
Schon herrscht dein Bruder Apollo.
In deinem Amtsjahre soll
dieses Licht des Äons uns aufgehn,
Pollio, in dein Konsulat
fällt der Anfang der mächtigen Monde.
Unter dir werden getilgt
die noch verbliebenen Spuren
Unserer Schuld, um die Welt
von der ewigen Angst zu erlösen.
Komm, schon nahet die Zeit,
tritt an die erhabene Laufbahn,
Kind und Liebling der Götter,
du, Juppiters herrlicher Nachwuchs!

Sieh, es wanket und schwankt
des Weltalls schweres Gewölbe,
Länder und Räume des Meers
ringsum und die Tiefen des Himmels.
Sieh, wie alles sich freut
des kommenden Weltenjahrhunderts!"[2]
Virgil dichtet: „Schon kehrt die göttliche Jungfrau zurück und die Goldene
Urzeit." Mit dieser göttlichen Jungfrau ist das Wesen Justitia, „Gerechtigkeit", verbunden, also ohne Bild gesprochen: auf Erden wird wieder Gerechtigkeit herrschen.

„Einer wird kommen", das war die Stimmung in Rom. Wer würde das sein?
Wann wird man ihn erkennen, und woran, an welchen Zeichen wird man ihn
erkennen?

Aus den blutigen inneren Auseinandersetzungen nach Cäsars Ermor-
dung an den Iden des März des Jahres 44 v.Chr., aus den furchtbaren
Bürgerkriegen, war einer als Sieger hervorgegangen: Cäsars Großneffe und
Adoptivsohn Oktavianus. In der Aeneis besingt ihn Virgil mit folgenden
Worten:

„Dies ist der Mann, dies ist er, der längst den Vätern Verheißne,
Caesar Augustus, Sohn Gottes und Bringer der Goldenen Endzeit,
Der in Latium, wo einst Saturnus das Szepter geführt hat,
Gründet das Reich, das bis über die Sonnenbahn sich hinausdehnt.
Seinem Advent schon harren die Kaspischen Reiche entgegen,
Und das Asowische Land, erschreckt durch Orakel der Götter.
Weder Herkules hat so viele Länder betreten,
Noch auch Bacchus, der Gott, der mit weinlaubumwundenen Zügeln
Einst im Triumphzug den Wagen in Indiens Täler gelenkt hat."[3]
In der Überschrift zu diesem Kapitel ist von Kaiser Augustus die Rede. Wir
verstehen das heute so, daß „Kaiser" der höchste Herrschertitel und Augustus
ein Vorname ist. So war es ursprünglich nicht. Ursprüngliche Bedeutung
und spätere Entwicklung der beiden Wörter geben Aufschluß über die
tieferen Hintergründe des Geschehens.

Der Großonkel und Adoptivvater des Augustus ist einer der bekanntesten
Persönlichkeiten der Weltgeschichte: Gaius Julius Caesar, geboren 100
v.Chr., ermordet 44 v.Chr. Er stammte aus dem Patrizier-, dem Adelsgeschlecht der Julier, das seinen Ursprung auf Julus*, den Sohn des

---

* Die Römer gestalteten Bilder von ihrer eigenen Urgeschichte, in der Aeneas eine entscheidende
Mitwirkung zugeschrieben wurde. Der trojanische Held Aeneas, Sohn der Göttin Aphrodite und eines
menschlichen Vaters, des Anchises, entkam, so erzählt man, mit seinem Vater und seinem Sohn
Ascanius aus dem brennenden Troja. Die Gründung von Alba und später von Rom kann hier nicht
behandelt werden. Für uns ist wichtig, daß Caesar eine Schrift mit dem Titel „Pontificalia" verfaßte,
in der Julus – so wurde Ascanius jetzt genannt – als erster Inhaber des höchsten Priesteramtes, als
pontifex maximus, verherrlicht wurde. Dieses Amt übernahm Caesar am Beginn seiner Laufbahn. Die
gens Julia, das Adelsgeschlecht der Julier, wird also auf göttlichen Ursprung zurückgeführt.

Trojaners Äneas zurückführte. Caesar ist sein Beiname, der ihm gegeben wurde, weil er nach der Überlieferung durch einen (Kaiser-)Schnitt zur Welt kam: lateinisch *caedere, caesum* = herausschneiden. Das Wort *caesar,* damals noch *kaisar* gesprochen, ist wohl das älteste lateinische Lehnwort im Germanischen. Auf *caesar* geht auch das Wort *Zar* zurück.

Caesar führte den Ehrentitel *imperator*, der einem siegreichen Heerführer durch Zuruf seiner Soldaten und anschließender Bestätigung durch den Senat verliehen wurde, wenn ein starker äußerer Gegner niedergekämpft worden war. Im Französischen *empereur,* im Englischen *emperor* ist der Titel, der dem deutschen Wort *Kaiser* entspricht, erhalten.

Sind wir hier noch im Bereich des Irdischen, des Menschlichen, so ändert sich das, wenn wir auf die Bedeutung des Wortes *augustus* eingehen. Zum Verständnis des Folgenden muß man sich vor Augen halten, daß in der griechisch-römischen Welt das Göttliche nicht durch eine so große Kluft vom Menschlichen getrennt war, wie es bei den Israeliten der Fall war. Die Götter standen den Menschen recht nahe.

Das Wort *augustus* stammt aus der Sakralsphäre. Bei Ennius, einem Dichter der sogenannten römischen Frühzeit – er lebte von 239–169 v.Chr. –, findet sich dieser Ausdruck: „Augusto augurio condita Roma" – „Rom, das aufgrund eines geheiligten (augusto) Götterzeichens (augurio) gegründet wurde". Das bezog sich auf das Geierzeichen, das Erscheinen der zwölf Geier, das Romulus die Stelle bezeichnet hatte, wo die Stadt Rom gegründet werden sollte. Zwölf Geier hatten sich auch dem Octavian gezeigt, als er bei seinem ersten Konsulat Rom betrat. Octavian sah sich als Neubegründer Roms an, als ein zweiter Romulus. Der Name Augustus – das Wort bedeutet: erhaben, geweiht – bringt zum Ausdruck, daß sein Träger dem Göttlichen nahesteht, sich also über Menschliches erhebt. Wie Octavian selbst in seinem Tatenbericht – lateinisch *res gestae* – schreibt, sei er auf Beschluß des Senats Augustus benannt worden oder, anders übersetzt, habe er den Namen, den Titel Augustus erhalten: „Senatus consulto Augustus appellatus sum."

Die Erinnerung an das *augustum augurium* des Stadtgründers Romulus bleibt im Namen Augustus erhalten. Romulus war nach seinem Tode unter die Götter erhoben worden. Auch Augustus wurde nach seinem Tode konsekriert. Untersuchen wir die Bedeutung des Ausdrucks *consecratio*, so können wir noch besser die Sphäre erkennen, in die ein toter Herrscher erhoben wurde. Virgil hatte, wie oben zitiert, in der Aeneis eine damals herrschende Überzeugung ausgesprochen:

„Dies ist der Mann, dies ist er, der längst den Vätern Verheißne, Caesar Augustus, Sohn Gottes und Bringer der Goldenen Endzeit."

Augustus wird also als Sohn Gottes bezeichnet. Was ist damit gemeint? Im Lateinischen heißt es *divi filius,* Sohn des Göttlichen, von *divus* = göttlich, dem Eigenschaftswort zu *deus* = Gott. Der *divus* war Gaius Julius Caesar, Augustus' Adoptivvater. Er war durch einen Senatsbeschluß nach seinem Tode *consecratus,* zur Gottheit erhoben worden, was unter anderem bedeutete, daß seine Erlasse bindenden Charakter annahmen. Was ein Herrscher zur Lebenszeit durch Edikte, Erlasse bestimmt hatte, band die Mitglieder des Gemeinwesens in aller Folgezeit dadurch, daß der tote Herrscher zur Gottheit erhoben wurde, er damit auch der Sphäre des menschlichen Irrtums enthoben worden war.

Eine kurze zusätzliche Bemerkung sei erlaubt: *consecrare Carthaginem* heißt, den Boden, auf dem die Stadt Karthago gestanden hatte (sie war 146 v.Chr. von den Römern zerstört worden), für heiligen Boden zu erklären, so daß also die Stadt Karthago an dieser Stelle nicht wieder aufgebaut werden durfte.

Die Zeit des Augustus wird als Zeit der *renovatio,* der Erneuerung, und zwar der Welt, *renovatio mundi,* empfunden. Man vertraute darauf, es werde eine ungestörte, glückliche Epoche, ein *saeculum* beginnen. Die Rückkehr zu Ursprüngen zeigte sich in der Wiederherstellung der alten Tempel, in der Wiedererweckung alter religiöser Gebräuche, in den Hinweisen auf den verpflichtenden Charakter der Vätersitte, *mos maiorum.* Vielerlei Bilder in Form von Bauten, Statuen, Reliefs, Münzen, Werken der Dichtkunst umgaben die Menschen und stärkten das Gefühl, es sei eine Zeit des Friedens, der Fülle, des Glücks gekommen. Wie stand es um die Wirklichkeit? Da sei ein Zitat aus dem Werk von Paul Zanker gebracht:

„Der Staatsmythos mit seinen Bildern wurde zu einem nicht zu unterschätzenden Element der Stabilität – er veranschaulichte die neue Ordnung auf Schritt und Tritt und zeigte, daß sie letztlich in der göttlichen Weltordnung begründet war.

Die spätere Regierungszeit des Augustus war bekanntlich von einer Reihe schwerwiegender Probleme, Katastrophen und unpopulärer Maßnahmen überschattet. Die langwierigen Eroberungskriege auf dem Balkan und im Norden hatten wirtschaftliche Konsequenzen. In Rom gab es Großbrände und Versorgungsengpässe, die öffentliche Bautätigkeit kam zum Erliegen. Der große Aufstand in Pannonien und Dalmatien war eine Folge der hohen römischen Tributforderungen. Im Osten und Westen waren die Grenzen unsicher geworden. Die Parther und Armenier knieten keineswegs mehr vor dem greisen Weltherrscher, sondern hatten sich seinem Einfluß völlig entzogen. Aber all diese Fakten wirkten offenbar nicht mehr auf die Mentalität der Römer ein. Die Bilder waren stärker als die tatsächlichen Ereignisse. Nichts konnte den Glauben an die neue Zeit mehr erschüttern."[4]

Angesichts dieser Tatsache ist also die Frage zu stellen: Genügte eine Wiederherstellung der altrömischen Verhältnisse, war eine umfassende *renovatio* mit diesen Maßnahmen zu erreichen?

Wenden wir jetzt den Blick von Rom nach Jerusalem, nach Palästina. Augustus starb 14 n.Chr. Sein Nachfolger wurde sein Schwiegersohn Tiberius, genannt Tiberius Julius Caesar Augustus. Seine Regierungszeit dauerte bis

37 n.Chr. Während dieser Zeit trat Johannes der Täufer auf. Was durch die Wassertaufe im Jordan erreicht werden sollte, stellt Rudolf Steiner so dar: „Durch die Wassertaufe im Jordan soll das erreicht werden, daß die Täuflinge in ihrem Bewußtsein durch jene Lockerung des Ätherleibes, durch all dasjenige, was mit ihnen vorgeht, sich zurückversetzt fühlen in die Zeit vor dem, was man den Sündenfall nennt. Es soll gewissermaßen aus ihrem Bewußtsein ganz ausgelöscht werden all dasjenige, was seit dem Sündenfall vorgegangen ist; sie sollen in den Unschulds-Urzustand zurückversetzt werden, damit sie sehen, was der Mensch vor dem Sündenfall gewesen ist. Gewissermaßen soll den Täuflingen klar werden: Der Mensch hat durch den Sündenfall einen Irrweg eingeschlagen, und wenn er auf diesem Irrweg weitergeht, so kann es mit ihm nicht gut ausgehen. Er muß umkehren bis zum Anfang, er muß gewissermaßen aus seiner Seele ausreißen alles dasjenige, was durch den Irrweg in diese Seele hineingekommen ist. Es war ein Zug bei sehr vielen Menschen der damaligen Zeit – die Geschichte schildert hier keineswegs genau –, sich zurückzuversetzen in die Zeit der Unschuld, abzustreifen das, was die Irrwege gebracht haben, das Leben der Erde gewissermaßen noch einmal zu beginnen von dem Anfangspunkte aus, bevor die Erbsünde begangen worden ist; nicht zu erleben dasjenige, was sich abgespielt hat und festgelegt hat in der sozialen und völkischen Ordnung seit dem Sündenfall und bis zu jenem römischen Reiche oder bis zu jenem Judenreiche, in welchem Johannes der Täufer lebte. Daher ziehen sich solche Menschen, die dieser Anschauung sind, daß man sich eigentlich herausreißen müsse aus dem, was die Welt gebracht hat nach dem Sündenfall, zurück in Wüsten und Einsamkeit, führen ein mönchisches Leben. Das wird uns an Johannes dem Täufer sehr genau geschildert, indem er uns dargestellt wird als lebend in der Wüste und nur sich ernährend von Honig und Tieren, wie man sie in der Wüste findet, mit einem Fell von Kamelhaaren bekleidet. So richtig als der Wüstenmensch, der Einsamkeitsmensch, wird der Täufer Johannes hingestellt."[5]

Damit ist eine bestimmte Beurteilung dessen gegeben, „was sich (...) festgelegt hat in der sozialen und völkischen Ordnung seit dem Sündenfall und bis zu jenem römischen Reiche oder bis zu jenem Judenreiche, in welchem Johannes der Täufer lebte". Die Täuflinge sollten also „sehen, was der Mensch vor dem Sündenfall gewesen ist".

Bilder von diesem „Unschulds-Urzustand" stellt die „Schatzhöhle" vor uns hin. Dieses Werk ist in „Kindlers Literatur Lexikon" unter seinem syrischen Titel „Marrat gazze" zu finden. Der Verfasser ist nicht bekannt, die Entstehungszeit ist etwa das sechste Jahrhundert. Der Inhalt des Werkes hat durch seine Sprache und die in ihm verwendeten Bilder einen beträchtlichen Einfluß ausgeübt. In der christlichen Kunst ist das Motiv des Schädels Adams am Fuße des Kreuzes Christi zu finden. Einige der Motive, um deretwillen ich die Auszüge bringe, seien genannt:

Das Bild des Menschen vor dem Sündenfall; die Erschaffung Adams in Jerusalem; der Sturz des Satana; Adams Emporfahrt zum Paradies, das Gott mitten in Eden gepflanzt hatte; das Finden der Schatzhöhle auf einem Berggipfel; Adams Auftrag an Seth, seinen Leichnam schließlich in der Erdenmitte niederzulegen, weil ihm und allen seinen Nachkommen dort die Erlösung zuteil werde; das Niedersetzen des Leichnams in Golgatha, dem Mittelpunkt der Erde; die Errichtung des Stammes des Kreuzes im Mittelpunkt der Erde; die Taufe Adams durch das Blut und Wasser, das aus den Seiten des Messias floß.

„Am sechsten Tag, dem Freitag, formte Gott den Adam aus Staub und die Eva aus seiner Rippe. Am siebten Tag ruhte Gott von all seinen Werken, und so ward derselbe Sabbat genannt.

Adams Erschaffung geschah auf folgende Weise. Als am sechsten Tag, dem Freitag, über allen Ordnungen der Gewalten Ruhe herrschte, sprach Gott: 'Wohlan! Laßt uns den Menschen nach unserm Bild, nach unserm Gleichnis machen!' Damit meinte er die gepriesenen Personen. Als die Engel dieses Wort vernahmen, waren sie in Furcht und Zittern und sprachen zueinander: 'Heute zeigt sich uns ein großes Wunder, die Gestalt Gottes, unseres Schöpfers.' Und sie sahen Gottes Rechte sich über die ganze Welt ausbreiten und ausstrecken, und alle Geschöpfe versammelten sich in seiner rechten Hand. Dann sahen sie, wie er aus der ganzen Erde ein Staubkörnchen nahm, von allem Wasser ein Wassertröpfchen, von aller Luft oben ein Windlüftchen und von allem Feuer ein wenig Wärmehitze. Und die Engel sahen, wie diese vier schwachen Elemente, Kälte, Wärme, Trockenheit und Feuchtigkeit, in seine hohle Handfläche gelegt wurden. Dann bildete Gott den Adam. Zu welchem Zweck aber schuf Gott den Adam aus diesen vier Elementen, wenn nicht zu dem Zweck, daß dadurch ihm alles in der Welt untertan sei? Er nahm ein Körnchen von der Erde, damit alle Naturen, die aus Staub sind, dem Adam dienten, einen Tropfen aus dem Wasser, damit alles in den Meeren und Flüssen sein eigen sei, einen Hauch aus der Luft, damit alle Arten in der Luft ihm anheimgegeben seien, und Hitze vom Feuer, damit alle Feuerwesen und Gewalten ihm Hilfe leisteten. Und Gott bildete Adam mit seinen heiligen Händen nach seinem Bild und Gleichnis. Als nun die Engel sein herrliches Aussehen gewahrten, wurden sie von der Schönheit seines Anblicks bewegt. Denn sie sahen seines Angesichts Gebilde, wie es dem Sonnenballe gleich in herrlichem Glanz entflammt war, dann seiner Augen Glanz, gleich dem der Sonne, und seines Körpers Licht, gleich dem des Kristalls. Und er dehnte sich und stand mitten auf der Erde. Und er setzte seine Füße auf den Platz, wo das Kreuz unsers Erlösers aufgerichtet wurde; darum ward Adam in Jerusalem erschaffen. Dort zog er das Gewand des Königtums an, und dort ward ihm die Krone der Herrlichkeit aufs Haupt gesetzt. Dort ward er zum König, Priester und Propheten gemacht; dort setzte ihn Gott auf den Thron seiner Glorie. Dort gab ihm Gott die Herrschaft über alle Geschöpfe. Und da versammelten sich alle wilden Tiere, das Vieh und die Vögel und erschienen vor Adam; da gab er ihnen Namen und sie beugten ihr Haupt vor ihm. Und alle ihre Naturen verehrten ihn und dienten ihm. Und die Engel und die Gewalten hörten die Stimme Gottes, der zu ihm sprach: 'Adam! Ich mache dich jetzt zum König, Priester und Propheten sowie zum Herrn, Haupt und Führer aller geschaffenen Wesen und Geschöpfe. Dir dienen sie alle und sollen dein eigen sein; ich gab dir die Herrschaft über alles, was ich geschaffen habe.' Als die Engel dies Wort hörten, beugten sie alle die Knie und verehrten ihn.

Als das Haupt der unteren Ordnung sah, welche Größe dem Adam gegeben worden waren, beneidete es ihn vom gleichen Tage an, wollte ihn nicht verehren und sprach zu seinen Mächten: 'Verehret ihn nicht und preiset ihn nicht mit den Engeln! Ihm ziemt es, mich zu verehren, mich, der ich Feuer und Geist bin, und nicht mir, daß ich den Staub verehre, der aus einem Staubkörnchen gebildet ist.' Solches brachte der Empörer vor und ward ungehorsam; so trennte er sich nach seinem eigenen Willen und seiner Freiheit von Gott. Da ward er gestürzt und fiel, er und seine ganze Schar; am sechsten Tag in der zweiten Stunde geschah sein Fall aus dem Himmel. Es wurden ihnen die Kleider ihrer Glorie genommen. Sein Name ward Satana genannt, weil er sich abgewandt hatte, und Scheda, weil er gestürzt worden war, und Daiwa, weil er das Kleid seiner Glorie verlor. Von jenem Tag an bis heute sind sie, er und alle seine Heere, nackt, bloß und häßlich anzuschauen. Als der Satan vom Himmel gestoßen wurde, ward Adam erhöht, so daß er zum Paradies in einem feurigen Wagen hinauffuhr. Während nun die Engel vor ihm lobsangen, die Seraphe ihn heiligten und die Kerube ihn segneten, fuhr Adam unter Jubel und Lobgesang zum Paradies empor. Als er hinaufkam, ward ihm vorgeschrieben, von welchem Baum er nicht essen dürfe. Zu der dritten Stunde des Freitags erfolgte seine Auffahrt ins Paradies. Gott warf nun einen Schlaf über ihn und er schlief ein. Da nahm Gott eine Rippe vom Zwerchfell seiner rechten Seite und erschuf daraus die Eva. Als Adam beim Erwachen Eva erblickte, freute er sich recht über sie. Und Adam und Eva waren drei Stunden im Paradies, mit Glorie bekleidet und in Herrlichkeit glänzend. Das Paradies aber war hoch oben und überragte alle hohen Berge um drei Spannen nach dem Maß des Geistes. Der Prophet Moses aber sprach: 'Es pflanzte Gott das Paradies mitten in Eden und setzte dorthin Adam, den er gebildet hatte.'[6]

Es folgen Bilder von der Versuchung und der Vertreibung aus dem Paradies.

„Nachdem Adam und Eva das Paradies verlassen hatten, wurde das Paradiestor verschlossen und davor stand ein Kerub mit einem zweischneidigen Schwert. Adam und Eva stiegen nun über den Paradiesberg herab; da fanden sie auf einem Berggipfel eine Höhle. Sie gingen in sie hinein und bargen sich darin; Adam und Eva waren aber jungfräulich. Als Adam wünschte, Eva zu erkennen, nahm er von des Paradieses Grenzen Gold,

Myrrhen und Weihrauch, setzte es in die Höhle und segnete und weihte diese ein, daß sie sein und seiner Söhne Bethaus sei, und nannte sie 'Schatzhöhle'. Dann stiegen Adam und Eva von diesem heiligen Berg bis zu seinen Grenzen nach unten herab, und dort erkannte Adam sein Weib Eva."[7]

Darauf werden die Geburt von Kain und Abel, der Brudermord, Adams und Evas Trauer um Abel und die Geburt des Seth geschildert. Seth wuchs heran und hatte selbst Nachkommen. Als Adam dem Tode nahe war, kam Seth mit seinen Nachkommen zu ihm und wurde gesegnet.

„Dann gebot er seinem Sohne Seth und sprach zu ihm: 'Mein Sohn Seth! Achte auf das, was ich dir heute anbefehle! Du sollst an deinem Sterbetag dem Enos anbefehlen und Enos dem Kenau und Kenau dem Mahalaleel! Dieses Wort soll sich in allen Geschlechtern fortpflanzen! Wenn ich gestorben bin, dann sollen sie mich mit Zimt und Stakte einbalsamieren und meinen Leichnam in die Schatzhöhle legen! Wer von all euren Nachkommen übrigbleibt, soll bei eurem Auszug aus diesem Land der Paradiesesnähe meinen Leichnam mitnehmen, ihn forttragen und in der Erde Mitte niederlegen! Denn dort wird mir die Erlösung zuteil, mir und allen meinen Nachkommen."[8]

Von der Verschlechterung der Menschheit, von Lastern, von Riesen, von Noe (Noa) und der Sintflut wird berichtet. Adams Leiche war in der Arche geborgen worden. Noes Sohn Sem tat nach seines Vaters Tod, was ihm aufgetragen worden war: Er holte unbemerkt Adams Leichnam aus der Arche und gebot seinen Brüdern, sich der Arche nicht zu nähern.

„Hierauf nahm Sem den Leichnam Adams samt Melchisedech und verließ bei Nacht sein Volk. Da erschien ihnen der Engel des Herrn und ging vor ihnen her; ihr Weg war sehr leicht, weil sie der Engel des Herrn stärkte, bis sie an jenen Ort kamen. Als sie nun nach Golgatha, dem Mittelpunkt der Erde kamen, zeigte der Engel diesen Ort dem Sem. Als Sem den Leichnam unseres Vaters Adam oberhalb dieses Ortes niedergesetzt hatte, gingen vier Teile auseinander, und die Erde öffnete sich in Gestalt eines Kreuzes; da legten Sem und Melchisedech den Leichnam Adams hinein. Sobald sie ihn hineingelegt hatten, bewegten sich die vier Seiten und umschlossen den Leichnam unseres Vaters Adam; dann schloß sich die Türe der äußeren Erde. Und dieser Ort ward 'Schädelstätte' genannt, weil dort das Haupt aller Menschen hingelegt wurde, 'Golgatha', weil er rund war, 'Hochpflaster', weil darauf der Kopf der bösen Schlange, der Satan, zertreten ward und 'Gabbatha', weil darin alle Völker versammelt wurden."[9]

Es wird dann von Abraham, Isaak, Jakob und seinen Söhnen, von Moses, David und Salomo, von Cyrus, vom Messias, von den drei Weisen, von Herodes, von der Taufe, dem öffentlichen Leben und dem Tod des Messias gesprochen. Darauf heißt es im Kapitel „Golgatha":

„An jenem Ort, wo Melchisedech als Priester diente, wo Abraham seinen Sohn Isaak zur Opferung hinaufführte, dort ward der Stamm des Kreuzes errichtet. Dieser Ort ist der Mittelpunkt der Erde, und dort stoßen die vier Teile zusammen. Denn als Gott die Erde schuf, lief seine Kraft vor ihr her, und die Erde lief hinter dieser her. Dort auf Golgatha blieb Gottes Kraft stehen und kam zur Ruhe, und dort vereinigten sich die vier Enden der Welt; dieser Ort bildet die Grenzen der Erde. Als Sem den Leichnam Adams hinaufbrachte, war jener Ort die Pforte der Erde; sie öffnete sich. Nachdem Sem und Melchisedech den Leichnam Adams in den Mittelpunkt der Erde gelegt hatten, liefen die vier Teile zusammen und schlossen Adam ein. Die Pforte schloß sich wieder, daß keiner der Kinder Adams sie öffnen konnte. Als oberhalb von ihr das Kreuz des Messias errichtet wurde, das Kreuz des Erlösers Adams und seiner Nachkommen, öffnete sich die Türe des Ortes über Adam. Und als oberhalb derselben der Kreuzesstamm eingerammt war und der Messias durch den Speer den Sieg errang, lief aus seiner Seite Blut und Wasser, floß hernieder in Adams Mund und bildete für ihn die Taufe, und so ward er dadurch getauft."[10]

Mit Hilfe dieser Bilder habe ich versucht, eine Verbindung zwischen der Schaffung des Menschen, dem Schließen des Paradiesestors und dem Ereignis von Golgatha aufzuzeigen. In aller auf dieses Ereignis folgenden Zeit wird es sich darum handeln, ob der Versuch gemacht wird, zu irgendeiner Form der Vergangenheit zurückzukehren, dabei aber doch weiterhin unter der Nachwirkung des Sündenfalls zu stehen, oder ob eine Verbindung mit Christus gesucht und ein Wollen in die Menschheits- und Weltenzukunft entwickelt wird.

Im weitesten Sinne geht es um die Entscheidung, entweder einen als Retter anzuerkennen, der Caesar Augustus, Gottes Sohn, genannt wird, oder mit Simon Petrus auf Jesu Frage: „Ihr aber, für wen haltet Ihr mich?" zu antworten: „Du bist der Messias, der Sohn des lebendigen Gottes".[11]

IRAN – TURAN

Das Sich-Gegenüberstehen zweier Welten, die durch die Namen Iran und Turan gekennzeichnet werden, die sich aus den völlig verschiedenen Bewußtseinsverhältnissen ergebenden Gegensätze und Kämpfe werden im folgenden mit Hilfe von Texten erläutert. Es wird dabei auch deutlich, in welch eine Spannung die türkische Gesellschaft durch die Reformen Kemal Atatürks geführt worden ist, genauso wie die gegensätzlichen Welten, die der letzte Schah vereinen wollte, sich nicht harmonisch verbinden ließen, was zum Zusammenbruch seiner Herrschaft führte.

Der Kampf zwischen Iran und Turan

Bei der Verwendung der Wörter *Iran* und *Turan* sollte man sich darüber im klaren sein, daß vieles leise anklingt, dessen man sich nicht oder nicht ganz bewußt ist. Es stehen sich zwei Welten gegenüber, die sich, von Iran aus gesehen, folgendermaßen kennzeichnen lassen, wobei jeweils der zweite Teil des Gegensatzpaares Iran bedeutet: Nomaden – Seßhafte; Steppe – Ackerland; zerstören – aufbauen; Finsternis – Licht; kulturlos – kulturschaffend; unzivilisiert – hochzivilisiert; ungebildet – gebildet.

Von der anderen, der turanischen Seite aus gesehen, ergeben sich als Gegensätze, wobei der erste Teil des Gegensatzpaares für Turan steht: freiheitliebend – gebunden; genügsam – üppig, verschwenderisch; eines Mannes würdig, sich im Kampf bewährend – verweichlicht, weibisch, auf Sicherheit bedacht sein; nur dem unendlichen Himmel untertan – durch vielerlei einschränkende Vorschriften an Götter und göttliche Mächte gebunden.

Bemühen wir uns, die Welt durch die Augen eines Menschen zu sehen, der Turan angehört, wobei zu „Turan", zu den turk-mongolischen Völkern, zum Beispiel die Hunnen, Awaren, Mongolen und Türken gehören. In den Ausführungen über Dschingis Khan folge ich der Darstellung von Michael de Ferdinandy: „Tschingis Khan. Steppenvölker erobern Eurasien".

Die „Geheime Geschichte der Mongolen", aus der ich gleich zitieren werde, wurde auf einem mongolischen Reichstag 1240 den Fürsten des Mongolenreiches vorgelegt. Sie war ein Rechenschaftsbericht des Mongolenkaisers Ügetej, des Sohnes und Nachfolgers Dschingis Khans, der 1227 gestorben war. Der Anfang lautet:

„Der Urahn *Tschingis Khans* war ein vom hohen Himmel erzeugter, schicksalerkorener grauer Wolf. Seine Gattin war eine weiße Hirschkuh. Sie kamen über den Tenggis-See, und an der Quelle des Onan-Flusses beim Berge Burhan Khaldun wählten sie ihren Lagerplatz, wo ihnen ein Kind geboren wurde, *Batatschikhan*."[1]

Zu dem folgenden Zitat von Ferdinandy vorweg zwei Erklärungen: *Epitheta,* Mehrzahl von *Epitheton*: dies ist ein als Beifügung gebrauchtes Eigenschafts- oder Mittelwort. *Fatum* heißt „das Gesagte", „das Ausgesprochene", es ist das schicksalbestimmende Wort.

„Die erste Zeile der 'Geheimen Geschichte' erzählt von den Tier-Ahnen des *Tschingis Khan.* Wir lesen, daß sein Urahn ein Wolf, seine Urahnin eine Hirschkuh waren. Ahnherr Wolf wird mit drei Epitheta bezeichnet. Er ist grau: ganz wörtlich übersetzt eigentlich bläulich grau, so ähnlich wie Silberfüchse. Dann ist er aber auch ein vom Schicksal Erkorener. Eine ganze Weltanschauung steckt hinter diesem Worte. Für keinen Menschen, der von der Geschichte oder von der Natur nicht ganz abgekehrt ist, ist Abstammung gleichgültig oder zufällig. In der Abstammung waltet am stärksten, am erkennbarsten das, was wir Schicksal nennen. Da ist es wirklich *Fatum*: da wird es 'gesagt'. Wem ein Wolf als Urahn vorangeht, dessen menschliches Los steht eben im Zeichen des Wolfes, im Zeichen des Wolfseins.

Und nun das dritte Epitheton, das erste im Text. Ahnherr Wolf war 'vom hohen Himmel erzeugt'. Wir sahen aber: der Himmel, auf mongolisch *Tenggri,* ist der große Weltengott selbst, eigentlich der einzige Gott für Türken und Mongolen, da ja all die übrigen ihm gegenüber nur göttliche oder halbgöttliche Wesenheiten untergeordneten Ranges sind. Dann ist aber der Graue Wolf kein Geringerer als ein Gottessohn, was mit anderen Worten bedeutet, daß durch die tierische Sphäre *Tschingis Khan* direkt mit der Gottheit verbunden ist. Sein erster und eigentlicher Ahn ist – Gott."[2]

Die Welt des gewaltigen Steppengürtels, der sich von der Großen Ungarischen Tiefebene über Südrußland, die turanischen Ebenen Mittelasiens, das Tarimbecken, die Mongolei bis in die salzhaltigen Wüsteneien der östlichen Gobi erstreckt, wird im Süden von den Gebieten der seßhaften Völker begrenzt. Die Lebensweise der Steppennomaden ist in den letzten Jahren recht genau erforscht worden. Die neuen Ergebnisse sind in dem vom Archäologischen Landesmuseum Schleswig 1991 herausgegebenen Band „Gold der Steppe, Archäologie der Ukraine" niedergelegt. Im folgenden stütze ich mich aber noch einmal auf das Werk von Ferdinandy.

Der Steppenboden war für die Landwirtschaft ungeeignet. Auf den ausgedehnten Weideflächen wurde Viehzucht betrieben. Der Graswuchs ist aber nur spärlich und von den Herden schnell abgeweidet. Der Hirte muß dann weiterziehen und legt bei diesen Wanderungen gewaltige Entfernungen zurück. Nur zu Pferde ist ein solches Leben möglich. Städte kennt man nicht. Wagenlager* und Zeltstädte sind schnell auf- und auch wieder abgebaut.

Das Leben in dieser Welt ist ununterbrochener Kampf, der Tod ist ein vertrauter Genosse, oben wölbt sich der unendliche Himmel. Dieser Him-

---

* Den Nachbau eines Wagens konnte man auf der Ausstellung in Schloß Gottorf, Schleswig, über „Das Gold der Steppe" studieren.

mel, so heißt es bei Ferdinandy, „... ist Gott selbst: eine ruhende, unheimliche, dämonische Wesenheit, das einzige ewige Sein in dieser Welt der Steppe."[3)]

Diese Gottheit, mit der der Großkhan in engster Verbindung steht, deren Stellvertreter er ist, von der alle vom Großkhan gegebenen Befehle und Anordnungen ausgehen, wird *tängri* (Tängri, Tenggri) genannt. Bringen wir zum Abschluß der Ausführungen über Turan eine Schilderung aus einem Werk von René Grousset:

„Dschingis Khan selbst scheint von einer ganz besonderen Verehrung für die Gottheit auf dem Berg Burqan-qaldun, dem heutigen Kentei an den Quellen des Onon, beseelt gewesen zu sein. Als er zu Beginn seiner Laufbahn dank der Geschwindigkeit seines Pferdes den Merkiten, die seine Frau Börte entführten, entkam, floh er hierher. Er bestieg auch bald als Pilger den Berg; zum Zeichen der Unterwerfung nahm er nach mongolischem Brauch seine Mütze ab, warf seinen Gürtel über die Schultern, beugte danach neunmal das Knie und brachte rituelle Trankopfer mit Qumiz dar, der gegorenen Stutenmilch, dem Alkohol der Nomaden. Ebenso wiederholt er später, vor dem großen 'nationalen' Krieg gegen das Chin-Reich von Peking, die Pilgerfahrt auf den Burqan-qaldun in der gleichen demütigen Haltung, den Gürtel am Hals: 'O Ewiger Tängri, ich bin bewaffnet, um das Blut meiner Ahnen zu rächen, welche die Chin schändlich getötet haben. Wenn Du meinen Willen billigst, leihe mir die Hilfe deiner Stärke.' So läßt ihn Rachid ad-Din sprechen, und andere Quellen zeigen uns ihn am Vorabend dieses Feldzugs drei Tage lang in seinem Zelt eingeschlossen, allein im Zwiegespräch mit dem Geist, während ringsum das Volk den Himmel anfleht: 'Tängri! Tängri!' Am vierten Tag tritt der Khan mit dem Beinamen 'die Macht des Himmels' endlich vor sein Zelt und verkündet, daß der Ewige Tängri ihm den Sieg versprochen hat.

Dieser alten animistischen Religion mit ihrer Verehrung der Berggipfel und der Quellen entspringen jene Vorschriften und religiösen Übungen, die uns die muslimischen und christlichen Missionare und Geschichtsschreiber überliefert haben: den Gipfel heiliger Berge besteigen, um sich dem *tängri* zu nähern und ihn anzurufen; zuvor hat man zum Zeichen der Unterwerfung, wie einst der Großkhan, seine Mütze abgenommen und seinen Gürtel über die Schultern geworfen; sich verbergen, wenn es donnert, d.h. wenn der *tängri* seinen Zorn äußert; die von den Geistern bewohnten Quellen und Wasserläufe nicht verunreinigen, indem man den Körper oder gar die Kleider wäscht (was anfangs zu Mißverständnissen mit der muslimischen Gesellschaft führte, die der Praxis religiöser Waschungen huldigt)."[4)]

Der Gegenpol zu Turan ist Iran. Das Wort stammt aus der Bezeichnung *aryana vaejo*, das mit „Wiege der Arier" übersetzt wird.

Iran ist also das Land der Arier, das Wort ist in der Form Eran erstmals 243 v.Chr. in Königsinschriften bezeugt. Seit Dareios dem Großen (522–486 v.Chr.) verstand man unter „Ariern" iranische Stämme, zu denen die Perser, Meder, Parther gehörten. Seit dem 3. Jahrhundert v.Chr. wurde der Gegensatz zu Iran mit Aneran = Nicht-Iran bezeichnet, das später mit Turan, dem von Türken besiedelten Gebiet jenseits des Flusses Amu Darja, gleichgesetzt wurde.

Die Weltsicht der Perser ist auch heute noch stark geprägt von dem Werk des Dichters Ferdausi (Firdusi), dem „Schah-nameh", dem Königsbuch. Das Hauptmotiv dieses umfangreichen Werks ist der Kampf zwischen Iran und Turan als Kampf zwischen Ormuzd (Ahura Mazda) und Ahriman. Erwin Laaths stellt dies in seiner „Geschichte der Weltliteratur" folgendermaßen dar:

„Das Schah-nameh, an Umfang etwa achtmal die Ilias enthaltend, ist kein auf einer zentralen Handlung aufgebautes Epos im abendländischen Sinne, sondern eine riesige Aneinanderreihung von Mythen und Sagen im ersten, von geschichtlichen Begebenheiten im zweiten Teil. Dennoch trägt ein Hauptmotiv diese gewaltige Reimchronik: es ist der durch Äonen während Kampf zwischen dem lichten Reich Iran unter dem Schutze und im Auftrage des Ormuzd mit dem dunkeln Lande Turan, der Machtsphäre Ahrimans – also die selbst in der vom Islam gewandelten Welt noch verspürte, eine kosmische Polarität widerspiegelnde Schau und Darstellung, deren Vollzieher und Opfer die Menschen sind."[5]

Einen Eindruck von der Sprache gewinnen wir durch Friedrich Rückerts Übersetzung; wir haben damit zugleich eine Charakteristik des „Türken", die heute bis in völlig unbewußte Reaktionen das Verhalten der Perser bestimmt.

Ferdausi „entwickelt die persische Geschichte aus ihren noch mythischen indo-iranischen Anfängen bis zum Zeitpunkt der Auseinandersetzung zwischen Iran und Turan. Für die feindliche Seite steht Afrasiab mit seinen Heeren. Er vertritt das mongolische-turkmenisch geprägte Turan. (...) Für Irans Seite prägt Ferdausi die Helden Zal, Rustam und Isfandiar. Beide Seiten konfrontiert er – hier nach F. Rückerts Übersetzung – in seinem Poem:
Zu ihm (Rustam) sprach Zal: 'O Sohn, gib' Acht,
Sei heut nur auf Dich selbst bedacht!
Denn dieser Türk ist ein atmender Drach',
Im Kampf ein Wetter von Ungemach.
Seine Fahne ist schwarz, sein Leibrock Schwärz',
Erz sein Arm und sein Helm von Erz,
Alles Erz ist gefaßt in Gold;
Ein schwarzer Buschen den Helm umrollt.
Halte Dich, Sohn, von ihm zurück!
Denn er ist ein Held und wach ist sein Glück!'
zu ihm sprach Rustam: O Pahlewan,

Dich wandle Sorg um mich nicht an!
Der Schöpfer der Welt ist mein Kampfgenoss ...
Ob er ein Drach oder Deve sei,
Ich bring' ihn gefaßt am Gürtel herbei.

In dieser Gegenüberstellung offenbart sich der Kampf zwischen einem Nomaden- und einem Bauernvolk. Im Epos aber wird er bereits zum geistespolitischen Prinzipienkampf, in dem Afrasiab um Irans willen unterliegen muß. Deswegen besiegt der 'persische Roland, der Riese' Rustam, die Devs und wird zum starken Arm des Schahs Ka'us, des 'Hausvaters der Welt'. Rustam besiegte 'Turans Schaar' und tötete 'zwei Drittel' von Afrasiabs Soldaten. Er wird zur großen Figur auch der Miniaturmalerei:
Der Türken Kriegsglück ging zu Grab,
Vor Rustam floh Afrasiab zurück nach Turan.
Irans Triumph war groß:
Nach Pars zurück kam Ka'us Kei,
Neu ward die Welt, von Kummer frei.
Er schmückt den Thron, gab dem Recht seinen Lauf,
zu Freud und Genuß tat die Tore er auf,
Er sandt' allerorts einen Pehlewan hin,
Weltschirmend, wacker, von hellem Sinn.
Nach Merv und Nishapur und Balk und Herat
Entsandt' er ein Heer auf jedem Pfad.
Rings grünt in der Welt des Reiches Stamm ...
Feen, Menschen und Deven ihm untertan ...
Zum Weltpehlewan er den Rustam erlas ...
Ferdausi schildert aber auch unmittelbar nach dem Erfolg der iranischen Heroen, mahnend für seine eigene Zeit und seine Umwelt, die Gefahren:
Als ruhig von Feinden ward Thron und Kron',
Da ging auf einmal das Glück davon ...
weil Ka'us nach den Sternen griff und dafür ein Bündnis mit den Devs einging, das sich an den Menschen auswirkt, für deren soziales Recht der Dichter hier eine Lanze bricht. Dann stellt Rustam seinen reuigen Schah Ka'us wieder auf den Boden der Wirklichkeit."[6]

Seine Berechtigung zum Herrschen leitete der Herrscher im Iran vom „Glanz der königlichen Majestät" her. Was damit gemeint ist, sei durch eine Darstellung verdeutlicht, die Franz Altheim in seinem Werk „Gesicht vom Abend und Morgen" gibt. Zum Verständnis der Beziehungen des Partherkönigs Ardewan zu seinem Vasallen Ardeschir bringe ich einige Einzelheiten über die Partherherrschaft.

Unter dem Geschlecht der Arsakiden errang der iranische Stamm der Parther gegen Ende des 3. Jahrhunderts v.Chr. die Macht, die sich bald auf den ganzen iranischen Raum erstreckte. Die Parther stellten später eine Bedrohung der römischen Herrschaft im Osten dar. Den gepanzerten Reitereinheiten war der römische Feldherr Crassus nicht gewachsen, der in der Schlacht bei Carrhae 53 v.Chr. eine furchtbare Niederlage erlitt. Die Auseinandersetzung zwischen Rom und den Arsakiden ging hauptsächlich um den Besitz Armeniens. Die vielen Kriege der römischen Cäsaren gegen die Parther brachten keine nachhaltigen Erfolge. Wodurch die Macht der Arsakiden schließlich geschwächt wurde, geht aus Altheims Darstellung klar hervor: durch die üppige Hofhaltung drunten in Mesopotamien.

Die persische Königslegende berichtet: Ardeschir hat den Königshof heimlich verlassen, wird vom König verfolgt, aber bevor dieser ihn einholen kann, hat der „Glanz der königlichen Majestät", das *Chvarna*, in Gestalt eines Widders sich Ardeschir zugesellt. Diese Erzählung gehört zur Königslegende in sassanidischer Zeit. Ardeschir stammte aus dem Hause Sasan. Die von ihm begründete Herrschaft dauerte 418 Jahre und wurde erst durch die Siege der vom Islam begeisterten Araber in den Schlachten bei Kadisija am unteren Euphrat 637 n.Chr. und Nehawend 642 n.Chr. beendet. Das sassanidische Iran gilt als die stärkste Macht des zu Ende gehenden Altertums.

Chvarna wird auch mit „Glücksglanz der Herrschaft" übersetzt. So bei Geo Widengren: „Iranische Geisteswelt" (S.301), wo sich auch die Erzählung von Ardeschir findet. Ich bringe jetzt die zwei Altheim-Zitate:

„Als der Partherkönig Ardewan seinem Vasallen Ardeschir den Frieden aufsagte, da sandte er ihm die Worte: 'Du hast Dein Maß überschritten und Dein Geschick selbst herbeigezogen, o Kurde, der Du in den Zelten der Kurden aufgezogen bist.' Drei Übel gibt's in der Welt, sagt ein arabisches Sprichwort: die Kurden, die Feldmäuse und die Heuschrecken. 'Kurde' – das will besagen: Vertreter alles Schädlichen und aller Unkultur. Zugleich aber meint dieses Wort, daß der damit Angeredete nach Art der Kurden lebe und hause. Daß er im Gebirge beheimatet sei, in einem hohen und unwegsamen Gebirge, wo er ein hartes Dasein führt. Ganz so, wie es die Kurden seit alters führen; wie es auch die Perser gehalten hatten, ehe Kyros sie zu Macht und Reichtum gebracht, und es jetzt wieder hielten, bevor sie zum zweiten Male ihr Reich gründeten. In Ardeschirs Kennzeichnung als Kurde tut sich der Gegensatz zum parthischen Großkönig und seiner üppigen Hofhaltung auf, die drunten in der Susiana und im fruchtbaren Blachfeld zuseiten der zwei Ströme ihren Sitz hatte."[7]

„In der Geschichte Ardeschirs erscheint als entscheidende Macht der 'Glanz der königlichen Majestät'. Diese göttliche Wesenheit, die in den heiligen Schriften der Iranier als Chvarna bezeichnet wird, verleiht dem Helden Gelingen. Entsprechend stellen die Münzen der griechisch-baktrischen Könige dieses Chvarna unter der Gestalt der Tyche dar; in mittelpersischer Schrift wird es durch ein aramäisches Ideogramm wiedergegeben, das nichts anderes als 'Glück' heißt.

Wenn nun Chvarna als Widder erscheint, Ardeschir folgend und ihn einholend, so hat dies sein Gegenstück in der griechischen Sage. Denn ein Widder war es, dessen Besitz die Königsherrschaft in Pelops' Nachfolge sicherte. Hermes hatte Atreus das Tier geschenkt; von goldener Farbe waren ihm Vlies und Wolle. Gold und himmlischer Glanz ist auch dem Chvarna wesenhaft zu eigen. Denn sein Name ist sprachlichem Ursprung nach dem der Sonne verwandt. Und feuriges Gold, vom Himmel herabgekommen, spielt anderen Ortes die Rolle, die sonst dem Chvarna zukommt: dadurch, daß in der skythischen Sage die beiden älteren Brüder des Königsgeschlechtes sich vergeblich an dem glühenden Metall versuchen, der jüngste es aber ohne Bedenken und Schaden ergreift, erweist er sich als gottgewollter Herrscher.

Wer den himmlischen Glanz des Chvarna ergreifen kann oder wem dieses sich zugesellt, ist zum Königtum berufen. Das meint die skythische Sage und die von Ardeschir. Nur einem Herrscher aus iranischem Blut gibt sich solcher Glanz zu eigen, und darum heißt er der 'iranische' oder – was auf das gleiche hinausläuft – der 'arische'. Umgekehrt versucht sich in der Sage der turanische Held Frahrasyan vergeblich: ihm gelingt nicht, das 'Chvarna der iranischen Völker' zu ergreifen. In solch ausschließlichem Besitz liegt für Iran und das Ariertum gottgewollte Bestimmung zum Herrschen beschlossen. Ardeschir, der den Achaimeniden entstammt, gesellt sich der Widder zu. Denn dieses Haus hatte, wie kein anderes, seine reine Abstammung betont: Dareios nannte sich einen Arier von arischem Samen. Umgekehrt mußte der Parther Ardewan, wie alle Könige seines Stammes, bloßer Usurpator bleiben; er durfte nicht hoffen, gegen den neuen Träger des Chvarna aufzukommen."[8]

Chvarna, auch *Chwaröna* geschrieben, mitunter als „das königliche Lichtkleid"[9] übersetzt, bezeichnet aber offenbar noch Gewaltigeres. Von Prof. Hermann Beckh stammt folgende Übersetzung, die ich dem Buch von J.D. van Bemmelen, „Zarathustra", entnehme:

„Die starke, Mazdao-geschaffene, königliche Sonnen-Äther-Aura (Chwaröna) verehren wir, die vielgepriesene, überlegen wirkende, fürsorglich tatkräftige Gewandte, über die anderen Geschöpfe Hinwegsehende; die dem Ahura Mazdao eignet, auf daß er die Geschöpfe erschaffen kann, 'zahlreich und gut, zahlreich und schön, zahlreich und trefflich, zahlreich und tauglich, zahlreich und strahlend', auf daß er die Menschheit neugestaltet zu einer nicht alternden, nicht sterbenden, nicht verwesenden, nicht faulenden, immer lebenden, immer gedeihenden, nach Gefallen schaltenden, wenn die Toten auferstehen, wenn kommen wird der lebendige ungefährdete Saoshyant, nach dessen Willen die Menschheit neugestaltet werden wird."[10]

Wer ist mit Saoshyant gemeint? In der auf Zarathustra zurückgehenden Religion wird nicht das „Weltende" erwartet, sondern eine Erneuerung der Schöpfung am Ende eines 12000 Jahre währenden Weltprozesses; denn die

Welt wird nicht untergehen, so lautet die Überzeugung, weil sie die gute
Schöpfung von Ahura Mazda ist. Der Weltprozeß wird in vier je 3000 Jahre
lange Abschnitte gegliedert, von denen der letzte, so wird geglaubt, mit
Zarathustra begann, so daß wir in der Gegenwart in den „Letzten Tagen"
leben. Es wird auf das Kommen des Saoshyant, eines Retters, Erlösers,
hingeschaut, der von einer Jungfrau geboren werden wird, aber aus dem
Samen des Zarathustra herstammt. Dieser Erlöser läßt die Toten wiederauferstehen und leitet das Jüngste Gericht ein. Dem Jüngsten Gericht geht
nach dieser Überlieferung ein Gericht unmittelbar nach dem Tode eines
Menschen voran, das nur die Seele betrifft, die entsprechend dem Verhalten
im Leben belohnt oder bestraft wird. Die Strafen aber, wenn sie auch streng
sind, sollen zur Besserung führen und werden nicht ewig dauern. Da jedoch
der ganze Mensch, Leib und Seele, von Ahura Mazda geschaffen ist, wird auf
das Wiederauferstehen der Toten ein zweites Gericht, das endgültige, das
Jüngste Gericht, folgen, so daß dem Menschen in Leib und Seele sein Urteil
gesprochen wird. Nach diesem Urteil werden die Bösen für drei Tage und
drei Nächte in die Hölle und die Guten in den Himmel zurückkehren.

Nach dem letzten Kampf zwischen den guten und den bösen Mächten und
der endgültigen Niederlage des Bösen werden sich Himmel und Erde zu
einer vollkommenen Welt vereinen, und die Menschheit wird für ewig im
Reich des Ahura Mazda weilen.

Kemal Atatürks Reformen

Wohl in jeder türkischen Stadt steht sein Denkmal, das Denkmal von Gazi
Mustafa Kemal Atatürk, wobei *Gazi* „der Sieger" heißt und *Atatürk* „Vater
der Türken". Will man in die vielschichtige Wirklichkeit der heutigen Türkei
eindringen, so ist eine eingehende Beschäftigung mit Leben und Werk von
Mustafa Kemal und mit der Zeitsituation, in der er sein Reformprogramm
durchführte, unerläßlich. Nur für einige Stichworte ist im Rahmen dieser
Arbeit Platz. Als solche Stichworte seien genannt: osmanisch, türkisch,
Kalenderreform, Sonntag als Ruhetag, Lateinalphabet, Familiennamen.

Beginnen wir mit einer scheinbaren Äußerlichkeit: In Inebolu, einem
Städtchen am Schwarzen Meer, das für sein zähes Festhalten an Brauch und
Herkommen bekannt war, verkündete Mustafa Kemal Ende August 1925:
„Die Türken, die die türkische Republik gründeten, sind zivilisiert ... aber sie
müssen zeigen und beweisen, daß sie zivilisiert sind ... auch in ihrer äußeren
Erscheinung ... ist unsere Kleidung national? ('Nein, nein!') Ist sie zivilisiert
und international? ('Nein, nein') Ich stimme euch zu ... meine Freunde, wir
müssen nicht die alten Trachten von Turan aufsuchen und neu beleben. Eine
zivilisierte, internationale Kleidung ist würdig und passend für unsere
Nation, und wir werden sie auch tragen. Stiefel oder Schuhe an unseren

Füßen, Hosen an unseren Beinen, Rock und Krawatte, Jacke und Weste – und, natürlich zur Vervollständigung, eine Kopfbedeckung mit einem Rand. Darauf lege ich besonderen Wert. Diese Kopfbedeckung nennt sich Hut.“[1] Der Hut, den er als Muster zeigte, war ein Panama-Hut. Bezeichnet wurde das neue Kleidungsstück als „Sonnenschutz-Kopfbedeckung“. Dabei hatten die Türken den Fes noch gar nicht so lange getragen. Erst im 19. Jahrhundert war er eingeführt worden, und man hatte ihn als Zeichen des Fortschritts gegenüber dem Turban angesehen. Um aber ermessen zu können, wie einschneidend diese Neuerung war, mache man sich folgendes klar: Der Fes wurde den ganzen Tag getragen und nur im Bett abgenommen. Am Fes ließ sich erkennen, daß der Träger ein Muslim und kein Ungläubiger war. Eine Moschee durfte barhäuptig nicht betreten werden. Verneigte man sich beim Gebet, konnte ein Hut leicht herunterfallen, und wie sollte man mit der Stirn den Boden berühren, wo einen doch die Hutkrempe daran hinderte? So wurde die Bevölkerung in einen schweren Gewissenskonflikt gestürzt. Aber die Abschaffung des Fes wurde erzwungen: Am 2. September 1925 verabschiedete die Große Nationalversammlung ein Gesetz, das das Festragen bei Gefängnisstrafe verbot. Schon am 25. November lief die Übergangsfrist ab. Woher sollten denn nun in so kurzer Zeit so viele Herrenhüte kommen? Die Männer eines Dorfes trugen auf einmal europäische Damenhüte, die man ihnen rasch geliefert hatte.

Da die Sphäre der Religionsübung angetastet wurde, erstattete die al-Azhar-Universität in Kairo ein Gutachten, dessen Wirksamwerden aber durch eisernes Durchgreifen der türkischen Polizei unterbunden wurde.

Ein ähnlicher Vorgang hatte sich 200 Jahre vorher in Rußland abgespielt. Der Zar Peter I., später der Große genannt, zwang die Offiziere und Beamten, ja den ganzen Adel, die Bärte abzulegen und europäische Kleidung zu tragen. Unter schwerer Strafandrohung wurde das Tragen der Bärte und der Verkauf der „russischen Kleidung“ verboten. Durch diese „Europäisierung“, die ja wirklich nur äußerlich war, wurden die Menschen seelisch schwer erschüttert. Peter hatte sich so ein „Material“ geschaffen, das er nach seinen Vorstellungen neu gestalten konnte.

Doch zurück zu Atatürk. Die Türken benutzten als Muslime den islamischen Kalender, der ein reiner Mondkalender ist. Es heißt im Koran, Sure 9, Vers 36: „Die Zahl der Monate bei Gott ist zwölf Monate, im Buch Gottes festgestellt am Tag, da Er die Himmel und die Erde erschaffen hat. Vier davon sind heilig (der 1., 7., 11.und 12.; H.-D.F.). Das ist die richtige Religion.“[2] Es ist ausdrücklich verboten, Ausgleichsmonate einzuschalten, um eine Anpassung an das Sonnenjahr zu erreichen. Man beobachtet das erste Erscheinen der Mondsichel am Abendhimmel, um den Monatsbeginn zu bestimmen. So hatten es auch die Türken jahrhundertelang gehalten. Darum war die zweite große Neuerung des Jahres 1925 ebenfalls eine tief einschneidende Änderung. Am 26. Dezember 1925 wurde der Gregorianische Kalender ohne Abstriche eingeführt. An die Stelle des Tagesverlaufs, für den ein Tag von Sonnenuntergang bis zum nächsten Sonnenuntergang dauerte, so daß sich der Mensch nach kosmischen Rhythmen richtete, trat die Messung der Tageszeit nach gleich langen 24 Stunden, die durch Gesetz eingeführt wurde. 1935 wurde schließlich noch der Sonntag als öffentlicher Ruhetag verordnet, so daß der Freitag seine große Bedeutung als islamischer Feiertag einbüßte. Auch mit dem Dezimalsystem mußten sich die Türken vertraut machen.

Auch hier sei noch einmal eine entsprechende Maßnahme des Zaren Peter I. erwähnt, die schwer das Lebensgefühl der Menschen erschütterte. Damals galt in Rußland die sogenannte Byzantinische Ära, nach der die Weltschöpfung am 1. September 5509 vor Christi Geburt geschah. Somit lag die Jahrhundertgrenze, von der Erschaffung der Welt an gerechnet, im Jahre 7200, als nach der im Westen üblichen Zeitrechnung das Jahr 1692 n.Chr. gezählt wurde. Aber der neu eingeführte Kalender begann das neue Jahrhundert mit dem Jahr 1700. So wurde laut geklagt: „Der Zar hat acht Jahre bei Gott gestohlen." Bisher hatte das neue Jahr wie das Kirchenjahr am 1. September begonnen, jetzt wurde der Jahresbeginn auf den 1. Januar verlegt. Die Menschen erzählten sich außerdem, Peter wolle vom großen Fastenfest eine Woche streichen und später sogar das Fasten am Mittwoch und Freitag abschaffen. Das geschah allerdings nicht. In rhythmische Abläufe, die lange das gesellschaftliche Leben bestimmt hatten, wurde also störend eingegriffen.

Wieder zurück zur Türkei: Familiennamen hatte es bisher nicht gegeben. Die Türken hatten entweder nur einen Vornamen geführt oder den Namen des Vaters an den Vornamen angefügt. Auch durch die Verwendung von Spitznamen ließ sich genauer bezeichnen, wen man meinte, zum Beispiel „Mehmed mit dem großen Haus" oder „Der starke Mehmed". Wie sollte da eine moderne Verwaltung aufgebaut werden, zu der Identifizierung, Registrierung, Standesämter gehören? Durch ein Gesetz vom 28.6.1934 wurden Familiennamen nach europäischem Vorbild verordnet. Jedes Familienoberhaupt mußte sich einen türkischen Familiennamen ausdenken und ihn registrieren lassen. Einige ließen sich dabei etwas ganz besonderes einfallen, indem sie sich zum Beispiel *Damandüschtü* = „Der vom Dach Gefallene" nannten. Etwas Ähnliches kam öfter vor.

Als Peter I. in Rußland Stempel auf Pässen und sonstigen Papieren anbringen ließ und bei den Rekruten ein Erkennungszeichen eingebrannt wurde, sprach man vom „Antichristen-Zeichen". Daß er der Antichrist sei, beweise er auch, so die Meinung, durch das Einziehen der Kirchenglocken. Es war einmal eine Flugschrift gegen Rom gerichtet worden, worin es hieß, der Antichrist werde „im Namen Petri" erscheinen. Paßte das nicht auf den Namen Peters? War der bartlose Peter nicht ein Abbild des Antichristen, wollte er die nach Gottes Ebenbild geformten barttragenden russischen Menschen nicht nach seinem Bilde, dem Abbilde des Antichristen, gestalten? – Soweit die Vergleiche zwischen Rußland und der Türkei.

Von Kemal Atatürks Reformen wurden noch weitere Lebensbereiche betroffen. Ein Zivilgesetzbuch nach schweizerischem Vorbild trat an die Stelle des islamischen Rechts. Das „türkische bürgerliche Gesetzbuch" von 1926 legte fest, daß innerhalb der Familie Mann und Frau gleiche Rechte besitzen.

1928 erfolgte eine Maßnahme, die praktisch ein Abschneiden von der gesamten muslemischen Vergangenheit bedeutete. Für den allgemeinen Gebrauch wurde die arabische Schrift durch das lateinische Alphabet abgelöst, das die Lautwerte der türkischen Sprache viel besser wiedergibt. Es läßt sich auch in einem Drittel der Zeit, die auf die Einübung der arabischen Schrift verwendet werden muß, erlernen. Alles, was bis dahin in türkischer Sprache mit arabischen Schriftzeichen vorlag, wurde nun unzugänglich, es sei denn, man verwandte noch einmal Mühe darauf, sich die entsprechenden Kenntnisse zusätzlich anzueignen.

Aber nicht nur die Schrift wurde geändert, auch die gesamte türkische Sprache sollte neu geschaffen werden. Atatürk rief einen Sprachkongreß ein, dem die Aufgabe gestellt wurde, die Überfremdung des Türkischen zu beseitigen, eine Überfremdung durch das Arabische als Sprache der Religion, durch das Persische als Sprache des Hofes. Die fremden Wörter sollten durch heimische ersetzt werden, die man in alten Texten fand, die echt türkische Wörter zu sein schienen, die zu Unrecht außer Gebrauch gekommen waren. Das Nationalgefühl fand in der Spracherneuerung eine starke Stütze, dafür wurde aber auch ein Preis bezahlt: das Osmanisch-Türkische, wie die Staatssprache des Osmanischen Reiches genannt wurde, war sprachlich vielschichtig gewesen, so daß feinste Nuancen ausgedrückt werden konnten. Durch die Sprachreinigung ist dieser Nuancenreichtum weitgehend verlorengegangen und das Türkische wird wieder mehr und mehr zu jener eindimensionalen Steppensprache, die es einmal gewesen war.

Nach dieser Aufwertung der eigenen Sprache wurde ein weiterer entscheidender Schritt gewagt: Man begann mit der Übersetzung des Korans ins Türkische, einem Unternehmen, das bisher unvorstellbar gewesen war, denn hatte nicht Allah zum Propheten Mohammed arabisch gesprochen?

Als letztes sei jetzt auf die Revision des Geschichtsbildes eingegangen. 1931 wurde eine „Vereinigung zur Erforschung der türkischen Geschichte" gegründet, der Atatürk folgende Aufgabe stellte: „Unsere Ahnen, die große Staaten schufen, besaßen auch eine große und umfangreiche Kultur. Wir sind verpflichtet, diese zu suchen, zu erforschen und das Ergebnis den Türken und der Welt mitzuteilen. Sobald das türkische Kind seine Ahnen kennt, wird es in sich die Kraft verspüren, noch größere Taten zu vollbringen."[3]

Auf einem Kongreß türkischer Historiker wurde 1932 das neue Geschichtsbild besprochen. Die Forscher hatten sich auf die Suche nach den türkischen Vorfahren begeben und dabei auch die Sumerer gefunden, deren im dritten Jahrtausend vor Christi entwickelte Hochkultur im südlichen Mesopotamien wir am Beginn dieser Arbeit kennengelernt haben. Auch die Hethiter, die gegen 1500 v.Chr. ein Reich in Kleinasien gebildet hatten, wurden zu Ahnen der Türken erklärt. Es hieß, aus Zentralasien, der großen Völkerwiege, von wo auch Attila und Dschingis Khan stammten, kämen die Türken. Die Linie, die den türkischen vom griechischen Bevölkerungsteil auf Zypern trennt, haben die Türken deswegen Attila-Linie genannt. Die Türken seien schon in Kleinasien heimisch gewesen, als die Perser, Griechen und Römer erobernd ins Land eindrangen. Die osmanische Epoche der türkischen Geschichte war nunmehr gewissermaßen nur eine Episode, und die Jahre, da das Osmanische Reich im Niedergang war und man vom „kranken Mann am Bosporus" gesprochen hatte, waren zu einem überwundenen Zeitabschnitt geworden. Türkische Kinder lernten in den Schulen eine glanzvolle vieltausendjährige Vergangenheit kennen.

Damit war für das eigene Bewußtsein ein Bild des Türkentums entworfen, das sich vom europäischen Türkenbild ganz wesentlich unterschied: nicht auf Zerstörung ausgehende Barbaren seien die Türken, sondern Träger hoher Kulturleistungen. Die eigentlichen Antriebskräfte für die radikalen Reformen werden aus folgendem Zitat ersichtlich: „Auf der Welt sind für alles, für das Materielle und Ideelle, für das Leben und den Erfolg die Wissenschaft und die Technik die wahrsten geistigen und moralischen Führer. Einen solchen Führer außerhalb der Wissenschaften und der Technik zu suchen ist gleichbedeutend mit Gedankenlosigkeit, Unwissenheit und Irrtum."[4] Also hohe Bewunderung, ja, wie wir heute sehen können, bedenkliche Überschätzung der durch Wissenschaft und Technik sich ergebenden Möglichkeiten zur Gestaltung eines wahrhaft menschenwürdigen Daseins.

Unterricht und Bildung waren auf Türken und auf das Türkische ausgerichtet, Kurden und Armeniern gestand Atatürk auch kulturell keine Autonomie zu.

Damit kommen wir zu der Frage, worin der Unterschied zwischen dem Osmanischen Reich und der Türkischen Republik besteht. Das Osmanische Reich, von einem Führer turkmenischer Nomaden gegen 1300 begründet, erstreckte sich auf dem Höhepunkt seiner Macht im 17. Jahrhundert von Ungarn und Bosnien im Westen über Armenien, Mesopotamien, Syrien und Palästina im Osten bis Mekka und Medina sowie Ägypten im Süden. Seine innere Festigkeit beruhte auf einer leistungsfähigen Verwaltung und der Gewährung innerer Autonomie für die großen Religionsgemeinschaften, wie zum Beispiel die Griechisch-Orthodoxen, die armenischen Christen, die Juden. Erst als sich im 19. Jahrhundert ein auf das Türkentum bezogener

Nationalismus regte und sich eine Feindseligkeit gegen die nichtislamischen religiösen Gemeinschaften zu entwickeln begann, ergaben sich Schwierigkeiten mit den anderen Nationalitäten, die eine der wesentlichen Ursachen für die zunehmende Schwächung und schließliche Zerstörung des Osmanischen Reiches wurde. Die türkischen Nationalisten konnten das Vorhandensein eines Kurdentums als eines eigenen Volkstums nicht anerkennen, nannten die Kurden Bergtürken und verfolgten zu wiederholten Malen die armenische Bevölkerung.

Zum Schluß dieses Kapitels sei mit Hilfe einer Darstellung, die Rudolf Steiner in einem Vortrag vor Bauarbeitern am Goetheanum gab, der Unterschied zwischen dem Islam der Araber und dem der Türken verdeutlicht. Mit der türkischen Ausprägung des Islam hat es die abendländische Welt jahrhundertelang hauptsächlich zu tun gehabt.

„Diejenigen, unter denen Mohammed ursprünglich gewirkt hat, die zuerst den Islam angenommen haben, das waren die Araber. Diese Araber, die haben eine ausgesprochene Naturreligion gehabt. Die taugten also eigentlich so recht klar zum Verstehen des 'Vaters', zur Anerkennung der Vatergottheit. Und daher entwickelte sich auch in den ersten Zeiten des Mohammedanismus diese Anschauung von dem durch alle Natur und auch durch die menschliche Natur wirkenden Vatergott.

Aber dann kamen aus den weiten Gegenden Asiens herüber andere Völkerschaften, deren Nachkommen heute die Türken sind. Mongolische, tatarische Völkerschaften kamen. Die wirkten in Kriegen gegen die arabischen Leute. Und das Eigentümliche dieser mongolischen Bevölkerung, deren Nachkommen dann die Türken sind, ist das, daß diese eigentlich gar keinen Naturgott gehabt haben. Die hatten dasjenige, was der Mensch in ältesten Zeiten hatte: keinen Blick für die Natur, den die Griechen dann so stark haben. Das haben sie sich bewahrt. Die Türken brachten sich aus ihren ursprünglichen Wohnsitzen keinen Sinn für die Natur mit, aber einen ungeheuren Sinn für einen geistigen Gott, für einen Gott, den man nur in Gedanken fassen kann, den man gar nirgends anschauen kann. Und diese besondere Art, den Gott anzuschauen, die ging jetzt auf den Islam, auf den Mohammedanismus über. Die Türken nahmen die mohammedanische Religion von den Besiegten an, aber sie veränderten sie nach ihrer Gesinnung. Und während die mohammedanische Religion eigentlich viel von der alten Zeit, von Kunst und Wissenschaft, angenommen hat, schmissen die Türken eigentlich alles hinaus, was Kunst und Wissenschaft war, und wurden eigentlich kunst- und wissenschaftsfeind. Und sie waren der Schrecken der westlichen Bevölkerung, der Schrecken für alle diejenigen, die das Christentum angenommen hatten."[5]

Warum führte Mohammed Reza Schah Pahlewi, der letzte Schah, den Beinamen Aryamehr – Licht der Arier?

Die Spannung, die Persien/Iran zu ertragen hat, kommt im Namen, Titel und Beinamen des letzten Schahs zum Ausdruck.

Mohammed: Die Perser haben den Islam angenommen, sie sind Muslime, sie bekennen also, „daß es keinen Gott außer Gott gibt, und daß Mohammed der Gesandte Gottes ist".

Der Schah hat außer Mohammed noch einen zweiten Vornamen: *Reza*. Dies führt uns zu der Sonderform des Islam, zur Schia, deren Anhänger die Perser sind. Sie verehren in der Nachfolge Mohammeds zwölf Imame, so heißt ihre Form der Schia Zwölfer-Schia, *Ithna ashariya*, Zwölfer, auch *Imamiya* genannt. Der achte Imam war:

8. ꜥAlī, Sohn Mūsās, genannt ar-Riḍā (persisch: Reżā) von *ar-riḍā min āl Muḥammad:* ›derjenige, auf den sich die Familie Muḥammads einigt‹ (dieser aus der abbasidischen Propaganda abgeleitete Titel wurde ihm anscheinend von al-Maꜥmūn verliehen), im Persischen auch volkstümlich *żāmen-e āhū*, ›Beschützer der Gazellen‹. Seine Mutter war eine nubische Sklavin. Der Imam ar-Riḍā verkörpert die eigentliche Verbindung der Familie des Propheten mit Iran: Hārūn ar-Rašīd hatte sein Reich zwischen seinen beiden Söhnen al-Amīn und al-Maꜥmūn (der von einer iranischen Mutter abstammte) geteilt. Letzterer wollte den achten Imam nach dem Tode seines Bruders zu seinem Nachfolger machen und ließ ihn 816 von Medina nach Marw, seiner Hauptstadt in Ḫorāsān (heute Mary in der Turkmenischen SSR), kommen. Maꜥmūn gab dem Imam seine Tochter zur Frau und ließ auf seinen Namen Münzen schlagen. Die schwarze Fahne der Abbasiden wurde gegen die grüne der Aliden ausgetauscht. Zum ersten Mal seit ꜥAlī wird damit einem alidischen Imam eine derart politische Rolle in der muslimischen Gemeinschaft zugewiesen. Beunruhigende Revolten in Bagdad veranlaßten Maꜥmūn jedoch, den traditionellen Sitz des Kalifats wieder zur Hauptstadt zu machen. Der Imam, ar-Riḍā, starb 818 sehr passend in der Nähe von Ṭūs auf der Reise nach Bagdad nach dem Genuß von vergiftetem Granatapfelsaft (oder Traubensaft). Dort wurde er auch in der Nähe des Grabmals von Hārūn ar-Rašīd begraben;

sein Heiligtum am ›Ort des Martyriums‹ (Mašhad) ist das größte schiitische Pilgerzentrum in Iran.

Imam ar-Riḍā, der ein ruhiger Mensch war und wenig Neigung zu politischen Intrigen zeigte, hatte während seines kurzen Aufenthaltes in Ḥorāsān Diskussionen zwischen religiösen Führern in seiner Umgebung angeregt: zwischen einem christlichen Bischof (Ğāṯalīq, ›Katholikos‹), einem Rabbiner (Ğālūt), einem sabäischen Astrologen (ʿImrān), einem Zoroastrier (Hurmuz), etc...

Der Bericht über diese theologischen Debatten und die Predigten des Imams ar-Riḍā[6] spiegeln das Mißverständnis zwischen den politischen Funktionären der Abbasiden und den spirituellen Absichten des Imams. Anstatt die Gemeinschaft um ihn herum zu einen, führte seine Ernennung dazu, daß sich die abbasidischen Notabeln gegen al-Maʾmūn wandten. Das Experiment wurde nicht wiederholt.

Aus: Yann Richard: Die Geschichte der Schia in Iran. Berlin 1983, S.27 f.

Die Dynastie, die der Vater des Schahs, dessen Vorname Reza war, begründete, nannte sich *Pahlewi*. Das ist geradezu ein geistiges Programm. Schapur, der Sassanidenherrscher, gestorben 273, genannt der „Bewahrer der Welt und Verwalter der Schätze der Großen und Kleinen", hatte den Persern ihre erste feste Schriftsprache gegeben, das „Pahlewi", auch das Mittelpersische genannt. In dieser Sprache ist uns das Awesta erhalten, das heilige Buch des Zardoscht/Zarathustra, das von Ahura Mazda kündet. Damit sind wir bei dem kosmischen Kampf zwischen Licht und Finsternis, zwischen Ahura Mazda und Ahriman. In diesen mächtigen Überlieferungen drinnenstehend, nennt sich der Schah – der *Schah-in-Schah*, König der Könige – selbst *Aryamehr*, Licht der Arier.

Über den Schah, dessen Reichsgedanken und seine persönliche Überzeugung vom Drinnenstehen in einem Weltkampf zwischen Göttern und diabolischen Mächten schreibt Imhoff:

„*Reichsgedanke als Basis*. Hinter alledem aber steht das Bewußtsein, Irans großer Vergangenheit gerecht werden zu müssen. Dabei wirkt nicht der Islam als die entscheidende religiöse Bindekraft, sondern die arische Herkunft, die dem iranischen Kaiserreich eine spezifische Aufgabe zugewiesen habe. Historie und Auftrag sollen durch den eigenen Erfolg bestätigt werden.

Der Kalender beginnt mit Kyrus. Der Schah hat sich selbst mit dieser Maxime identifiziert, als er in seinem Buch über die ʿSoziale Revolutionʾ

schrieb: 'Aufgrund der Verantwortung, die ich als Schah habe, und aufgrund der Treue zu meinem Eid, den ich als Beschützer der Rechte und als Förderer des iranischen Volkes geschworen habe, kann ich im Kampf zwischen den Mächten des Göttlichen und des Diabolischen nicht teilnahmslos bleiben; denn ich habe das Banner dieses Kampfes selbst in die Hand genommen, damit keine Macht in Zukunft die Unterjochung der Bauern in unserem Lande zu erneuern und die nationalen Güter des Landes zugunsten weniger zu mißbrauchen vermag.' Hier argumentiert der zweite Pahlewi sehr eindeutig aus der religiösen Vorstellungswelt des Zardoscht, aus dem Gegenüber von Mazda Ahura und Ahriman, also aus arischer und nicht aus moslemischer Tradition.

Die 2500-Jahr-Feier des Jahres 1971 in Persepolis war im Grunde nichts anderes als eine Illustration dieser auf die Vergangenheit gegründeten Maxime. Damals stand, für alle Welt sichtbar, wenn auch von intensivster ausländischer Kritik begleitet, der Reichsgedanke der Achämeniden im Vordergrund. Die Mehrzahl der Iraner war davon beeindruckt und quittierte mit freudiger Zustimmung; die arabischen Staatsoberhäupter nahmen dies als Teilnehmer des Festes zum Teil zähneknirschend zur Kenntnis, weil sie im alten Perserreich ihren Rivalen und Gegner sahen. Die östliche und die westliche Welt begegneten dem Ereignis mit Skepsis, Ungläubigkeit und gelegentlicher Ironie, weil ihnen die arische Geschichtsdimension Irans fremd war. Als dann am 21. März 1976 in Iran eine neue Zeitrechnung begann, die weder Christi Geburt noch Muhammeds Flucht nach Medina, sondern das Krönungsjahr von Kyrus dem Großen als Kalenderbeginn festsetzte, war die Absicht klar, den alten Reichsgedanken mit modernen sozialen, wirtschaftlichen und politischen Inhalten zu füllen, also eigene Geschichte und Gegenwart miteinander zu verbinden. Jeder Iraner, der sich des neuen Kalenders bedient (1976/77 ist das iranische Jahr 2535), sieht sich seither zwangsläufig in solche Zusammenhänge hineingestellt. Das Noruzfest bleibt dabei auch künftig für ihn die Jahreswende."[1]

Über das Noruzfest teilt Imhoff folgendes mit:

„Das *Freudenfeuer*. Für die heute 33 Millionen zählende Gesamtbevölkerung des Kaiserreichs schlagen sich alle fernen Erinnerungen im Noruz-Fest nieder. Es ist Irans Neujahrsfest am 21. März. Hier erleben die in den Skulpturen der Treppe von Persepolis zu Stein gewordenen Zelebrationen ganz plötzlich, Jahr für Jahr, wenn auch abgewandelt und nach Landschaften und Provinzen verschieden, ihre moderne Auferstehung. Die heilige Flamme des Zardoscht wird zum Freudenfeuer, in dem das Böse verbrannt und das Gute zurückgelassen wird. Die Reinigung von Haus, Gemeinwesen und Menschen gehört – ganz nach den Grundsätzen des toten Propheten – zu den Voraussetzungen für das Gelingen der Feiertage, in denen ausschließlich die Früchte des Landes genossen werden und die Älteren die Jüngeren beschenken. Besonders beliebt sind Gold- und Silbermünzen kraft einer alten, auf Kyrus zurückreichenden Tradition, nach der Persien eines der ältesten funktionierenden Münzsysteme entwickelt hat. Daher auch die Münzgeschenke des Schahs an seine Mitarbeiter just an diesem Tag.

In Besuchen von Haus zu Haus werden alle Mißverständnisse ausgeräumt. Die gute Nachbarschaft wird erneuert. In diesen dreizehn Festtagen kommt trotz aller Verstädterung bis heute noch die Ursprünglichkeit der alten iranischen Religion zum Vorschein. Der auf dem Festtagstisch liegende Koran freilich macht die Verhältisse ebenso klar wie der gelegentliche schamhafte Tausch des Namens Mazda Ahura gegen Allah, wenn aus dem Awesta zitiert wird. Und das gehört landauf, landab auch im Alltag zu den Gepflogenheiten; aber noch stehen in der Umgebung von Teheran, noch stehen in der Salzwüste und rings um Persepolis die Tempel, die schon zu Zardoschts Zeiten für den 'Allweisen Herrn' errichtet worden sind."[2]

Hier gibt es also Ähnlichkeiten und Berührungen mit der rituellen Begehung des neuen Jahres in Babylon: Es sind die Vorstellungen vom Verbrennen des Bösen, Reinigung von Haus, Gemeinwesen und Menschen, Ausräumung von Mißverständnissen, Erneuerung der guten Nachbarschaft. Insgesamt sind es 13 Festtage.

Über die Feierlichkeiten in Persepolis gibt es noch eine weitere Schilderung, die das Verhalten der Iraner anders darstellt. Khomeini, der zum Boykott des Ereignisses aufgerufen hatte, befand sich damals nicht im Iran, sondern im Exil in der heiligen Stadt Najaf im Irak, der Begräbnisstätte von Mohammeds Schwiegersohn Ali:

„Zur Eröffnung der Feierlichkeiten hielt der Schah vor dem Grabmal des Begründers der iranischen Dynastien, Kyros des Großen, folgende Rede: 'Kyros! Wir haben uns hier, vor deiner ewigen Ruhestätte versammelt, um dir feierlich zu sagen: Schlafe in Frieden, denn wir wachen ... Wir haben das Recht, hier nach fünfundzwanzig Jahrhunderten zu erklären, daß unter der iranischen Flagge immer noch Ehre und Ruhm zu Hause sind, daß der Iran in der Welt die Achtung bewahrt, die du ihm verschafft hast. Dein Land, Kyros, soll in einer Welt der Angst die ewige Botschaft der Menschlichkeit verkünden ...'

Mit dieser Rede, die von den Iranern, einem Volk mit Humor, sehr belächelt wurde, wollte sich der Schah dem Ausland als Nachfolger des großen Kyros vorstellen. Das Fest sollte die Unvergänglichkeit der iranischen Gewaltherrschaft symbolisieren. Das Volk allerdings boykottierte das Ereignis. Aufgrund eines entsprechenden Aufrufs von Khomeini waren die Straßen im ganzen Land menschenleer. Die Mehrzahl der Geschäfte blieb während der 'Festtage' geschlossen. Das iranische Volk war gar nicht erst zu den Festlichkeiten eingeladen worden. Es war nicht einmal zugelassen. Drei Kordons bewaffneter Truppen und ein Teil der iranischen Luftstreitkräfte bewachten das Gebiet rund um Persepolis. Der Schah hatte eine große Zahl vorsorglicher Festnahmen durchführen lassen, im Umkreis von 120 km um Persepolis gab es keinen Verdächtigen, der das Fest hätte stören können. Die Stadt Schiras, nahe bei Persepolis gelegen, war abgeriegelt worden. Hastig aufgerichtete Mauern verdeckten die Kanisterstädte und Behausungen der Armen, während 60 Staatschefs aus aller Welt in gepanzerten Fahrzeugen zum Festgelände fuhren."[3]

Der Schah gab seinem ersten Sohn, dem Kronprinzen, den Namen Kyros Reza, seinen zweiten Sohn nannte er Ali. In dieser Namensgebung zeigt sich noch einmal das Bemühen, die gegensätzlichen Welten zu vereinen.

KAMPF UM DAS HEILIGE LAND

Viele Vorstellungen und Bilder sind mit der Gestalt des Abraham, mit seinen beiden Söhnen Isaak und Ismael verbunden. Da sich die Juden über Isaak und die Araber über Ismael von Abraham herleiten und sich jede Gruppe auf den Stammvater beruft, ist die Klärung der Frage wichtig, inwieweit die Abraham zugekommenen Verheißungen auch für Ismael gelten und ob Mohammed Aussagen über das den Juden zugesprochene Heilige Land gemacht hat. Die Gestalt des geblendeten Simson und der Kampf zwischen David und Goliath werden in der heutigen Publizistik so dargestellt, daß die Auseinandersetzungen zwischen den Israelis und den Palästinensern vor dem Hintergrund der in der Bibel geschilderten Ereignisse eine bestimmte Wertung erfahren, eine Wertung, die das Verhalten der Israelis in den besetzten Gebieten kritisiert.

Abrahams Auserwählung

Im 11. Kapitel des 1. Buches Moses folgt auf die Schilderung des Turmbaus zu Babel Sems Stammbaum und die Herkunft Abrahams: „Terach nahm seinen Sohn Abram, seinen Enkel Lot, den Sohn Harans, und seine Schwiegertochter Saraj, die Frau seines Sohnes Abram. Sie wanderten aus Ur der Kaldäer aus, um in das Land Kanaan zu ziehen. Sie kamen aber nur bis Charan. Daselbst siedelten sie sich an. Terach lebte 205 Jahre, dann starb er in Charan.

Der Herr sprach zu Abram: 'Zieh hinweg aus deiner Heimat, aus deiner Verwandtschaft und aus deinem Vaterhause in ein Land, das ich dir zeigen werde! Ich will dich zu einem großen Volke machen und dich segnen und deinen Ruhm erhöhen; sei du ein Segen! Segnen will ich, die dich segnen, und wer dich verflucht, dem will auch ich fluchen. In dir sollen alle Geschlechter der Erde gesegnet sein!'

Abram brach auf, wie der Herr ihm geboten hatte, und Lot zog mit ihm. Abram stand damals im Alter von 75 Jahren, als er von Charan auszog. Abram nahm seine Frau Saraj und seinen Neffen Lot, ferner allen Herdenbesitz, den sie erworben hatten, und alle Leute, die sie in Charan gewonnen hatten. Sie brachen auf, um ins Land Kanaan zu ziehen; und sie kamen ins Land Kanaan. Abram durchzog das Land bis zum Ort Sichem zur Orakeleiche. Damals waren die Kanaaniter im Lande. Der Herr erschien dem Abram und sprach: 'Deinen Nachkommen will ich dieses Land geben.' Jener baute dort einen Altar für den Herrn, der ihm erschienen war. Von da rückte er weiter dem Gebirge zu, östlich von Betel. Hier schlug er sein Zelt auf, Betel im Westen, Aj im Osten. Sodann baute er dem Herrn einen Altar und rief den

Namen des Herrn an. Abram zog immer weiter und weiter dem Südland zu.“[1]

Wir finden Ur erwähnt, von dem wir schon am Anfang hörten, und die Kaldäer. Um besser verstehen zu können, warum die Juden eine so tiefe Bindung an das Land haben, das sich vom heutigen Staat Israel und dessen Ostgrenze bis zum Jordan erstreckt, sei etwas aus dem ersten Kapitel des Buches „Judaism" wiedergegeben, das Isidore Epstein, ein bedeutender Rabbi der Gegenwart, geschrieben hat. Im folgenden geht es mir um die Wiedergabe des Selbstverständnisses eines bedeutenden Juden. Er schildert, wie die Stadt Ur, zwischen dem heutigen Bagdad und dem Persischen Golf gelegen, eine Einwohnerzahl von 250.000 bis 500.000 Menschen gehabt habe, die Hauptstadt des sumerischen Reiches gewesen sei und sich durch einen hohen Stand der allgemeinen Kultur ausgezeichnet habe. Aber Elamiter aus den Bergen des Persischen Golfes hätten die Stadt vernichtet. In einer sumerischen Klage heißt es: „Die Stadtmauern wurden dem Erdboden gleichgemacht, die Gebäude in Schutt und Asche gelegt und die Tore der Stadt waren voll von den Leibern der Erschlagenen. Starke und Schwache sind durch Hunger umgekommen oder vom Feuer in ihren Häusern überrascht worden. Diejenigen, die entkommen konnten, wurden weithin verstreut, Familien auseinandergerissen, Eltern verloren ihre Kinder und Ehemänner ihre Frauen.“[2]

Eine Zwischenbemerkung sei hier erlaubt: Bei allem, was ich vorbringe, habe ich stets die gegenwärtige Lage vor Augen. Der Rabbi Epstein schildert aus seiner Sicht, daß eine aramäische Familie, aus Haran stammend, eine Zeitlang in Ur gelebt habe und durch rechtzeitigen Wegzug diesem grausigen Geschehen entgangen sei. Dies sei als eine wirkliche Fügung angesehen worden, hinter der die Absicht Gottes gestanden habe, diese Familie für eine besondere Aufgabe zu bewahren. So habe Abram, durch eine innere Erfahrung geleitet, den Glauben an das Dasein vieler Götter aufgegeben und sei Verehrer eines einzigen Gottes geworden. Von diesem Gotte geführt, sei er in das Hügelland Kanaan gezogen. Von dem Gott, der sich ihm als *YHWH*, der Herr, enthüllt habe, habe er erfahren: „Ich bin der Herr, der dich aus Ur der Kaldäer geführt hat, um dir dieses Land zum Erbteil zu geben.“[3]

Ich folge jetzt wieder der Darstellung der Bibel. Einzelheiten der Bundesschließung finden sich im 15. Kapitel des 1. Buches Mose, das so schließt: „An jenem Tage schloß der Herr mit Abram einen Bund: ʼDeinen Nachkommen werde ich dieses Land geben, vom Strom Ägyptens bis zum großen Euphratstromeʼ.“[4]. Und im 17. Kapitel spricht Gott, der Herr: „Siehe, das ist mein Bund mit dir: Du wirst zum Vater einer Völkermenge werden. Fortan soll dein Name nicht mehr Abram heißen, sondern Abraham, denn zum ʼVater einer Völkermengeʼ will ich dich bestellen. Und sehr fruchtbar will ich dich machen; zu Völkern will ich dich werden lassen, und Könige werden aus dir hervorgehen. Errichten will ich meinen Bund zwischen mir und dir und deiner Nachkommenschaft in ihren Geschlechtern. Ein immerwährender Bund soll es sein, für dich und deine Nachkommen will ich Gott sein. Geben will ich dir und deiner Nachkommenschaft das Land, in dem du jetzt als Fremder weilst, das ganze Land Kanaan zum dauernden Besitz. Ich will ihr Gott sein."[5]

Abraham, Isaak, Ismael

Die Texte, die ich zu obigem Thema vorlege, sind sehr unterschiedlichen Ursprungs. Der erste stammt von einem bedeutenden französischen Kenner der arabischen Welt und des Islam, Maxime Rodinson. Er nimmt auf etwas Bezug, das in einer Reihe von Äußerungen, die ich im Verlaufe der Arbeit bringen möchte, eine beträchtliche Rolle spielt: nämlich die Berufung auf Abraham, die in dem von katholischer Seite versuchten Dialog zwischen Christen und Muslimen immer wieder geschieht.

„In einem bestimmten christlichen Milieu, das sich für eine 'ökumenische' Annäherung an den Islam einsetzt, um die historischen Fehler des Christentums gegenüber den Muslims und besonders gegenüber den Arabern wiedergutzumachen, legt man großen Wert auf die Tatsache, daß dieses Volk von Ismael abstammt, dem ältesten Sohn Abrahams, den er mit seiner Dienerin Hagar zeugte, die später auf Veranlassung von Sara, der Frau des Patriarchen, aus dem Haus gewiesen wurde, nachdem diese auf wunderbare Weise Isaak das Leben geschenkt hatte; Isaak ist (unter anderen) Stammvater der Juden (durch Jakob-Israel) und mit diesen von Jesus Christus (Genesis, Kapitel 16, 17, 21, 25). Die Genesis berichtet, daß Ismael noch vor der Geburt Isaaks, wie alle im Hause Abrahams, beschnitten wurde. Er nahm also teil am ersten Bündnis Gottes mit einer kleinen Gruppe von Menschen, dem Bündnis der Beschneidung. Einige Zusicherungen Gottes betreffen ihn. Daraus zogen mehrere christliche Autoren Schlüsse über den reellen – wenn auch begrenzten Wert – der göttlichen Offenbarung an Muhammad, den Nachkommen Ismaels. Sie sahen in dem biblischen Bericht von der Verbannung der Dienerin und ihres Sohnes in die Wüste das theologische 'Urbild', die metageschichtliche Präfiguration des Schicksals der 'Verbannung' (seitens der Christen) der Muslime und der Araber."[1]

„Die These der ismaelischen Nachkommenschaft der Araber findet keine Erwähnung im Koran, der sich darauf beschränkt, Isma'il einen Platz neben seinem Vater Ibrahim anzuweisen, als dieser die Kaaba in Mekka erbaute. So spielt er eine wichtige Rolle in der klassischen muslimischen Lehre, die Abraham als den Verbreiter des Monotheismus bei den Arabern ansieht. Dieser Monotheismus soll sich nach und nach aufgelöst haben bis zu seiner Wiederaufnahme durch Muhammad. So lauten die Glaubensartikel der Muslime. Diese im Jüdisch-Christlichen verwurzelte These wurde von neueren christlichen Autoren wieder aufgenommen, deren Wunsch es ist, die drei monotheistischen Religionen miteinander zu verbinden, indem sie alle drei an den Glauben Abrahams anknüpfen. (...) Für die Historiker sind die Araber nicht mehr Nachkommen von Ismael, dem Sohn Abrahams, als die Franzosen von Frankus, dem Sohn Hektors."[2]

Die anderen Zitate sind dem Werk „Die Sagen der Juden" entnommen. Sie bringen Bilder, die zeitlich weit auseinanderliegende Geschehnisse der Heilsgeschichte miteinander verknüpfen, nämlich durch die Gestalt des Esels, den Abraham sattelte, um zur Opferung Isaaks aufzubrechen, dann durch die Opferhandlungen von Kain und Abel, von Noah und seinen Söhnen an derselben Opferstätte; weiterhin durch die Wanderung der Seele von Adam in Abrahams Leib und der Seele Abels in den Leib von Isaak. Wie Isaak erfuhr, daß es ein Auferstehen der Toten gibt, wird als Folge der Opferhandlung dargestellt.

„Abraham machte sich auf in der Frühe, nahm den Ismael, den Elieser und seinen Sohn Isaak und sattelte den Esel. Dies war der Esel, das Junge der Eselin, die in der Dämmerung des sechsten Tages erschaffen worden war, dies war der Esel, auf dem späterhin Mose ritt, als er nach Ägypten kam; dies war der Esel, auf dem dereinst der Messias aus dem Hause David seinen Einzug halten wird, wie es heißt: 'Freue dich, du Tochter Zions, jauchze, Tochter Jerusalems. Siehe, dein König kommt zu dir, ein Gerechter und ein Helfer; arm ist er und reitet auf einem Esel, auf dem jungen Füllen der Eselin.'

Als Abraham und Isaak an die Opferstätte kamen, wies der Herr mit seinem Finger darauf und sprach: Dies ist die Stätte. Dies war der Altar, auf dem Kain und Abel geopfert hatten und auf dem Noah und seine Söhne geopfert hatten. Und Abraham baute den Altar von neuem auf.

Isaak trug das Holz zum Brandopfer, gleichwie ein Mensch sein Kreuz auf der Achsel trägt. Als sie an die Stätte kamen, von der der Herr gesprochen hatte, fing Abraham an, den Altar zu bauen, und band seinen Sohn Isaak. Er streckte seine Hand aus nach dem Messer, und seinen Augen entströmten Tränen des Erbarmens, die fielen in die Augen Isaaks. Dennoch war das Herz froh, daß es den Willen seines Schöpfers tat. Und die diensttuenden Engel sammelten sich scharenweise und riefen: Verödet sind die Stege. (...)

Als das Schwert an Isaaks Hals kam, flog seine Seele von ihm. Als aber der Herr seine Stimme zwischen den Cherubim erschallen ließ: Lege deine Hand nicht an den Knaben – kehrte die Seele in Isaaks Leib zurück. Abraham band ihn los, und sein Sohn stand da auf seinen Füßen. Da erfuhr Isaak, daß es ein Auferstehen der Toten gibt, daß alle Toten dereinst aufleben werden. Er tat seinen Mund auf und sprach: Gelobt sei der Herr, der die Toten erweckt.

Wisse, daß beide, Adam und Abel, durch das Sehen sich versündigt haben. Aber ihrer beider Seelen wanderten weiter, die eine kam in Abrahams, die andere in Isaaks Leib. Isaak war dazu ausersehen, daß er Abels Sünde wiedergutmachen sollte, Abraham aber sollte die Schuld Adams wieder ausgleichen."[3)]

Philister, Palästina, Eretz Israel

In welcher Art sich die Israeliten in weit zurückliegender vorchristlicher Zeit mit den Philistern auseinandergesetzt haben, wird in den Kapiteln „Simson in Gaza" und „David und Goliath" genauer geschildert. Da, wie gleich zu zeigen sein wird, der Name des Volkes der Philister mit dem Namen des Landes Palästina zusammenhängt und wir es heute mit der Neugestaltung des Verhältnisses zwischen den Palästinensern und Israelis zu tun haben, sei die Problematik, die mit den Bezeichnungen verbunden ist, kurz dargestellt.

Die Frage der Herkunft der Philister ist immer noch nicht befriedigend geklärt. Halten wir uns an das Nachschlagewerk „Die Bibel von A–Z", so waren sie Indogermanen, die vielleicht von Kreta gekommen waren. Sie hatten als Teil der sogenannten Seevölker nach Ägypten einzudringen versucht, waren von Ramses III. etwa 1180 v.Chr. besiegt worden und siedelten in jener Küstenebene, die heute im Norden etwa von Tel Aviv, im Süden von Gaza begrenzt ist. Von ihren fünf Städten seien Gaza und Ekron genannt. Man nimmt an, sie hätten sich mit den dort lebenden Kanaanitern vermischt und deren Religion und Kultur übernommen. Da sie die Kunst der Eisenverarbeitung von den Hethitern vermittelt bekamen, hatten sie überlegene Waffen zur Verfügung und waren für das sich erst bildende Israel gefährliche Gegner. Gegen 1000 v.Chr. waren sie Herren in dem Gebiet westlich des Jordan, das nach ihnen benannt wurde. Damit kommen wir zur Namensform Palästina.

Im hebräischen Alten Testament wird das Volk *pelischtim* genannt. Die griechische Übersetzung des Alten Testaments bezeichnet sie als *palaistinoi*. Diese Bibelübersetzung stammt aus dem dritten bis zweiten Jahrhundert v.Chr.

Schon bei dem griechischen Historiker Herodot (ca. 484–430 v.Chr.) findet sich die Bezeichnung he *Syria palaistiné,* das philistäische Syrien, aber er verstand darunter nur den südlichen Teil der Küste zwischen Phönizien und Ägypten, den die *Syroi oi palaistinoi,* d.h. die Philister, bewohnten. Von den Griechen und den Römern wurde im Laufe der Zeit der Name auch auf das hinter der Küste gelegene Innenland übertragen. Wir haben es also mit einem engeren und einem weiteren Sprachgebrauch zu tun, von dem der weitere schließlich allein verwendet wurde. Die arabische Form von Palästina ist *filastin.*

Wann sind die Judäer aus dem Hügelland an die Küste vorgedrungen? Das geschah endgültig erst zur Zeit der Makkabäer, also gegen die Mitte des zweiten Jahrhunderts v.Chr.

Als die Römer Herren des Landes waren – es wurde 63 v.Chr. durch Pompeius erobert –, nannten sie es Iudaea. Aber 139 n.chr., nach der Niederwerfung des zweiten jüdischen Aufstandes, des Bar-Kochba-Aufstandes von 132–135, führten die Römer den Namen *Syria Palaestina* ein, um die bisherige Bezeichnung *Iudaea* als Land der *Iudaei, der Juden,* zu verdrängen. Die ersten christlichen Schriftsteller verwandten die Bezeichnung *Palästina.* Nachdem das Wort lange Zeit offiziell nicht mehr verwendet worden war und man „das Heilige Land" oder „das Gelobte Land" gesagt hatte, wurde die englische Wortform *Palestine* 1922 amtliche Bezeichnung des britischen Mandatsgebietes.

Wie die Römer mit dem Namen *Iudaea* auch die Erinnerung an die Juden auslöschen wollten, so verübten sie an der Stadt Jerusalem einen für jüdische Vorstellungen besonders schweren Frevel: Der römische Kaiser Hadrian (117–138 n.Chr.) ließ das alte Jerusalem zerstören. Die Stadt wurde vollständig eingeebnet und eine neue Stadt mit Namen *(Colonia) Aelia Capitolina* an ihrer Stelle erbaut, die zu betreten den Juden bei Todesstrafe verboten war. Dieses Verbot bestand bis zu Kaiser Konstantin Anfang des vierten Jahrhunderts. In dieser neuen Stadt wurde auf dem Tempelberg ein Jupitertempel errichtet. Versuchen wir uns klarzumachen, was das für die Juden bedeutete.

Im Jahre 70 n.Chr., bei der Eroberung der Stadt durch den römischen Feldherrn Titus, den Sohn des Kaisers Vespasian, war der jüdische Tempel in einen Trümmerhaufen verwandelt worden. In der Stadt selbst wurden weitgehende Zerstörungen angerichtet. Die Westmauer ließ Titus stehen, sie wurde als Stützpunkt für das Lager der römischen Besatzung gebraucht, die aus der X. Legion Fretensis bestand.

An heiliger Stätte hatte also Jupiter, ein fremder, ein heidnischer Gott, seinen Tempel erhalten. Der neue Name der Stadt, Colonia Aelia Capitolina, war ein deutlicher Hinweis auf das Kapitol in Rom, wo der römische Haupttempel, der des Jupiter Optimus Maximus, stand. Hatten die römischen Waffen einen Feind besiegt, so war der eigentliche Sieger der Gott des Imperium Romanum, nämlich Jupiter selbst. Beim Triumphzug trug der Feldherr eine mit Sternen bestickte Toga, wie sie das Kultbild des Gottes trug; der Triumphator färbte sich das Gesicht mit Mennige, so daß es in seiner roten Farbe dem archaischen Kultbild des Jupiter glich. Nicht dem Gott zu Ehren wurde der Triumph gefeiert, sondern er selbst triumphierte. So zeigten also die Römer den Juden, die es zu ihrem Schmerz erleben mußten, daß der fremde Gott über sie gesiegt hatte, daß in dessen Triumphzug in Rom die heiligen Geräte aus dem Tempel auf dem Tempelberg in Jerusalem mitgeführt wurden, wie es besonders für den siebenarmigen Leuchter galt, der auf dem Titusbogen in Rom, dem Triumphbogen, abgebildet ist. Der siebenarmige Leuchter, die Menora, ist heute zum Nationalsymbol des Staates Israel geworden.

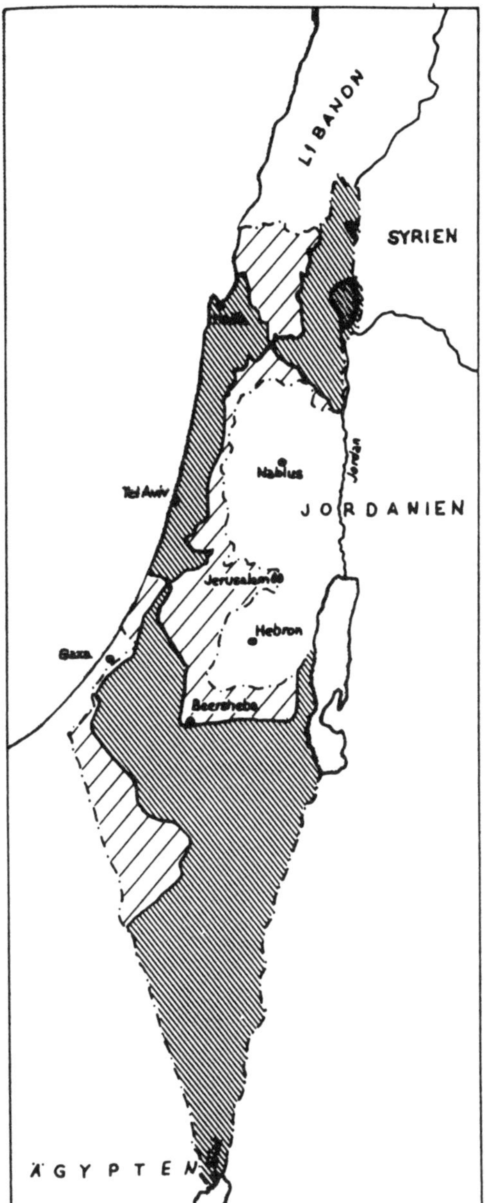

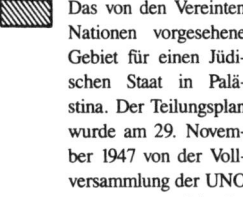 Das von den Vereinten Nationen vorgesehene Gebiet für einen Jüdischen Staat in Palästina. Der Teilungsplan wurde am 29. November 1947 von der Vollversammlung der UNO angenommen. Die zionistische Seite billigte, die arabische verwarf ihn.

 Erweiterungen durch den Unabhängigkeitskrieg 1948/49

– · – · – Grenzen Israels 1949 bis 1967. Gemäß den Vereinbarungen über einen Waffenstillstand mit Ägypten (24. 1. 1949), Libanon (23. 3. 1949), Transjordanien (3. 4. 1949), Syrien (20. 7. 1949) — Transjordanien hatte bereits das Westjordanland besetzt, annektierte es aber erst 1950 und nannte sich „Jordanien". Völkerrechtlich wurde dieser Schritt nur von Großbritannien und Pakistan anerkannt.

Israel 1949–1967

89

Wie in dem Kapitel „Menetekel" dargestellt, tranken die Gäste des Königs Belschazzar bei seinem großen Gastmahl aus den goldenen und silbernen Gefäßen, die sein Vater Nebukadnezar aus dem Tempel zu Jerusalem geraubt und nach Babylon geschafft hatte. Auch damals, 586 v.Chr., war der Tempel (der erste Tempel, der Tempel des Königs Salomo) zerstört worden. Zum zweiten Mal wurde der Tempel (der zweite Tempel, der des Königs Herodes) durch Titus im Jahre 70 zerstört, und die heiligen Tempelgeräte wurden nach Rom gebracht.

Einen Wiederaufbau des Tempels, einen dritten Tempel, erwarten viele fromme Juden in unserer Zeit.

Läßt sich das Wort *Israel,* im Hebräischen *Jisrael,* ins Deutsche übersetzen? Nach dem „Lexikon zur Bibel" bedeutet der Name Israel vielleicht „Gott wird kämpfen, streiten" oder „Gott kämpft"[1]. Nachdem der Erzvater Jakob mit dem Engel in Pniel gerungen hatte (1. Moses 32, 23–33), wurde ihm der Name Israel mit folgenden Worten gegeben: „Nicht Jakob, sondern Israel soll fürderhin dein Name sein; denn mit Gott und mit Menschen hast du gestritten und dabei den Sieg erfochten."[2] Schon bald darauf wurden Jakobs Söhne die Söhne Israels genannt (1. Moses 46, 8).

Die verwickelte Geschichte des Landes Israel sei hier nicht im einzelnen dargestellt. Gehen wir statt dessen auf die gegenwärtige Lage ein, und zwar so, daß die Beweggründe der israelischen Siedlungsaktivisten mit ihren eigenen Worten dargestellt werden. Es geschieht dies in dem Kapitel „Begin und Eretz Israel", dem 22. Kapitel des Buches von Friedrich Schreiber und Michael Wolffsohn: „Nahost", das ich hiermit zitiere:

Begin und Eretz Israel. Eretz Israel, das war für Begin natürlich vor allem das Westjordanland. 'Judäa und Samaria' nennen es die Anhänger Begins. Die Grenze von Eretz Israel ist der Jordan.

Ein israelischer Siedlungsaktivist, der aus Deutschland stammende Rechtsanwalt Haetzni, formuliert es folgendermaßen:

'Judäa heißt Judäa. Vielleicht wissen Sie, daß es, allein schon vom Namen her, eine Verbindung zwischen Judäa und Juden gibt. Judäa hat eine jüdische Zukunft. Ich bin ein Jude, das ist Judäa. Es bleibt jüdisch und wird ebenso wie Samaria eines Tages annektiert.

Der Sechstagekrieg von 1967 (er wurde uns aufgezwungen) brachte uns die Vollendung des Zionismus, die Krone. Die Krone, die Zion selbst ist, das eigentliche Ziel unserer Gebete, unserer Tränen und unserer zweitausendjährigen Leiden haben wir eigentlich erst 1967 erreicht, nämlich das Land Zion, also Jerusalem, Hebron, Bethlehem, Jericho. Das ist das Land der Juden. 1948 war die Vorstufe, denn die Küstenebene um Tel-Aviv war früher Philisterland. Wir werden zwischen dem Mittelmeer und dem Jordan nur einen Staat haben.'

Jenseits des Jordans, hinter den Bergen von Moab, im Königreich Husseins von Jordanien, sollten die Palästinenser bleiben, dorthin sollten sie am

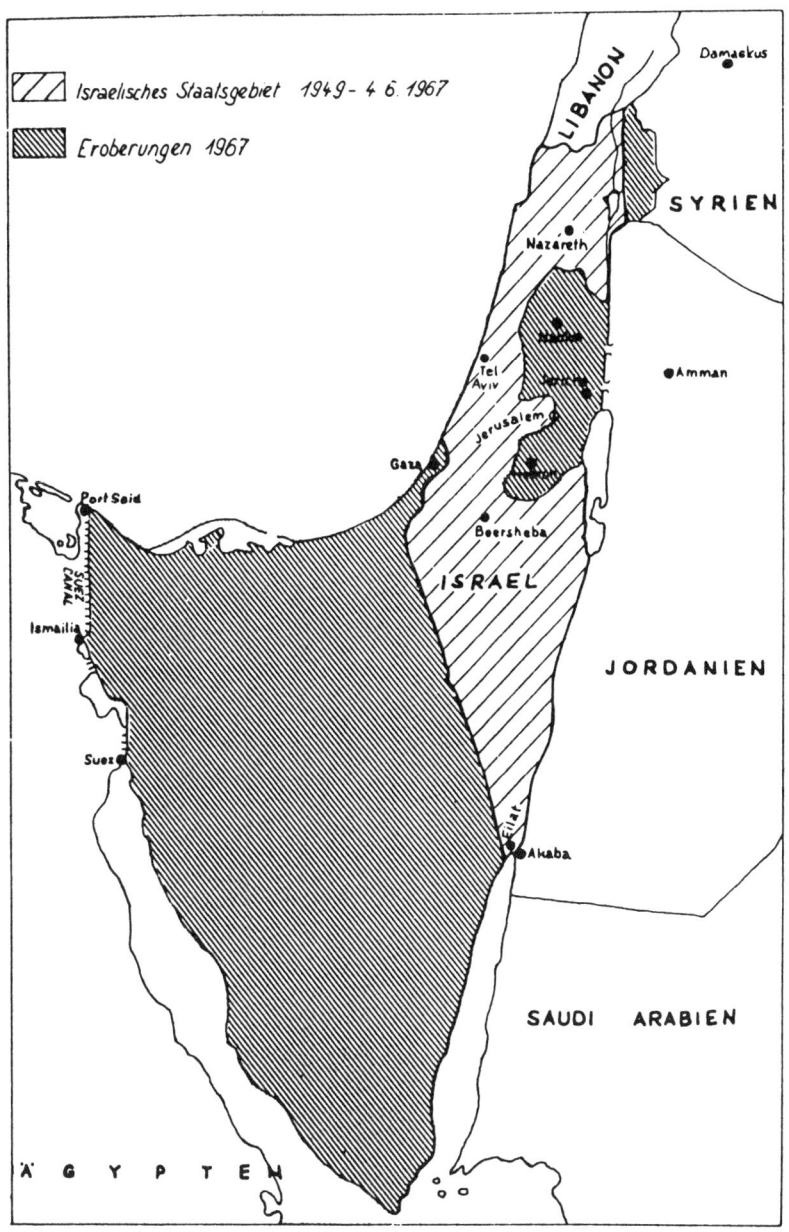

Israels politische Geographie 1967–1982 ohne Teilveränderung durch die Entflechtungs-
abkommen mit Ägypten (1974/75) und Syrien nach dem Jom-Kippur-Krieg.

91

besten gehen. Dort war ohnehin mehr als die Hälfte der Einwohner palästinensischer Herkunft. Jordanien, das ist Palästina, pflegte Begin zu sagen. Jordanien, das ist Palästina, pflegte Scharon zu sagen. Jordanien, das ist Palästina, pflegt Ministerpräsident Schamir zu sagen.

'Wenn das palästinensische Volk sein Selbstbestimmungsrecht bekommt, dann soll dieses Recht dort verwirklicht werden, wo die Palästinenser eine Mehrheit sind. Das ist der Fall in Ost-Palästina, welches heute Jordanien heißt. Die Palästinenser sind in Ost-Palästina 75 %, in West-Palästina (Israel, Judäa und Gasa) nur 25 %. Also warum soll diese Selbstbestimmung dort stattfinden, wo sie eine Minderheit sind? Das ist das Dilemma des Königs Hussein, sein palästinensisches Dilemma. Er muß sich entscheiden: Entweder sind alle Palästinenser Jordanier, dann haben sie schon einen Staat. Sind sie keine Jordanier, sondern Palästinenser, dann soll er den Namen seines Staates ändern. Er soll Palästina heißen. In Jordanien sind 70 % Palästinenser, die 30 anderen Prozent sind Beduinen. Beduinen haben überhaupt keine Nationalität. Die einzige Nation, die sich im Raum von Ost-Palästina befindet, sind die Palästinenser.'

Die Sinai-Halbinsel hatte für Begin und Israelis wie Haetzni keinen so hohen politisch-religiösen Stellenwert. Die Sinai-Halbinsel war nämlich nicht das 'Land der Väter'. Hier waren die Vorfahren durch die Wüste gewandert, vierzig Jahre lang, hatten der Überlieferung zufolge sogar die Zehn Gebote erhalten, aber nie hier gelebt.

Deshalb war es für Sadat gar nicht ungünstig, daß ein religiös-geographisch motivierter Mann wie Menachem Begin im Juni 1977 Ministerpräsident Israels wurde. Begins innenpolitische Gegner von der Arbeitspartei, die zuvor immer regiert hatte, waren zwar weniger ideologisch und schon gar nicht religiös-geographisch motiviert, aber die Arbeitspartei hielt die Sinai-Halbinsel mehr als Begin für strategisch-militärisch lebenswichtig.

Mit Menachem Begin kam erstmals in der Geschichte des Zionismus die traditionelle Opposition der Arbeiterparteien, besonders der Mapai (seit 1968 Arbeitspartei) an die Macht. Begin verstand sich stets als Schüler von Zeew Jabotinsky.

Jabotinsky war es, der in bezug auf die Araber eine Politik der 'Eisernen Wand' gefordert hatte.

Gegen die eiserne Wand würden die Araber immer wieder anrennen, um den jüdischen Staat zu zerstören, meinte Jabotinsky. Am Ende, davon war Jabotinsky überzeugt, würde dieses Anrennen den arabischen Köpfen mehr schaden als der Eisernen Wand Israels. Das glaubte auch Menachem Begin.

Und tatsächlich: Sadat hatte zweifellos eingesehen, daß es keinen Sinn hatte, gegen die Eiserne Wand Israels anzurennen. Er wollte mit Begin ins Geschäft kommen. Begin war bereit, und sein Außenminister, Mosche Dajan, half ihm dabei entschieden nach. Eine Palästinensierung der Verhandlungen mit Ägypten mußte Begin nicht ernsthaft befürchten. Dafür

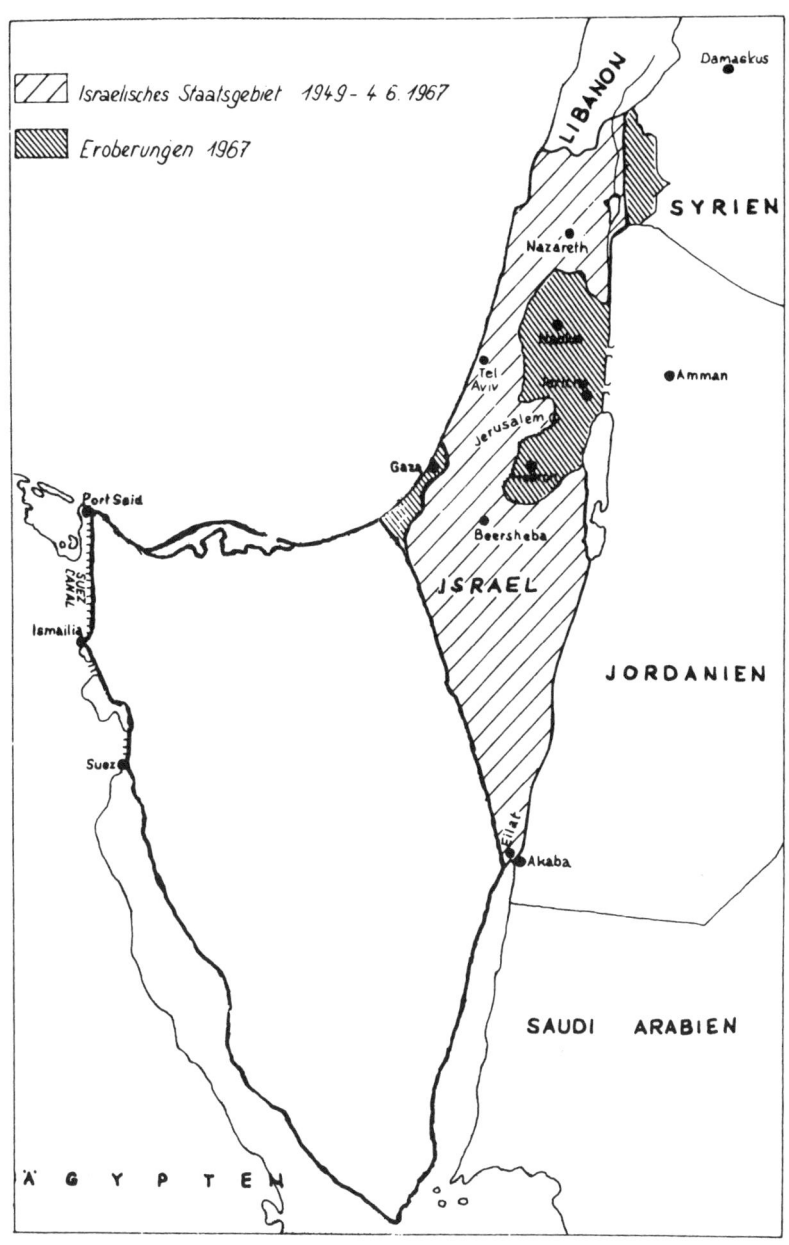

Israel nach dem Rückzug vom 26. April 1982.
Festgelegt im Friedensvertrag mit Ägypten (26.3.1979)

93

sorgte die Formel von der PLO als der alleinigen legitimen Vertretung der Palästinenser. Ägypten konnte ägyptische Politik betreiben, die PLO mußte letztlich für sich selbst sorgen."[3]

Es ist nun noch eine Antwort auf eine wichtige Frage zu geben: Wie hat Mohammed die Verheißungen gesehen, die an die Kinder Israels hinsichtlich des Heiligen Landes ergingen? (Die soeben gebrauchten Ausdrücke entnehme ich dem folgenden Zitat.) Die Antwort ist in dem Buch von Johan Bouman, „Der Koran und die Juden" enthalten, und zwar in dem längeren Kapitel unter dem Titel „Die Juden und ihre Geschichte als Kronzeugen der Wahrheit".

Die von Bouman angeführten Koranstellen sollten in die gegenwärtige Diskussion über die jeweiligen Ansprüche der Palästinenser und Israelis eingebracht werden.

„Ein Aspekt dieser Geschichtsdarstellung muß noch erwähnt werden, da er nicht ohne Bedeutung für den religiösen Hintergrund des heutigen Nahostkonflikts ist. Es ist das Verhältnis der Kinder Israel zu dem verheißenen Land. Die erste Aussage darüber stammt aus der dritten mekkanischen Periode und findet sich in 7, 137: 'Und wir gaben dem Volk, das vorher unterdrückt war, die östlichen und westlichen Gegenden des Landes zum Erbe, das wir gesegnet haben. Und das schöne Wort deines Herrn ging an den Kindern Israels in Erfüllung dafür, daß sie geduldig waren.' Ex 6, 8 enthält bereits das Versprechen Gottes, die Israeliten nach dem verheißenen Land zu bringen, das schon den Patriarchen gegeben war. 'Der Osten des Landes und sein Westen' ist ein Ausdruck für das ganze Land und erinnert an Gen 13, 14 und Ps 113, 3, ein Psalm, der in der Liturgie rezitiert wird. Die spätere Tradition hat versucht zu erklären, warum und unter welchen Bedingungen Israel das Land bewohnen darf. Mischna Qidduschin I, 10 erklärt, daß, wer auch nur ein Gebot erfüllt, das Land erbt.

Auch in Medina hat Muhammad sich über die Landnahme geäußert. In 5, 21 heißt es: 'O, mein Volk, tretet ein in das Heilige Land *(al-ard al-muqaddasa),* das Allah für euch verschrieben hat, und kehrt nicht um, so daß ihr den Schaden habt.' Auffällig ist, daß der Koran hier über das 'Heilige Land' spricht, und zwar in einem Kontext, in dem Mose zu dem Volk spricht. Er fordert es auf, der Gnade, die Allah ihnen erwiesen hat, zu gedenken (V. 20). Dieser Zusammenhang kommt auch vor in dem Gebet, das die Priester zum Tempelweihfest in der Makkabäerzeit gebetet haben: 'Pflanz dein Volk an deinem Heiligen Ort ein! Denn so hat es Mose zugesagt' (2 Makk 1, 29)."[4]

Simson in Gaza

Die Gestalt des Simson ist vielen Menschen dadurch vertraut, daß die Szene, wie dem schlafenden Simson auf den Knien der Dalila die sieben Locken seines Haupthaares geschoren werden, ein beliebtes Thema der Malerei gewesen ist. Als Beispiel sei das Gemälde von Peter Paul Rubens,

„Simson und Delila", genannt, das in London in der National Gallery ausgestellt ist. Der Gesamtzusammenhang, in den diese Szene hineingehört, sei gekennzeichnet, weil sich dadurch Gesichtspunkte ergeben, die zum Verständnis der heutigen Lage in Israel beitragen können.

Simsons Leben und Tod werden im Alten Testament im Buch der Richter im 13. bis 16. Kapitel dargestellt. Das 13. Kapitel beginnt so:

„Wiederum taten die Israeliten, was dem Herrn mißfiel. Der Herr überlieferte sie vierzig Jahre lang der Gewalt der Philister. Damals lebte ein Mann aus Zora vom Geschlecht der Daniten, mit Namen Manoach. Seine Frau war unfruchtbar und hatte noch kein Kind geboren.

Da erschien ihr der Engel des Herrn und sprach: 'Siehe doch, du warst unfruchtbar und hast nicht geboren. Aber du wirst schwanger und gebierst einen Sohn.

Nimm dich also in acht! Trinke keinen Wein und keinen Rauschtrank und iß keine unreine Speise! Denn siehe, du wirst schwanger werden und einen Sohn gebären. Auf sein Haupt darf kein Schermesser gelangen; denn gottgeweiht soll der Knabe sein vom Mutterleib an. Er wird den Anfang machen, Israel zu befreien aus der Philister Gewalt."[1]

Es sei darauf hingewiesen, daß der Name Simson auch Samson geschrieben wird, und daß in diesem Namen das Wort für Sonne = *schams* enthalten ist, *samson* heißt „kleine Sonne".

Die vielen inhaltvollen bildhaften Schilderungen, die von seinen Auseinandersetzungen mit den Philistern Kunde geben, mögen im Alten Testament nachgelesen werden. Gehen wir nur auf seine Beziehung zu Dalila und sein Ende ein.

Es heißt, er verliebte sich in eine Frau im Tale Sorek, die Dalila hieß. Die Fürsten der Philister bewogen sie, in Erfahrung zu bringen, worin seine große Kraft bestand. Nach langem Drängen verriet er ihr sein Geheimnis:

„Kein Schermesser ist über mein Haupt gekommen, denn ich bin ein Gottgeweihter vom Mutterschoße an. Werde ich geschoren, so verläßt mich meine Kraft. Ich werde schwach und bin wie jeder andere Mensch."[2]

Dalila ließ die Philisterfürsten rufen. Simson schlief auf ihren Knien ein, und ein Mann schor ihm die sieben Locken seines Hauptes ab.

„Da ergriffen ihn die Philister, stachen ihm die Augen aus und brachten ihn nach Gaza. Sie fesselten ihn mit zwei ehernen Ketten, und er mußte im Gefängnis die Mühlsteine drehen. Sein Haupthaar aber begann wieder zu wachsen, nachdem er geschoren war.

Die Fürsten der Philister kamen zusammen, um ihrem Gotte Dagon ein großes Opfer darzubringen und fröhlich zu sein. Dabei sprachen sie: 'Unser Gott gab den Simson, unseren Feind, in unsere Gewalt!'

Als die Leute ihn sahen, rühmten sie ihren Gott und sprachen: 'Unser Gott gab in unsere Gewalt unseren Feind, der unser Land verwüstet, der viele von uns umgebracht hat!' Als sie nun in guter Stimmung waren, kamen sie auf den Gedanken: 'Ruft doch den Simson herbei, er soll uns belustigen!' Da rief man den Simson aus dem Gefängnis herbei; er mußte ihnen als Spaßmacher dienen, und man stellte ihn zwischen die Säulen. Simson sprach zu dem Knaben, der ihn an seiner Hand hielt: 'Laß mich doch, daß ich die Säulen betasten kann, auf denen das Haus ruht, um mich daran zu lehnen!' Der Palast war von Männern und Frauen angefüllt. Dort waren alle Fürsten der Philister beisammen. Auch auf dem Dach waren etwa dreitausend Menschen, Männer und Frauen, die sich den Spaß mit Simson anschauten. Da rief Simson den Herrn an und sprach: 'O Gebieter und Herr, gedenke meiner und gib mir nur noch dieses eine Mal Kraft, o Gott! Ich möchte doch an den Philistern Rache nehmen wenigstens für das eine meiner beiden Augen!'

Dann packte Simson die beiden Säulen, auf denen das Haus in der Mitte ruhte, und stemmte sich gegen sie, gegen die eine mit seiner Rechten, gegen die andere mit seiner Linken. Simson sprach: 'Ich will sterben mit den Philistern!' Er streckte sich mit voller Kraft; da stürzte der Palast auf die Fürsten und alle Leute, die darin waren. Es waren der Toten, die er bei seinem Sterben umbrachte, mehr als derer, die er in seinem Leben getötet hatte."[3]

Die Stadt Gaza und der ganze Gazastreifen sind von Israel besetztes Gebiet. Die über Simson berichteten Geschehnisse verwendet Peter Scholl-Latour für folgende Schilderung:

„In Gaza wurde – so berichtet die Bibel – auch der hebräische Kriegsheld Samson von den Philistern gefangengehalten und geblendet, ehe er die dortigen Palastsäulen mit übermenschlicher Kraft einriß. Geblendet zu sein in Gaza, das ist auch heute noch die Gefahr, der sich der moderne jüdische Staat und seine Streitmacht aussetzen bei ihrem rücksichtslosen Vorgehen gegen die Intifada. Ist es ein Zufall, daß gerade in Gaza die nationalistische, arabisch-palästinensische Motivation des Widerstandes mehr und mehr durch die Parolen der islamischen Revolution, durch die koranische Rückbesinnung, überlagert wird? Die sogenannten Fundamentalisten der Geheimorganisation Hamas behaupten in Gaza eine Hochburg ihres wachsenden Einflusses. Hier bedarf es keines Khomeini, um die Hinwendung zum Heiligen Krieg zu schüren. Hier wird die weltweite Gemeinschaft der islamischen 'Umma' aufgerüttelt und nicht nur die arabische Nation."[4]

Zum Gazastreifen werden wir auch geführt, wenn wir uns mit David und Goliath befassen.

David und Goliath

In seinem Buch „Aufstand der Palästinenser. Die Intifada" überschreibt Friedrich Schreiber ein Kapitel „Goliath gegen David". Im ersten Absatz heißt es:

„Die Fernsehberichte und Fotoreportagen der ersten Monate der Intifada zeigten spektakuläre Szenen: den Schlagabtausch zwischen Steinewerfern und Scharfschützen in Großaufnahme und in der Totalen. Die Kamera schien immer und überall dabei zu sein, wenn der ungleiche Kampf 'David gegen Goliath' – mit vertauschten Rollen – stattfand: Diesmal waren die Israelis die schwergerüsteten Goliaths und die Palästinenser, Nachfahren der historischen Philister, die steinewerfenden Davids."[1]

Machen wir uns zuerst klar, wie im Alten Testament im 1. Buch Samuel das Geschehen dargestellt wird:

In der Gegend von Socho in Juda hatten die Philister und Israeliten ihre Heerlager gesammelt. Die Philister „standen am Berge auf der einen Seite und die Israeliten am Berge auf der anderen Seite, während die Talsohle dazwischen lag. Da trat der Vorkämpfer aus dem Lager der Philister hervor, namens Goljat aus Gat. Er war sechs Ellen und eine Handspanne groß, hatte einen ehernen Helm auf seinem Kopf und war mit einem Schuppenpanzer bekleidet. Dessen Gewicht betrug 5000 Sekel Erz. An den Beinen hatte er eherne Schienen, und auf den Schultern trug er einen ehernen Wurfspeer. Der Schaft seiner Lanze war wie ein Weberbaum, und die Lanzenspitze wog sechshundert Sekel Eisen. Sein Schildträger ging vor ihm her."[2]

Dies ist also der schwerbewaffnete Riese Goliath. Er fordert die Israeliten auf, einen Mann zu erwählen, der mit ihm kämpfen solle. Werde er, Goliath, erschlagen, dann würden die Philister Knechte der Israeliten sein. Vierzig Tage lang wiederholte er seine Aufforderung. Der noch junge David, der seinem Vater die Schafe hütete, wurde mit Korn und Broten zu seinen Brüdern in die Wagenburg geschickt. Als er hörte, daß sich keiner zum Zweikampf zu stellen wagte, erklärte er sich zum Kampf bereit. Der König Saul willigte ein, obwohl David noch ein Knabe, der Philister aber ein Kriegsmann von Jugend auf war.

„Saul bekleidete David mit seinem Waffenrock. Er setzte ihm einen ehernen Helm aufs Haupt und zog ihm einen Panzer an. David umgürtete sich mit dessen Schwert über seinem Waffenrock; doch er konnte nicht gehen; denn er hatte es darin noch nie versucht. Daher sprach David zu Saul: 'Ich vermag darin nicht zu gehen; denn ich habe es noch nie versucht.' Und er legte die Rüstung wieder von sich ab.

Er nahm seinen Stab in die Hand, suchte sich fünf glatte Steine aus dem Bachtal, legte sie in die Hirtentasche, die er bei sich führte, nahm eine Schleuder zur Hand und ging dem Philister entgegen. Dieser kam näher und näher an David heran, während der Schildträger vor ihm einherschritt. Der Philister blickte auf und sah sich den David an. Er verachtete ihn, denn er war ein Knabe, rötlichbraun und von schönem Aussehen. Der Philister rief David zu: 'Bin ich denn ein Hund, daß du mit Stöcken bewaffnet zu mir kommst?' Der Philister verfluchte David bei seinen Göttern. Dann sprach er zu David: 'Komm her zu mir, ich will dein Fleisch den Vögeln des Himmels und den Tieren des Feldes geben!' David entgegnete: 'Du kommst zu mir mit Schwert, Lanze und Wurfspeer. Ich aber komme zu dir im Namen des Herrn der Heerscharen, des Gottes der Schlachtreihen Israels, die du geschmäht hast! Heute wird dich der Herr meiner Gewalt überantworten. Ich werde dich erschlagen und deinen Kopf von deinem Rumpfe abtrennen. Ausliefern werde ich die Leichname des Philisterheeres heute noch den Vögeln des Himmels und den wilden Tieren der Erde. Alle Welt soll erkennen, daß Israel einen Gott hat! Diese ganze Versammlung soll einsehen, daß der Herr nicht durch Schwert und Lanze Hilfe bringt. Denn der Herr führt den Kampf; er wird euch in unsere Gewalt geben!'

Der Philister machte sich auf, schritt voran und näherte sich David. Da lief David rasch auf die Schlachtreihe zu, dem Philister entgegen. David griff mit seiner Hand in die Tasche, holte einen Stein heraus, schleuderte und traf den Philister auf die Stirn. Der Stein drang in die Stirn ein, und jener fiel mit dem Gesicht zur Erde hin. So überwand David den Philister mit Schleuder und Stein; er traf den Philister und brachte ihn um, ohne daß ein Schwert in Davids Hand war. David lief hin, stellte sich vor den Philister, ergriff dessen Schwert, zückte es aus der Scheide und tötete ihn, indem er ihm den Kopf abhieb. Die Philister sahen, daß ihr stärkster Held tot war, und flohen."[3]

Achten wir noch einmal auf einige Hauptaussagen: Kap. 17, Vers 43: „Der Philister verfluchte David bei seinen Göttern." Vers 45: „David entgegnete: ... Ich aber komme zu dir im Namen des Herrn der Heerscharen, des Gottes der Schlachtreihen Israels, die du geschmäht hast!" Vers 46: „Alle Welt soll erkennen, daß Israel einen Gott hat!"

Wenn man dies vor Augen hat, kann man wohl die Verunsicherung, ja die Erschütterung junger israelischer Wehrpflichtiger nachempfinden, die im Gaza-Streifen im Einsatz sind und sich den jungen steinewerfenden Palästinensern gegenübersehen.

Peter Scholl-Latour stellt das Geschehen so dar: „Mit extremer Heftigkeit und gewissermaßen mit verkehrten Fronten wird die Intifada im Gaza-Streifen ausgetragen. Hier erscheint 'Zahal', die Armee Israels, als waffenstarrender Koloß Goliath. Es sind die jungen, verzweifelten Araber, die gegen diesen schwergerüsteten Riesen mit Steinen angehen, wie einst der Jüngling David, der mit seiner Hirtenschleuder den feindlichen Hünen Goliath niederstreckte."[4]

Sonst aber werden im Zusammenhang mit dem Nahost-Krieg die Israelis in der bisher üblichen Weise mit David verglichen.

„Nach Saddams dritten Raketenschlag rufen die Israelis nach Vergeltung, David ist gereizt – und nestelt an seiner Schleuder", so *Die Welt* am 24. Januar 1991 in einer Überschrift auf Seite 3.

Assad hat einen „Saladin-Komplex"

Beruht diese Kapitelüberschrift nicht auf einem Irrtum? Hafiz al-Assad ist doch der Präsident von Syrien. Es sollte doch wohl heißen, Saddam Hussein habe einen „Saladin-Komplex". Über ihn schreibt Bassam Tibi, indem er auf Vorgänge im Juli 1990 Bezug nimmt: „Niemand konnte zu diesem Zeitpunkt wissen, was Saddam Hussein im Schilde führte, als er sich in den irakischen Massenmedien, die seinen Personenkult betreiben, als neuer Harun al-Raschid oder als Saladin al-Ayubi betiteln ließ."[1]

Unter der Überschrift „Le complexe de Saladin" entwirft der Verfasser André Grjebin in *Le Monde* vom 12.2.1991 auf Seite 2 ein eindrucksvolles Bild der seelischen Situation der arabischen Welt *(du monde arabe)*, die von dem Gefühl der Unterlegenheit dem hochentwickelten Westen gegenüber bestimmt ist, einem Gefühl, das noch durch eine verklärte Erinnerung an die hohe Kultur verschlimmert wird, welche die Araber vor 1.000 Jahren hervorgebracht haben. Man könne das, so heißt es, den „Saladin-Komplex" nennen, weil Saladin den letzten Sieg der Muslime über das christliche Abendland errungen habe, einen Sieg, auf den sehr bald der Niedergang der arabischen Welt gefolgt sei.

In dem folgenden Auszug aus dem letzten Kapitel des Werkes „30 mal Israel" geht es nun um Assads „Saladin-Komplex". Es werden Mitteilungen über die Schlacht von Hittin gemacht, der Ausdruck Armaggedon wird verwendet, aber vor allem geht es um die Bedrohung Israels durch mit Giftgasköpfen bestückte Mittelstreckenraketen. Das Buch erschien im Oktober 1987!

„Assad hat, das berichten alle, die ihn näher kennen, einen 'Saladin-Komplex', er hält sich dazu berufen, die Araber gegen die zionistischen Eindringlinge zu einigen. In seinem Büro hängt ein Bild der Schlacht von Hittin, wo Saladin, der große Einiger der arabischen Welt (der zwar ein Kurde war), am 3. und 4. Juli 1187 Guy de Lousignan, Kreuzfahrerkönig von Jerusalem, besiegte und kurz darauf die Heilige Stadt wieder unter moslemische Herrschaft brachte. Man beachte das Datum: 1987 sind es genau 800 Jahre seit dieser Schlacht, allerdings nach unserer Zeitrechnung. Doch wenn es um den jüdisch-arabischen Konflikt geht, halten sich die Araber an den christlichen Kalender, sie begehen den 15. Mai als Trauertag, denn das war das Ende des britischen Mandates und der Beginn des Judenstaates. Anwar es Sadat wurde am 6. Oktober 1981 ermordet, als er – ebenfalls nach christlichem Kalender – den Beginn des Jom-Kippur-Krieges feierte. Die 'Hörner von Hittin', wo Saladin die Kreuzfahrer besiegte, liegen rund ein Dutzend Kilometer südwestlich der Golanhöhen. Einige weitere Dutzend Kilometer südlich befindet sich der 'Berg' von Meggido, Har Meggido, aus dem in der Apokalypse Armaggedon geworden ist, wo die endzeitliche Schlacht stattfinden wird.

Im November 1986 vermeldeten die Gazetten, daß Syrien ein erhebliches Potential von Giftgasköpfen für seine von den Sowjets gelieferten Mittelstreckenraketen erworben beziehungsweise produziert hätte. Damit könnten die Syrer jedes Ziel in Israel erreichen. Erstaunlicherweise hat diese Meldung recht wenig Kommentare ausgelöst, wie ja auch die Verwendung von chemischen Waffen im Golfkrieg bei den – wenn es um Israel geht – doch so wertungsfreudigen und moralisierenden 'Nahost-Spezialisten' nicht die geringsten Emotionen hervorgerufen hat.

Dabei dürfte es Assad, wie auch den jetzt so schweigsamen westlichen Journalisten, klar sein, daß die Juden seit Auschwitz auf Giftgas recht allergisch reagieren."[2]

ENDZEITERWARTUNGEN IM ISLAM

Da das Bild der Welt, das sich ein Araber macht, weitgehend durch seine Sprache geprägt wird, werden die Wesenszüge des Arabischen umrissen. Dann wird dargestellt, wie nach der Überzeugung des Propheten Mohammed ihm aus der Urnorm des Buches, umm *al-kitab* genannt, die bei Allah ist, ein arabischer Koran geoffenbart wurde. Mohammeds Warnung vor dem Jüngsten Gericht und seine Bilder von der Endzeit, die Erwartung eines Rechtgeleiteten, eines Mahdi, das Hoffen auf das Eingreifen des verborgenen Imam, der letzte Kampf zwischen Jesus und einer Art Antichristen, die Vorstellungen, die, wie der Koran berichtet, mit den Mächten Gog und Magog und mit der von Alexander dem Großen gebauten Sperrmauer verbunden sind, werden anhand von Dokumenten dargestellt.

Die arabische Sprache

Warum soll der arabischen Sprache ein eigenes Kapitel gewidmet werden? Gehen wir von einer Darstellung Rudolf Steiners aus, die er auf einem pädagogischen Kurs gegeben hat. Es wird da auf die Frage eingegangen, welche Prägekraft ganz allgemein eine Sprache hat.

„Beim Sprachenunterricht muß man ja, wenn man ihn recht menschlich erfassen will, vor allen Dingen berücksichtigen, daß die Sprache sich tief einwurzelt in das ganze menschliche Wesen. Die Sprache, die der Mensch als seine Muttersprache aufnimmt, wurzelt sich ganz tief ein in das Atmungssystem, in das Zirkulationssystem, in den Bau des Gefäßsystems, so daß der Mensch nicht nur nach Geist und Seele, sondern nach Geist und Seele und Körper hingenommen wird von der Art und Weise, wie sich seine Muttersprache in ihm auslebt. Aber wir müssen uns durchaus klar darüber sein, daß die verschiedenen Sprachen in der Welt – bei den primitiven Sprachen ist das ja anschaulich genug, bei den zivilisierten Sprachen verbirgt es sich oftmals, aber es ist doch da – in einer ganz anderen Art den Menschen durchdringen und das Menschliche offenbaren."[1]

Steiner charakterisiert dann vier Sprachen und fährt fort: „Was ich aber in bezug auf die Charakteristik der Sprachen gesagt habe, macht eben durchaus nötig – wenn wir dem Menschen heute eine rein menschliche, nicht eine spezialisiert menschliche, volksmäßige Bildung und Entwickelung geben wollen –, daß wir tatsächlich in bezug auf das Sprachliche dasjenige, was aus dem Sprachgenius heraus von der einen Sprache her über die menschliche Natur kommt, durch die andere Sprache ausgleichen."[2]

Als nächstes wäre zu klären, wie sehr die eigene Sprache von einer Sprachgemeinschaft geschätzt wird. Von den vorislamischen Arabern sagt Hamdy Mahmoud Azzam in seinem Buch „Der Islam":

„Die Sprachkunst wurde so hoch eingeschätzt, daß sich ein Stamm dem anderen überlegen fühlte, wenn zu ihm ein Dichter zählte, ja, daß in der Tat der Wortkampf zwischen zwei Dichtern als Ersatz für den bewaffneten Krieg galt. Alljährlich wurden einen Monat lang in Okaz, einem berühmten Marktort in Arabien, Dichterwettbewerbe abgehalten. Die siegreichen Dichtungen wurden ein Jahr lang am Heiligtum der Kaaba als 'Muallakat' aufgehängt. Diese 'Muallakat' gelten bis in unsere Tage neben dem Koran als Beispiele der höchsten sprachlichen Vollendung und als Maßstab für stilistische und grammatikalische Meisterschaft. Die besten Gedichte wurden von Königen und Fürsten zusammen mit Gold und Edelsteinen aufbewahrt."[3]

Auch von den heutigen Arabern, so fährt er fort, lasse sich sagen, daß ihre Sprache keineswegs nur ein einfaches Verständigungsmittel sei, sondern als schöngeistige Kunst gelte, die Menschen und Massen berauschen und in Euphorie versetzen könne.

Bassam Tibi bestätigt das und bringt folgende genaue Charakterisierung des Verhältnisses der Araber zu ihrer Sprache:

„Keinem arabischen Redner, gleich ob Wissenschaftler, Literat, Festredner, Geschäftsmann oder Regierungssprecher, gelingt es, sein Publikum zu beeindrucken, wenn er nicht diese hier beschriebene sprachliche Leistung erbringen kann. Der aufgeklärte Damaszener Philosoph Sadiq al-'Azm, der an der Yale University promoviert wurde und heute an der Universität von Damaskus lehrt, hebt die negative Funktion der arabischen dichterisch-sprachlichen Tradition während des Sechs-Tage-Krieges 1967 hervor, die sich u.a. in den politischen Reden arabischer Politiker niedergeschlagen hat und betont, 'daß das Denken des Arabers noch weitgehend von einem Kriegsbegriff beeinflußt wird, der in die Zeiten der Ritter und des Schwerterduells, der persönlichen Kühnheit und der direkten Konfrontation gehört. Man erinnere sich auch der vielen Gedichte, die man in allen Radiosendern hören und in allen Schriften lesen konnte: Gedichte über das Klingen der Schwerter, das Hinter-dem-Feind-Hergaloppieren und sonstige tribale Ausdrucksformen der individuellen Kühnheit.' Als eine Illustration dafür, wie sehr hellenisierte islamische Philosophen im Hochislam die Dichtung geringschätzten, sei al-Farabis Diktum zitiert: 'Der Beweis, in dem das Richtige das Falsche überwiegt, stammt aus der Rhetorik; der Beweis, in dem das Falsche das Wahre überwiegt, stammt aus den Schriften der Verfälscher, und den Beweis, der ausschließlich Falsches enthält, lernt man aus der Kunst der Dichtung.' Denn die Dichtung gilt auch als das, was Araber kalam fadi (inhaltsleeres Gerede) nennen. Dies macht das Paradoxon verständlich, daß man im arabischen Orient gewandte Redner, deren Wortgewandtheit einerseits bewundert wird, andererseits nicht ernst nimmt. Das ist ein großes Problem bei der kulturellen Bewältigung des Wandels im arabo-islamischen Orient!! Sprachliche Mitteilung im Arabischen enthält nicht immer eine Aussage!"[4]

Wenden wir uns nun Mohammed zu, um sein Wirken von dieser Seite aus zu betrachten.

Mohammed sah sich als zu den Arabern gesandt an; was er brachte, war eine Offenbarung in arabischer Sprache, die ihm aus der Urnorm des Buches, *umm al-kitab,* die bei Allah ist, übermittelt worden war. Zwei Koranstellen seien als Beleg gebracht.

„Und so haben Wir ihn als eine Urteilsnorm in arabischer Sprache hinabgesandt. Gott löscht aus und Er bestätigt, was er will. Bei ihm steht die Urnorm des Buches."[5]

„Beim deutlichen Buch! Wir haben es zu einem arabischen Koran gemacht, auf daß ihr verständig werdet. Er ist aufgezeichnet in der Urnorm des Buches bei Uns, erhaben und weise."[6]

Mohammed lebte in einer heidnischen Umwelt, in der die „Wahrsager" oder „Seher" in wichtigen Angelegenheiten eine besondere Rolle spielten. Man pflegte sie, besonders vor kriegerischen Unternehmungen, zu Rate zu ziehen. Sie hatten die Fähigkeit der Traumdeutung, konnten verirrte Kamele ausfindig machen und Verbrechen aufklären. Ihr Wissen, so wurde angenommen, hätten sie von einem „Dschinn" genannten Geistwesen, mit dem sie sich eng verbunden fühlten und das sie inspirierte.

Diese Kahin genannten Wahrsager kleideten ihre Sprüche in Reimprosa ein, das sind kurze, rhythmisch, nicht wie in der Dichtung metrisch gebaute Sätze und Satzteile, die durchgehend oder auch wechselnd aufeinander reimten, also genauso, wie das vor allem bei den ältesten Stücken des Korans der Fall ist.

Bringen wir die erste Sure in der Übersetzung von Hubert Grimme, weil sie einen guten Eindruck von dem eigentümlichen Klang dieser Sprache vermittelt:

„Preis sei Allah, dem die Welt untertan!
Dem König des Gerichts, dem barmherzigen Rachman!
Dich beten wir an, dich rufen wir an:
Leite du uns auf die gerade Bahn,
zu wandeln als solche, denen wohl getan,
die dein Zorn verschont, und frei sind von Wahn."[7]

Diese erste Sure, *al-Fatiha,* „die Eröffnende" genannt, ist Hauptbestandteil des islamischen Pflichtgebetes. Beim gemeinsamen Gebet wird sie täglich zwanzigmal gesprochen, viermal in jedem der fünf Gebete.

In dieser Sure ist von drei Gruppen die Rede; das ist aber nur erkennbar, wenn die Übersetzung anders gestaltet wird:

„Führe uns den geraden Weg,
den Weg derer, denen du Gnade erwiesen hast,
und nicht derer, die Gegenstand des Zorns sind,
und die in die Irre gehen."[8]

Sprachproben

A hinter einem Wort bedeutet, daß es aus dem Aramäischen stammt.

I. Die erste Sure des Koran

al-ḥamdu li-llāhi[1] *rabbi l-'āla-mīn*[A],

Preis Allah, dem Herrn der Welten,

ar-raḥmāni[2] *r-raḥīm,*

dem barmherzigen Erbarmer,

māliki[3] *jaumi d-dīn*[A] !

dem Eigentümer des Tages des Gerichts!

ījāka na'budu wa-ījāka nasta-'īn[4] *!*

Dir dienen wir und dich bitten wir um Hilfe!

ihdinā[5] *ṣ-ṣirāṭa*[A][6] *l-mustaqīm*[7], *ṣirāṭa lladīna an'amta 'alaihim, ġairi*[8] *l-maġḍūbi 'alaihim*[9] *wa-lā ḍ-ḍāllīn !*

Führe uns den geraden Weg, den Weg derer, denen du Gnade erwiesen hast, derer, denen du nicht zürnst (eig. denen nicht gezürnt wird) und die nicht in die Irre gehen!

[1] zu *allāhu* „der Gott" < *al-ilāhu.* arabischen.   [3] Part.   [4] *'wn.*   [5] *hdj.*   [6] < lateinisch (*via*) *strata,* entlehnt über Griechisch—Aramäisch.   [7] *qwm.*   [8] eig. „(die) verschieden (sind) von denen . . .".   [9] Part. zu *ġuḍiba 'alaihim* „ihnen wurde gezürnt".   [2] Entlehnung aus dem Süd-

Arabischer Originaltext in lateinischer Schrift[9].
Die Reimprosa ist klar ersichtlich.

Unter der ersten Gruppe haben früher islamische Kommentatoren die Muslime, unter der zweiten, die Gegenstand des Zorns sind, die Juden, und unter der dritten Gruppe, die in die Irre gehen, die Christen verstanden. Diese Zuordnung findet sich auch heute noch unter Muslimen. Über viele Jahrhunderte ist also dieser Text in der oben gekennzeichneten Weise verstanden worden, hat bestimmte Empfindungen ausgelöst. Nach Rudi Paret läßt sich jedoch diese Interpretation nicht rechtfertigen. Paret spricht von der Möglichkeit, daß Mohammed an Gruppen der früheren Heilsgeschichte gedacht hat.

Wie die Sprache des Korans auf die Gläubigen wirkt, beschreibt Adel Theodor Khoury so:

„Die(se) Einmaligkeit des Korans bezieht sich auf seine Sprache und zugleich auf seinen Inhalt. Die Sprache des Korans ist für den Muslim eine göttliche Sprache, sie ist heilig, erhaben, geheimnisvoll und faszinierend. Ihre Faszination rührt auch von ihrer unbestrittenen Schönheit her. An vielen Stellen ist sie außerordentlich intensiv, leidenschaftlich und eindringlich. Ihre Ausdruckskraft ist derart, daß der Gläubige sich kaum ihrem Beschwörungseffekt entziehen kann."[10]

Eine Eigentümlichkeit der semitischen Sprachen, zu denen außer dem Arabischen auch das Hebräische, das Aramäische mit der Untergruppe Samaritanisch, das Jesus und seine Jünger sprachen, das Syrische, das Babylonische und Assyrische gehören, sei jetzt an Beispielen verdeutlicht. Es handelt sich dabei um eine andere Form der Wortbildung als bei den uns vertrauten germanischen, romanischen und slawischen Sprachen. Der allgemeine Sinn eines semitischen Wortes hängt an einer Wurzel, welche in den meisten Fällen aus drei Konsonanten besteht. Die jeweils nahe verwandte Bedeutung der aus einer solchen Wurzel gebildeten Wörter ergibt sich durch die Verbindung mit Vokalen und durch Vor- und Nachsilben, die auch die grammatische Form bestimmen.

Ein Beispiel: Die drei Konsonanten *k-t-b* stellen eine Wurzel mit der allgemeinen Bedeutung *schreiben* dar. Diese Wurzel kommt natürlich nie für sich allein vor, ohne Vokale könnte sie gar nicht ausgesprochen werden. Nehmen wir nun Wörter, die mit Hilfe der drei Konsonanten gebildet worden sind: *kitab* = Buch; *kutub* = Bücher; *katib* = Schreiber; *maktab* = Ort, wo man schreibt, also Schule; *kataba* = er hat geschrieben; *katabta* = du hast geschrieben.

Ein zweites Beispiel: *d-r-s*. Die allgemeine Bedeutung ist lernen. Formen: *darasa* = er hat gelernt, *madrasatun* = Ort, wo man lernt, Schule.

Als drittes ein Hinweis auf die Bedeutung von *Islam*: Die Konsonanten sind *s-l-m*. Es gibt ein Verb in der Form *salima* mit der allgemeinen Bedeutung „vollständig sein, unversehrt sein, heil sein". Dazu gehört die Form *aslama* mit der Bedeutung „vollständig hingeben, vollständig aufgeben", mit dem Schwergewicht auf „vollständig". Eigentlich wäre zu bezeichnen, was vollständig hingegeben wird: „Ich ergebe mich Gott völlig"[11]. Es könnte aber auch zum Beispiel das Fürwort *sich* ergänzt werden: Sich (Gott) völlig ergeben. Islam hat die Bedeutung „Hingabe", „sich vollständig hingeben", Muslim, eine Partizipialform, bedeutet „der sich vollständig Hingebende".

Der Konsonantenbestand der semitischen Sprachen ganz allgemein und somit auch des Arabischen wird als sehr reichhaltig und abgestuft beschrieben. Auffällig ist, daß die Kehllaute überwiegen; im Vergleich zu der unsrigen erfolgt also die Aussprache weiter hinten in der Kehle. Verhältnismäßig arm ist dagegen der Vokalbestand. Als Vokale besitzt das klassische Arabisch nur *a-i-u*, deren Dauer bedeutungsunterscheidend ist. Das Arabisch des Korans wird auch als Hocharabisch bezeichnet. Im Laufe der Jahrhunderte ist es durch die Übersetzung wissenschaftlicher Werke der Antike und durch die Berührung mit der Welt der modernen europäischen Zivilisation bereichert worden, hat aber die Rechtschreibung, die grammatischen Formen und die Gesetze des Satzbaus aus der klassischen Zeit beibehalten. Als Neuhocharabisch ist es heute insbesondere die Sprache der Presse und Wissenschaft. Es ist aber durch vielerlei Bemühungen künstlich auf dem Stand des klassischen Arabisch gehalten worden, so daß ihm heute die gesprochenen arabischen Dialekte gegenüberstehen, die sich weit vom klassischen Arabisch fortentwickelt haben.

Ein Vergleich: Wie sich die modernen romanischen Sprachen vom mittelalterlichen Latein unterscheiden, so unterscheiden sich die heutigen Dialekte Syriens und des Libanons, die Dialekte Ägyptens und Nordafrikas vom Neuhocharabischen. Dieses wird von keinem Arabisch Sprechenden von Geburt an gesprochen, sondern es muß wie eine Fremdsprache in der Schule gelernt werden. Die heutigen Araber denken und fühlen in dem jeweiligen Dialekt, weil er ihre Muttersprache ist. Neuhocharabisch ist weitgehend beschränkt auf Rundfunknachrichten, Ansprachen, Predigten, Vorträge.

Zum Abschluß sei eine Charakteristik des Arabischen gebracht, die Gotthelf Bergsträßer in seiner „Einführung in die semitischen Sprachen" gibt:

„Den Eigenschaften der altarabischen Beduinen – nüchterner Sinn, Beobachtungsgabe und ausgesprochenes Interesse für sprachliche Dinge – verdankt schon das älteste Arabisch die Feinheit seiner grammatischen Durchbildung und die Unerschöpflichkeit seines Wortschatzes, die es zur anschaulichen, detailreichen Schilderung von Umgebung und Leben des Beduinen hervorragend geeignet machen, während es Affekt, Stimmung und Gedanken nicht gleichwertig auszudrücken vermag. Nach dieser Seite hat der Islam das Arabische gewaltig erweitert: für wissenschaftlichen Ausdruck wird es fast unübertrefflich durch seine Biegsamkeit und Exaktheit, durch eine Prägnanz, die schon die alten Wüstenerzählungen zeigen, durch seine Fähigkeit, zu beliebigen Verben, Adjektiven usw. Substantiva und zu Substantiven Adjektiva zu bilden; und zugleich vermag es die tiefsten religiösen Erlebnisse einer differenzierten Mystik auszusprechen. Ein rationalistischer Zug haftet ihm dabei immer an; zu gefühlsmäßiger Unmittelbarkeit und poetischer Verklärung ist es am wenigsten befähigt."[12]

Mohammed warnt vor dem Gericht Gottes

Da es für einen Nichtmuslim schwierig ist, über Mohammed so zu sprechen, daß sich ein Muslim mit den Aussagen einverstanden erklären kann, sei in diesem Kapitel Muhammad Salim Abdullah, der an der neuen, von mir benutzten Koranübersetzung von Adel Theodor Khoury mitgewirkt hat, das Wort erteilt. Ich selbst beschränke mich auf wenige überleitende Bemerkungen. Muhammad Salim Abdullahs Ausführungen sind in dem 1984 erschienenen Taschenbuch „Mohammed für Christen. Eine Herausforderung" entnommen.

„Mohammed – Eine Skizze seines Lebens.
Mohammed, der Gesandte Gottes, wurde im Jahre 570 julianischer Zeitrech-

nung ... in Mekka geboren. Er starb nach Vollendung seiner Sendung im Jahre 632 zu Medina, wo er auch begraben wurde.

Das Leben des Propheten weist sechs wichtige Einschnitte auf:
– das *Berufungserlebnis* in der Nacht des 27. Ramadantages im Jahre 610 n.Chr.,
– die *Himmelreise* im Jahre 620 n.Chr.,
– die *Hidschra,* die Emigration von Mekka nach Jathrib, das später Medina heißen sollte. Sie fand im Jahre 622 n.Chr. statt und signalisiert seither den Beginn der islamischen Zeitrechnung – des Hidschrajahres –, das sich an den Mondphasen orientiert,
– die *Festlegung der Gebetsrichtung* (qibla) im Jahre 624 n.Chr.,
– die *Reinigung der Kaaba* vom Götzenkult und ihre Wiedererhebung zum Hause Gottes im Jahre 630 n.Chr.,
– die *Vollendung des Islam* während der Abschiedswallfahrt im Jahre 632 n.Chr.

Mohammed wurde als Halbwaise geboren. Sein Vater *Abd-Allah* war wenige Monate vor seiner Geburt während einer Geschäftsreise in Medina gestorben. Nach der herkömmlichen Sitte wurde der Säugling einer Beduinen-Amme übergeben, bei der er mehrere Jahre in der Wüste verbrachte. Kaum nach Hause zurückgekehrt, starb seine Mutter *Amina* auf dem Rückwege von Medina, wo sie das Grab Abd-Allahs besucht hatte. Das verwaiste Kind wurde nun der Obhut seines Großvaters, des achtzigjährigen *Abd al-Muttalib* anvertraut. Als dieser zwei Jahre später ebenfalls verstarb, fand der nunmehr achtjährige Mohammed Aufnahme in der Familie seines Onkels *Abu Talib.* Abu Talib erlebte noch die Berufung Mohammeds zum Gesandten Gottes, ohne allerdings selbst den Islam anzunehmen.

Mohammed lernte sehr früh den Ernst des Lebens kennen. Da Abu Talib über nur geringe Geldmittel verfügte, mußte der spätere Prophet weitgehend selbst für seinen Lebensunterhalt sorgen. Der Überlieferung zufolge weidete er die Herden einiger Nachbarn. Als er etwa zehn Jahre alt geworden war, durfte er seinen Onkel auf einer Karawanenreise nach Syrien begleiten. Über weitere Reisen Mohammeds in dieser Zeit ist nichts bekannt.

Ab seinem 25. Lebensjahr wird die Überlieferung dichter. Mohammed hatte sich zu jener Zeit in der Kaufmannschaft seiner Heimatstadt den Beinamen 'al-Amin' – der Vertrauenswürdige, der Ehrenhafte – erworben. Da vertraute ihm eines Tages die reiche Witwe *Khadidscha* ihre Waren an, um sie in Syrien zu verkaufen. Khadidscha, sie soll damals vierzig Jahre alt gewesen sein, warb um Mohammed und heiratete ihn schließlich, um mit ihm eine glückliche Ehe zu führen. Von den Reisen Mohammeds erfahren wir, daß er den Jemen und Bahrein-Oman besucht hat, wo er auch mit Kaufleuten aus China, Indien und Persien zusammentraf. Es ist auch ziemlich sicher, daß er in Mekka dem ritterlichen Orden 'hilf al-fudul' beigetreten ist, der es sich zur Aufgabe gemacht hatte, jedem Unterdrückten in der Stadt, sei er nun ein Mitbürger oder ein Fremder, beizustehen."[1]

Es folgt die Schilderung eines Ereignisses aus dem Jahre 605 n.Chr., die Wiedereinsetzung des Schwarzen Steins nach einer Zerstörung der Kaaba durch Feuer und heftige Regenfälle. Dieses Ereignis ist in dem Kapitel über die Kaaba behandelt. Muhammad Salim Abdullah fährt fort:

„Die Steinsetzung an der Kaaba führte zu grundlegenden Veränderungen im Leben des späteren Propheten. Er zog sich immer häufiger, vor allem im Monat Ramadan, in eine Höhle des *Dschabal an-Nur* (Berg des Lichtes) zurück, um zu meditieren. Die Höhle hieß im Volksmund *Ghar Hira* (Grotte des Forschens).

Von dieser Zeit berichtet vor allem Sure 93."[2]

Der Wortlaut der Sure ist in dem Taschenbuch nicht enthalten; ich füge ihn hier ein:

„Der Morgen (al-Duha)

Im Namen Gottes, des Erbarmers, des Barmherzigen.

Beim Morgen und der Nacht, wenn sie still ist! Dein Herr hat dir nicht den Abschied gegeben und haßt (dich) nicht. Wahrlich, das Jenseits ist besser für dich als das Diesseits. Und wahrlich, dein Herr wird dir geben, und du wirst zufrieden sein. Hat Er dich nicht als Waise gefunden und dir Unterkunft besorgt, und dich abgeirrt gefunden und rechtgeleitet, und bedürftig gefunden und reich gemacht? So unterdrücke die Waise nicht, und fahre den Bettler nicht an, und erzähle von der Gnade deines Herrn."[3]

M.S. Abdullahs Text:

„Das Berufungserlebnis.

Im fünften Jahr seiner Zurückgezogenheit, am 27. Ramadantage des Jahres 610 n.Chr., erschien ihm hier der *Engel Gabriel,* um ihm zu verkünden, daß Gott ihn auserwählt habe, den Islam zu verkünden. Über diese Schicksalsnacht oder 'Heilige Nacht' des Islam heißt es in Sure 97:

'Wahrlich, Wir sandten den Koran hernieder in der Nacht des Schicksals. Und was lehrt dich wissen, was die Nacht des Schicksals ist? Die Nacht des Schicksals ist besser als tausend Monde. In ihr steigen die Engel herab und der Geist nach dem Gebot des Herrn – mit jeder Sache. Friede währt bis zum Anbruch der Morgenröte.'

Der Tradition zufolge geschah in dieser Nacht der Einbruch des ungeschaffenen Wortes in die Welt des Relativen. Der Mensch Mohammed wurde vom Hauch der Ewigkeit berührt. Die Traditionen überliefern:

'Jedes Jahr zog sich der Prophet im Monat Ramadan in die Einsamkeit zurück, um zu beten und die Armen zu speisen, die zu ihm kamen. Immer wenn er am Ende des Monats nach Mekka zurückkehrte, begab er sich zuerst zur Kaaba und umschritt sie siebenmal oder so oft es Gott eben wollte. Erst dann ging er nach Hause. Auch in jenem Ramadan, in dem Gott ihn ehren wollte, in jenem Jahr, in dem er ihn sandte, zog Mohammed mit seiner Familie wieder nach dem Berge Hira, um sich in der Einsamkeit dem Gebet zu widmen. Und in jener Nacht, in der Gott ihn durch die Sendung auszeichnete und sich damit der Menschen erbarmte, kam Gabriel zu ihm. Als ich schlief, so erzählte der Prophet später, trat der Engel Gabriel zu mir mit einem Tuch aus Seidenbrokat, worauf etwas geschrieben stand, und sprach: 'Lies!' Ich erwiderte darauf, daß ich nicht lesen könne. Da preßte er das Tuch auf mich, daß ich dachte, es wäre mein Tod. Er ließ mich jedoch wieder los und forderte mich nochmals auf: 'Lies!' Und wieder antwortete ich, daß ich nicht lesen könne. Da würgte er mich mit dem Tuch bis ich fürchtete, daran zu sterben. Als er mich schließlich freigab, befahl er erneut: 'Lies!' Und zum drittenmal bedeutete ich ihm, daß ich nicht lesen könne. Als er mich dann nochmals fast zu Tode gewürgt hatte und mir wieder zu lesen befahl, fragte ich aus Angst, er könnte es nochmals tun: Was soll ich lesen? Da sprach er:

'Lies im Namen deines Herrn, der erschuf, der den Menschen erschuf aus geronnenem Blut. Lies! Denn dein Herr ist der Allgütige, der (den Menschen) lehrte durch die Feder, den Menschen lehrte, was er nicht wußte' (96, 1–5).

Ich wiederholte die Worte, und als ich geendet hatte, entfernte er sich von mir. Ich aber erwachte, und es war mir, als wären mir die Worte ins Herz geschrieben. Sodann machte ich mich auf, um auf den Berg zu steigen, doch auf halber Höhe vernahm ich eine Stimme vom Himmel: 'O, Mohammed, du bist der Erwählte Gottes, und ich bin Gabriel!' Ich hob mein Haupt zum Himmel, und siehe, da war Gabriel in der Gestalt eines Mannes, und seine Füße berührten den Horizont des Himmels. Und wieder sprach er: 'O Mohammed, du bist der Erwählte Gottes, und ich bin Gabriel.' Ohne einen Schritt vorwärts oder rückwärts zu tun, blieb ich stehen und blickte zu ihm. Dann begann ich, mein Gesicht von ihm abzuwenden und über den Horizont schweifen zu lassen, doch in welche Richtung ich auch blickte, immer sah ich ihn in der gleichen Weise. Den Blick auf ihn gerichtet, verharrte ich, ohne mich von der Stelle zu rühren. Khadidja sandte inzwischen ihre Boten aus, um nach mir zu suchen. Doch sie kehrten erfolglos zurück, nachdem sie bis oberhalb von Mekka gelangt waren. Schließlich wich die Erscheinung von mir und ich machte mich auf den Rückweg zu meiner Familie.'

Die Verkündigung des Islam stieß sehr bald auf den entschiedenen Widerstand der Mekkaner, denn die neue Lehre forderte von ihnen die Abschaffung des herrschenden Götzenkultes und der Sklaverei, sie verkündete die Bruderschaft aller Menschen und ihre Gleichheit vor dem Einen und Alleinigen Gott; sie nahm die Begüterten gegenüber den Mittellosen in Pflicht und setzte die Frauen in die ihnen von Gott verbrieften Rechte ein. Diese Botschaft war revolutionär und sie ist es im Grunde auch heute noch. Götzendienst und Sklaverei bildeten die kommerzielle Grundlage der Kaufmannsrepublik Mekka. Die herrschenden Familien der Stadt mußten also zwangsläufig in der Predigt ihres Mitbürgers Mohammed einen äußerst bedrohlichen Angriff auf die von ihnen geschaffene und gehütete Gesellschaftsordnung erblicken. Ihre Reaktionen auf die Botschaft des Koran fielen entsprechend aus: der Prophet und seine Anhänger wurden zunächst verspottet, dann mit einem empfindlichen Boykott belegt und verfolgt, gedemütigt und gefoltert und schließlich vertrieben. Große Teile der Gemeinde emigrierten im Jahre 615 n.Chr. auf Anraten des Propheten nach Äthiopien."[4]

Es folgen drei Suren mit Aussagen über das Jüngste Gericht in Reimprosa, die im Kapitel über die arabische Sprache näher gekennzeichet ist.

„Sure 99: Wenn die Erde erbebt in furchtbarem Beben
Und die Lasten aus ihrem Grund sich erheben
Und der Mensch wird fragen: Was ist ihr doch?
Dann wird sie Kunde von sich geben;
Denn dein Herr hat es ihr eingegeben.
Dann kommen die Menschen in Scharen, ihre Werke zu schauen.
Und wer nur ein Körnchen Gutes getan, wird es sehen.
Und wer nur ein Körnchen Böses getan, wird es sehen.

Sure 101: Bei den Rossen, die wiehern und jagen,
Die Funken aus den Kieseln schlagen,
Früh morgens den Reiter zum Angriff tragen,
Die hoch zum Himmel den Staub aufjagen
Und mitten hinein in den Feind sich wagen!
Fürwahr, der Mensch ist widerspenstig seinem Herrn;
Er bezeugt es selbst: Hab und Gut hat er gar zu gern.
Weiß er denn nicht: wenn das Grab sein Inneres offen legt,
Wenn zu Tage tritt, was der Mensch im Busen hegt,
Dann weiß der Herr doch alles nah und fern.
Sure 82: Wenn die Himmel sich spalten
Und die Sterne zerstieben,
Wenn die Meere sich öffnen
Und die Gräber sich wenden,
Dann erkennt die Seele, was sie getan und versäumt.
O Mensch, was hat an deinem hohen Herrn dich irr gemacht,
Der dich geschaffen und gestaltet, nach seinem Will' in Form gebracht
Und doch – ihr leugnet den Tag, da er richtet!
Aber über euch wachen Wächter und schreiben,
Die wissen, was ihr verrichtet.
Den Frommen des Paradieses Grund!
Die Frevler schmachten im Höllenschlund!
Dort brennen sie am großen Gericht

Und entkommen ihm ewig nicht.
Was lehrt dich, was das jüngste Gericht?
Was lehrt dich, was das jüngste Gericht?
Da keiner dem andern weiß Hilfe und Rat
Und Gott allein zu befehlen hat!"[5]
Die beiden nachstehenden Suren 56 und 78 bringen Schilderungen von
Paradies und Hölle:

„Sure 56 – *Die eintreffen wird (al-Waqi`a)*
Im Namen Gottes, des Erbarmers, des Barmherzigen.
Wenn die (Stunde) eintrifft, die eintreffen wird – es gibt niemanden, der ihr
Eintreffen leugnen könnte –, wird sie einiges niedrig machen und einiges
erhöhen. Wenn die Erde heftig geschüttelt wird und die Berge völlig
zertrümmert werden, und zu verstreutem Staub werden, und in drei Grup-
pen aufgeteilt werden.
Die von der rechten Seite – was sind die von der rechten Seite? Und die von
der unglückseligen Seite – was sind die von der unglückseligen Seite? Und
die Allerersten, ja sie werden die Allerersten sein. Das sind die, die in die
Nähe (Gottes) zugelassen werden, in den Gärten der Wonne. Eine große
Schar von den früheren und wenige von den Späteren. Auf durchwobenen
Betten lehnen sie sich einander gegenüber. Unter ihnen machen ewig junge
Knaben die Runde mit Humpen und Krügen und einem Becher aus einem
Quell, von dem sie weder Kopfweh bekommen noch sich berauschen, und mit
Früchten von dem, was sie sich auswählen, und Fleisch und Geflügel von
dem, was sie begehren. Und (darin sind) großäugige Huri, gleich
wohlverwahrten Perlen. (Dies) als Lohn für das, was sie zu tun pflegten. Sie
hörten darin keine unbedachte Rede und nichts Sündhaftes, sondern nur das
Wort: 'Friede! Friede!'
Die von der rechten Seite – was sind die von der rechten Seite? Sie sind
unter Zyziphusbäumen ohne Dornen und übereinandergereihten Bananen
und ausgestrecktem Schatten, an Wasser, das sich ergießt, mit vielen
Früchten, die weder aufhören noch verwehrt sind, und auf erhöhten Unterlagen. Wir haben sie eigens entstehen lassen und sie zu Jungfrauen gemacht,
liebevoll und gleichaltrig, für die von der rechten Seite. Eine große Schar von
den Früheren, und eine große Schar von den Späteren.
Und die von der linken Seite – was sind die von der linken Seite? Sie sind
in glühendem Wind und heißem Wasser, und in Schatten aus schwarzem
Rauch, der weder kühl noch trefflich ist. Sie lebten ja vordem üppig und
verharrten in der gewaltigen Untreue. Und sie sagten: 'Wenn wir gestorben
und zu Staub und Knochen geworden sind, sollen wir dann wirklich auferweckt werden? Und auch unsere Vorväter?' Sprich: Die Früheren und die
Späteren werden versammelt zum Termin eines bestimmten Tages. Dann
werdet ihr, die ihr irregeht und (die Botschaft) für Lüge erklärt, von Zaqqum-

Bäumen essen und davon die Bäuche füllen, und darauf heißes Wasser trinken. Das ist ihre Bewirtung am Tag des Gerichtes."[6]

„Sure 78 – *Der Bericht (al-Naba')*
Im Namen Gottes, des Erbarmers, des Barmherzigen.
Wonach fragen sie sich untereinander? Nach dem gewaltigen Bericht, über den sie uneins sind. Nein, sie werden es zu wissen bekommen. Noch einmal: Nein, sie werden es zu wissen bekommen.

Haben Wir nicht die Erde zu einer Lagerstätte gemacht und die Berge zu Pflöcken? Und wir haben euch als Paare erschaffen. Und Wir haben euren Schlaf zum Ausruhen gemacht. Und Wir haben die Nacht zu einem Kleid gemacht. Und Wir haben den Tag zum Erwerb des Lebensunterhalts gemacht. Und Wir haben über euch sieben feste (Himmelsschichten) aufgebaut.* Und Wir haben eine hell brennende Leuchte gemacht. Und Wir haben von den Regenwolken strömendes Wasser herabkommen lassen, um damit Korn und Pflanzen hervorzubringen und Gärten mit dichtem Bestand.

Wahrlich, der Tag der Scheidung ist ein (festgelegter) Termin. Am Tag, da in die Trompete geblasen wird und ihr in Scharen herbeikommt, und da der Himmel geöffnet und zu (weiten) Toren wird, und da die Berge versetzt und zu einer Luftspiegelung werden. Die Hölle liegt auf der Lauer, als Heimstatt für die, die ein Übermaß an Frevel zeigen; darin werden sie endlose Zeiten verweilen. Sie werden darin weder Kühle noch ein Getränk kosten, sondern nur heißes Wasser und stinkenden Eiter, als angemessene Vergeltung. Sie erwarteten ja keine Abrechnung und haben unsere Zeichen beharrlich für Lüge erklärt. Alles haben Wir in einem Buche erfaßt. So kostet (es); Wir werden euch nur noch eure Pein mehren.

Für die Gottesfürchtigen ist ein Ort des Erfolges bestimmt, Gärten und Weinstöcke, und gleichaltrige Frauen mit schwellenden Brüsten, und ein randvoller Becher. Sie hören darin keine unbedachte Rede und keine Bezeichnung der Botschaft als Lüge. Dies zum Lohn – als Geschenk entsprechend der Abrechnung – von deinem Herrn, dem Herrn der Himmel und der Erde und dessen, was dazwischen ist, dem Erbarmer. Vor Ihm verfügen sie über keine Möglichkeit zu reden, am Tag, da der Geist und die Engel in einer Reihe stehen. Sie werden nicht sprechen, ausgenommen der, dem der Erbarmer es erlaubt und der das Richtige sagt. Das ist der Tag der Wahrheit. Wer nun will, unternimmt die Rückkehr zu seinem Herrn. Wir warnen euch vor einer nahe bevorstehenden Pein, am Tag, da der Mensch erblickt, was seine Hände vorausgeschickt haben, und der Ungläubige ruft: 'O wäre ich doch nur Staub!'"[7]

Der von M.S. Abdullah verfaßte Text enthält nach dem Abschnitt „Das Berufungserlebnis" noch folgende Kapitel: Die Himmelreise, Die Auswanderung nach Medina, Die neue Gebetsrichtung, Die Reinigung der Kaaba, Die

---

* Siehe das Kapitel „Mekka und die Kaaba in der Legende und im Volksglauben".

Vollendung des Islam, Der Tod des Propheten. Und dann heißt es abschließend:

„Statt eines Nachwortes
Was immer ein Christ auch über Mohammed denken, sagen oder schreiben mag, es wird mich nicht davon abhalten können, für Jesus den Frieden und das Wohlgefallen Gottes zu erflehen.

Soest, im Ramadan des Jahres 1404 H. (Juni 1984), M. Salim Abdullah"[8]

Es folgen jetzt einige Aussagen Mohammeds über „Die Anzeichen des Jüngsten Tages" aus der Hadissammlung* des Muslim (gest. 875).

„Die Anzeichen des Jüngsten Tages

(...) Nach An-Nauwas ibn Saman. Der Prophet erzählte eines Morgens vom Antichrist mit Nachdruck und mit Verachtung, bis wir ihn in einer Palmengruppe vermuteten. Als wir aber hingingen, erkannte er unsere Absicht und fragte: Was wollt ihr? –

Wir antworteten: O Prophet, du hast am Morgen mit Nachdruck und mit Verachtung vom Antichrist gesprochen, bis wir ihn in der Palmengruppe vermuteten! –

Er erwiderte: Anderes als der Antichrist macht mich mehr um euch besorgt. Wenn er auftritt, während ich unter euch weile, habe ich ihn von euch abzuwehren; wenn er aber auftritt, während ich nicht unter euch weile, hat ein jeder ihn selbst abzuwehren. Aber Allah ist (dann) an meiner statt bei einem jeden Muslim!

Der Antichrist ist ein junger Mann mit krausem Haar, dessen (eines) Auge erloschen ist, und der dem Abdul-Ussa ibn Katan ähnlich sieht. Wer von euch ihn erlebt, der spreche gegen ihn die Anfangsverse der Sure von der Höhle.

Er zieht aus auf dem Wege zwischen Syrien und dem Irak und begeht nach allen Seiten Verbrechen. Ihr Diener Allahs, seid standhaft! –

Wir fragten: O Prophet, wie lange wird er auf der Erde verweilen? – Er antwortete: Vierzig Tage, ein Tag wie ein Jahr, ein Tag wie ein Monat, ein Tag wie eine Woche und seine übrigen Tage wie eure Tage. (...)

Er wird über ein Volk kommen, sie auffordern, (an ihn zu glauben,) und sie werden an ihn glauben und ihm gehorchen.

Er wird dem Himmel befehlen, und er wird regnen lassen, und der Erde, und sie wird wachsen lassen; und ihre Weidekamele werden am Abend zu ihnen zurückkehren: fetter am Bauch, voller am Euter und dicker am Bauch.

Dann wird er zu einem (anderen) Volk kommen, sie auffordern, (an ihn zu glauben,) und sie werden seinen Worten widersprechen. Er wird von ihnen weggehen, und sie werden Mißernten haben und in ihren Händen nichts von ihrem Eigentum behalten. (...)

---

* *Hadis,* meist *Hadith* geschrieben, heißt wörtlich *Mitteilung.* Das Wort wird insbesondere für Mitteilungen über Aussprüche und Handlungen des Propheten Mohammed verwendet, die dem Muslim als Richtschnur des Verhaltens dienen. Einige Hadith-Sammlungen genießen hohes Ansehen, darunter die „Sahih" genannte Sammlung von Muslim ibn al-Hadjjadj.

Inzwischen sendet Allah den Messias, den Sohn der Maria, und er steigt beim Weißen Minaret im Osten von Damaskus in zwei gelben Gewändern herab, indem er seine Hände auf die Flügel von zwei Engeln legt. Wenn er sein Haupt beugt, tropft es, und wenn er es erhebt, fallen von ihm Silbertropfen wie Perlen herab.

Jeder Ungläubige, der den Hauch seines Atems empfindet, muß sterben, und sein Atem reicht soweit wie sein Blick. Dann wird er den Antichrist verfolgen, bis er ihn am Tore von Lydda erreicht, und ihn töten.

Dann wird zu Jesus, dem Sohne der Maria, ein Volk kommen, das Allah beschützt hat; er wird über ihre Gesichter streichen und ihnen ihre Stufen im Paradiese schildern.

Inzwischen offenbart Allah dem Jesus: Ich habe Diener von mir ausgesondert, die zu bekämpfen niemand Macht hat; bringe also meine Diener nach dem Sinai in Sicherheit!

Dann wird Allah Gog und Magog* entsenden, und sie werden von jeder Bodenerhebung heraneilen. Die ersten unter ihnen werden am See von Tiberias vorbeiziehen und ihn austrinken; dann werden die letzten unter ihnen vorbeiziehen und sagen: Darin war einmal Wasser! ...

Darauf werden sie weiterziehen, bis sie zu dem Berge von Jerusalem kommen, und werden sagen: Wir haben den getötet, der auf Erden ist; wohlan, laßt uns den töten, der im Himmel ist! Und sie werden ihre Pfeile zum Himmel emporschießen, Allah aber wird ihnen ihre Pfeile blutgefärbt zurückschicken ...“[9]**

Mahdi-Erwartungen

Zu den verwickelten Ereignissen, die mit dem Tode von Husein, Mohammeds Enkel, Alis Sohn, zusammenhängen, gehört eine Revolte im Namen von Muhammad ibn al-Hanafiya, einem Sohn von Ali, aber nicht mit Mohammeds Tochter Fatima als Mutter, also nicht ein leiblicher Nachkomme des Propheten. Der Anführer der Revolte hieß Mukhtar. Dessen Unternehmung schlug fehl, hatte aber eine bedeutsame Folge: Mukhtar verkündete, dieser Muhammad sei nicht tot, sondern habe sich in den Bergen um Mekka in die Verborgenheit zurückgezogen und die Gläubigen sollten seine Wiederkunft erwarten, bei der er Frieden und Gerechtigkeit in der Welt wiederherstellen werde. So wurde Muhammad ibn al-Hanafiya ein „erwarteter Mahdi“, *mahdi muntazar*, wie auch der verborgene Imam der Zwölferschia genannt wird. Es war die Mahdi-Legende entstanden, deren Nachwirkung uns noch beschäftigen wird.

Nach dem „Handwörterbuch des Islam“ bedeutet *al-Mahdi* wörtlich „der Geleitete“, und da alle Leitung, arabisch *huda*, von Allah ausgeht, hat dieses

* Siehe das Kapitel „Gog und Magog“.
** Siehe das Kapitel „Babel und Nimrod“.

Wort die Bedeutung des unter göttlicher Leitung Stehenden angenommen, d.h. eines Menschen, der in einer ganz besonderen und individuellen Art von Allah gelenkt wird; denn im Sinne des Islam leitet Allah jedes Wesen.

Für die Schiiten bildet der Glaube an den Mahdi einen grundlegenden Bestandteil ihrer Glaubensüberzeugungen, für die Sunniten dagegen nicht. Diese erwarten zwar auch in der Endzeit einen letzten Wiederhersteller ihres Glaubens, er braucht aber nicht Mahdi genannt zu werden. Die Überzeugung, es werde inmitten von Kriegen, sozialen Erschütterungen, Sittenverfall ein Befreier, ein Herbeiführer harmonischer Verhältnisse, ein Mahdi kommen, ist aber unter den in einfacheren Verhältnissen lebenden sunnitischen Muslimen tief verwurzelt.

Die Besetzung der Großen Moschee in Mekka

Zum Verständnis des Zeitpunktes, zu dem die Besetzung der Großen Moschee in Mekka erfolgte, ist folgendes von Wichtigkeit: Zum einen ein Wort des Propheten Mohammed, das Abu-Huraira überlieferte: „Der Gesandte Allahs sprach: Wahrlich, zu Beginn eines jeden Jahrhunderts wird Allah dieser Gemeinschaft einen senden, der ihren Glauben neu belebt!"[1] Wer da mit dieser Mission auftritt, wird Mudschadid, Erneuerer, genannt. Er wird, so glaubt man, die Muslime auf den rechten Weg zurückführen, wenn sie diesen verlassen haben.

Zum anderen handelt es sich darum, daß das Erscheinen eines Mahdi für bestimmte herausragende Daten, wie es zum Beispiel eine Jahrhundertwende ist, vorausgesagt wird. Eine solche Jahrhundertwende gab es nach islamischer Zeitrechnung an dem Tag, der nach unserer Zeitrechnung der 20. November 1979 war. Für die Anhänger des Islam war es der erste Tag des muslimischen Jahres 1400.

Über die Besonderheiten des Ortes sollte man wissen, was im „Handwörterbuch des Islam" über die Kaaba als semitisches Heiligtum mitgeteilt wird. Wir werden gleich sehen, daß diese Charakteristik in einem Zeitungsartikel wieder aufgeführt wird.

„Die Kaaba besaß in hohem Maße die Eigenschaften, welche einem semitischen Heiligtum anhaften. Zunächst hat sie das ganze umliegende Gebiet zu geweihtem Boden gemacht. Um die Stadt herum liegt der heilige Bezirk *(haram)*, durch Steinmale bezeichnet, der jedem Eintretenden gewisse Beschränkungen auferlegt. Außerdem tritt die Heiligkeit des Gebietes in folgenden Punkten zutage. Im *haram* herrscht Gottesfriede. Wenn die arabischen Stämme zu der Kaaba pilgerten, ruhten alle Fehden. Waffen zu tragen war verboten. Außerdem ist der *haram* – und die Kaaba insbesondere – die Zufluchtsstätte; hier war der unabsichtliche Totschläger sicher, ebensowie in den israelitischen Freistädten. An der Kaaba befanden sich eine Art von Griffen, an welche die Schutzsuchenden sich klammerten, eine Einrichtung, welche an die Bedeutung der Hörner des israelitischen Altares erinnert. Blut durfte im *haram* nicht fließen; es wird demgemäß berichtet, daß die zum Tode Verurteilten zur Exekution aus dem *haram* geführt wurden.

Der Friedensgedanke erstreckt sich sogar auf die Tier- und Pflanzenwelt. Die Tiere, einige schädliche oder gefährliche Arten ausgenommen, dürfen nicht verscheucht werden; daher die vielen zahmen Tauben in der Moschee. Und Bäume und Sträucher werden nicht gefällt, die *idhkhir*-Staude ausgenommen, welche zum Bau der Häuser und zum Goldschmiedwerk verwendet wurde. Diese Bestimmungen sind vom Islam bestätigt worden und gelten bis heute."[2]

Ich möchte die Ereignisse in Mekka in aller Kürze so schildern, wie sie in der englischsprachigen arabischen Presse berichtet wurden. Fotokopien der entsprechenden Artikel in *Arab News,* Jidda, *Kuwait Times,* Kuwait und *Egyptian Gazette*, Kairo, brachte der *Aktuelle Informationsdienst Moderner Orient* in den Nummern 1/80, 3/80, 4/80.

Am frühen Morgen des ersten Tages des 15. Jahrhunderts der islamischen Zeitrechnung hatte eine Gruppe von Muslimen die Große Moschee in Mekka besetzt. Am 5.12.1979 schrieben die *Arab News* unter der Überschrift „The Lessons of Mecca" folgendes, von mir mitunter etwas frei aus dem Englischen übersetzt:

„Die Abtrünnigen, die den Zwischenfall verursachten, waren eine Gruppe religiöser Extremisten, die glaubten, die Gemeinschaft um sie herum sei voller Ungläubiger und sie müßten Gewalt anwenden, um die Lage zu ändern. Aber ihre Sache war von Anfang an verloren, denn sie brachten ihren Protest dadurch zum Ausdruck, daß sie die Heiligkeit des Gotteshauses verletzten.

Die Heilige Kaaba ist tatsächlich das Haus Gottes, da Gott dem Propheten Abraham auftrug, es zu bauen. Er machte es dann zu einem heiligen und friedenstiftenden Ort, zu dem die Menschen schon vor dem Kommen des Islam hinpilgerten. Gott hat dort das Kämpfen untersagt, um die heilige Kaaba herum ist das Töten von Tieren und das Ausreißen von Pflanzen untersagt. Dieses Verbot gilt für alle Zeit, mit Ausnahme einer kurzen Zeitspanne, als Mohammed, Gottes Gesandter, Mekka eroberte. Außerdem machte Gott die Kaaba zu jenem Ort (qibla), wohin sich die Muslime fünfmal täglich zum Gebet wenden müssen. Früher wandten sie sich in Richtung des Heiligen Jerusalem und anderer heiliger Orte, wenn sie das Gebet verrichteten."[3]

Alle diese Mitteilungen werden also in dem Artikel in *Arab News* gemacht.

Die Besetzer der Moschee werden dann in dem Artikel als religiöse Fanatiker bezeichnet, die meinten, die Gesellschaft sei vom Islam abgewichen, und die an das Dasein ihres „expected Mahdi" glaubten, der – wie sie behaupteten – „would bring justice to the world".

Damit haben wir aus diesem in Saudi-Arabien geschriebenen Artikel, der in englischer Sprache veröffentlicht wurde, genau jene Ausdrücke, die in dem Kapitel „Mahdi-Erwartungen" aufgrund ganz anderer Quellen aufgeführt wurden: Ein „expected Mahdi", „erwarteter Mahdi", „mahdi muntazar", werde Gerechtigkeit in die Welt bringen.

Ein Mitglied der Gruppe von Besetzern hatte über Lautsprecher verkündet, er sei der Mahdi, nachdem die Gruppe sich mit Gewalt Zugang verschafft und die Eingänge besetzt hatte.

Die Kritik dieser religiösen Eiferer richtete sich gegen den Zustand der saudischen Gesellschaft, besonders zum Beispiel gegen Radio und Fernsehen.

Über den weiteren Ablauf der Geschehnisse nur kurz dieses: Die Besetzung dauerte ingesamt bis zum 5.12.1979. Nachdem die Eindringlinge von den oberen Stockwerken der Großen Moschee vertrieben worden waren, verbargen sie sich in den unterirdischen Kellern und Gängen, wo sie schon vorsorglich Vorratslager angelegt hatten. Die saudischen Behörden liehen Abhörgeräte von Pionieren der US-Armee aus. Als Bewegungsgeräusche festgestellt worden waren, wurden mit Preßluftbohrern Löcher in den Steinboden gebohrt. Sie waren aber so groß, daß die Bohrarbeiter von unten beschossen wurden. Dann wurde eine besondere Bohrvorrichtung geholt, die nur faustgroße Löcher bohrte. Durch Hunderte dieser Löcher wurden Handgranaten geworfen, so daß schließlich die noch Lebenden unter den Besetzern aufgaben. Der Mahdi war verschwunden. Diejenigen, deren man hatte habhaft werden können, wurden nach Gutachten der islamischen Rechtsgelehrten zum Tode verurteilt und hingerichtet.

Die saudischen Sicherheitsstreitkräfte hatten überhaupt erst eingreifen können, nachdem König Khaled durch Gutachten islamischer Gelehrter zu diesem Vorgehen ermächtigt worden war, da die Friedenspflicht durch das Eingreifen verletzt wurde.

Für das saudische Königshaus bedeutete das Ereignis eine schwere Belastung, da es als Wächter der heiligen Stätten eine besondere Verantwortung zu tragen hat.

Der verborgene Imam

Da dies kein Buch über den Islam ist, kann nicht ausführlich auf den Unterschied zwischen Sunniten und Schiiten eingegangen werden, und doch spielt die Frage, was sie verbindet und was sie trennt, eine bedeutsame Rolle in den Auseinandersetzungen im Nahen Osten. Nur einiges sei hervorgehoben: Das Wort Sunniten hängt mit *sunna*, „Gewohnheit" oder „Handlungsweise", zusammen, die auf Mohammed zurückgeführt wird und als bindend

gilt. Das Wort Schiiten geht auf *schiat Ali,* Partei Alis zurück. Die Angehö-
rigen der Schia sind alle jene Muslime, die Ali, Mohammeds Vetter und
Schwiegersohn, als dessen ersten rechtmäßigen Nachfolger anerkennen.
Mohammed hatte seine Nachfolge nicht geregelt. Es wurde nicht gleich
Ali Kalif, wie er es erwartet hatte, sondern erst Mohammeds Schwiegervater
Abu Bakr, dann ein weiterer Schwiegervater, Omar, dann sein Schwieger-
sohn Othman und schließlich Ali. In verwickelten Auseinandersetzungen
fand er den Tod. Sein älterer Sohn Hasan verzichtete auf die Nachfolge. Sein
jüngerer Sohn Husein wurde bei Kerbela getötet. Die weiteren leiblichen
Nachkommen fanden nach Überzeugung der Schiiten alle ein unnatürliches
Ende. Ein in der Generationsfolge zwölfter Nachkomme verschwand 873 als
Kind. Er ging, wie es später hieß, in die Verborgenheit, erst in die kleine
Verborgenheit, die bis 942 dauerte und während der er durch vier Botschaf-
ter die Verbindung mit der Welt aufrechterhielt, dann in die große
Verborgenheit, die noch andauert. Vor dem Eintritt in die große Verborgenheit
sandte der Imam dem letzten der vier Botschafter folgende versiegelte
Botschaft:

„Im Namen Gottes, des Erbarmers, des Barmherzigen. In sechs Tagen
wirst du sterben. Bringe darum deine Angelegenheiten in Ordnung. Ernen-
ne keinen Nachfolger, der nach deinem Tode deine Stelle einnehmen würde,
denn jetzt ist die Zeit der großen Verborgenheit gekommen. Ich werde mich
niemandem mehr zeigen, es sei denn mit Gottes Erlaubnis. Aber das wird
erst nach Ablauf einer langen Zeit geschehen. Die Herzen werden sich dem
Mitleid verschließen. Die Erde wird voller Tyrannei und Gewalttat sein.
Unter meinen Schiiten werden sich Menschen erheben, die behaupten
werden, mich mit leiblichen Augen gesehen zu haben. Gebt acht! Wer
behaupten wird, mich vor den Ereignissen des 'Endes' mit leiblichen Augen
gesehen zu haben, der ist ein Lügner und ein Betrüger. Es gibt keine Hilfe
und keine Stärkung, denn bei Gott, dem Höchsten, Erhabenen allein."[1]

Sunniten und Schiiten bekennen gemeinsam die Einzigkeit Gottes und
das Prophetentum Mohammeds. Weiterhin vereint sie der Glaube an die
Auferstehung und an das Jüngste Gericht. Es sind dies die „drei Prinzipien
der Religion" *(usul ad-din),* denen die Schia noch zwei hinzufügt: die
Überzeugung von Gottes Gerechtigkeit und die Notwendigkeit des Imamats.

Es gibt im Islam Vertreter der Anschauung, der Wille Gottes sei durch
nichts eingeschränkt, Gott könne also in jedem einzelnen Fall völlig souve-
rän handeln. Die Schia erkennt aber nicht an, daß dies dann auch heißen
kann, daß Gott Menschen bestraft, die gar nicht in der Lage sind, ihr eigenes
Handeln zu bestimmen, die darum nicht voll für ihr Tun verantwortlich
gemacht werden können. Da Gott gerecht ist, da er den Menschen nicht in
sein Verderben laufen lassen will, muß es einen Bürgen dafür geben, daß der
Mensch den rechten Weg stets finden kann. Dieser Bürge ist der Imam. Er
darf nicht ein fehlbarer Mensch sein, wie es die anderen alle sind. Er muß

also in besonderer Weise von Gott auserwählt sein, in einer Weise, die Gewähr dafür bietet, daß er unfehlbar ist und die Gemeinschaft der Menschen auf Erden mit der verborgenen Welt verbindet.

Um in das Verständnis dessen, was Imam im Sinne der Schia und was „Verborgenheit" bedeutet, tiefer einführen zu können, habe ich einen Quellentext ausgewählt, der nach der mir zur Verfügung stehenden Literatur noch nicht vollständig ins Deutsche übersetzt worden ist, von dem ein wichtiger Teil aber in deutscher Übersetzung vorliegt. Sein Verfasser ist Muhammad ibn Alì ibn Babyoye al-Qummi, genannt as-Saduq, der Wahrheitsliebende. Der letzte Teil seines Namens weist auf seine Verbindung mit der südlich von Teheran gelegenen Stadt Qom, arabisch Qum, gelegentlich Ghom geschrieben, hin.* Diese Stadt ist in besonderer Weise mit der Entwicklung der Vorstellungen über die Imame und den verborgenen Imam verbunden. Der eben genannte Autor wurde 918 in Qom geboren. Sein Vater war ein bedeutender schiitischer Gelehrter. Auf Reisen sammelte er Traditionen. Was in der Schia über den Imam gelehrt wird, ist in seinem Buch „Traktat über die Glaubenswahrheiten" enthalten. Die Vorstellungen über die „Verborgenheit" wurden von ihm so dargelegt, daß sie Überzeugungskraft gewannen, nachdem darüber eine Zeitlang eine beträchtliche Unsicherheit geherrscht hatte.

„35. Unser Glaube hinsichtlich der Zahl der Propheten ist, daß es einhundertundvierundzwanzigtausend Propheten und ebensoviele Beauftragte *(awsiya)* gegeben hat. Jeder Prophet hatte einen Beauftragten, welchem er nach Gottes Befehl seine Anweisungen gab. Wir glauben hierzu ferner, daß sie von Gott die Wahrheit überbrachten, daß ihr Wort Gottes Wort ist, ihr Befehl der Befehl Gottes ist und daß ihnen gehorchen heißt Gott gehorchen ...

Die Anführer der Propheten sind fünf (von denen alles abhängt): Noah, Abraham, Moses, Jesus und Muhammad. Muhammad ist ihr Oberhaupt ... und hat die (anderen) Gesandten bestätigt.

Es ist unbedingt daran zu glauben, daß Gott nichts Vollkommeneres erschaffen hat als Muhammad und die Imame ... Nach seinem Propheten sind die zwölf Imame die Bestätigung Gottes für das Volk ...

Wir glauben, daß die Bestätigung Gottes auf Erden und sein Stellvertreter *(khalifa)* inmitten seiner Sklaven in dieser unserer Zeit der Hüter *(al-Qaim)* (der Gesetze Gottes) ist, der erwartete Eine, Muhammad ibn al-Hasan al-Askari (das ist der zwölfte Imam). Er ist es, dessen Name und dessen Ankunft dem Propheten von Gott angekündigt worden sind, und er ist es, der DIE ERDE MIT DEM ERFÜLLEN WIRD, WAS GERECHT UND BILLIG IST, SO WIE SIE JETZT MIT UNTERDRÜCKUNG UND UN-

---

* Bei diesen Ausführungen stütze ich mich auf das Buch von Heinz Halm: Die Schia. Darmstadt 1988.

RECHT ERFÜLLT IST. Er ist es, den Gott zum Sieger über alle Welt machen wird, bis von jedem Ort der Ruf zum Gebete erschallt und aller Glaube allein Gott gelten wird, der gelobt sei. Er ist der rechtgeleitete *mahdi* [Welterlöser], von dem der Prophet verkündete, daß mit ihm, wenn er erscheine, Jesus, Sohn der Maria, auf die Erde herabsteigen und hinter ihm beten werde. Wir glauben, es kann da keinen anderen *qaim* geben als ihn, er mag im Zustande der Verborgenheit *(ghayba)* leben, (solange es ihm gefällt); und würde es so lange dauern wie die Existenz dieser Welt, gäbe es doch keinen anderen *qaim* als ihn.

36. Unser Glaube hinsichtlich der Propheten, Gesandten, Imame [im besonderen schiitischen Sinne] und Engel ist, daß sie unfehlbar sind *(masum)*; ... und keine Sünde begehen, keine leichte und keine schwere ... wer ihnen in irgendwelcher Beziehung die Unfehlbarkeit abspricht ... ist ein *kafir*, ein Ungläubiger.

37. Es ist unser Glaube hinsichtlich derer, welche die Schranken unseres Glaubens überschreiten, die *ghulat* [das heißt diese, welche Ali oder andere Imame als Inkarnation der Gottheit betrachten], und derer, die an die Übertragung glauben [*mufaw-wida*: Gott habe sich nach Erschaffung Muhammads und Alis zurückgezogen und ihnen die Verwaltung seiner Schöpfung übertragen], daß sie *kuffar* sind, Gottesleugner. Sie sind schlechter als die Juden, die Christen, die Feueranbeter ... oder irgendwelche Ketzer; niemand hat Gott mehr herabgesetzt ...

Was den Propheten betrifft, glauben wir, daß er während des Unternehmens nach Khaybar (von Juden) vergiftet wurde. Das Gift blieb weiterhin wirksam und (kürzte sein Leben ab), bis er an seinen Folgen starb.

I. Imam: Und der Fürst der Gläubigen (Ali), Friede sei mit ihm, wurde von ... Ibn Muljam al-Muradi, den Gott verfluchen möge, ermordet und in Ghari bestattet.

II. Imam: Hasan ibn Ali, Friede sei mit ihm, wurde von seinem Weibe Jada bint Ashath aus Kinda vergiftet; Gott möge (sie und ihren Vater) verfluchen.

III. Imam: Husain ibn Ali wurde in Kerbela erschlagen. Sein Mörder war Sinan bin Anas al-Nakhai, den Gott mit seinem Vater verfluchen möge.

IV.Imam: Ali ibn Husain der Saiyide Zain al-Abidin. Er wurde von al-Walid ibn Abd al-Malik vergiftet, den Gott verfluche.

V. Imam: Muhammad Baqir ibn Ali, der von Ibrahim ibn al-Walid vergiftet wurde, den Gott verfluche.

VI. Imam: Jafar al-Sadiq, der von Abu Jafar al-Mansur al-Dawaniqi vergiftet wurde, den Gott verfluchen möge.

VII. Imam: Musa al-Kazim ibn Jafar wurde von Harun al-Raschid vergiftet, den Gott verdamme.

VIII. Imam: Ali al-Rida ibn Musa wurde von Mamum ibn Harun al-Raschid vergiftet, den Gott verdamme.

IX. Imam: Abu Jafar Muhammad al-Taqi ibn Ali wurde von al-Mutasim vergiftet, den Gott verdamme.

X. Imam: Ali al-Naqi ibn Muhammad wurde von Mutawakkil vergiftet, den Gott verdamme.

XI. Imam: Hasan al-Askari wurde von al-Mutamid vergiftet, den Gott verdammen möge ... Und wahrhaftig, diese Propheten und Imame, Friede mit ihnen, hatten das Volk darüber unterrichtet, daß sie ermordet werden würden. Wer behauptet, daß sie es nicht wurden, der bezichtigt sie der Lüge und unterschiebt eine Unaufrichtigkeit Gott dem Mächtigen und Erhabenen.

39. Unser Glaube hinsichtlich der *takiya* (der erlaubten Verheimlichung seines wahren Glaubens) betrachtet sie als obligatorisch; wer sie aufgibt, der ist in der gleichen Lage wie jemand, der das Gebet aufgibt ... Jetzt und bis zur Zeit der Wiederkehr des Imams al-Qaim ist die *takiya* verbindlich, und man darf auf sie nicht verzichten. Wer es aber tut ... der hat sich wahrlich außerhalb der Religion Gottes begeben. Und Gott hat erklärt, daß es allein im Stand der *takiya* (möglich) ist, Ungläubigen Freundschaft zu erweisen.

Der Imam Jafar hat gesagt: 'Mengt euch offen unter eure Feinde, aber widersetzt euch ihnen innerlich, solange die Herrschaft unentschieden ist.' Er sagte ferner: 'Diplomatie *(al-ria)* gegenüber einem wahren Gläubigen ist eine Art von Polytheismus, gegenüber einem (Heuchler) in seinem eigenen Hause ist es aber eine Form der Gottesverehrung.' Und er sagte: 'Betet jemand mit einem Heuchler (z.B. einem Sunniten) und steht in der ersten Reihe, dann ist es so, als ob er mit dem Propheten betete und in der ersten Reihe stünde.' Und weiter: 'Besucht ihre Kranken, nehmt an ihren Begräbnissen teil und betet in ihren Moscheen.'

40. Unser Glaube hinsichtlich der (Vorfahren des Propheten, im Gegensatz zu den Sunniten) ist, daß sie von Adam bis zu Abdallah, dem Vater des Propheten, Muslime waren ...

41. Unser Glaube hinsichtlich der Alawiden (Nachkommen Alis) ist, daß sie vom Gottgesandten abstammen und ihnen daher in Anerkennung seines Apostelamtes* Verehrung zusteht."[2]

Von den Imamen wird ausgesagt, sie seien unfehlbar und begingen keine Sünde, keine leichte und keine schwere. In dem Text sind die zwölf Imame genannt. Es wird als Glaube der Schia bezeichnet, daß Mohammed und elf Imame eines unnatürlichen Todes starben.

Es gilt aber, noch Bedeutsameres darzustellen. Damit komme ich zu Henry Corbin (1903–1978), dem französischen Orientalisten, der eine besondere Sicht der Schiat Ali vertrat. Seine Auffassung ist nicht ganz unwidersprochen geblieben. Etwas Kritisches äußerten Heinz Halm in dem

---

* Es wird vom Apostelamt des Gottgesandten gesprochen. Folgendes sei zur Erklärung der Ausdrücke gesagt: Mohammed gilt als Prophet, arabisch *an-nabi*, als Sendbote Gottes, *rasul allah*. Sendbote heißt auf griechisch *apostolos;* das Tätigkeitswort ist *apostellein,* auf deutsch: entsenden. Im allgemeinen wird das Wort *Apostel* auf die Jünger Jesu bezogen.
Zum Wort *allah/Gott:* Orientalische Christen beten zu „Allah".

Buch „Die Schia", Darmstadt 1988, S.91, und Yann Richard in „Der verborgene Imam", Berlin 1983, S.35. Trotzdem möchte ich aus Gründen, die sich aus meiner Darstellung ergeben, die Arbeiten von Corbin nicht unberücksichtigt lassen. Die Ergebnisse seiner Forschungstätigkeit liegen mir in französischer Sprache vor; ich werde nicht einfach übersetzen, sondern das, worauf es mir ankommt, referieren, wobei ich Corbins Sicht der Schia in direkter Rede wiedergebe.

Was macht laut Corbin das Wesen der Schia aus? Auch die Schiiten bekennen zusammen mit allen Muslimen die Einheit Gottes und den Glauben an Mohammeds prophetische Sendung. Aber während der sunnitische Islam verkündet, die Prophetie sei mit Mohammed abgeschlossen, geht für die Schiiten etwas ganz Bestimmtes weiter, weil sie der Überzeugung sind, nur die Prophetie, die das Religionsgesetz gebracht habe, sei beendet. Mit dem Abschluß des Zyklus der Prophetie beginnt für die Schia der Zyklus der *walayat*, d.h. die Einweihung in den verborgenen Sinn der göttlichen Offenbarung, und diese Einweihung wird durch die Imame durchgeführt. Die Schia will nicht in einem bestimmten Augenblick der endgültig abgeschlossenen Vergangenheit stehenbleiben. Sie ist auf die Zukunft gerichtet. Voller Spannung erwartet sie diese Zukunft, die sich als Eschatologie ankündigt. Sie hält nicht an Buchstaben fest, weil sie eine Gnosis ist. Sie ist eine Kenntnis des inneren, esoterischen Sinns der göttlichen Offenbarung. Und gerade dieser esoterische Sinn ist das Geheimnis des Imam-Seins; im Imamat sieht die Schia jenes Geheimnis, das sonst das Geheimnis des Anthropos, des Menschen, des Menschseins, genannt wird.

In eine urferne Vergangenheit zurückblickend, sieht die schiitische Gnosis folgendes: Die Urschöpfung, die der göttliche Urwille durch das Schöpfungswort *kun* (sei) ins Dasein rief, ist das Lichtpleroma, das als *nur mohammadi* oder *haqiqat mohammadiya*, als mohammadisches Licht oder ewige prophetische Realität bezeichnet wird und zwei dem Verständnis zugängliche Dimensionen bietet: eine exoterische oder Prophetie und eine esoterische oder Imamat. Für die Gnosis der Zwölferschia wird dieses Pleroma von 14 Lichtwesen gebildet, die vor allen anderen Sphären der Schöpfung vorhanden sind und die in jeder dieser Sphären ihre Offenbarung finden. In ihrer irdischen Erscheinung, im letzten Abschnitt des Zyklus der Prophetie, ist es die Gruppe der 14 Personen, die durch den Propheten Mohammed, seine Tochter Fatima und die zwölf aufeinander folgenden Imame gebildet wird. Sie werden als die 14 „Sündenreinen" bezeichnet.[3]

Aus folgendem Text, der nicht von Henry Corbin ist, sind die Motive zu erkennen, die ein endzeitliches Geschehen charakterisieren. Es sind: die schrecklichen Vorzeichen, die dem Auftreten des zwölften Imam, des Rechtgeleiteten (al-mahdi) vorangehen, die Ausbreitung der Macht der Ungläubigen, das Auftreten falscher Mahdis, das Erscheinen des Mahdi in der Großen Moschee in Mekka, das Paradies auf Erden unter der Herrschaft des Mahdi.

Nach der üblichen Terminologie ist er der „Erwartete" *(al-muntaẓar)*, der „Rechtgeleitete" *(al-mahdī)*, der „sich um das Recht kümmert" *(al-qāʾim bil-ḥaqq)*, oder abgekürzt *al-Qāʾim*, was sich dann auch deuten läßt als „der Auferstehende, sich Erhebende". Aus Gründen der Vorsicht *(taqīya)* verwendete man in Zeiten der Verfolgung Tarnnamen wie „der Gläubiger" *(al-ġarīm)*, da der Mahdī das gegebene Darlehen – die Leitung der islamischen *umma* – dereinst zurückfordern wird. Im Unterschied zu den früheren Imamen, die sich passiv und friedlich verhielten, wird er „der mit dem Schwert" *(ṣāḥib as-saif)* sein.

Dem Auftreten *(qiyām)* des Mahdī-Qāʾim gehen schreckliche Vorzeichen voraus, die durch zahllose, den früheren Imamen zugeschriebene Weissagungen beglaubigt sind: Sonnen- und Mondfinsternisse, Erdbeben und Heuschreckenplage stürzen die Welt ins Chaos, die Sonne steht still oder geht im Westen auf, Euphrat und Tigris treten über ihre Ufer, Feuer fällt vom Himmel und verschlingt Kūfa und Bagdad, die Macht der Ungläubigen breitet sich aus, falsche Mahdīs erheben sich an den Enden der Welt und liefern sich blutige Schlachten. Am Ende aber werden Stürme die Erde reinfegen und alle Krankheiten von den wahren Gläubigen nehmen. Dann wird der Mahdī erscheinen, und zwar im Heiligtum von Mekka, zwischen der Ecke *(rukn)* der Kaʿba und dem „Standort Abrahams" *(maqām Ibrāhīm)*, einer jedem Mekkapilger bekannten Stelle, von der aus Abraham einst das von ihm erbaute Heiligtum überblickt hatte. Wann das geschehen wird, ist unbekannt; die schiitische Tradition weiß allerdings, daß es am 10. Muḥarram, dem Tag von al-Ḥusains Martyrium bei Kerbelāʾ, sein wird, und zwar in einem Jahr mit gerader Jahreszahl. Von Mekka wird der Mahdī sich, von Engeln begleitet, nach Kūfa begeben, wo er die falschen Moscheen zerstören, die widersetzlichen Ungläubigen erschlagen und dem Rest in einer neuen Moschee predigen wird. Er wird die Schreine ʿAlīs und al-Ḥusains in Naǧaf und Kerbelāʾ durch einen Kanal verbinden, an dessen Ufern paradiesisches Leben aufsprießen wird. Unter der Herrschaft des Mahdī wird das Paradies auf Erden sein; niemand wird mehr seine gesetzlich vorgeschriebene Almosensteuer *(zakāt)* loswerden, da es keine Bedürftigen mehr gibt. Die ganze Erde wird der gerechten Herrschaft des Mahdī untertan sein, die sieben oder neunzehn Jahre dauern wird – jedes davon so lang wie zehn gewöhnliche Jahre. Was danach sein wird, weiß niemand, doch mutmaßen die schiitischen Autoren, daß die Auferstehung der Toten und das Jüngste Gericht unmittelbar folgen werden.[22]

Aus: Heinz Halm. Die Schia.[4)]

Von diesen Bildern eines apokalyptischen Geschehens kehren wir noch einmal zu einem Wortlaut Henry Corbins zurück, mit dem ich dieses Kapitel abschließe.

Der verborgene Imam ist ein übernatürliches Wesen. Es hängt von den Menschen ab, ob er ihnen erscheint oder ob er sich ihren Augen entzieht. Sein Erscheinen ist das Zeichen der Erneuerung der Menschen. Das ist der tiefe Sinn der schiitischen Vorstellung von der Verborgenheit und vom „Erscheinen". Die Menschen selbst haben es bewirkt, daß der Imam in der Verborgenheit ist. Wenn der Imam verborgen ist, dann aus dem Grunde, weil die Menschen nicht imstande sind, ihn zu sehen. Die Menschen haben die Organe verloren, mit deren Hilfe sie ihn wahrnehmen könnten. Es hat also keinen Sinn, vom „Erscheinen" des verborgenen Imam zu sprechen, solange die Menschen nicht über die Fähigkeit verfügen, ihn zu erkennen.[5]

Der endzeitliche Kampf zwischen Jesus und dem Antichristen

Nach der islamischen Überlieferung kommt es zu einem bestimmten Zeitpunkt zu einem entscheidenden Kampf zwischen *al-masih Isa* und *al-dadjal*. Damit sind bestimmte Bilder einer Endzeit-Erwartung verbunden, was uns zu einem zentralen Thema unserer Arbeit führt. Untersuchen wir zunächst die Bedeutung des Namens *al-masih Isa ibn Maryam*.

Im Koran heißt es in Sure 3, Vers 45: „Als die Engel sagten: 'Oh Maria, Gott verkündet dir ein Wort von Ihm, dessen Name Christus Jesus, der Sohn Marias, ist.'"[1]

Warum verwendet der Übersetzer das Wort Christus? Ist das nicht ein schlimmer Irrtum, da doch der Islam das Christuswesen nicht kennt? Um das Christuswesen handelt es sich hier aber nicht, es wird also nicht der Jesus als Träger des Christuswesens bezeichnet. Gehen wir auf das Sprachliche ein, um zu einem Verständnis des Wortlauts zu kommen. Das Wort *christos* ist das Partizip der Vergangenheit des griechischen Zeitworts *chriein* = salben, als Hauptwort also der Gesalbte. *Christos / Christus* ist die Übersetzung des hebräischen Wortes *maschiach*, das wir in unserer Sprache als das griechisch-kirchenlateinische Wort *messias* haben; also deutsch: der Gesalbte; griechisch: Christos/Christus; griechisch-kirchenlateinisch: messias; hebräisch: maschiach. Die aramäische Form lautet *meschicha*. Im Koran (also im Arabischen) findet sich die Form *al-masih Isa*, dies bedeutet also: der *Messias Jesus* oder *Christus Jesus*. Es ist ganz unsicher, was Mohammed darunter verstanden hat.

Zu dem Wort *al-dadjal* ist folgendes zu sagen: Im Koran findet sich der Ausdruck nicht. Er ist wahrscheinlich ein aramäisches Lehnwort. In der syrischen Bibelübersetzung wird *pseudochristus* mit *meshihe daggale* über-

setzt. Man findet im Syrischen auch *nebiya daggala* = Pseudoprophet. Pseudochristus heißt also „falscher Christus", jemand, der sich als Christus ausgibt, der „Antichrist". Die entsprechende Bibelstelle lautet auf lateinisch bei Matthäus 24, Vers 23–25:
„Tunc siquis vobis dixerit: Ecce hic est Christus, aut illic: nolite credere. Surgent enim pseudochristi, et pseudoprophetae: et dabunt signa magna, et prodigia, ita ut in errorem inducantur (si fieri potest) etiam electi."[2] – „Wenn dann jemand zu euch sagt: Seht, hier ist der Messias, oder: dort, so glaubt es nicht; denn es werden falsche Messiasse aufstehen und ʿfalsche Propheten, und sie werden große Zeichen und Wunder tun', (5 Mos 13, 1 f) um, wenn möglich, auch die Auserwählten zu verführen."[3]

Der Ausdruck „Antichrist" erscheint innerhalb der Bibel nur im 1.und 2. Johannesbrief:
„Filioli, novissima hora est: et sicut audistis quia Antichristus venit: et nunc Antichristi multi facti sunt; unde scimus, quia novissima hora est."[4] – „Kindlein, es ist letzte Stunde, und wie ihr gehört habt, daß der Antichrist kommt, so sind auch jetzt viele Antichristen erstanden; daran erkennen wir, daß es letzte Stunde ist."[5]

Und im 2. Johannesbrief heißt es:
„Et haec est charitas, ut ambulemus secundum mandata eius. Hoc est enim mandatum, ut quemadmodum audistis ab initio, in eo ambuletis: quoniam multi seductores exierunt in mundum, qui non confitentur Iesum Christum venisse in carnem: hic est seductor, et antichristus."[6] – „Darin aber besteht die Liebe, daß wir nach seinen Geboten wandeln; das ist das Gebot, wie ihr es von Anfang an gehört habt; darin sollt ihr wandeln. Denn viele Verführer sind ausgezogen in die Welt, die nicht bekennen, daß Jesus im Fleische erschienen ist; das ist der Verführer und der Antichrist."[7]

In der islamischen Überlieferung ist *al-dadjal* der große Verführer, dessen Wirkung auch darauf beruht, daß sein Reittier ein Esel ist, wie es auch im Matthäus-Evangelium heißt (21. Kapitel, Vers 1–5), daß Jesus, als sie sich Jerusalem näherten, zwei Jünger in ein Dorf voraussandte, wo sie eine Eselin angebunden finden würden und ein Füllen, damit sich das Prophetenwort erfüllen könnte:
„ʿSagt der Tochter Zion: siehe, dein König kommt zu dir, sanftmütig und auf einer Eselin reitend, mit einem Füllen, dem Jungen des Lasttieres' (Is 62, 11; Zach 9, 9)."[8]

Zur Zeit, in der Gog und Magog (siehe das folgende Kapitel) die sie umgebende Mauer durchbrechen würden, werde er auf einem Esel von gleicher Größe wie er selbst erscheinen, nur vierzig Tage werde seine Herrschaft dauern, während dieser Zeit werde er jedoch die ganze Erde von Osten nach Westen und vom Norden nach Süden durchstreifen. Dann aber werde *al-masih Isa* vom Himmel in das Heilige Land hinabsteigen, an einem Afik genannten Ort mit einer Lanze in der Hand erscheinen und mit dieser den *al-masih al-dadjal* töten. Darauf werde Isa zur Zeit des Morgengebets nach Jerusalem kommen und hinter dem Vorbeter entsprechend den Vorschriften Mohammeds das Gebet verrichten. Nach der Tötung des dadjal, so wird von manchen angenommen, werde niemand vom *ahl al-kitab*, vom „Volk der Schrift", also von den Christen und Juden, mehr übrig sein, der nicht an den Koran glaube. Somit werde es nur eine einzige Religion, nämlich den Islam geben. Der Zustand der allgemeinen Eintracht, der dann zwischen den Menschen herrsche, werde sich auch auf die Tiere erweitern und Isa werde noch vierzig Jahre auf Erden bleiben. Nach seinem Tode werde er in Medina neben Mohammed begraben.

Gog und Magog

Sowohl im Alten und Neuen Testament als auch in den arabischen Quellen spielen Gog und Magog eine bestimmte Rolle, die für unseren Zusammenhang von Bedeutung ist. Womit haben wir es zu tun? Bei Ezechiel heißt es im 38. Kapitel: „Das Wort des Herrn erging an mich: Menschensohn, richte dein Antlitz wider Gog im Lande Magog, den Großfürsten von Meschech und Tubal, und tritt wider ihn als Prophet auf! Sprich: So spricht der Gebieter und Herr: Siehe, ich will gegen dich vorgehen, Gog, Großfürst von Meschech und Tubal! (...)

Nach langer Zeit wirst du aufgeboten, am Ende der Jahre wirst du über ein Land hereinbrechen, das, dem Schwert entronnen, zurückgekehrt ist und aus vielen Völkern gesammelt ward in das Bergland Israel, das gar lange verwüstet lag. Nun ist es aus den Völkern herausgeführt, und alle Leute wohnen in Sicherheit. Dann wirst du heraufziehen; wie ein Unwetter wirst du hereinbrechen; wie ein Gewölk, welches das Land bedeckt, wirst du sein, du, alle deine Heerscharen und zahlreiche Völker mit dir.

So spricht der Gebieter und Herr: Zu jener Zeit werden in deinem Herzen Gedanken aufsteigen, und du wirst einen schlimmen Plan ersinnen. Du wirst sagen: 'Ich ziehe wider ein offen daliegendes Land, überfalle friedliche Leute, die in Sicherheit wohnen; sie alle siedeln ja ohne Mauern, haben weder Riegel noch Tore. Beute machen will ich und Raub einbringen, meine Hand wider neubesiedelte Ruinen kehren und gegen ein Volk, das aus den Völkern zusammengeholt ist, das Herden und Habe erwirbt, das auf dem Nabel der Erde wohnt.' (...)

Darum tritt als Prophet auf, Menschensohn, und rede zu Gog: So spricht der Gebieter und Herr: Wahrlich, du wirst dich zur Zeit, da mein Volk Israel in Sicherheit wohnt, in Bewegung setzen; du wirst von deinem Wohnsitz aus dem äußersten Norden herbeikommen, du und zahlreiche Völker mit dir, alle auf Rossen reitend, ein gewaltiges Aufgebot und eine zahlreiche Streitmacht. Dann wirst du gegen mein Volk Israel zu Felde ziehen wie Gewölk, um das Land zu bedecken. Am Ende der Tage wird es geschehen, da lasse ich dich gegen mein Land heranziehen, damit die Völker mich erkennen, wenn ich mich an dir, Gog, vor ihren Augen als heilig erweise."[1]

„Du aber, Menschensohn, tritt wider Gog als Prophet auf und sage: So spricht der Gebieter und Herr: Siehe, ich gehe gegen dich vor, Gog, Großfürst von Meschech und Tubal! Ich locke dich herbei und steuere dich; ich führe dich vom äußersten Norden herauf und bringe dich auf die Berge Israels. Dann schlage ich dir den Bogen aus deiner linken Hand und lasse die Pfeile deiner rechten Hand entgleiten. Auf den Bergen Israels wirst du fallen, du und all deine Heerscharen und Hilfsvölker, die bei dir sind."[2]

Beim nochmaligen Lesen des Textes achte man auf folgendes: Kapitel 38, Vers 12: „ein Volk, das aus den Völkern zusammengeholt ist", „das auf dem Nabel der Erde wohnt". Vers 16: „Am Ende der Tage wird es geschehen". Kapitel 39, Vers 2: „ich führe dich vom äußersten Norden herauf".

Aus der Offenbarung Johannes wird in dem Kapitel „Adolf Hitlers apokalyptisches Weltbild" eine Stelle im Zusammenhang mit Hitler und dem Tausendjährigen Reich zitiert.

„Wenn die tausend Jahre vollendet sind, wird der Satan losgelassen werden aus seinem Kerker, und er wird ausziehen, um die Völker an den vier Enden der Erde zu verführen, den Gog und den Magog, um sie zusammenzuholen zum Kampf. Ihre Zahl ist wie der Sand am Meere."[3]

Dann heißt es: „Und sie zogen herauf über die breite Fläche der Erde und umzingelten das Lager der Heiligen und die geliebte Stadt. Da fiel Feuer herab von Gott aus dem Himmel und verzehrte sie. Der Teufel aber, der sie verführt hatte, wurde in den Feuer- und Schwefelsee geworfen, in dem auch das Tier und der falsche Prophet sich befinden, und sie werden gepeinigt werden Tag und Nacht in alle Ewigkeit."[4]

Nach diesem Hinweis auf das Alte und Neue Testament wenden wir uns nun dem Koran zu: „Als er nun den Ort zwischen den beiden Sperrmauern erreichte, fand er neben ihnen Leute, die kaum ein Wort verstehen konnten. Sie sagten: 'O du mit den zwei Hörnern, Gog und Magog stiften Unheil auf der Erde. Sollen wir dir einen Tribut aussetzen, daß du zwischen uns und ihnen eine Sperrmauer errichtest?' Er sagte: 'Die angesehene Macht, die mir mein Herr verliehen hat, ist besser. Nun helft mir mit Kraft, so errichte ich zwischen euch und ihnen einen aufgeschütteten Wall. Bringt mir die Eisenstücke.' Als er nun zwischen den beiden Berghängen gleich hoch aufgeschüttet hatte, sagte er: 'Blast (jetzt).' Als er es zum Glühen gebracht hatte, sagte er: 'Bringt mir (geschmolzenes) Kupfer, daß ich es darüber gieße.' So konnten sie ihn nicht überwinden, und sie konnten auch nicht darin eine Bresche schlagen."[5]

„Und ein Verbot liegt über einer Stadt, die Wir verderben ließen: Sie kehren nicht zurück, bis der (Damm von) Gog und Magog eröffnet wird, sie von allen Anhöhen herbeieilen und die wahrhaftige Drohung nahrückt. Dann werden die Blicke derer, die ungläubig sind, starr werden: 'O wehe uns!

Wir ließen es unbeachtet. Ja, wir haben Unrecht getan.' 'Ihr und das, was ihr anstelle Gottes verehrt, seid Brennstoff der Hölle. Ihr werdet dahin wie zur Tränke gehen. Wären diese da Götter, wären sie nicht darin wie zur Tränke gegangen.' Und alle werden darin ewig weilen."[6]

Zu Sure 18, Vers 94: „O du mit den zwei Hörnern", eine kurze Erklärung: *Du l-Qarnain* („der mit den beiden Hörnern") wird Alexander der Große genannt, dessen Wirken einen gewaltigen Eindruck auf die Menschen der damaligen Zeit gemacht hatte, so daß schon bald nach seinem Tode der Bericht über sein Leben mit phantastischen Wundererzählungen ausgeschmückt wurde. Das gilt besonders vom sogenannten Alexanderroman, der aus dem Griechischen schon früh auch ins Syrische, also in eine semitische Sprache, übersetzt wurde. Eine Spur dieser Überlieferung findet sich, wie oben gezeigt, im Koran, und zwar im Zusammenhang mit Ereignissen der Endzeit. Auf diese Ereignisse sei jetzt noch etwas eingegangen sei, weil das unser eigentliches Thema ist.

Gog und Magog sind nach den Schilderungen von den Vorgängen der Endzeit, die sich in den arabischen Quellen finden, zwei Völker, die aus dem Nordosten, wo sie in Abgeschlossenheit gelebt haben, in den letzten Tagen hervorbrechen und die ganze Welt im Süden heimsuchen werden, bis sie im Lande der Kinder Israel vernichtet werden. In der islamischen Eschatologie wird dieses Bild mit dem Wiedererscheinen Isas auf Erden verknüpft, worauf im vorhergehenden Kapitel schon aufmerksam gemacht wurde.

Nachdem Alexander den Wall (oder die Mauer), hinter dem Gog und Magog bis zu den letzten Tagen eingesperrt sein sollten, gebaut hatte, so erzählt man, versuchten sie jede Nacht einen Graben unter dem Wall auszuheben, um zu entkommen, und jede Nacht hörte man den Lärm ihrer Werkzeuge. Aber Allah deckte vor Morgengrauen wieder zu, was sie jede Nacht gegraben hatten.

In der islamischen Tradition wird weiter erzählt, daß Mohammed eines Tages eilends in das Zimmer einer seiner Frauen mit den Worten eingetreten sei: „So weit ist der Damm Gog und Magog aufgemacht worden", und er habe es mit Daumen und Zeigefinger gezeigt. Die Frau habe darauf geantwortet: „Werden wir denn umkommen, wo es doch so viele gute Leute gibt?" Er habe geantwortet: „Wehe, wenn das Böse um sich greift!"[7]

Ist der Islam eine „endzeitliche antichristliche Verführungsmacht"?

In christlich fundamentalistischen Kreisen wird das Wiedererstarken des Islam mit ganz bestimmten endzeitlichen Vorstellungen verbunden. Als Beispiel bringe ich hier einige Abschnitte aus dem Buch „Das Abendland am Scheideweg" von Marius Baar. Es erschien in erster Auflage im Oktober

1979. Der Verfasser hat 25 Jahre als Missionar im Tschad unter Muslimen gearbeitet.

„Das antichristliche Zeitalter hat schon begonnen. Es erweist sich, daß es kein christliches Abendland gibt, wie das jahrhundertelang geglaubt wurde. Die Menschen sind zu Materialisten geworden, die das goldene Kalb anbeten. Sie sind nicht bereit, Opfer auf sich zu nehmen, um auf die Herausforderungen der Weltlage im biblischen Sinn zu reagieren, vielmehr werden sie vor dem *falschen Propheten* und bald vor dem *Tier* in die Knie gezwungen. (...)

Die Endzeit spielt sich nicht in Europa, sondern im Nahen Osten ab.

Die echten Christen in Europa sind sowieso eine Minorität. Sie werden nicht ins Gewicht fallen, wenn es darum geht, gegen das Aufkommen des falschen Propheten anzukämpfen. Der falsche Prophet wird nicht aus einem europäischen Land, sondern aus dem Orient kommen. Er wird ein Sohn Abrahams sein, ein Semit, denn von dorther haben sich geschichtlich zwei Machtbereiche entwickelt.

Der eine wird durch Satan angeführt und bereitet das Chaos vor. Der andere wird durch den Geist Christi geführt und bereitet die Entrückung der Gemeinde und die Herrlichkeit vor. Sie leitet die Vernichtung des antichristlichen Reiches mit der Bindung des Drachen, dem Tier und falschen Propheten ein, zur Aufrichtung des tausendjährigen Friedensreiches Jesu Christi.“[1]

„Die Startlinie für die Prophetie der Endzeit liegt in Israel und bei den Völkern und Reichen um Israel herum, nicht in Europa. Ausgangspunkt ist der Nahe Osten. Dort, wo die Füße des Standbildes Nebukadnezars standen, wird auch der Koloß, der seit Nebukadnezar die Weltbühne beherrscht, den Todesstoß bekommen (Daniel, Kapitel 2).

Babylon, das heißt der Irak, befindet sich heute in starkem Aufbruch. Die Baath-Bewegung (Baath heißt auf deutsch *Auferstehung:* Auferstehung des Tieres?), die sich als Ziel die Vereinigung der arabischen Völker gesetzt hat, ist dort geboren. Das Ziel dieses Landes ist die Ausrottung des israelischen Staates.

Der Irak ist eine Ölmacht, die vielleicht morgen in der arabischen Welt führend sein wird. Vielleicht bringt der Irak einen neuen Saladin (1138–1193) hervor, der den Traum von der Einheit des arabisch-islamischen Blocks verwirklichen wird. (...)

Babylon, die alttestamentliche Stadt Babel am Euphrat, soll auf Beschluß der irakischen Regierung wieder aufgebaut werden.“[2]

„Das vierte und letzte Tier (Daniel 7,7) könnte eigentlich nur der Irak sein (Babylon – Assyrien – Groß-Syrien). (...)

Aus diesem Land kam schon Nimrod (1. Mose 10, 8), der erste Tyrann, ein gewalttätiger Kriegsmann, der die ersten Waffen schmiedete und die ersten Städte baute, darunter Babel und Ninive (1. Mose 10, 10–11).

Aus Ninive kam ein Vorbote des Antichristen der Endzeit, Antiochus Epiphanes. Es zeigt sich immer wieder, daß die Geschichte nichts anderes ist als eine Wiederholung der Geschehnisse, die sich jedoch immer schneller entwickeln bis zur letzten Auseinandersetzung.

Es scheint also, daß der Irak ein besonderes Werkzeug für die Ausführung des Planes Gottes sein wird, den er im voraus aufgestellt hat: Von Assyrien – Groß-Syrien – wird der Zorn Gottes kommen.

Wehe Assur, der Rute meines Zorns, der in seiner Hand den Stecken meines Grimms trägt! (Jesaja 10, 5)

Babylon, das auf Erdöl schwimmt, wird die ganze Welt berauschen. In diesem neuerstehenden Babylon der Endzeit finden wir den Geist Nimrods wieder, der 'ein gewaltiger Herr auf Erden war' (1. Mose 10, 8).

Von Babylon – Ninive – wird auch der starke Mann der letzten Zeit kommen, der die zehn Könige versammeln wird (Vereinigung der Erdöl- und Finanzmächte unter dem Islam), um die Welt gegen Israel in den Endkampf hineinzuziehen.

Von dir (Ninive) ist ausgegangen, der wider den Herrn Arges ersann, der Heilloses plante (Nahum 1, 11).

Es wird ein unbekannter Mensch sein, der durch Intrigen die Herrschaft an sich reißen wird (Daniel 11, 21), und zwar für eine vom Herrn festgelegte Zeit (Daniel 11, 24). Er wird sich der Religion bedienen, um zu seinem Ziel zu kommen. Er wird sich überheblich und stolz gegen den Gott der Götter zeigen und wird sich über alle Götter erheben (Daniel 11, 36; Jesaja 14, 14; 2. Thessalonicher 2, 4)."[3]

„Wenn Rußland Syrien und den Irak bewaffnet und unterstützt, können wir auch verstehen, warum diese Länder des Nordens mit in diesen Endkonflikt hineingezogen werden (Hesekiel 38, 5 und 39, 1–2).

Die Sowjetunion beschleunigt das Rennen im Nahen Osten zusammen mit Amerika. (...)

Wir sehen, in einer einzigen Stunde wird alle Herrlichkeit und all der Luxus zusammenbrechen, in den sich die Welt hat hineinziehen lassen. Sie hurte mit dem Islam, indem sie sich durch das Erdöl an die Länder des Nahen Ostens binden ließ, ohne es gewahr zu werden.

Das ganze Wirtschaftswunder wird wie ein Kartenhaus zusammenfallen und nichts wird übrigbleiben!"[4]

„Kein Land Europas oder Asiens hat sich so sehr mit dem Problem des Islam auseinanderzusetzen wie die Sowjetunion. Es scheint, als wäre sie der Koloß mit tönernen Füßen. Rund 50 Millionen Moslems leben dort, eine Zahl, die durch die Bevölkerungsexplosion ständig wächst. Die im Kaukasus und Zentralasien lebenden Moslems bilden eine in sich geschlossene Gesellschaft, die aus ihrem Schlaf erwacht. Für die Sowjetunion ist das besorgniserregend, da dieser Koloß weder unterschätzt noch unterdrückt werden darf. Sollte Lenins und Stalins Ideologie von einer neuen Gesellschaft in ihren

Grundfesten zu beben anfangen? Wäre es möglich, hier Ton und Eisen zu vermengen?

Seit einem Jahrhundert nimmt die Zahl der Russen als ethnische Gruppe ab, dagegen wächst die Zahl der Moslems in Rußland. Ende dieses Jahrhunderts werden es ungefähr 100 Millionen sein, also über ein Drittel der Gesamtbevölkerung. Ein Beweis dafür, daß die religiöse Dynamik des Islam dem dialektischen Materialismus der Russen überlegen ist."[5]

„Solange Jerusalem, mit dem Felsendom und der Al-Aqsa-Moschee im Besitz Israels ist, wird die arabisch-islamische Welt nicht zur Ruhe kommen. Yasser Arafat hat am 9.11.78 alle Araber und Moslems zum *Heiligen Krieg* aufgerufen, um Jerusalem und die Moschee Al-Aqsa zu befreien.

Darum kann der Friedensbund zwischen Israel und Ägypten, wie immer er auch zustande gekommen ist, nicht von Dauer sein. Es ist eine Scheinlösung und eine Ersatzlösung, die Gott ablehnen wird, da es nicht sein Friedensplan ist.

Ist es nicht sonderbar, daß das historische Treffen Carter – Begin – Sadat, die über den Frieden zwischen Israel und Ägypten verhandelten, an einem Ort stattfand, der *Camp David* heißt? Der Riese Goliath verlor den Kampf mit dem kleinen David in der Schlacht gegen die Philister. In der heutigen Sprache heißt Philistäa Palästina. Hier wie dort wird die Lösung und das Wunder ein Stein sein, der ohne Menschenhand auf das Standbild des Kolosses herabfallen wird, um den jahrtausendealten Riesen zu zerstören. Es wird niemand anderes sein als der geringe Nazarener, der auf dem Thron Davids sitzen wird (Daniel 2, 34, 44–50).

Die arabische Welt, insbesondere Saudi-Arabien, das den Vereinigten Staaten sehr wohl die Stirn bieten kann, verweigert dem Abkommen Carter – Begin – Sadat die Zustimmung, weil damit das Problem *Jerusalem* für die islamische Welt nicht gelöst ist. Erst wenn Jerusalem, vielleicht durch Verhandlungen, wahrscheinlich aber durch militärische Auseinandersetzungen, in den Händen des starken Mannes der Endzeit sein wird, werden die Nationen an der Seite des Tieres und des falschen Propheten aufmarschieren, um das Problem Israel durch die Endlösung aus der Welt zu schaffen.

Die Nationen werden sich auf die Seite des Tieres stellen, um in den Kampf gegen Gott und seinen Gesalbten zu ziehen (1. Thessalonicher 5, 1–11; Sacharja 12; Hesekiel 38 + 39, Psalm 2).

Welch ein Zusammenprall!

Aus dieser Endschlacht wird der Friedefürst als Endsieger hervorgehen.

Doch gegenwärtig sind wir noch Zeugen einer Zusammenballung religiöser und militärischer Kräfte, wie die Welt sie noch nie gesehen hat. Darum wird auch der Konflikt der größte Konflikt der Weltgeschichte sein:

Denn alsdann wird eine große Trübsal sein, wie von Anfang der Welt bis jetzt nicht gewesen ist und auch keine mehr kommen wird. Und wenn jene

Tage nicht verkürzt würden, so würde kein Mensch errettet werden (Matthäus 24, 21–22).

Die Völker um Israel, und mit ihnen die Könige der Erde von Ost und West, werden zu diesem letzten Kampf um den Berg Morija aufmarschieren. Das Waffenlager um Harmagedon (Hesekiel 38) wird mit den neuesten und modernsten Waffen aus Ost und West beliefert. Wann die Schlacht stattfindet, ist nur noch eine Frage der Zeit. Die Augen des Tieres sind nach dem Tempelplatz in Jerusalem gerichtet. Solange dieser Platz, und mit ihm Palästina, nicht befreit und nicht im Besitz des Tieres ist, wird es keinen Frieden im Nahen Osten geben.

Faisal sagte: 'Wenn wir die Welt bedrohen, so geschieht das nur, um Jerusalem zu befreien.'"[6]

Wer bisher noch nie eine solche Deutung der Zeitereignisse kennengelernt hat, wird wohl besonders stark die suggestive Wirkung spüren, die von diesen Bildern eines endzeitlichen Kampfes ausgeht. Der Ablauf der Geschehnisse scheint von Gottes Heilsplan bestimmt zu sein, zu Besorgnis, ja Angst, sei kein Anlaß, die Gerechten würden gerettet. Gehöre man einer bestimmten Gemeinschaft an, könne man voller Zuversicht der Zukunft entgegenschauen.

Marius Baar beschreibt das von seinen Gesichtspunkten aus folgendermaßen:

„Die neue Gesellschaft, von der so viele Politiker träumen, bleibt utopisch, solange der einzelne Mensch nicht wiedergeboren ist durch den heiligen Geist. Die heutige Gesellschaft kann nicht besser werden, weil sie Jesus Christus ablehnt und sich immer mehr von dem Gott der Bibel entfernt. (...)

Der Kampf, der im Nahen Osten ausgefochten werden wird, ist geistiger und geistlicher Art. Er spielt sich zwar auch auf wirtschaftlichem, politischem und militärischem Gebiet ab. Doch aus keinem dieser Bereiche kann die Lösung kommen. Die Mächte der Finsternis werden durch den Geist Gottes in der Gemeinde Jesu in Schach gehalten.

Nach der Entrückung der Gemeinde Jesu (1. Thessalonicher 4, 13–18) wird der Geist des falschen Propheten und des Antichristen freie Bahn haben. (...)

Mit unserer Macht ist nichts getan,
wir sind gar bald verloren.

Der aber, der für uns streiten könnte, wurde ausgeschaltet. Wir können heute weder von einem christlichen noch von einem vereinten Europa sprechen. Um Europa zu einigen, sollte man sich auf etwas anderes als auf Handel, Politik und Militär stützen. Die Kraft, die uns hätte einigen und retten können, wurde durch die Weisheit dieser Welt ausgeschaltet.

Das Vakuum, das durch Politik und Religion geschaffen wurde, wird durch einen neuen Geist ausgefüllt."[7]

„Noch sind wir in der Zeit der Gnade, die Tür in die Gemeinde Jesu ist noch für alle offen: Juden, Heiden und Moslems, für jeden, der an den eingeborenen Sohn Gottes glauben will (Johannes 3, 16–19).

Aber diese Zeit der Gnade neigt sich ihrem Ende zu. Wir leben in der interessantesten Zeit seit dem Bestehen der Gemeinde. Die Propheten und Apostel wünschten zu sehen, was wir heute erleben. Darum sollten wir die Zeit ernstnehmen und auskaufen und uns auf die Wiederkunft Jesu Christi einstellen, um ihm mit Freuden entgegengehen zu können. Jesus wird die Glieder seines Leibes mit sich, dem Haupt des Leibes, vereinigen, um sie herrlich und ohne Flecken und Runzeln seinem Vater darzustellen (Epheser 5, 27).

Gehören wir zu diesem Leib Jesu Christi?"[8]

Von einem überzeugten Muslim wird Marius Baar scharf kritisiert. Muhammad Salim Abdullah schreibt über ihn:

„Nicht nur im Islam gibt es erbitterte Gegner einer Annäherung der beiden Glaubensgemeinschaften und damit einer Aussöhnung mit dem Christentum. Es existiert unübersehbar eine 'Koalition' der fundamentalistischen Kräfte in beiden Lägern. Auf christlicher Seite sind es vor allem die 'Bekennenden Gemeinschaften', die sich einem gleichberechtigten Dialog mit dem Islam versagen zu müssen glauben, insbesondere dann, wenn es dabei um die Person des Propheten Mohammed geht. Im Jahre 1979 formulierte der evangelikale Missionar Marius Baar – 'ein Mann, der die Bibel ernst nimmt' – mit einigem Erfolg die Positionen der mittelalterlichen Kirche 'unter der Beweislast der Zeitereignisse' neu. Er schreibt: 'Mohammed trägt alle Kennzeichen eines falschen Propheten. Er beansprucht für sich den Titel des letzten Propheten und behauptet, die allerletzte Wahrheit geoffenbart bekommen zu haben. Es ist daher nicht zu verwundern, daß die Juden ihn schon zu seinen Lebzeiten als einen falschen Propheten betrachteten. Und heute? Wenn wir einige Texte des Neuen Testaments lesen, der letzten von Gott geoffenbarten Wahrheit, können wir die Ansprüche Mohammeds als falsch entlarven ... Allah ist also kein Gott, der sich offenbart hat, sondern ein Gott, der von Mohammed zum Gott gemacht wurde ... Allah ist für Mohammed ein seelenloser, starrer Gott ohne Erbarmen ... Allah hat nichts mit dem Gott der Bibel gemeinsam. Er ist eine Karikatur Gottes. Es ist Gotteslästerung, wenn wir Allah und den Gott der Bibel auf die gleiche Stufe stellen.'"[9]

Dort heißt es dann im Anschluß an diese Worte, und dabei wird die in der Überschrift verwendete Kennzeichnung des Islam als eine „endzeitliche antichristliche Verführungsmacht" gebraucht:

„Von den Ausführungen Baars bis zum 'Wort der Konferenz Bekennender Gemeinschaften zum christlichen Bekenntnis und biblischen Auftrag angesichts des Islam' vom April 1984 ist es denn auch nicht mehr weit. In dieser Erklärung wird der Islam, die Lehre des Propheten Mohammed, als

'endzeitliche antichristliche Verführungsmacht' und als 'Irrlehre' abgetan.
(...)

Sowohl der Islamreferent im Kirchenamt der EKD, Oberkirchenrat Michael Mildenberger, als auch die Islam-Arbeitsgruppe der Vereinigten Evangelisch-Lutherischen Kirche übten Kritik an der Haltung der 'Bekennenden Gemeinschaften'.

Mildenberger wies gegenüber dem 'Evangelischen Pressedienst' die Darstellung des Islam als 'endzeitliche antichristliche Verführungsmacht' zurück. Die vielen Gemeinsamkeiten zwischen Christen und Moslems im Verständnis der Verantwortung des Menschen vor seinem Schöpfer verböten eine solche Beurteilung des Islam. Es sei seelsorgerlich kaum zu verantworten, wenn die Evangelikalen zwar dazu aufforderten, den Moslems 'mit wahrhaftiger Liebe' zu begegnen, den 'Irrlehren' des Islam aber 'in geistlicher Abwehrbereitschaft' entgegenzutreten. Dadurch würden der Mensch und sein Glaube – der den Kern seiner Identität in einer fremden Umwelt ausmache – auseinandergerissen. Mildenberger forderte in diesem Zusammenhang die Kirchengemeinden auf, 'die islamischen Glaubensüberzeugungen ernst zu nehmen, kennenzulernen und offene Formen der Begegnung zu fördern'.[10]

Abdullah bringt auch ein Beispiel, mit welchen Mitteln im 13. Jahrhundert im Abendland gegen den Islam gekämpft wurde, indem er auf den Mahonroman aufmerksam macht, „der in der Fassung von Alexandre Du Pont im Jahre 1258 berühmt geworden ist: Mahon oder Mahomet, einem Kardinal der römischen Kirche, ist der Heilige Stuhl verweigert worden. Er lehnt sich gegen die Kirche auf, flieht nach Arabien und gründet dort eine neue, antichristliche Religion, den Islam."[11]

MESSIASERWARTUNG IM JUDENTUM

Die Antwort auf die Frage: „Ist der Messias in Jesus Christus bereits gekommen, oder ist der Messias noch zu erwarten?" trennt Juden und Christen. Wie gegensätzlich die Überzeugungen sind, wie sich daraus ergibt, daß das Verhältnis der katholischen Kirche zu den Juden vielfach belastet ist, wie berechtigt die Sorge ist, es könnte jetzt ein falscher Messias auftreten und wie stark messianische Erwartungen und Hoffnungen gegenwärtig unter Juden sind, ist Gegenstand einiger Kapitel.

Was ist *schalom?*

Das hebräische Wort *schalom* hat einen Bedeutungsumfang, der sich inhaltlich nicht mit dem des deutschen Wortes *Friede* deckt. Es sei hier nur auf einiges Wesentliche hingewiesen.[*]

Das Hauptwort *schalom* hängt seinem Wortursprung nach mit einem Tätigkeitswort zusammen, das die Bedeutung „fertig, vollständig, vollendet werden" hat. Es ergibt sich bei der Verwendung des Wortes im Alten Testament im Hinblick auf die Schöpfung der Welt durch Gott eine ausgesprochen kosmische Bedeutung.

Der göttliche Friedenswille ist auf das Heil- und Vollendetsein der Geschöpfe gerichtet, ebenso auf ihr friedvolles Zusammenwirken in einer Lebensordnung, die sich auf Jahves Gesetz gründet und von seiner Weisheit durchdrungen ist.

Von dieser Grundeinsicht ausgehend, eröffnet sich ein Verständnis dafür, daß *schalom* folgenden Vorstellungen entgegengesetzt wird: Krieg, Kampf, Streit; Unrecht, Angst, Schrecken, Trübsal, Verderben. Mit den Worten Gerechtigkeit, Gesetz, Wahrheit und Leben erscheint es vielfach verbunden, da sie dem eigentlichen Wesen des durch *schalom* Ausgedrückten eng verwandt sind.

Aus einer Erklärung der deutschen Bischöfe vom 28.4.1980, „Über das Verhältnis der Kirche zum Judentum", seien einige Aussagen über das gemeinsame Eintreten für *schalom* gebracht. Ausführlich wird diese „Erklärung" in dem Kapitel „Das schwierige Verhältnis der katholischen Kirche zu den Juden" zitiert.

„Christen und Juden sollen und können gemeinsam eintreten für das, was in der hebräischen Sprache 'schalom' heißt. Dies ist ein umfassender Begriff, der Frieden, Freude, Freiheit, Versöhnung, Gemeinschaft, Harmonie, Ge-

---

[*] Bei diesen einleitenden Bemerkungen folge ich der Darstellung zum Stichwort Friede im „Handbuch theologischer Grundbegriffe".

rechtigkeit, Wahrheit, Kommunikation, Menschlichkeit bedeutet. 'Schalom' ist dann in der Welt Wirklichkeit, wenn alle Beziehungen untereinander endlich in Ordnung sind, die Beziehungen zwischen Gott und Mensch und von Mensch zu Mensch. Es darf kein völkisch beschränktes Friedensideal mehr geben."[1]

Unter Einbeziehung von Aussagen des Alten und auch des Neuen Testaments wird im „Wörterbuch zum Neuen Testament" das Wort Friede, griechisch *eirene*, hebräisch *schalom*, in folgender Weise gekennzeichnet: „Ungestörter Besitz der Güter, des Glücks und vor allem der Gesundheit. Gemeint ist nicht nur, daß es keinen Krieg und keine Unordnung gibt, sondern eine innere Übereinstimung, die der Gott des Friedens, der auf diese Weise sein Reich errichtet, ermöglicht und die den Messias, den Friedensfürsten ankündet. Jesus Christus hat durch sein vergossenes Blut die Menschen mit Gott und untereinander versöhnt. Der Friede, den er gibt, ist nicht der Friede dieser Welt, sondern derjenige, der mit dem Heiligen Geist gegeben wird und der selbst in der Verfolgung dauert. Darum wünscht der Christ, der Friedensstifter ist, vor allem in den Begrüßungsformeln, den Frieden."[2]

Überraschen mag dabei, daß das Wort auch den ungestörten Besitz der Güter, des Glücks und vor allem der Gesundheit kennzeichnen kann.

Das arabische Wort *salam* bezeichnet das Heilsein, Unversehrtsein, es hat weiter die Bedeutung Heil, Heilgruß, Gruß. Es sei eine Koranstelle gebracht: „Die Gottesfürchtigen aber werden in Gärten und an Quellen sein. 'Geht hinein in Frieden und Sicherheit'.[3] Mit *salam* wird sowohl das diesseitige wie auch das jenseitige Heil bezeichnet. Im letzteren Sinn findet es in dem Ausdruck *dar al-salam* = „Wohnung des Heils, Wohnstätte des Friedens" für das Paradies Verwendung.*

„Gott ruft zur Wohnstätte des Friedens, und er leitet, wen er will, zu einem graden Weg."[4] Im „Islam-Lexikon" faßt Adel Theodor Khoury unter dem Stichwort „Frieden" nach einer etwas ausführlicheren Darstellung die Vorstellungen des Rechtssystems der klassischen Zeit und die heute noch bzw. wieder von militanten Gruppen in der islamischen Welt vertretene Lehre wie folgt zusammen:

„Friede ist der Zustand innerer Ordnung des Staates, wenn dieser nach den Gesetzen Gottes regiert wird und Ungläubigen, Abtrünnigen, Aufständischen und ähnlichen existenzgefährdenden Gruppen keinen Freiraum gibt, sondern sie ausrottet oder bekehrt. Nach außen hin bedeutet Frieden den Endzustand, der nach der siegreichen Bekämpfung und Niederwerfung der nicht-muslimischen Gemeinschaften erreicht wird, so daß nur noch der islamische Staat besteht, in dem Nicht-Muslime, wenn sie nur Anhänger einer vom Islam anerkannten Offenbarungsreligion und Besitzer heiliger Schriften sind, den Rechtsstatus von Schutzbefohlenen des Islams haben.

---

* Die Ausführungen über *salam* nach dem „Handwörterbuch des Islam".

Damit erfüllt die politische Gemeinschaft der Muslime (Umma genannt) ihre Aufgabe, Trägerin und Wahrerin der Rechte Gottes und Hüterin der nach Maßgabe der Rechte Gottes freigesetzten Rechte der Menschen zu sein.

Stimmen für den Frieden. Gegenüber dieser klassischen Position betonen andere Denker in der islamischen Welt die Priorität des Friedens, nicht nur als Endzustand, sondern als normalen Zustand der Beziehungen der Menschen und der Gemeinschaften zueinander.

Die Vertreter dieser Position verweisen gerne auf die Umdeutung der Pflicht zum Heiligen Krieg, die bereits im Mittelalter stattgefunden hat. Theologen, geistliche Lehrer und sogar manche Rechtsgelehrte bezeichneten damals den Krieg als den 'kleinen Einsatz'. Der 'große Einsatz' sei geistlicher Natur und bestehe in einer dreifachen Anstrengung: im Einsatz des Herzens, d.h. in der täglichen Bemühung um einen aufrichtigen Glauben und einen treueren Gehorsam; – im Einsatz der Zunge, d.h. in der Ermunterung der Guten und der Zurechtweisung der Bösen; – endlich im Einsatz der Hand, d.h. im sozialen Dienst und in der sozialen Wohltätigkeit. Schließlich sei die friedliche Verkündigungs- und Missionstätigkeit ein vorzügliches Mittel, den Islam in der Welt zu verbreiten.

Aber auch die Theorie des Heiligen Krieges selbst enthält Momente, die die Priorität des Friedens betonen. Auch inmitten der bewaffneten Auseinandersetzung sollen die Muslime bereit zur Versöhnung sein, sobald ihre Feinde mit ihrem gottlosen Treiben aufhören (2, 193; 8, 39). Der Koran macht deutlich, daß ihm der Friede als das eigentliche Ziel des Einsatzes für die Sache Gottes und seiner Religion erscheint: 'Und wenn sie (= die Feinde) sich dem Frieden zuneigen, dann neige auch du dich ihm zu' (8, 61). Das Halten des Friedens ist geboten, wenn die Gegner von ihren Übergriffen ablassen und umkehren (5, 34). 'Wenn sie sich von euch fernhalten und nicht gegen euch kämpfen und euch Frieden anbieten, dann erlaubt euch Gott nicht, gegen sie vorzugehen' (4, 90).[5]

Damit ist auch in einigen wesentlichen Punkten auf die Frage eingegangen, was *djihad*, gewöhnlich mit „Heiliger Krieg" übersetzt, eigentlich ist.

Die Juden erwarten den Messias

Über die Messiaserwartung im Judentum sei nachstehender Text gebracht. Er wurde 1954 von der Arbeitsgemeinschaft der Kirchen und Religionsgesellschaften in Berlin unter dem Titel „Was glauben die andern?" herausgegeben und bringt eine Selbstdarstellung, also eine authentische Äußerung.

Beim Studium des Textes achte man auf die Ausdrücke: Fels, Stern, Anker der Hoffnung, Friedensreich, das Reich Gottes, Gerechtigkeit, Sicherheit, Freude, Frieden.

„Von den Zeiten der Propheten an ist die Erwartung des Messias das Lebenselement, das unser Fels war in schaurigen Zeiten, der Stern, der unserem leidgeprüften Volke leuchtete. Kraft dieses Ankers der Hoffnung konnte der Jude sich selbst und seine Religiosität wahren. Das *Reich des Messias* ist das Ideal der Weltgeschichte, der Staatenbund der Menschheit. Die Vorstellung der Propheten vom messianischen Reich hat nichts Transzendentes an sich, es ist eine verklärte irdische Herrschaft um ein über die ganze Menschheit ausgedehntes Friedensreich. Durch die sittliche Tat und Haltung der Menschen wird das Reich Gottes herbeigeführt, aber es ist auch ein Akt der Fügung Gottes. Der Bund zwischen dem Einen Gott und dem Einen Volk wird erweitert zu dem Bunde des Einen Gottes mit der Einen Menschheit. Die Gleichheit aller Menschen findet hier ihre Krönung. Diese Gesinnung wird die Menschen mit neuer Freude erfüllen. Das Leid wird aufhören, Gerechtigkeit wird blühen, und die Frucht der Gerechtigkeit wird Sicherheit und Frieden sein. So verbinden und verbünden sich im Reich des Messias Gerechtigkeit und Freude und Frieden. Sittlichkeit wird Wirklichkeit auf Erden.

Der jüdische Messias ist kein göttliches Wesen, kein Sündenvergeber, kein Mittler. Die Einheit und Einzigkeit Gottes wird durch den jüdischen Messias nicht angetastet. Er ist nur das dienende Gefäß Gottes, der die Erlösung schafft für das jüdische Volk und die Menschheit. Darum beten wir täglich. Wir tun es mit erhöhter Inbrunst an den heiligen, ehrfurchtgebietenden Tagen: *'So laß denn kommen, Ewiger, unser Gott, die Ehrfurcht vor Dir über alle Deine Wesen und Bangen vor Dir über alles, was Du geschaffen hast, auf daß Dich fürchten alle Wesen und sich beugen vor Dir alle Geschöpfe, und alle Menschen werden zu einem Bunde, um Deinen Willen zu tun mit ganzem Herzen.'*[1)]

Das schwierige Verhältnis der katholischen Kirche zu den Juden

Der Nachfolger von Pius XII., der vom 2.3.1939 bis zum 9.10.1958 Papst war, wurde Angelo Giuseppe Roncalli am 28.10.1958 als Johannes XXIII. Einer plötzlichen Eingebung von oben folgend, wie er zu wiederholten Malen versichert hat, kündigte er am 25.1.1959 die Einberufung eines „ökumenischen Konzils" an. Ihm ging es um das, was er später *aggiornamento*, Eingehen auf die Probleme der Zeit, nannte. Als Krönung der Konzilsarbeit dachte er sich die Aussöhnung mit den Juden nach fast zwei Jahrtausenden des Hasses, die Aussöhnung im Sinne seines Wortes zu den Juden: „Ich bin Josef, euer Bruder." Das Konzil, als Zweites Vaticanum bezeichnet (das Erste war 1869/70), wurde am 11.10.1962 feierlich vom Papst eröffnet und am 8.12.1965 abgeschlossen. Inzwischen war aber Johannes XXIII. schon am 3.6.1963 gestorben. Ihm folgte Giovanni Battista Montini am 21.6.1963 als Paul VI., der die anfänglichen Hoffnungen, er werde wie sein Vorgänger der Welt gegenüber offen sein, bald enttäuschte.

Den Weg der „Judenerklärung" auf dem Konzil schildert Karl Rahner in der hier abgedruckten Einführung in die „Erklärung", die mit den lateinischen Worten „Nostra aetate" beginnt. Bei der Schlußabstimmung stimmten immer noch eine Anzahl von Konzilsvätern mit Nein, weil sie glaubten, die Entlastung des jüdischen Volkes als Ganzes mit gewissen Stellen der Heiligen Schrift nicht vereinbaren zu können.

Zum Verhältnis der katholischen Kirche zum Staat Israel noch dieses: Paul VI. reiste im Januar 1964 ins Heilige Land, das er anstelle von Israel Palästina nannte. Statt sich mit den Juden zu versöhnen, besuchte der Papst heilige Stätten und söhnte sich mit der Ostkirche aus.

Am 3. Januar 1975 erließ Papst Paul VI. „Richtlinien ...", die Hans Kühner in folgender Weise kommentiert:

„Die stark diskutierten *Richtlinien und Hinweise für die Durchführung der Konzilserklärung Nostra Aetate, Artikel 4* verurteilen zwar dezidiert den Antisemitismus und bieten schwache Möglichkeiten einer Begegnung. Doch sie gehen, wie zahlreiche Formulierungen zeigen, jedem Eingeständnis der Schuld von Papsttum und Kirche am Glaubensvolk der Juden konsequent aus dem Wege und sehen daher das Problem als solches gar nicht. Historisch hängen sie in der Luft. Den Staat Israel anzuerkennen, was der letzte Gedanke Johannes' XXIII. gewesen war, weigerte sich der unmißverständlich proarabisch orientierte Papst nach wie vor."[1]

Es sei jetzt die Einführung von Karl Rahner in Auszügen gebracht sowie die Aussagen der „Erklärung" über die Muslime und die Juden ungekürzt:

„*Die Erklärung über das Verhältnis der Kirche zu den nichtchristlichen Religionen 'Nostra aetate'* wurde in der Urfassung auf Wunsch Johannes' XXIII. vom Sekretariat für die Förderung der Einheit der Christen ausgearbeitet und im Juni 1962 der Zentralkommission vorgelegt. Das Schema war gegen den Antisemitismus gerichtet und wurde auf arabischen Druck hin zurückgezogen. Eine Intervention Kardinal Beas beim Papst erreichte, daß es in der II. Sitzungsperiode im November 1963 als Kapitel IV des Schemas über den Ökumenismus vorgelegt wurde. Aufgrund der heftigen Einwände wurde es dort wieder ausgegliedert und mit dem Text über die Religionsfreiheit in den Anhang des Ökumenismusschemas versetzt. Die im September 1964 vorgelegte selbständige neue Fassung war so abgeschwächt in ihrer Substanz, daß die Diskussion eine neue Bearbeitung forderte. Versuche, das Schema der Zuständigkeit des Sekretariats zu entziehen, scheiterten. Der im November 1964 vorgelegte neue Text enthielt Ausführungen auch über andere nichtchristliche Religionen. In dieser erweiterten Form wurde das

Schema im November 1964 grundsätzlich angenommen. Eine leicht abge-schwächte Fassung wurde im Oktober 1965 den Einzelabstimmungen un-terzogen und gebilligt. Die feierliche Schlußabstimmung ergab 2221 Ja-gegen 88 Nein-Stimmen; am gleichen Tag, dem 28. Oktober 1965, wurde die Erklärung feierlich verkündet.

Zu einer gerechten Würdigung der Erklärung darf nicht vergessen wer-den, daß sie sich ursprünglich auf das Verhältnis der Kirche zu den Juden beschränken sollte und daß die Aussagen über die anderen nichtchristlichen Religionen zunächst eher als eine Art Vehikel dienen sollten, mit dessen Hilfe eine möglichst große Zustimmung der Konzilsväter zu der 'Judener-klärung' gewonnen werden sollte. So können dem Dokument heute verschie-dene Vorwürfe gemacht werden: Es sei theologisch nicht gerade angemes-sen, den 'Stamm Abrahams' global mit anderen nichtchristlichen Religionen zusammen zu behandeln; es sei auch im Hinblick auf die Intention Johannes' XXIII., der Feindschaft zwischen Juden und Christen ein für allemal ein Ende zu setzen, psychologisch nicht sehr geschickt, diese Frage in einer bloßen 'Erklärung' zusammen mit anderen wichtigen Problemen anzu-packen; schließlich seien auch die allzu kurzen Deskriptionen der anderen Religionen nicht über alle Zweifel erhaben. Über solchen und anderen möglichen Einwänden darf nicht übersehen werden, daß die Erklärung nach ihrem heute vorliegenden Wortlaut und nach ihrer inneren Dynamik in der Geschichte der Kirche, ihrer Konzilien und ihrer Theologie einzigartig ist."[2]

„Artikel 3 spricht voller Hochachtung vom Islam, dem ebenfalls eine kurze Beschreibung gewidmet wird. Die Tatsache, daß dieser Artikel wohl eher aus taktischen Erwägungen zustande kam, sollte dessen sachliche Bedeutung nicht mehr beeinträchtigen (vgl. Kirchenkonstitution, Artikel 16). Der Appell an alle, das Vergangene beiseite zu lassen und sich in Zukunft zu verstehen und zusammenzuarbeiten, ist wichtig genug und eines der Zeug-nisse aufrichtiger Großherzigkeit des Konzils.

Der 4. Artikel bringt nun das Thema, um dessentwillen die ganze Erklä-rung (für die die Verdienste von J. M. Oesterreicher eigens genannt werden müssen) entstand: das Verhältnis von Juden und Christen. In dieser Frage gab es mehr zu bereinigen als nur eine grausame, unbewältigte Vergangen-heit, in der sich die Christen vieler Sünden, blutiger und moralischer Verfolgungen der Juden und heute offenkundiger Lügen (z.B. Ritualmordlüge und Verzerrungen der jüdischen Lehre) schuldig gemacht hatten. Tatsache ist, daß bis zu diesem Konzil der unmenschliche und unchristliche Antisemitismus auch aus vielen Bestandteilen der katholischen Liturgie, Katechese und Predigt immer neue Nahrung erhielt. Johannes XXIII. war entschlossen, dem ein Ende zu machen, was jedoch mit nur administrativen Maßnahmen (Säuberung der liturgischen Bücher) angesichts der Hartnäk-kigkeit unterschwelliger Komplexe und Aggressionstriebe nicht möglich war. Neben alldem fehlte in der katholischen Theologie eine 'Theologie

Israels' (im Unterschied zu der primitiven Auseinandersetzung 'Kirche'–'Synagoge') so gut wie ganz. Die Art und Weise, wie der Artikel in 7 knappen Absätzen diese komplexen Probleme angeht, ist bewundernswert."[3]

Dies ist der Text der Artikel 3 und 4 aus „Nostra aetate":

„Mit Hochachtung betrachtet die Kirche auch die Muslim, die den alleinigen Gott anbeten, den lebendigen und in sich seienden, barmherzigen und allmächtigen, den Schöpfer Himmels und der Erde, der zu den Menschen gesprochen hat. Sie mühen sich, auch seinen verborgenen Ratschlüssen sich mit ganzer Seele zu unterwerfen, so wie Abraham sich Gott unterworfen hat, auf den der islamische Glaube sich gerne beruft. Jesus, den sie allerdings nicht als Gott anerkennen, verehren sie doch als Propheten, und sie ehren seine jungfräuliche Mutter Maria, die sie bisweilen auch in Frömmigkeit anrufen. Überdies erwarten sie den Tag des Gerichtes, an dem Gott alle Menschen auferweckt und ihnen vergilt. Deshalb legen sie Wert auf sittliche Lebenshaltung und verehren Gott besonders durch Gebet, Almosen und Fasten.

Da es jedoch im Laufe der Jahrhunderte zu manchen Zwistigkeiten und Feindschaften zwischen Christen und Muslim kam, ermahnt die Heilige Synode alle, das Vergangene beiseite zu lassen, sich aufrichtig um gegenseitiges Verstehen zu bemühen und gemeinsam einzutreten für Schutz und Förderung der sozialen Gerechtigkeit, der sittlichen Güter und nicht zuletzt des Friedens und der Freiheit für alle Menschen.

Bei ihrer Besinnung auf das Geheimnis der Kirche gedenkt die Heilige Synode des Bandes, wodurch das Volk des Neuen Bundes mit dem Stamme Abrahams geistlich verbunden ist.

So anerkennt die Kirche Christi, daß nach dem Heilsgeheimnis Gottes die Anfänge ihres Glaubens und ihrer Erwählung sich schon bei den Patriarchen, bei Moses und den Propheten finden. Sie bekennt, daß alle Christgläubigen als Söhne Abrahams dem Glauben nach in der Berufung dieses Patriarchen eingeschlossen sind und daß in dem Auszug des erwählten Volkes aus dem Lande der Knechtschaft das Heil der Kirche geheimnisvoll vorgebildet ist. Deshalb kann die Kirche auch nicht vergessen, daß sie durch jenes Volk, mit dem Gott aus unsagbarem Erbarmen den Alten Bund geschlossen hat, die Offenbarung des Alten Testamentes empfing und genährt wird von der Wurzel des guten Ölbaums, in den die Heiden als wilde Schößlinge eingepfropft sind. Denn die Kirche glaubt, daß Christus, unser Friede, Juden und Heiden durch das Kreuz versöhnt und beide in sich vereinigt hat.

Die Kirche hat auch stets die Worte des Apostels Paulus vor Augen, der von seinen Stammverwandten sagt, daß 'ihnen die Annahme an Sohnes Statt und die Herrlichkeit, der Bund und das Gesetz, der Gottesdienst und die Verheißungen gehören wie auch die Väter und daß aus ihnen Christus dem Fleische nach stammt' (Röm 9, 4–5), der Sohn der Jungfrau Maria. Auch hält sie sich gegenwärtig, daß aus dem jüdischen Volk die Apostel stammen, die Grundfesten und Säulen der Kirche, sowie die meisten jener ersten Jünger, die das Evangelium Christi der Welt verkündet haben.

Wie die Schrift bezeugt, hat Jerusalem die Zeit seiner Heimsuchung nicht erkannt, und ein großer Teil der Juden hat das Evangelium nicht angenommen, ja nicht wenige haben sich seiner Ausbreitung widersetzt. Nichtsdestoweniger sind die Juden nach dem Zeugnis der Apostel immer noch von Gott geliebt um der Väter willen; sind doch seine Gnadengaben und seine Berufung unwiderruflich. Mit den Propheten und mit demselben Apostel erwartet die Kirche den Tag, der nur Gott bekannt ist, an dem alle Völker mit einer Stimme den Herrn anrufen und ihm 'Schulter an Schulter dienen' (Soph 3, 9).

Da also das Christen und Juden gemeinsame geistliche Erbe so reich ist, will die Heilige Synode die gegenseitige Kenntnis und Achtung fördern, die vor allem die Frucht biblischer und theologischer Studien sowie des brüderlichen Gespräches ist.

Obgleich die jüdischen Obrigkeiten mit ihren Anhängern auf den Tod Christi gedrungen haben, kann man dennoch die Ereignisse seines Leidens weder allen damals lebenden Juden ohne Unterschied noch den heutigen Juden zur Last legen. Gewiß ist die Kirche das neue Volk Gottes, trotzdem darf man die Juden nicht als von Gott verworfen oder verflucht darstellen, als wäre dies aus der Heiligen Schrift zu folgern. Darum sollen alle dafür Sorge tragen, daß niemand in der Katechese oder bei der Predigt des Gotteswortes etwas lehre, das mit der evangelischen Wahrheit und dem Geiste Christi nicht im Einklang steht.

Im Bewußtsein des Erbes, das sie mit den Juden gemeinsam hat, beklagt die Kirche, die alle Verfolgungen gegen irgendwelche Menschen verwirft, nicht aus politischen Gründen, sondern auf Antrieb der religiösen Liebe des Evangeliums alle Haßausbrüche, Verfolgungen und Manifestationen des Antisemitismus, die sich zu irgendeiner Zeit und von irgend jemandem gegen die Juden gerichtet haben.

Auch hat ja Christus, wie die Kirche immer gelehrt hat und lehrt, in Freiheit, um der Sünden aller Menschen willen, sein Leiden und seinen Tod aus unendlicher Liebe auf sich genommen, damit alle das Heil erlangen. So ist es die Aufgabe der Predigt der Kirche, das Kreuz Christi als Zeichen der universalen Liebe Gottes und als Quelle aller Gnaden zu verkünden."[4]

Es folgen jetzt einige Auszüge aus der Erklärung der deutschen Bischöfe „Über das Verhältnis der Kirche zum Judentum" aus dem Jahre 1980. Dort werden auch gemeinsame Aufgaben von Christen und Juden beschrieben: das gemeinsame Eintreten für „schalom", für „uneingeschränkten Frieden in aller Welt", für die den gläubigen Juden und Christen gemeinsame

Überzeugung, nur Gott führe die Welt ins endgültige Heil: „Er schafft und schenkt den 'neuen Himmel und die neue Erde', auf die Juden und Christen gemeinsam warten", und schließlich die Aufgabe, in der Öffentlichkeit aller Welt zu bezeugen: „Wir erwarten die Auferstehung der Toten und das Leben der kommenden Welt" in der Endzeit.

„Die Juden dürfen nicht als das Volk der 'Gottesmörder' bezeichnet werden. Das Konzil lehrt: 'Obgleich die jüdischen Obrigkeiten mit ihren Anhängern auf den Tod Jesu gedrungen haben, kann man dennoch die Ereignisse seines Leidens weder allen damals lebenden Juden ohne Unterschied noch den heutigen Juden zur Last legen.'

Wir sollten, statt anderen die Schuld am Kreuzestod Jesu aufzurechnen, an unsere eigenen Sünden denken, durch die wir alle am Kreuz Jesu mitschuldig geworden sind. Schuldig am Kreuz Jesu, so lehrt der Catechismus Romanus, sind nicht einzelne, sondern alle Menschen: 'Dieses Verbrechen muß bei uns schwerer erachtet werden als bei den Juden, weil diese, wie der Apostel (Paulus) bezeugt, 'den Herrn der Herrlichkeit nie gekreuzigt hätten, wenn sie (die Weisheit Gottes) erkannt hätten' (1 Kor 2, 8); wir aber legen das Bekenntnis ab, daß wir ihn kennen, und indem wir ihn durch die Tat verleugnen, legen wir gleichsam gewaltsam Hand an ihn.'

Gerade der gewaltsame Tod Jesu am Kreuz ist zu etwas geworden, was die Beziehung zwischen Kirche und Judentum außerordentlich belastet hat. Diese 'Last der Geschichte' durch die gerechte Rede über das Judentum aufzuarbeiten, gehört zu den Aufgaben gründlicher historischer Forschung durch die christliche Theologie und des jüdisch-christlichen Dialogs, zu dem uns die Kirche auffordert.

Wenn auch die Kirche sich schon im 1. Jahrhundert nach Christus von Israel getrennt hat, so bleibt doch die Heilsbedeutung Israels und die Heilszusage Gottes an Israel bestehen. Es ist uns verwehrt, in diesem Zusammenhang zeitliche Angaben zu machen, weil das Heil Israels ebenso wie das Heil der Vollzahl der Heiden im Geheimnis Gottes verborgen bleibt (Röm 11, 25 f.)."[5]

„Gemeinsame Aufgaben

3. Christen und Juden sollen und können gemeinsam eintreten für das, was in der hebräischen Sprache 'schalom' heißt. Dies ist ein umfassender Begriff, der Frieden, Freude, Freiheit, Versöhnung, Gemeinschaft, Harmonie, Gerechtigkeit, Wahrheit, Kommunikation, Menschlichkeit bedeutet. 'Schalom' ist dann in der Welt Wirklichkeit, wenn alle Beziehungen untereinander endlich in Ordnung sind, die Beziehungen zwischen Gott und Mensch und von Mensch zu Mensch. Es darf kein völkisch beschränktes Friedensideal mehr geben. Gott will keine 'eisernen Vorhänge'! Was in der Heiligen Schrift Israels in der Lehre von der Gottebenbildlichkeit eines jeden Menschen angelegt ist, will durch das Evangelium Wirklichkeit in der

ganzen Welt werden: daß alle Menschen sich als Brüder erkennen. Deshalb können sich Religionen nicht mehr mit bestimmten politischen Systemen identifizieren. Judentum und Christentum sollen gemeinsam und unentwegt am uneingeschränkten Frieden in aller Welt intensiv mitarbeiten.

4. Der Mensch ist von sich aus nicht in der Lage, die Welt ins endgültige Heil zu führen. Das vermag Gott allein; so ist es die Überzeugung der gläubigen Juden und Christen. Die Erfahrung der Geschichte steht ihnen dabei zur Seite. Die Welt kommt weder durch Evolution noch durch Revolution ins endgültige Heil. Die Evolution schafft 'Natur', aber nicht 'Heil'. Nur Gott führt die Welt ins endgültige Heil. Er schafft und schenkt den 'neuen Himmel und die neue Erde', auf die Juden und Christen gemeinsam warten (Jes 65, 17; 66, 22; Offb 21, 1).

5. Der Apostel Paulus hat das letzte Ziel aller Geschichte und Heilsgeschichte in 1 Kor 15, 28 in klassischer Kürze auf die Formel gebracht: 'Gott alles in allem'. Dieser Formel können Juden und Christen zustimmen. 'Gott alles in allem': Das besagt: Am Ende kommen Gott und das Gott-Sein Gottes und die Universalität des Heils allenthalben voll zur Geltung. 'Der letzte Feind, der entmachtet wird, ist der Tod' (1 Kor 15, 26). Darin wird sich jener Gott offenbaren, den Israel, Jesus und die Kirche verkünden: Er wird die Toten erwecken und so seine unüberwindliche Macht zeigen. 'Wir erwarten die Auferstehung der Toten und das Leben der kommenden Welt.' Das in der Öffentlichkeit aller Welt zu bezeugen, ist gemeinsame Aufgabe von Christen und Juden."[6]

Einige Aussagen von Gershom Scholem über die messianische Idee im Judentum

Auf den jährlich stattfindenden Eranos-Tagungen des C.G. Jung-Kreises in Ascona, die seit 1933 – auch während der Kriegsjahre – durchgeführt wurden, lautete das Gesamtthema 1959: „Die Erneuerung des Menschen". Dort hielt Professor Henry Corbin, Paris/Teheran, einen Vortrag über das Thema „L'Imâm caché et la Rénovation de l'Homme en Théologie Shi'ite", den ich bei meiner Darstellung des verborgenen Imam als eine meiner Quellen benutzt habe. Der Vortrag von Professor Gershom Scholem, Jerusalem, hatte den Titel: „Zum Verständnis der messianischen Idee im Judentum". Professor Scholem, 1897 in Berlin geboren, seit 1923 in Palästina/Israel, ist durch seine Forschungen zur jüdischen Mystik und Kabbala bekanntgeworden. Der Eranos-Vortrag, aus dem ich gleich einige Auszüge bringe, hat, wie er selbst schrieb, einigen Staub aufgewirbelt. Ich zitiere hier nicht nach dem Eranos-Jahrbuch 1959, sondern nach der Edition Suhrkamp, die insgesamt vier Eranos-Beiträge des jüdischen Gelehrten aus dem Jahre 1957 bis 1965 unter dem Titel „Über einige Grundbegriffe des Judentums" zusammenfaßt. Den einzelnen Abschnitten seien einige Bemerkungen vorangestellt, die begründen, warum gerade diese Aussagen ausgewählt worden sind.

Worin besteht nach Gershom Scholem der grundlegende Unterschied zwischen den Anschauungen des Judentums und des Christentums? Es handelt sich um die Vorstellungen, die mit dem Begriff der Erlösung verbunden sind. Für das Judentum ist Erlösung ein Vorgang in der Welt des Sichtbaren, in engem Zusammenhang mit anderen Menschen, für das Christentum, so Scholem, ein Vorgang, der sich in der Seele, in der Welt jedes einzelnen abspielt.

„Eine Erörterung des messianischen Problemkomplexes betrifft einen delikaten Bereich. Ist es doch hier, daß der essentielle Konflikt zwischen Judentum und Christentum sich entscheidend entwickelt hat und fortbesteht. Es wird für unsere Erörterungen, wenn sie sich auch nicht auf diesen Konflikt beziehen, sondern innerjüdische Perspektiven des Messianismus betreffen, doch von Bedeutung sein, uns den Zentralpunkt dieses Konfliktes zu vergegenwärtigen. Es ist ein völlig anderer Begriff von Erlösung, der die Haltung zum Messianismus im Judentum und Christentum bestimmt, und gerade, was dem einen als Ruhmestitel seines Verständnisses, als positive Errungenschaft seiner Botschaft erscheint, wird vom anderen am entschiedensten abgewertet und bestritten. Das Judentum hat, in allen seinen Formen und Gestaltungen, stets an einem Begriff von Erlösung festgehalten, der sie als einen Vorgang auffaßte, welcher sich in der Öffentlichkeit vollzieht, auf dem Schauplatz der Geschichte und im Medium der Gemeinschaft, kurz, der sich entscheidend in der Welt des Sichtbaren vollzieht und ohne solche Erscheinung im Sichtbaren nicht gedacht werden kann. Demgegenüber steht im Christentum eine Auffassung, welche die Erlösung als einen Vorgang im 'geistlichen' Bereich und im Unsichtbaren ergreift, der sich in der Seele, in der Welt jedes einzelnen, abspielt, und der eine geheime Verwandlung bewirkt, der nichts Äußeres in der Welt entsprechen muß.“[1]

Der folgende Abschnitt behandelt den Unterschied zwischen den Anschauungen der alttestamentarischen Propheten und denjenigen der Verfasser apokalyptischer Schriften. Für die Propheten gibt es nur eine Welt, sie schauen hin auf das zu Gott zurückgekehrte Israel. In der Apokalyptik stehen sich zwei Welten gegenüber: diese Welt und die künftige Welt. Gesprochen wird von Licht und Finsternis, von Leben und Tod, von Gott und widergöttlichen Mächten.

„Die Worte Hoseas, Amos' oder Jesajas kennen nur eine Welt, in der auch die großen Ereignisse der Endzeit sich abspielen, und ihre Eschatologie ist nationaler Natur. Sie spricht von der Wiederaufrichtung der verfallenen

Hütte Davids, von der künftigen Glorie eines zu Gott zurückgekehrten Israel ebenso wie von dem ewigen Frieden und der Hinwendung aller Völker zu dem einen Gotte Israels, der Abwendung von den heidnischen Kulten und Bildern. Demgegenüber kam in der Apokalyptik die Lehre von den zwei Äonen auf, die einander folgen und die in antithetischem Verhältnis zueinander stehen: diese Welt und die künftige Welt, die Herrschaft der Finsternis und die des Lichtes. Die nationale Antithese zwischen Israel und den Heiden wird zu einer kosmischen Antithese erweitert, in der die Bereiche des Heiligen und der Sünde, der Reinheit und der Unreinheit, des Lebens und des Todes, des Lichtes und der Finsternis, Gottes und der widergöttlichen Mächte sich gegenüberstehen. Zu dem nationalen Inhalt der Eschatologie tritt ein weiter kosmischer Hintergrund, auf dem sich der Endkampf zwischen Israel und den Heiden abspielt, und damit kommen die Vorstellungen von der Auferstehung der Toten, von Lohn und Strafe im Jüngsten Gericht, von Paradies und Hölle hoch, in denen neben die Verheißungen und Drohungen an die Nation die einer individuellen Vergeltung in der Endzeit treten."[2]

Wie bei der Zwölfer-Schia der verborgene Imam eine bedeutende Rolle im Leben, in den Erwartungen und Hoffnungen der Menschen spielt, so gibt es auch im Judentum die Idee von der Verborgenheit des Messias.

„Dieses tiefe Gefühl von der Unberechenbarkeit der messianischen Zeit hat in der messianischen *Aggada* die Idee von der Verborgenheit des Messias hervorgebracht, der irgendwo schon immer da ist und den eine tiefsinnige Legende nicht umsonst am Tage der Tempelzerstörung geboren sein läßt. Vom Moment der tiefsten Katastrophe an gibt es die Chance der Erlösung. 'Israel spricht vor Gott: wann wirst Du uns erlösen? Er antwortet: wenn Ihr auf die unterste Stufe gesunken seid, in der Stunde erlöse ich Euch.' Dieser ständig gegenwärtigen Chance entspricht die Vorstellung des in der Verborgenheit ständig wartenden Messias, die viele Formen angenommen hat, freilich keine großartigere als jene, welche in einer maßlosen Antizipation (Vorwegnahme, H.-D.F.) den Messias unter die Aussätzigen und Bettler an den Toren Roms, in die Ewige Stadt versetzt hat. Diese wahrhaft gewaltige 'rabbinische Fabel' stammt aus dem 2. Jahrhundert, lange bevor dieses Rom, das gerade den Tempel zerstört und Israel ins Exil gejagt hatte, nun selber der Sitz des Vikars Christi und der mit dem Anspruch messianischer Erfüllung herrschaftlich auftretenden Kirche wurde. Diese symbolische Antithese des am Tore von Rom sitzenden wahren Messias und des dort herrschenden Haupts der Christenheit begleitet die jüdische Messiologie durch die Jahrhunderte. Und mehr als einmal erfahren wir, daß Aspiranten auf die Messias-Würde nach Rom gepilgert sind, um an der Brücke vor der Engelsburg sitzend, dies symbolische Ritual zu vollziehen."[3]

Ist diese Welt einmal untergegangen, bedeutet dann die neue Welt eine Wiederherstellung des paradiesischen Urzustandes? Es gibt im Judentum

Überzeugungen, daß die Endzeit ganz Neues bringe, daß sie reicher sein werde als der Anfang, ja, daß ein erneuerter Kosmos ins Dasein treten würde.

„Wenn solcher Art die Erlösung nicht ohne Grauen und Untergang zu realisieren ist, kann ihr positiver Aspekt nur mit allen Akzenten der Utopie versehen sein. Diese Utopie bemächtigt sich aller rückwärts gewandten restaurativen Hoffnungen und schlägt den Bogen von der Wiederherstellung Israels und des davidischen Reiches als eines Reiches Gottes auf Erden bis zur Wiederherstellung des paradiesischen Standes, wie ihn schon manche alte Midraschim, vor allem aber das Denken der jüdischen Mystiker, visieren, für die die Analogie von Urzeit und Endzeit lebendige Wirklichkeit besitzt. Aber sie tut mehr als das. Denn schon in der messianischen Utopie Jesajas ist jene Endzeit unendlich reicher gedacht als jeder Anfang. Der Stand der Welt, in dem die Erde voll von der Erkenntnis Gottes sein wird, wie Wasser die Erde bedecken (Jes. 11, 9), wiederholt nicht etwas einmal Dagewesenes, sondern holt etwas Neues herauf. Und noch die Welt des *Tikkun,* der Wiederherstellung des harmonischen Standes der Welt, die in der lurianischen *Kabbala* die messianische Welt ist, enthält ein strikt utopisches Moment, indem jene Harmonie, die sie wiederherstellt, gar nicht einem wirklich je vorhandenen, oder gar paradiesischen Stand der Dinge entspricht, sondern höchstens einem in der göttlichen Schöpfungsidee allein enthaltenen Plan, der aber schon auf den ersten Stufen seiner Verwirklichung auf jene Störung und Hemmung des Weltprozesses stieß, die als 'Bruch der Gefäße' am Anfang des lurianischen Mythos steht. In Wirklichkeit realisiert daher die Endzeit einen höheren, reicheren und erfüllteren Stand als die Urzeit, und ihre Konzeption bleibt auch bei den Kabbalisten dem Utopischen verschworen. Die Inhalte dieser Utopie variieren in den verschiedenen Kreisen. Der Entwurf einer erneuerten Menschheit und des erneuerten Reiches Davids oder des Davidsohnes, der das prophetische Erbe der messianischen Utopie darstellt, verbindet sich bei Apokalyptikern und Mystikern oft genug mit dem eines erneuerten Standes der Natur, ja des Kosmos überhaupt."[4]

Wird die neue Welt, das Neue Jerusalem in einer Verbindung mit der eigenen Tätigkeit des Menschen gesehen? Darf der Mensch „auf das Ende hindrängen"? Welche Haltung ist dem „Bedränger des Endes" gegenüber einzunehmen?

„So enthalten die Bilder des neuen Jerusalem, das den Apokalyptikern vorschwebte, immer mehr als je an dem alten war, und die Erneuerung der Welt ist eben mehr als ihre Restauration.

Hierbei drängte sich nun schon für die talmudischen Lehrer die Frage auf, ob man 'auf das Ende hindrängen', das heißt, es durch eigene Aktivität herbeizwingen dürfe. Hier zeigt sich eine tiefe Zwiespältigkeit der Haltung zum Messianismus. Nicht immer lag der Traum neben der Entschlossenheit, etwas für seine Verwirklichung zu tun. Im Gegenteil: es gehört zu den wichtigsten Momenten des Messianismus, daß für das Bewußtsein der weitesten Kreise hier ein Abgrund klafft. Und das ist kein Wunder, denn gerade in den biblischen Texten, an denen die messianische Idee sich kristallisiert hat, ist sie nirgends von menschlicher Aktivität abhängig gemacht. Weder der Tag des Herrn bei Amos noch die Zukunftsvisionen Jesajas vom Ende der Tage sind kausal auf solche Aktivität bezogen. Auch die alten Apokalyptiker, die die Geheimnisse des Endes zu enthüllen unternahmen, wissen nichts davon. Es ist wirklich alles hier auf Gott gestellt, und dies verleiht dem Gegensatz von jetzt und dereinst gerade seine besondere Note. Die dem Revolutionär und 'Bedränger des Endes', wie der jüdische Terminus lautet, von jeher so anstößigen Warnungen vor menschlicher Handlung, die sich vermißt, die Erlösung zu bringen, sind nicht ohne Legitimität, sind keineswegs nur Zeichen der Schwäche und vielleicht der Feigheit (obwohl sie auch das manchmal sind)."[5]

Sabbatai Zwi, ein falscher Messias

Für das Jahr 1666 wurde von vielen Juden die Erlösung erwartet. Eine stürmische Messias-Hoffnung ergriff weite Kreise im Orient und in Europa. Am 31.5.1665 rief sich ein vierzigjähriger Mann mit Namen Sabbatai Zwi, auch Schabbatai Zewi geschrieben, in Gaza im Heiligen Land zum Messias aus. Er verkündete den 18. Juni 1666 als Tag der Erlösung und begann von Smyrna aus zu wirken. Am 6.2.1666 wurde er jedoch von der türkischen Obrigkeit verhaftet, die ihn vor die Wahl stellte, hingerichtet zu werden oder zum Islam überzutreten. Er entschied sich dafür, Muslim zu werden. Sein Abfall vom Judentum bedeutete aber nicht das Ende der Bewegung. Natan von Gaza, der sein Prophet geworden war, deutete den Sinn des Glaubensabfalls dahingehend, daß der Messias in die Welt des Bösen und der Dämonen hinabsteigen müsse und sich selbst sowie Israel nur erlösen könne, indem er durch Unreinheit und tiefste Erniedrigung hindurchgehe. Als Sabbatai gestorben war, glaubten seine Anhänger, er sei nur entrückt und komme bald wieder.

Einen Eindruck von seiner Bewegung vermittelt der folgende Text. Da taucht auch das Motiv von den zehn fortgeführten Stämmen und von der Eroberung des Reiches Israel auf:

„Die Juden in Smyrna

Der schwedische Orientalist Michael Eneman – kein besonderer Judenfreund – unternahm 1711 bis 1712 eine Reise im Orient und berichtet hier, was er an der Ausgangsstätte Smyrna noch zu diesem späten Zeitpunkt über den Stand der sabbatianischen Bewegung erfahren hat.

Es ist unglaublich, was über die Erregung der Juden bei dieser Gelegenheit berichtet wird, wie sie Sabbathais Sache verfochten, da sie ihn für einen

Messias halten, wie sie ihre Kinder bei der Beschneidung Sabbathai nannten, wie sie jeden verfolgten, der sich dem widersetzte, und wie sie in der ständigen Erwartung des Elias gingen. Tausend Lächerlichkeiten findet man dabei; von Holland kommen Zeitungen, daß sie dort auf dem Meere hätten ein Schiff ankommen sehen mit einem Segel aus Seidenzeug, auf dem alles Volk hebräisch sprach, diese kommen von den zehn fortgeführten Stämmen aus dem Norden zurück, um sich aufzumachen und das Reich Israel unter dem Messias Zewi zu erobern. Vom Sambaction oder dem Sabbatfluß wird verbreitet, daß eine große unübersehbare Schar herannahe, wohl ausgerüstet, um sich mit den Heiden zu schlagen. Und so mehreres, was man gesehen oder gehört haben wollte. Aber niemals kam eine Sache an das Tageslicht, weder Leute, noch Vieh, Messias noch Elias usw.

Aber obschon die Sache so verlief, daß die Juden eine lange Nase bekamen und auf vielerlei Weise zu kurz kamen, gab es nichtsdestoweniger viele, die weiterhin glaubten, Zewi sei nicht tot, sondern wunderbarerweise für einige Zeit entrückt. In dieser Stadt ist ein Rabbi, Michael Abraham Kardos, der vor drei Jahren gestorben ist. Der hat die Lehre heimlich unter dem Volk in Umlauf gebracht, und noch heute gibt es viele, die in diesem Gedanken leben."[1]

„I tempi sono maturi: il Messìa è in arrivo" – „Die Zeit ist reif: Der Messias ist im Kommen"

Im *Corriere della Sera* erschien am 30.8.1991 ein Artikel mit folgender Überschrift: „Orthodoxe Juden versetzen Israel in Aufregung. Die Zeit ist reif: Der Messias ist im Kommen."

Bei dem Artikel handelt es sich um einen Bericht des eigenen Korrespondenten Lorenzo Cremonesi. Da die Stimmungslage in Israel Ende August 1991 eindringlich beschrieben wird, sei der Text hier vollständig übersetzt gebracht.

„Die Niederlage des Irak und die Massenankunft sowjetischer und äthiopischer Juden in Israel waren schon als Vorzeichen angesehen worden. Aber das Ende des Kalten Krieges, durch den Fehlschlag des Staatsstreichs in Moskau herbeigeführt, verstärkt noch den Glauben an das Unausweichliche. Das Kommen des Messias steht unmittelbar bevor, vielleicht ist es nur noch eine Frage von Tagen, sicherlich läßt es sich aber nicht mehr als einige Monate auf sich warten.

Wird er vom Propheten Elias verkündet werden, während er an den Toren Jerusalems erscheint? Wird das Kommen des Himmelreichs auf Erden vom Wiederaufbau des alten jüdischen Tempels in der Heiligen Stadt begleitet sein? Wie wird er unter den Menschen eine vollkommene Harmonie bewirken? Die Debatte unter den Rabbinern der ultraorthodoxen israelischen und amerikanischen Gemeinden hat nunmehr ihren Höhepunkt erreicht. 'Wir befinden uns nicht etwa in der Zeit der Morgendämmerung einer besseren Welt, vielmehr der besten aller Welten. Der Messias ist im Kommen. Die Tatsachen sprechen für sich', liest man in einer Anzeige, die in der vergangenen Woche von den Leitern der Lubawitsch-Sekte in den großen israelischen Zeitungen veröffentlicht wurde. Ein reicher Australier hat am 19. Juni auf einer ganzen Seite der New York Times eine Anzeige in mächtigen großen Buchstaben veröffentlichen lassen: 'Die Zeit deiner Erlösung ist gekommen'.

Der 89jährige Lubawitscher Rebbe (Rabbi) Menachem Mendel Schneerson, der in New York lebt und dessen Anhänger der Australier ist, hat bei vielen ein solches Ansehen, daß sie meinen, er könne der zukünftige Messias sein. 'Er hat alle Eigenschaften, Er zu sein. Ich bin jetzt nicht ganz sicher, aber gewiß kann ich auch nicht das Gegenteil behaupten', sagt der Rabbiner Menachem Brod, der der Sprecher der Bewegung in Israel ist. Niemand wagt sich jedoch weiter vor. Die jüdische Geschichte ist voller falscher Messiasse. Man sollte es also nicht riskieren, die mehr als 100.000 Schneerson-Anhänger, die in der ganzen Welt verstreut sind, zu enttäuschen. Aber die Sendboten der Khabad (so lautet der Name der Bewegung, der aus den Anfangsbuchstaben der kabbalistischen Bezeichnungen für Weisheit, Kenntnis und Verständnis gebildet ist) handeln so, als ob das 'Ende der Zeiten' vor der Tür stünde. Kfar Khabad, das Lubawitscher Stadtviertel im Süden von Tel Aviv, ist voller Aufrufe zur Mobilmachung. 'Unsere Propheten sagen, der Messias werde nach ungewöhnlichen Ereignissen und nach für die Juden außerordentlich schwierigen Zeiten kommen. In den letzten fünfzig Jahren gab es den Holocaust, aber auch die Schaffung des Staates Israel und seine Siege über arabische Koalitionen. Endlich scheint das Gute über das Böse zu triumphieren', sagen die Menschen immer wieder.

Aber auch die Skeptiker fehlen nicht. Menachem Shach, ein anderer neunzigjähriger Rabbiner und Schneersons Gegner Nr.1, zögert nicht, eine alte Polemik wieder aufzunehmen. 'Hier kündet man das Kommen des Messias in der Presse an, als ob es sich darum handele, Coca Cola zu verkaufen', hat einer seiner Anhänger der *France Presse* gegenüber erklärt. Shach hat übrigens des öfteren in der Vergangenheit wiederholt, daß eine neue Ära der Judenverfolgung nahe bevorstehen könne, so daß die messianische Zeit in die Ferne gerückt werde."[1]

APOKALYPTISCHES RINGEN ZWISCHEN DEM ERZENGEL MICHAEL UND DEM SATAN

Nach einer Klärung des Begriffs Apokalypse wendet sich die Darstellung dem Erzengel Michael als Engel der Apokalypse zu, schildert weiterhin die Michael-Verehrung in der Christenheit in der Vergangenheit und die Einschränkung dieser Verehrung in der heutigen katholischen Kirche. Was im Alten Testament mit Satan bezeichnet wurde, wird verdeutlicht, dann wird aber vor allem darauf hingewiesen, daß die Namen Teufel und Satan, wie sie in der Literatur verwendet werden, weitgehend austauschbar sind, weil die griechische Übersetzung des Alten Testaments für Satan das Wort *diabolos* verwendet, woraus unser Wort *Teufel* abgeleitet wurde. Damit ist eine Quelle der Verwirrung gekennzeichnet. Die Eigenart der *Beelzebub* und *Mammon* genannten geistigen Wesenheiten wird aus Texten erläutert.

Nicht nur in diesem, sondern auch in einer Reihe anderer Kapitel wird von einem Kampf zwischen Licht und Finsternis, zwischen den Heerscharen des Lichts und den Heerscharen der Finsternis, zwischen Gott und Satan, zwischen Gut und Böse berichtet. Die Kraft für den Kampf gegen den Feind wird aus der Überzeugung geholt, er sei ein Feind der Menschheit, mit diabolischen Mächten verbunden, stehe im Dienst des Satans – überwinde man ihn, tue man das Werk des Herrn.

Was ist mit Apokalypse und apokalyptisch gemeint?

Im weiteren Verlauf der Arbeit werden uns verschiedene Tendenzen einer apokalyptischen Weltsicht beschäftigen. Worauf weist die ursprüngliche Bedeutung von Apokalypse und apokalyptisch, und wie werden die Worte heute verwendet?

Zugrunde liegt: griechisch *apo* mit der Bedeutung „von ... weg, ab" und *kalyptein*: verhüllen, umhüllen, zudecken, verbergen; *apokalyptein* bedeutet also: enthüllen, offenbaren, kundtun; *apokalypsis:* Offenbarung, Enthüllung.

Wenn in den Texten, die wir in dieser Arbeit herangezogen haben, das Wort Apokalypse verwendet wird, dann handelt es sich aber nicht einfach um Enthüllung, ganz gleich welchen Inhalts.

„Apokalypsen sind, wie der Sinn des griechischen Wortes anzeigt, Offenbarungen oder Enthüllungen des bei Gott verborgenen Wissens über das Ende."[1]

So kennzeichnet Gershom Scholem den eigentlichen Sinn des Wortes. Dieses bei Gott verborgene Wissen kann einem Menschen durch Traum, Vision, Entrückung oder Engelbelehrung offenbart werden. Im „Kleinen Lexikon des Judentums" heißt es:

„Vom Namen her wäre Apokalypse eine Offenbarungsschrift, in der berichtet wird, was einem Offenbarungsempfänger durch Traum, Vision, Entrückung oder Engelbelehrung über den Lauf der Geschichte bzw. über deren entscheidenden letzten Abschnitt vor dem Weltende und eventuell über die Heilszeit mitgeteilt wurde."[2]

Einen wichtigen Sachverhalt, der bei der heutigen Verwendung des Wortes Apokalypse zu beachten sei, kennzeichnet Klaus Vondung dahingehend, daß die Apokalypse einmal eine Erlösungsvision und der Weltuntergang, der seit jeher zu den zentralen Vorstellungen der Apokalypse gehörte, nur eine Durchgangsphase zu einer „neuen Erde", zu einem „neuen Jerusalem" gewesen sei. Sprächen wir von der Apokalypse eines Atomkrieges, so hätten wir es mit einer kupierten, einer gestutzten, einer abgeschnittenen Apokalypse zu tun. Auf die Errichtung einer neuen, vollkommenen Welt wird nicht mehr – voller sehnsüchtiger Erwartung – hingeblickt.

„Was bedeutet es denn nun, wenn ein Ereignis, ein tatsächliches oder erwartetes, und wenn die Lage der Welt überhaupt als 'apokalyptisch' gedeutet wird? Für die Deutungen unserer Zeit liegt die Antwort auf der Hand: Die Apokalypse meint den Untergang, und zwar den totalen und endgültigen, den Untergang der Menschheit, das Ende der Welt. Die Vision des Weltuntergangs gehörte seit jeher zu den zentralen Vorstellungen der Apokalypse, aber nicht immer hatte es damit sein Bewenden. Für die Offenbarung des Johannis, die der Tradition des apokalyptischen Denkens den wichtigsten Anstoß gab, war der Weltuntergang nur eine Durchgangsphase – allerdings eine notwendige – zu einer 'neuen Erde', einem 'neuen Jerusalem'. Und dieser Gedanke bestimmte die Apokalypse bis in unser Jahrhundert, auch wenn sie sich von ihrem religiösen Ursprung entfernt hat: Die alte, unvollkommene und verdorbene Welt muß zerstört werden, damit eine neue, vollkommene aufgerichtet werden kann. Stets kam es der Apokalypse letztlich auf diese neue Welt an; die Apokalypse war eine Erlösungsvision. Erst heute, unter der Drohung der 'von uns selbst gemachten Apokalypse', wie Günter Anders die 'Möglichkeit unserer Selbstauslöschung' nannte, ist die Erlösung nicht mehr im Blick. Wenn wir dennoch von der Apokalypse eines Atomkriegs sprechen, so haben wir es mit einer 'kupierten' Apokalypse zu tun. Wir können nur die erste Hälfte der herkömmlichen apokalyptischen Vision meinen; die zweite Hälfte, die Errichtung der neuen, vollkommenen Welt, die früher dem Untergang Sinn und Ziel verlieh, hat sich verflüchtigt."[3]

Über die besondere Neigung der Deutschen zur Apokalypse schreibt Vondung: „Eine besondere Neigung zur Apokalypse (...) zeigen die Deutschen nicht erst heute; schon lange sind apokalyptische Deutungen der Weltlage hierzulande gebräuchlich. Es ist symptomatisch, daß sich die Deutschen Michael, den Engel der Apokalypse, zur nationalen Identifikationsfigur erwählt haben."[4]

Auch das Weltbild des Nationalsozialismus war deutlich apokalyptisch geprägt:

„Das Bild, das der Nationalsozialismus von der Welt entwarf und das den Massenmord an den Juden zur Folge hatte, war apokalyptisch."[5]

Ein Beitrag zum Verständnis dieser Aussage findet sich in dem Kapitel „Adolf Hitlers apokalyptisches Weltbild". Ebenso ist über Michael als Engel der Apokalypse in anderen Kapiteln Näheres ausgeführt.

Gerade in Anbetracht des über die „kupierte" Apokalypse Gesagten sei es bezeichnend, so Vondung weiter, daß für die Deutschen der Zusammenhang zwischen Untergang und Erneuerung noch nicht zerstört sei.

„Vielleicht haben die Deutschen deshalb nach wie vor eine besondere Neigung zu apokalyptischer Weltsicht, weil die apokalyptische Symbolik immer noch an den Zusammenhang von Untergang und Erneuerung denken läßt; vielleicht ist die apokalyptisch artikulierte 'Endzeithysterie' bei uns deshalb so extrem, weil sie in Korrelation zu einer ebenfalls extrem apokalyptischen und typisch deutschen Sehnsucht nach Erlösung steht und diese Sehnsucht mit sich führt, sei es eingestanden oder unterschwellig."[6]

Über die ausgeprägte Tendenz der Amerikaner zu apokalyptischer Weltsicht ist in dieser Arbeit einiges Material gebracht, das gerade einen Zusammenhang zwischen dem Bemühen, einen bisherigen Zustand völlig zu zerstören (siehe Golfkrieg), und der Erwartung des Entstehens einer neuen Weltordnung aufzeigt. Bei Vondung heißt es hierzu:

„Nächst den Deutschen zeigen vor allem die Amerikaner eine ausgeprägte Tendenz zu apokalyptischer Weltsicht. Zahlreiche Sekten brachten die apokalyptische Tradition im 17. und 18. Jahrhundert aus dem alten Kontinent in den neuen; und der Niederschlag dieser Tradition läßt sich noch heute in den Äußerungen von Politikern und in der Literatur feststellen. Das orthodoxe Rußland neigte bis zum Ersten Weltkrieg zu apokalyptischen Deutungen, zumal seiner eigenen Rolle in der Geschichte."[7]

Zum Verständnis des Hinweises auf das orthodoxe Rußland sei auf das Kapitel über „Die Neue Welt" verwiesen. Dort ist ein längeres Zitat aus dem Buch „Moskau – das Dritte Rom" unter der Überschrift „Das Weltende 1492" zu finden.

Der Erzengel Michael und der heilige Georg

Der heilige Georg war einer der bekanntesten unter den frühen Märtyrern. Man nimmt an, daß er als römischer Soldat um 303 den Märtyrertod erlitten hat. In der morgenländischen Kirche wird er als *Großmärtyrer* gefeiert. Er war zuerst Schutzpatron der Adligen, wurde dann im Spätmittelalter allgemeiner Volksheiliger. Für Süddeutschland, Tirol und die Schweiz ist bezeichnend, daß er für die dortigen Gläubigen einer der 14 Nothelfer ist; ein solcher gilt als besonders wirkungskräftig, er wird in Nöten aller Art angerufen.

Eine große Bedeutung hat der heilige Georg auch für die Engländer. Er wurde wohl im Jahre 1348 im Zusammenhang mit der Begründung des Hosenbandordens unter König Eduard III. deren Schutzheiliger. Im Jahre 1415 wurde sein Tag, der 23. April, zu einem der bedeutendsten Feiertage in England deklariert. Ein rotes Kreuz auf weißem Grund ist sein Kennzeichen. Es ist zusammen mit dem weißen schräggestellten Andreaskreuz für Schottland und dem schräggestellten roten Patrickkreuz für Irland auf der Union Flag, der Flagge des Vereinigten Königreichs von Großbritannien und Nordirland, zu finden.

Die Dardanellen hießen einmal „Meerengen des heiligen Georg", und das Land Georgien wurde nach ihm benannt. Gerade wegen dieser Bedeutung des heiligen Georg ist es um so auffälliger, daß sein Kult in der römisch-katholischen Kirche seit 1960 zurückgedrängt wird. Das jährlich begangene Fest wurde aufgehoben und sein Name in der römisch-katholischen Kirche nur noch in Gebeten bei der Messe erwähnt. Seit 1969 wird seiner zusammen mit anderen Heiligen, darunter Nikolaus und der König Ludwig IX. von Frankreich, am 1. Januar gedacht.

Von dem heiligen Georg, der vor allem bei den Deutschen als Inbegriff christlichen Rittertums gilt, kommen wir noch einmal zu dem Erzengel Michael, der in Deutschland lange Zeit als „Engel des Volkes" galt, zurück. Er wurde zuerst in der Ostkirche verehrt. Von dort ist seine Verehrung ins Abendland übergegangen. Dabei spielt der Monte Gargano, der „Sporn" der Apennin-Halbinsel, eine wichtige Rolle. Mit einer in einen Fels gehauenen Grotte ist eine Michaelserscheinung verbunden, deren Fest der 8. Mai war. Dieses Fest wurde 1960 aufgehoben.

Hat die katholische Kirche vielleicht andere Heilige an die Stelle des heiligen Georgs gesetzt und mancherlei, was sonst mit Michael verbunden wurde, jetzt als von einer anderen Wesenheit ausgehend bezeichnet?

Eine Antwort auf den ersten Teil der Frage finden wir, wenn wir das Rundschreiben von Papst Johannes Paul II. vom 2. Juni 1985 heranziehen, das Slavorum Apostoli genannt wird und „in Erinnerung an das Werk der Evangelisierung der heiligen Cyrill und Methodius vor 1100 Jahren" geschrieben ist. In der Einleitung heißt es:"Die Apostel der Slawen, *die heiligen Cyrill und Methodius,* bleiben im Gedächtnis der Kirche zusammen mit dem großen Werk der Glaubensverkündigung, das sie vollbracht haben. Man kann sogar sagen, daß ihr Andenken in unseren Tagen besonders lebendig und aktuell geworden ist. In Anbetracht der Verehrung und Dankbarkeit, welche die heiligen Brüder von Saloniki (dem alten Thessalonike) seit

Jahrhunderten vor allem *bei den slawischen Völkern* erfahren, und in Erinnerung an den unschätzbaren Beitrag, den sie für das Werk der Glaubensverkündigung unter jenen Völkern und zugleich für die Sache der Versöhnung, des freundschaftlichen Zusammenlebens, der menschlichen Entwicklung und der Achtung vor der inneren Würde jeder Nation erbracht haben, habe ich durch das Apostolische Schreiben *Egregiae virtutis* vom 31. Dezember 1980 die heiligen Cyrill und Methodius zu Mitpatronen Europas erklärt. Damit führte ich die Linie fort, die meine Vorgänger bereits gezogen hatten, vornehmlich Leo XIII., der vor mehr als hundert Jahren, am 30. September 1880, mit dem Rundschreiben *Grande munus* den Kult der beiden Heiligen auf die gesamte Kirche ausgedehnt hat, und Paul VI., der mit dem Apostolischen Schreiben *Pacis nuntius* vom 24. Oktober 1964 den heiligen Benedikt zum Patron Europas erklärt hat."[1]

Im Anschluß an das Zitat halten wir fest: Am 24. Oktober 1964 wurde der heilige Benedikt von Papst Paul VI. zum Patron Europas, und am 31.12.1980 wurden die heiligen Cyrill und Methodius zu Mitpatronen Europas erklärt.

Wie der Pole Karol Wojtyla die vor gut einem Jahrtausend durchgeführte Mission unter den slawischen Volksstämmen sieht, schildert er so:

„Die Bedeutung und Ausstrahlung des christlichen Milleniums in den slawischen Gebieten.

Das apostolisch-missionarische Wirken der heiligen Cyrill und Methodius, das in die zweite Hälfte des 9. Jahrhunderts fällt, kann als die 'erste wirkliche Evangelisierung der Slawen' betrachtet werden.

Es erstreckte sich in verschiedenem Grade auf die einzelnen Gebiete, wobei es sich jedoch hauptsächlich auf den Bereich des Staates von Groß-mähren konzentrierte. Es umfaßte vor allem die Regionen des Metropolitansitzes, dessen Oberhirte Methodius war, nämlich Mähren, die Slowakei und Pannonien, einen Teil des heutigen Ungarn. Im weiteren Einflußgebiet dieses apostolischen Wirkens, besonders von seiten der durch Methodius vorbereiteten Missionare, befanden sich die anderen Gruppen der Westslawen, vor allem die von Böhmen. Der erste geschichtlich namhaf-te Fürst Böhmens aus der Dynastie der Premysliden, Bozyvoj (Borivoj), wurde wahrscheinlich nach dem slawischen Ritus getauft. Später erreichte dieser Einfluß die serbo-lusazianischen (die sorbischen Stämme in der Lausitz, H.-D.F.) Stämme und die Gebiete von Südpolen. Dennoch trat seit dem Fall von Großmähren (ca. 905–906) an die Stelle dieses Ritus der lateinische Ritus, und Böhmen wurde kirchlich dem Bischof von Regensburg und dem Metropolitansitz von Salzburg unterstellt. Besondere Aufmerk-samkeit verdient jedoch der Umstand, daß noch gegen die Mitte des 10. Jahrhunderts, also zu den Zeiten des hl. Wenzeslaus, eine starke gegenseitige Durchdringung der Elemente beider Riten und eine vorgeschrittene Symbiose der zwei in der Liturgie benutzten Sprachen bestand: der slawischen und der lateinischen Sprache. Im übrigen war die Christianisierung des Volkes nicht möglich, ohne sich seiner Muttersprache zu bedienen. Und nur auf einer solchen Grundlage konnte sich die christliche Terminologie in Böhmen entwickeln und sich später von hier aus die kirchliche Terminologie in Polen entfalten und festigen. Die Bemerkung über den Fürsten der Vislani im *Leben des Methodius* ist der älteste geschichtliche Hinweis auf einen der polnischen Stämme. Es fehlen aber hinreichende Daten, um mit dieser Anmerkung die Errichtung einer kirchlichen Organisation in slawischem Ritus in den polnischen Landen verbinden zu können.

Die Taufe Polens im Jahre 966 in der Person des ersten geschichtlichen Herrschers Mieszko, der die böhmische Prinzessin Dubravka heiratete, geschah hauptsächlich durch die Kirche Böhmens. Auf diesem Wege kam das Christentum von Rom aus in der lateinischen Form nach Polen. Es bleibt jedoch die Tatsache, daß sich die ersten Anfänge des Christentums in Polen in gewisser Weise mit dem Werk der beiden Brüder verbinden, die aus dem fernen Saloniki aufgebrochen waren.

Unter den Slawen der Balkanhalbinsel hat der pastorale Einsatz der beiden heiligen Brüder noch deutlichere Früchte hervorgebracht. Dank ihres Apostolats hat sich das Christentum in Kroatien gefestigt, das dort schon seit längerem Wurzel gefaßt hatte.

In Bulgarien behauptete und entfaltete sich die Mission von Cyrill und Methodius hauptsächlich durch Gefährten, die aus ihrem ursprünglichen Wirkungsgebiet ausgewiesen worden waren. Hier entstanden dank des Wirkens des hl. Klemens von Ochrida kraftvolle Zentren des monastischen Lebens, hier entfaltete sich besonders das kyrillische Alphabet. Von hier aus verbreitete sich das Christentum auch in andere Gebiete, über das benachbarte Rumänien bis hin in das antike Rus'-Reich von Kiew, um sich dann von Moskau noch weiter nach Osten auszubreiten. In einigen Jahren, genau im Jahre 1988, ist die Tausendjahrfeier der Taufe des hl. Wladimir, des Großfürsten von Kiew. (...)

Cyrill und Methodius sind gleichsam die Verbindungsringe, eine geistige Brücke zwischen der östlichen und westlichen Tradition, die *beide* in der *einen* Tradition der universalen Kirche zusammenfließen. (...)

Gewähre aber auch, o Heiligste Dreifaltigkeit, dem ganzen Europa, daß es auf die Fürsprache der beiden heiligen Brüder immer mehr die Notwendigkeit einer religiös-christlichen Einheit und der brüderlichen Gemeinschaft aller seiner Völker verspürt, damit es, nachdem das Unverständnis und das gegenseitige Mißtrauen überwunden und die ideologischen Konflikte im gemeinsamen Bewußtsein der Wahrheit beigelegt sind, für die ganze Welt Beispiel für ein gerechtes und friedliches Zusammenleben in gegenseitiger Achtung und in unverletzlicher Freiheit sein kann. (...)

Die Zukunft! Wie sehr diese auch menschlich gesehen voller Gefahren und Ungewißheit erscheint, legen wir sie mit Vertrauen in deine Hände, himmlischer Vater, und rufen die Fürsprache der Mutter deines Sohnes und der

Mutter der Kirche an und die deiner heiligen Apostel Petrus und Paulus, der Heiligen Benedikt, Cyrill und Methodius, Augustinus und Bonifatius, und aller anderen Missionare Europas, die – stark im Glauben, in der Hoffnung und in der Liebe – unseren Vätern dein Heil und deinen Frieden verkündet haben und unter den Mühen der geistlichen Aussaat die Errichtung einer *Zivilisation der Liebe* begonnen haben, einer neuen Ordnung, die auf dein Gesetz und den Beistand deiner Gnade gegründet ist, die am Ende der Zeiten alles und alle im himmlischen Jerusalem mit ihrem Leben erfüllen wird. Amen."[2)]

Wenn ich im zweiten Teil meiner obigen Frage von einer „anderen Wesenheit" gesprochen habe, so meine ich damit die einzigartige Wirkung, die Johannes Paul II. der Fürsprache der Jungfrau Maria zuschreibt, worüber in dem Kapitel „Papst Johannes Paul II. schaut auf das Ende des 2. Jahrtausends" Einzelheiten gebracht werden.

„Mr. Bush contends that Desert Storm slew the Vietnam syndrome dragon" – „Herr Bush behauptet, der 'Wüstensturm' habe den 'Vietnam-Syndrom'-Drachen getötet"

Einige Fotografien vom Ende gewaltiger Kampfhandlungen haben für die Amerikaner eine starke emotionale Bedeutung: die Begegnung der amerikanischen und sowjetischen Soldaten in Torgau an der Elbe am 25. April 1945 als Zeichen des nahen Kriegsendes in Europa, das Hissen der amerikanischen Flagge auf Iwo Jima im Pazifik als Zeichen eines Sieges über Japan, die Landung eines Hubschraubers auf dem Dach der amerikanischen Botschaft in Saigon, um die letzten Soldaten auszufliegen, als Zeichen der Niederlage im Vietnam-Krieg. Daß dieser Krieg trotz des massiven Einsatzes modernster Waffentechnologie nicht gewonnen wurde, war seitdem ein amerikanisches Trauma, das Vietnam-Syndrom, eine bedenkliche Schwächung des amerikanischen Selbstgefühls. Es hatte dann auch im Zusammenhang mit dem Golfkrieg geheißen, daß der Psychiater Bush den amerikanischen Patienten von diesem Trauma geheilt habe. Als Zeichen des Sieges landeten Hubschrauber auf dem Gelände der amerikanischen Botschaft in Kuwait.

In der Kapitelüberschrift wird jedoch ein anderes Bild gebraucht: der „Wüstensturm" habe den Drachen getötet. Wüstensturm, ein Sturmwind, ein mächtiger Wind? Kommt einem das nicht merkwürdig bekannt vor? Lesen wir doch die Schilderung des babylonischen Schöpfungsmythos nach, wie ihn Rudolf Steiner dargestellt hat.

„Er war mächtig, Marduk-Michael, den Sturmwind, der durch die Welt wogt, zu beherrschen. (...) Alle diese Dämonen zusammen bildeten einen mächtigen Drachen (...) Als ihr (Tiamats; H.-D.F.) Wesen feuerwütig Marduk-

Michael entgegentrat, da stieß er ihr (...) die ganze Gewalt des Sturmwindes in die Eingeweide, und das Wesen Tiamat barst und rollte auseinander, zerbarst in alle Welt."[3)]

Damit sind einige Bilder aus dem babylonischen Schöpfungsmythos wiederholt, der beim Neujahrsfest mehrfach rezitiert wurde und mächtig auf die Seelen der Babylonier wirkte.

Aber hat nicht Michael auch ein irdisches Abbild, den Ritter Georg, den heiligen Georg? Von ihm wird in der Legenda aurea erzählt, er sei ein römischer Tribun aus Kappadokien gewesen, der eines Tages in eine Stadt in Libyen mit dem Namen Silena gekommen sei:

„In der Nähe dieser Stadt war ein See so groß wie das Meer. Darin befand sich ein unheilbringendes Ungeheuer, das schon mehrfach das Volk, das sich zu wehren versuchte, in die Flucht geschlagen hatte und mit seinem Gifthauch alle vergiftete, sobald es sich den Mauern der Stadt näherte. In dieser Zwangslage gaben ihm die Bürger täglich zwei Schafe, um sein Wüten zu mäßigen. Andernfalls rannte es gegen die Stadtmauern an und verpestete die Luft, so daß sehr viele starben."[4)]

Als beinahe alle Schafe geopfert worden waren, übergaben die Bürger dem Ungeheuer jeweils nur noch ein Schaf zusammen mit einem Menschen, der ausgelost wurde. Eines Tages traf das Los auch die einzige Tochter des Königs. Das Volk verlangte, auch sie auszuliefern. Auf dem Weg zum See traf sie den heiligen Georg, der ihr im Namen Christi zu helfen versprach. Als das Ungeheuer auftauchte, bestieg Georg sein Pferd, schlug das Kreuzeszeichen und ritt dem Drachen entgegen. Er schleuderte seine Lanze und verwundete das Untier so schwer, daß das Mädchen dem Drachen seinen Gürtel um den Hals legen und ihn in die Stadt führen konnte. Aber erst nachdem sich der König und das ganze Volk hatten taufen lassen, zog der heilige Georg sein Schwert und tötete den Drachen.

Damit ist das Wesentliche der Heiligenlegende erzählt.

Inzwischen ist Georg Bush in Verbindung mit Drachen gebracht und St. Georg, der heilige Georg, genannt worden, und zwar in einem Artikel über seine Asienreise mit der Überschrift „Georg and The Dragons", veröffentlicht am 13. Januar in *Time* auf Seite 12. In unseren Zusammenhang gehört ein weiteres Bild eines Drachenkampfes, wie es in der Offenbarung des Johannes 12, 7–9 zu finden ist:

„Da erhob sich ein Kampf im Himmel: Michael und seine Engel kämpften mit dem Drachen, und auch der Drache und seine Engel kämpften. Doch sie richteten nichts aus, und es blieb kein Platz mehr für sie im Himmel. Gestürzt wurde der große Drache, die alte Schlange, die den Namen Teufel und Satan trägt, der den ganzen Erdkreis verführt; er wurde hinabgestürzt auf die Erde, und seine Engel wurden mit ihm gestürzt."[5)]

Da wird also der Drache nicht getötet, sondern auf die Erde hinabgestürzt. Dazu heißt es noch in Vers 12, 12: „Wehe aber der Erde und dem Meer; denn hinabgestiegen ist zu euch der Teufel voll grimmigen Zornes; er weiß, daß er eine kurze Frist hat."[6]

Halten wir fest: Der große Drache ist die alte Schlange, die den Namen Teufel und Satan trägt und den ganzen Erdkreis verführt.

In dem Kapitel „Papst Johannes Paul II. schaut auf das Ende des 2. Jahrtausends" wird beschrieben, daß der Papst gegen den Atheismus die Hilfe jener (der Madonna) anruft, „die mit ihrem Fuß den Kopf der alten Schlange immer zertreten hat und immer zertreten wird".

In das hiermit gewonnene Bild lassen sich noch weitere Einzelheiten einzeichnen, wenn wir ein Werk des Engländers C. G. Harrison mit dem Titel „The Transcendental Universe" heranziehen, das auf Vorträgen beruht, die 1893 in London gehalten wurden. Das Buch erschien in erster Auflage 1894; ich benutze die zweite Auflage vom Jahre 1896. Es sei erst der englische Originaltext gebracht, die Übersetzungen ins Deutsche stammen von mir:

„The year 1879 marked the close of an epoch in the intellectual life of Europe and America. In that year, the hosts of light, under S. Michael the Archangel, obtained a decisive victory over the hosts of darkness, led by Beelzebub and Mammon, in a series of battles extending over a period of thirty or forty years."[7] – „Das Jahr 1879 kennzeichnete das Ende einer Epoche im Geistesleben Europas und Amerikas. In jenem Jahr errangen die Heerscharen des Lichts unter der Führung des Erzengels Michael einen entscheidenden Sieg über die Heerscharen der Finsternis, angeführt von Beelzebub und Mammon, in einer Reihe von Schlachten, die sich über einen Zeitraum von 30 bis 40 Jahren erstreckte."

„In the spiritual region the battle has been fought and won, but some years must elapse before its effects begin to shew themselves plainly in the world."[8] – „In der geistigen Welt ist die Schlacht schon ausgefochten und gewonnen, aber einige Jahre müssen vergehen, bevor sie ihre Auswirkungen deutlich in der Welt zu zeigen beginnen."

„But 'he that hath ears to hear, let him hear' the trumpets of the Archangels announcing their glorious victory over the Prince of this world whose second judgment (or crisis) has come. Yet a third, and he will be overthrown and bound 'for a thousand ages."[9] – „Aber 'wer Ohren hat zu hören, der höre' die Posaunen der Erzengel, die ihren ruhmreichen Sieg über den Fürsten dieser Welt verkünden, dessen zweites Gericht (oder zweite Krise) gekommen ist. Noch eine dritte, und er wird gestürzt und für tausend Jahre (Zeitalter) gebunden werden."

Bevor ich noch auf Beelzebub und Mammon eingehe, möchte ich noch der Frage nachgehen, ob im Zusammenhang mit dem Golfkrieg vom Kampf der himmlischen Heerscharen gesprochen oder geschrieben worden ist.

In der spanischen Tageszeitung *El País* findet sich am Dienstag, den 19.2.1991, ein Leitartikel unter der Überschrift: „Las legiones celestiales", auf deutsch: „Die himmlischen Heerscharen". Es heißt dort am Anfang, daß eines der auffälligsten Kennzeichen dieses Krieges der Eifer sei, mit dem sich jeder „on the side of the angels" stellen wolle, wie die Engländer sagen: „... del lado de los ángeles están Sadam Husein en su lucha contra los satanes infieles e imperialistas, y del lado de los ángeles están los aliados, capitaneados por Estados Unidos, paladines del derecho internacional conculcado y flagelo de tiranos."[10] – „Auf Seiten der Engel steht Saddam Hussein in seinem Kampf gegen die ungläubigen imperialistischen Satane, auf Seiten der Engel stehen die Alliierten, angeführt von den Vereinigten Staaten, Paladine des mit Füßen getretenen internationalen Rechts und Geißel der Tyrannen."

Dann wird noch ein Ausdruck aus den Evangelien verwendet: „... y el creciente *look* televangélico de Bush, buen pastor que sabe enseñar los dientes a los lobos para no aburrir a las ovejas."[11] – „Bush sieht immer mehr wie ein Fernsehprediger aus, ein guter Hirte, der den Wölfen die Zähne zu zeigen weiß, um die Schafe nicht zu langweilen."

Es sei noch einmal darauf aufmerksam gemacht, daß nicht nur in versteckten Hinweisen in Büchern oder in wenig gelesenen deutschen oder in nicht jedem zugänglichen ausländischen Publikationen diese Beschäftigung mit „Satan" geschehen ist, sondern zum Beispiel auch in der Beilage zur *Frankfurter Allgemeinen Zeitung* vom Samstag, den 22.9.1990. Dort trägt ein großer Artikel die Überschrift „Satan hat einen Namen. – Die Gründe des Zorns: Antiamerikanismus in der islamischen Welt". Der Anfang lautet:

„'Im Namen des barmherzigen, gnädigen Gottes' beginnt der Muslim nicht nur den rituellen Gottesdienst, sondern ein jedes Tagewerk; 'um Zuflucht vor dem verfluchten Satan' bittet er Gott vor jeder Rezitation des Gottesworts, des Korans. Die Geistlichkeit Irans hat seit der islamischen Revolution ein Drittes hinzugefügt: die rituelle Verfluchung des 'amerikanischen Teufels': Satan hat einen neuen Namen."[12]

Es sei hier jetzt noch einiges zu Beelzebub und Mammon gesagt, die im Harrison-Text als Anführer der Heerscharen der Finsternis genannt werden.

Beelzebub und Mammon

Zur Bedeutung des Namens Beelzebub heißt es bei Harrison, die Übersetzung sei „Fliegengott", oder genauer: „Gott der Krankheitskeime". Bei Lukas 11, 15 finden wir folgenden lateinischen Wortlaut: „Quidam autem ex eis dixerunt: In Beelzebub principe daemoniorum eiicit daemonia."[1] In der von mir benutzten neuen Übersetzung des Neuen Testaments ins Deutsche lautet die Stelle: „Und er trieb einen Dämon aus, und dieser war stumm. Als der Dämon ausgefahren war, geschah es, daß der Stumme redete. Das Volk aber staunte. Einige von ihnen aber sagten: 'Durch Beelzebul, den Fürsten der Dämonen, treibt er Dämonen aus.'"[2]

Im lateinischen Text *Beelzebub*, im deutschen *Beelzebul* – wieso dieser Unterschied? Das Nachschlagewerk „Die Bibel von A – Z" verweist uns beim Stichwort Beelzebub auf das 2. Buch der Könige, wo es im 1. Kapitel, Vers 2, heißt:

„Achasja war durch das Gitter seines Obergemachs in Samaria gefallen und wurde leidend. Er schickte Boten ab mit der Weisung: 'Geht hin und fragt den Baal-Sebub, den Gott von Ekron, ob ich von dieser Krankheit genesen werde.'"[3] Nach dem hebräischen Text heißt der philistäische Gott von Ekron *Baal-zebub* = Herr der Fliegen. Der eigentliche Name des Gottes lautet aber *Baal-Zebul* = Herr der Erhabenheit. Warum ist der Name so entstellt, daß es wie eine schlimme Beleidigung wirkt? Es ist dies ein auch heute noch verwendetes Kampfmittel, den Feind durch bestimmte Gedankenverbindungen als jemanden hinzustellen, der er in Wirklichkeit gar nicht ist. Heidnische Götter galten dem Verehrer Jahves als Dämonen, deren Namen ins Lächerliche gezogen oder verstümmelt wurden.

Die Namensform „Fliegengott" hat aber noch weitergewirkt, wir finden sie als Bezeichnung von Mephistopheles in Goethes Faust, 1. Teil, Szene Studierzimmer. Faust: „... Wenn man Euch Fliegengott, Verderber, Lügner heißt."

Zu dem Ausdruck „Man kann nicht den Teufel mit Beelzebub austreiben"[4], sei eine Evangelienstelle zitiert, Matthäus 12, 22–28:

„Da brachte man zu ihm einen Besessenen, der blind war und stumm, und er heilte ihn, so daß der Stumme redete und sah. Alles Volk staunte und sprach: 'Ist etwa dieser der Sohn Davids?' Als aber die Pharisäer es hörten, sagten sie: 'Dieser treibt die Dämonen nicht anders aus als durch Beelzebul, den Fürsten der Dämonen.'

Jesus wußte ihre Gedanken und sprach zu ihnen: 'Jedes Reich, das entzweit ist mit sich selbst, wird verwüstet werden; und jede Stadt oder Hausgemeinschaft, die mit sich selbst entzweit ist, wird nicht bestehen. Wenn der Satan den Satan austreibt, so ist er entzweit mit sich selbst; wie soll da sein Reich bestehen? Und wenn ich durch Beelzebul die Dämonen austreibe, durch wen treiben dann eure Söhne aus? Also werden gerade sie eure Richter sein. Treibe ich aber durch den Geist Gottes die Dämonen aus, so ist nunmehr das Reich Gottes zu euch gekommen."[5]

In den neuen Übersetzungen wird das Wort Dämon, nicht Teufel, verwendet.

Zu Mammon führt Harrison aus: Der Name Mammon sei vom syrischen Wort für Reichtum abgeleitet, und das Wort des Paulus aus dem Brief an die Epheser 6, 12 beziehe sich auch auf ihn:

„Wir haben ja nicht zu kämpfen gegen Fleisch und Blut, sondern gegen die Mächte, gegen die Gewalten, gegen die Weltherrscher dieser Finsternis, gegen die Geister des Bösen im Reich der Himmel."[6]

Er sei der Geist der Hemmnisse, so fährt Harrison fort, und habe mit all den bösen Einflüssen zu tun, die von Unwissenheit, Vorurteil und Furcht herrühren. Es sei insbesondere verbunden mit materiellem Reichtum, der einen falschen Maßstab für Wert und Würde darstelle.

Dem Nachschlagewerk „Die Bibel von A – Z" zufolge ist Mammon ein aramäisches Wort, wohl abzuleiten vom Stamm *amén*, welches „das, worauf man vertraut, worauf man sich verläßt" bedeutet. In der jüdischen Literatur bezeichnet das Wort den unredlichen Gewinn, das Bestechungsgeld und den unmoralisch erworbenen und angewandten Reichtum, oft „ungerechter Mammon" genannt.

Ein Evangelienwort, Matthäus 6, 24, lautet: „Niemand kann zwei Herren dienen; denn entweder wird er den einen hassen und den anderen lieben, oder er wird sich dem einen zuneigen und den anderen verachten. Ihr könnt nicht Gott dienen und dem Mammon."[7] Der letzte Satz lautet auf lateinisch: „Non potestis Deo servire, et mammonae."

Warum ich dies so ausführlich bringe? Man lese die Worte von Papst Johannes Paul II. nach, besonders jene Stellen, wo er den Konsummaterialismus scharf kritisiert und vom Materialismus bzw. Atheismus der Lebenshaltung spricht, der schlimmer sei als der „wissenschaftliche" Atheismus.*

Teufel und Satan

Am 25.3.1991 starb Erzbischof Lefebvre im Alter von 85 Jahren. Er war die anschauliche Verkörperung des unbeugsamen Widerstands eines Teiles der katholischen Gläubigen gegen den Geist des Zweiten Vaticanums. Das ökumenische Konzil sei schlimmer als die Französische Revolution, und zwar wegen seiner schwerwiegenden Auswirkungen auf den wahren katholischen Glauben, so hieß es in der Ansprache bei seiner Bestattung. Mit dem Einverständnis ketzerischer Päpste sei der Liberalismus und Säkularismus in die Kirche eingedrungen. Die Mitglieder der von Lefebvre gegründeten Priesterbruderschaft Pius X. würden auf dem vorgezeichneten Weg weitergehen, dem einzigen, der zur Wiedergesundung der Kirche führen könne, die von bestechlichen diebischen Menschen in Besitz genommen worden sei. Die vom Teufel dargestellte Macht des Bösen beeinflusse die Personalpolitik des Vatikans, ja, die römische Kirche sei vom Gestank des Satans verpestet: „I fumi di satana hanno inquinato la chiesa"[1], wie es im *Corriere della Sera* vom 3.4.1991 hieß, woraus auch die obigen Einzelheiten entnommen sind.

Mit solchen Worten wird also die unnachgiebige Abneigung gegen die Erneuerung der Kirche, wie sie vom Konzil beschlossen worden ist, zum

---

* Siehe dazu das Kapitel „Die Sorge des Papstes Johannes Paul II. am Jahrtausendende".

Ausdruck gebracht. Es ist nun die Frage zu klären, ob nur eine kleine Gruppe von Menschen, welche die katholische Kirche für nicht mehr rechtgläubig hält, derartige Vorstellungen vom Teufel und vom Satan hegt. Gehen wir erst auf einige biblische Zeugnisse ein.

Das Wort Satan wird von dem hebräischen Zeitwort *satan* = „Widerstand leisten" abgeleitet. So findet man an Stellen, wo es im Hebräischen *satan* heißt, die Übersetzung Widersacher; damit ist vor allem der politische Feind gemeint. Zwei Beispiele:

1. Könige 5, 18; es spricht Salomo: „Es ist kein Widersacher da, und auch keine schlimme Heimsuchung stört. So bin ich denn willens, dem Namen des Herrn, meines Gottes, ein Haus zu bauen."[2]

1. Könige 11, 25; von Reson wird gesagt: „Er war Israels Widersacher, so lange Salomo lebte."[3]

In der Frühzeit hatte das Wort Satan keine religiöse Nebenbedeutung. Die Vorstellung, Satan könne ein ernstzunehmender Gegner Gottes sein, lag völlig fern. Nach dem babylonischen Exil vollzog sich eine Änderung. Im himmlischen Hofstaat trat eine Gestalt auf, deren Aufgabe es war, die Echtheit des guten Lebens einzelner Menschen mit allen möglichen Mitteln zu überprüfen. So im Buch Hiob 1, 6–12 und 2, 1–7.

Im Laufe der Zeit wurde der Tod als Gottesferne angesehen, als ein Ergebnis des Satanwirkens: „Doch durch den Neid des Teufels [diabolos, die griechische Wiedergabe von Satan] kam der Tod in die Welt, und ihn erfahren alle, die ihm angehören."[4]

Zweierlei ist hier bemerkenswert: zum einen, daß Satan im Griechischen mit *diabolos* übersetzt wird, zum anderen, daß wir hier die deutsche Übersetzung Teufel haben. Der Entwicklungsweg dieses Wortes sei noch einmal zurückverfolgt: Das mittelhochdeutsche Wort *tiuvel* bzw. *tievel* und das althochdeutsche *tiufal* wurde im Zuge der arianischen Mission aus dem gotischen Wort *diabaúlus, diabulus* gebildet. Dieses wiederum geht über das kichenlateinische *diabolus, diabulus* auf das griechische *diabolos* mit der Bedeutung „verleumdend, schmähend, Verleumder", im Alten Testament „Widersacher, Feind", im Neuen Testament „Teufel" zurück. Das griechische Wort ist eine Bildung zu *dia-ballein*, mit der Bedeutung „durcheinander-werfen, entzweien, verfeinden, schmähen, verleumden".

Da die Wörter unserer Sprache eine lange Entwicklung hinter sich haben, so daß mancherlei mitschwingt, das man sich nicht ganz zum Bewußtsein bringen kann, ist es immer wieder wichtig, bezüglich scheinbar abgelegener Sachverhalte auf den Wortursprung hinzuweisen.

In der jüdischen Überlieferung gibt es eine reichhaltige Engellehre, in der gute und böse Engel, und vor allem Satan, vielerlei Wirksamkeiten entfalten. Wenden wir uns nun den Aussagen des Neuen Testaments zu, so finden wir, daß das Satan genannte Wesen eine recht bedeutende Stellung einnimmt. Gewöhnlich ist ein direkter Gegenspieler Gottes bzw. Jesu gemeint.

Wir hören vom Satan im Markusevangelium im 1. Kapitel, Vers 12, 13. Dort wird über Jesus von Nazareth gesagt: „Alsdann trieb ihn der Geist hinaus in die Wüste. Und er war in der Wüste vierzig Tage (und vierzig Nächte), wurde versucht vom Satan, lebte bei den wilden Tieren und die Engel dienten ihm."[5]

Und nun eine Stelle aus dem 1. Brief des Apostels Paulus an die Thessalonicher, 2, 18: „Daher wollten wir zu euch kommen, ich, Paulus, einmal und ein zweites Mal; doch der Satan hinderte uns daran."[6]

In den Bildern jüdischer Überlieferung, wo der Satan zusammen mit bösen Geistern die Luft beherrscht, spricht Paulus die Epheser so an (Epheser 2, 1–2): „Auch ihr waret tot in euren Fehlern und Sünden, in denen ihr ehedem dahinlebtet nach Art dieser Weltzeit, nach Art des Herrschers im Machtbereich der Luft, des Geistes, der noch jetzt wirksam ist in den Söhnen des Ungehorsams."[7]

Die unheilvolle Lage der Menschheit wird im Hebräer-Brief 2, 14–16 geschildert. Unter dem Bilde der Gefangenschaft durch den Teufel, der Macht hat über den Tod und dadurch die Menschen in ständiger Furcht hält, heißt es von Jesus Christus: „Da nun die Kinder in Gemeinschaft stehen durch Blut und Fleisch, nahm auch er in gleicher Weise daran teil, um durch den Tod den zu entmachten, der des Todes Gewalt besitzt, nämlich den Teufel, und alle zu erlösen, die in der Furcht des Todes das ganze Leben hindurch einer Versklavung verfallen waren. Denn er nimmt sich doch nicht der Engel an, sondern 'der Nachkommen Abrahams nimmt er sich an'."[8]

Die nun folgende Darstellung der Aussagen der katholischen Theologie beruht auf dem Artikel „Satan" im „Handbuch theologischer Grundbegriffe".

Über den Ursprung des Satans haben Kirchenväter und Kirchenlehrer Aussagen gemacht. Ein ewiges böses Prinzip neben dem guten Gott war mit dem christlichen Glauben, der sich auf die Bibel stützte, unvereinbar. Man war überzeugt, daß der Teufel, als guter Engel Gottes geschaffen, sich von Gott abgewandt habe. Man glaubte, daß er ein hoher Engel gewesen sei, der durch eine Sünde von Gott abfiel. Diese Sünde, die die Heilige Schrift nicht nennt, soll darin bestanden haben, daß er auf den nach dem Bilde Gottes geschaffenen Menschen eifersüchtig geworden sei. Nach dem Volksglauben hatte er Adam verehren sollen, es aber verweigert, weil dieser seiner nicht würdig sei. Diese Ansicht findet sich auch im Islam, und wir haben sie am Anfang dieser Arbeit durch Zitieren einer Stelle aus der 2. Sure gebracht. Die Sünde des Satans suchte man aber vor allem im Hochmut. Zur Begründung wurde folgende Stelle aus Jesaja 14 herangezogen, die zum „Spottlied auf den König von Babel" gehört: „Wie bist du vom Himmel gefallen, du Glanzgestirn, des Morgenrots Sohn! Wie bist du zu Boden geschmettert, du Völkerbezwinger! Du freilich dachtest in deinem Herzen: Zum Himmel steig' ich empor, über die Sterne Gottes erhebe ich meinen Thron, setze mich auf den Götterberg im äußersten Norden, steige empor über Wolkenhöhen, stelle dem Höchsten mich gleich! Wie stürztest du zur Hölle hinab, in das unterste Loch!"[9]

Diese Stelle gilt seit Origines als der klassische Ausdruck für den Hochmut des Teufels. Seit dem Mittelalter wurde daraufhin der Teufel nach Jesaja 14, 12 Luzifer („Lichtbringer", „Morgenstern") genannt. Es war also der König von Babel zum Sinnbild des Teufels geworden.

Zu der Überzeugung, der Teufel und seine Gefolgschaft seien aus dem Himmel gestürzt worden und dies sei ihre einstweilige Bestrafung, trat im frühen Christentum die Anschauung hinzu, daß sie am Tage des Gerichts zur ewigen Verdammnis verurteilt werden würden. Um sich herum vermeinte man aber ihre dämonische Macht zu spüren. Die ganze Welt sei vom Teufel und seinen Engeln erfüllt, hieß es. Besonders die Luft erschien als Bereich der bösen Engel. Im Mittelalter setzte sich die Ansicht durch, daß der Verstoßung aus dem Himmel sogleich die ewige Verdammnis gefolgt sei, daß diese Wesen also keinerlei Möglichkeit einer Buße hätten, die ihnen das Heil bringen könnte.

Schlimme Ereignisse wurden auf das Wirken von bösen Engeln zurückgeführt, zum Beispiel Seuchen und Unwetter. Zauberer, so dachte man, verdankten ihre Macht dem dämonischen Wesen, und Götzendienst sei Teufelsdienst. Auch die Einführung schlechter Bräuche wurde dem Satan und seinem Gefolge zugeschrieben, dazu zählte auch die Verwendung weiblicher Schmuckstücke. Sobald die Seele beim Tode den Leib verlasse, sollten nach herrschender Ansicht böse Engel versuchen, sich ihrer zu bemächtigen.

Zur Lehre der katholischen Kirche seien jetzt zum Abschluß zwei Aussagen wörtlich zitiert.

„Es ist Dogma der Kirche, daß der Teufel nicht etwa ein ungeschaffenes böses Prinzip (im Sinne der Manichäer, Priszillianisten und anderer Irrlehren) ist, sondern als guter Engel von Gott geschaffen wurde (Provinzialkonzil von Braga 561: 'Der Teufel nämlich und die übrigen Dämonen sind zwar von Gott der Natur nach als gut erschaffen worden, aber sie selbst sind durch sich böse geworden'(4. Laterankonzil 1215)."[10]

„Die Auffassung, daß der Teufel aus eigener Macht Unwetter und Dürre verursacht, wurde als ketzerisch von der Kirche mit dem Bann belegt (Provinzialkonzil von Braga). Doch bringen nicht nur die Väter, sondern sogar noch Thomas von Aquin und Suárez* in ihren Äußerungen über den Teufel und die sündigen Engel Ansichten vor, die zeitbedingte und für uns unannehmbare Meinungen sind."[11]

---

* Francisco Súarez, 1548-1619, führender Theologe und Philosoph der spanischen Scholastik.

SOZIALISMUS – KOMMUNISMUS – BOLSCHEWISMUS

Es war lange Zeit die Hoffnung von Menschen, die unter den sozialen Folgen der Industrialisierung litten, es ließe sich eine kommunistisch genannte Gesellschaft aufbauen, eine Gesellschaft freier Menschen, die an der Entfaltung ihrer schöpferischen Fähigkeiten nicht durch unsoziales Verhalten ihrer Mitmenschen, durch Kriege, durch Versorgungsmängel gehindert wären. Wie vielerlei religiöse Antriebe in das Bild des Bolschewismus eingingen, wie diese neue Gesellschaft aussehen sollte und woran die Utopie, tiefer betrachtet, scheitern mußte, wird durch drei Texte zu verdeutlichen versucht, denen einige kurze Ausführungen Rudolf Steiners zugeordnet werden.

Der Bolschewismus, eine atheistische Erlösungslehre

Der Text, der hier unter der Überschrift „Der Bolschewismus, eine atheistische Erlösungslehre" gebracht wird, ist dem noch zu Stalins Lebzeiten verfaßten Werk von Gustav A. Wetter, „Der dialektische Materialismus. Seine Geschichte und sein System in der Sowjetunion", entnommen und wird in einem Buch, das in den fünfziger Jahren viel diskutiert wurde, zitiert. Dieses Buch, in vierter Auflage 1955 in Frankfurt erschienen, trägt den Titel „Christentum am Morgen des Atomzeitalters", der Verfasser ist Klemens Brockmüller S.J. (Mitglied des Jesuitenordens). Zum Verständnis der Aussagen über Stalin ist wichtig zu beachten, daß der Herrscher über die Sowjetunion zwar am 5. März 1953 starb, eine Abrechnung mit dem Stalinismus aber erst auf dem XX. Kongreß der Kommunistischen Partei der UdSSR im Februar 1956 in einer nicht veröffentlichten Rede Chruschtschows erfolgte, wodurch langsam die Entstalinisierung eingeleitet wurde.

„Man hat oft auf den 'religiösen' Charakter des Bolschewismus hingewiesen und auf die mitunter auffallende Ähnlichkeit zwischen seinen Lehren und Institutionen und gewissen Lehren und Einrichtungen des Christentums, vor allem wiederum der katholischen Kirche. Viel mehr noch als wissenschaftliche Lehre ist der Bolschewismus tatsächlich pseudoreligiöser Glaube, ja atheistische Erlösungslehre. Ihr Ausgangspunkt ist die gefühlsbetonte Erkenntnis einer Welt, die 'im argen liegt' und die es zu 'erlösen' gilt. Den Weg zu dieser 'Erlösung' hat Marx gefunden und seine Entdeckung erhält geradezu den Charakter einer regelrechten 'Offenbarung': sie ist nicht zufällige Denkleistung eines genialen Menschen, die an sich auch jemand anders zu anderer Zeit hätte machen können; sie ist vielmehr das notwen-

dige Produkt eines objektiv vor sich gehenden sozialen Entwicklungs-
prozesses, eine Entdeckung, die nur in dem einen bestimmten Entwicklungs-
stadium erfolgen konnte, als 'die Fülle der Zeit' eingetreten war. Dem-
entsprechend ist auch das subjektive Verhalten zu diesem 'Offenbarungsgut'
durchaus dem Bereich des Religiösen entlehnt. Niedergelegt in vier
'kanonischen' Texten, Marx – Engels – Lenin – Stalin, ist es einem 'unfehlbaren Lehramt' anvertraut in Gestalt des Zentralkomitees der
Bolschewistischen Partei und 'persönlich des Genossen Stalin'. Aufgabe des
einzelnen Sowjetphilosophen ist es nicht etwa, dieses Lehrgut zu bereichern
und zu vermehren, sondern lediglich die Menschen seine Anwendung auf
alle Lebensbereiche zu lehren und durch 'Entlarvung' von 'Häresien' für
seine Reinerhaltung zu sorgen. Dabei unterstützt ihn das authentische
Lehramt fallweise durch öffentliche Verdammung von Irrlehren. Hat das
Lehramt gesprochen, so ist es die Pflicht des überführten Häretikers, sich zu
'unterwerfen' und seiner Irrlehre abzuschwören; versäumt er diese Pflicht,
so wird er 'exkommuniziert'. Dem bolschewistischen 'Offenbarungsglauben'
wohnt überdies noch ein echter missionarischer Dynamismus inne: als einzig
wahre und alleinseligmachende 'Religion' strebt er naturgemäß danach, sich
über die ganze Welt auszubreiten, um die 'im Schatten der Finsternis' und im
'Unglauben' Schmachtenden zu 'erleuchten'. In alle Welt entsendet die
bolschewistische 'Propagandakongregation' ihre 'Missionare', die
Sowjetemissäre. Neben dieser 'Glaubenslehre' fehlt aber dem Bolschewismus
nicht sein 'Kult': man braucht nur etwa an die Aufmärsche und Paraden an den
großen 'Feiertagen' zu denken, an den Stalinkult, der geradezu die Formen
religiöser Gottesverehrung annimmt, an das Leninmausoleum, zu dem 'Wall-
fahrten' unternommen werden und das der Schauplatz einer regelrechten
'Reliquienverehrung' ist und dergleichen mehr."[1]

Wie sollte die zukünftige kommunistische Gesell-
schaft aussehen?

Der Verfasser des folgenden Textes, dem ich die Überschrift „Wie sollte die
zukünftige kommunistische Gesellschaft aussehen?" gegeben habe, braucht
wohl kaum vorgestellt zu werden. Es ist Wolfgang Leonhard. Zur Zeitsituation ist folgendes zu sagen: Auf dem XXII. Parteikongreß, der im
Oktober 1961 stattfand, richtete Chruschtschow neue Angriffe gegen Stalin,
dessen Persönlichkeitskult und Säuberungen. Im August 1962 erschien in
einer Zusammenarbeit zwischen Gustav A. Wetter und Wolfgang Leonhard
ein Werk in zwei Bänden, „Sowjetideologie heute". Während Wetter den
dialektischen und historischen Materialismus darstellt, geschieht durch
Leonhard das entsprechende mit den politischen Lehren. Damit der Leser
für die folgenden Auszüge aus dem Kapitel über „Die zukünftige kommuni-

stische Gesellschaft" die richtige Perspektive gewinnt, sei darauf hingewiesen, daß ein Mann wie Gorbatschow während seiner Ausbildung die Überzeugung gewinnen mußte, die Entwicklung bewege sich auf die hier geschilderte zukünftige Gestaltung hin. Besonders erschütternd kann es heute wirken, daß der letzte Satz des Parteiprogramms damals, 1962, lautete: „Die Partei verkündet feierlich: Die heutige Generation der Sowjetmenschen wird im Kommunismus leben!"

„Die zukünftige kommunistische Gesellschaft
Sobald der Übergang zum Kommunismus – oder, wie es jetzt manchmal heißt, der 'entfaltete Aufbau des Kommunismus' – beendet ist, wird das Endziel erreicht: die kommunistische Gesellschaftsordnung.

Bis vor wenigen Jahren war es üblich, sich auf einige allgemeine Hinweise über die zukünftige Gesellschaftsordnung zu beschränken. Erst in den letzten Jahren, vor allem nach dem 21. Parteitag (Frühjahr 1959), haben bekannte Sowjetideologen unter der Devise 'wissenschaftliche Prophezeiung' versucht, Einzelfragen über das Leben in der zukünftigen kommunistischen Gesellschaft zu beantworten.

Die nachfolgende Schilderung stützt sich auf das Kapitel 'Die kommunistische Gesellschaft' im Lehrbuch 'Grundlagen des Marxismus-Leninismus' und auf 43 Aufsätze sowjetischer Ideologen über das Leben in der zukünftigen Gesellschaft,..."[1]

„Marx und Engels hatten die Überwindung der Arbeitsteilung und die Befreiung der menschlichen Persönlichkeit als das entscheidende Merkmal der zukünftigen kommunistischen Gesellschaft bezeichnet. Sie stellten sich den Kommunismus als eine auf der Grundlage des Produktionsüberflusses beruhende freie kommunistische Gesellschaft und freie Persönlichkeit vor, eine Gesellschaft ohne Staat, ohne Klassen und Parteien: 'Das Reich der Freiheit beginnt in der Tat erst da, wo das Arbeiten, das durch Not und äußere Zweckmäßigkeit bestimmt ist, aufhört'; dort 'beginnt die menschliche Kraftentwicklung, die sich als Selbstzweck gilt, das wahre Reich der Freiheit.'

Genaue Schilderungen darüber, wie die kommunistische Zukunftsgesellschaft im einzelnen zu verwirklichen sei, lehnten Marx und Engels ab, weil sie es für unrichtig hielten, darüber Spekulationen anzustellen."[2]

„Auch die Sowjetideologie verzichtete sowohl während der Lenin- als auch während der Stalin-Ära auf jegliche Detailschilderung der kommunistischen Zukunft. Vor 1959 – dem Jahr des 21. Parteitages – hatte lediglich Leo Trotzki (der allerdings von der Sowjetideologie nicht zitiert wird) – einmal folgende Gedanken über das Leben der Menschen in der kommunistischen Zukunft geäußert:

'Der Mensch, der imstande sein wird, Flüsse und Berge zu versetzen, Volkspaläste auf dem Gipfel des Mont-Blancs und auf dem Grunde des

Atlantiks aufzubauen, der wird natürlich auch wissen, seinem Alltagsleben nicht nur Reichtum, Farbigkeit und Intensität, sondern auch höchste Dynamik zu verleihen ... Der Mensch wird es sich zur Aufgabe machen, seiner eigenen Gefühle Herr zu werden, seine Instinkte auf den Gipfel des Bewußtseins zu heben, sie durchsichtig klar zu machen, Leitungsfäden vom Willen unter die Schwelle des Bewußtseins zu führen und sich selber damit auf eine höhere Stufe zu bringen, also einen höherstehenden gesellschaftlich-biologischen Typus oder, wenn man will, einen Übermenschen zu schaffen ... Der Mensch wird unvergleichlich stärker, klüger, feiner werden. Sein Körper – harmonischer, seine Bewegungen – rhythmischer, seine Stimme – musikalischer; die Formen des Seins werden eine dynamische Theatralik gewinnen. Der menschliche Durchschnitt wird sich bis zum Niveau eines Aristoteles, Goethe, Marx erheben. Über diesen Berggrat werden sich neue Gipfel erheben."[3]

„Unter den Bedingungen der kommunistischen Gesellschaft wird ein Tag folgendermaßen ablaufen:
'Die natürlichen Bedürfnisse – Schlaf und Essen – werden etwa zehn Stunden einnehmen. Für die obligatorische Arbeit sind vier Stunden erforderlich. Das bedeutet, daß jeder Mensch etwa zehn Stunden freie Zeit zur Verfügung hat. Und wenn rund vier Stunden für eine den Menschen interessierende geistige Arbeit oder für Lesen verwendet werden und ebensoviel Zeit für aktiven Sport und Laienkunst, so bleiben in diesem Fall noch zwei Stunden für Erholung vor dem Fernsehapparat, im Konzert oder im Kino.'"[4]

„An die Stelle der Staatsmacht wird, nach Auffassung der Sowjetideologie, im Kommunismus eine gesellschaftliche Selbstverwaltung treten. Dieser Prozeß wird dadurch erfolgen, daß eine immer größere Zahl von Bürgern an der Verwaltung teilnimmt, bis schließlich der Zeitpunkt eintritt, da alle Bürger selbständig ihre gesellschaftlichen Angelegenheiten leiten und die Einhaltung der Grundregeln der menschlichen Gesellschaft zur allgemeinen Gewohnheit wird. Damit entfällt die Notwendigkeit eines Staates."[5]

„Die Menschen der kommunistischen Zukunft
Die Zukunftsschilderungen über die kommunistische Gesellschaft enthalten auch Beschreibungen des neuen Menschen, der sich, wie die Sowjetideologie hofft, bis dahin herausgebildet habe.
Seit Anfang 1959, als die Sowjetführung den allumfassenden Aufbau der kommunistischen Gesellschaft proklamierte, wird dem Problem der neuen Menschen der kommunistischen Zukunft besondere Aufmerksamkeit gewidmet."[6]

„Nicht nur durch die Erziehung in der Übergangsperiode, sondern auch durch die Veränderung der gesellschaftlichen Beziehungen werde sich nach sowjetischer Auffassung der Charakter der Menschen wandeln. Mit der

Überwindung der Klassenherrschaft und der Verwirklichung des Prinzips 'Jedem nach seinen Bedürfnissen' verschwinden – nach sowjetischer Auffassung – die Ursachen für die negativen Charaktereigenschaften der Menschen. Die Gesellschaft wird von allen Erscheinungsformen der Unmenschlichkeit, Ungerechtigkeit, Kulturlosigkeit, Unwissenheit, Verbrechen und Lastern befreit. Damit aber werden auch aus den Beziehungen zwischen den Menschen 'Gewalt und Eigensucht, Heuchelei und Egoismus, Verrat und Eitelkeit endgültig verschwinden'.

In der kommunistischen Gesellschaft wird es auch keine Verbrechen mehr geben. So würden vor allem die Eigentumsdelikte wegfallen, die 95 % aller Verbrechen ausmachen. Auch die meisten anderen Verbrechen, Mord, Körperverletzung, Urkunden- und andere Fälschungen werden der Vergangenheit angehören. Der Mensch wird sich jedoch nicht nur von jenen Zügen befreien, die sich seiner Persönlichkeit durch die Bedingungen der Ausbeuterordnung eingeprägt haben, sondern auch alle positiven Errungenschaften der früheren Epochen in sich aufnehmen. Er vereint damit das Beste von allem, was der historische Entwicklungsprozeß hervorgebracht hat, zu einer Synthese: 'Humanismus, entwickeltes Freiheitsgefühl, schöpferische Einstellung zum Leben, persönliche Initiative und Kameradschaft ... werden sich unter dem Kommunismus zu ihrer vollen Blüte entfalten.'

Die Charaktere und Gefühle der Menschen der zukünftigen kommunistischen Gesellschaft werden 'zum höchsten Gipfel ihrer Vollkommenheit' gelangen. Unter den neuen Lebensbedingungen werden sich neue moralische Impulse entfalten: Solidarität, Freundschaft, das Gefühl engster Gemeinschaft mit den anderen Menschen. Zwischen den Menschen werden in der zukünftigen kommunistischen Gesellschaft 'Beziehungen der Zusammenarbeit, der Brüderlichkeit und Freundschaft' herrschen. (...)

Außerdem werden die Menschen der kommunistischen Gesellschaft der Zukunft *hochgebildet* sein. Im Kommunismus werden 'etwa die Hälfte der in der Volkswirtschaft beschäftigten Arbeiter eine mittlere Fachausbildung und der Rest Hochschulbildung besitzen'. Der Mensch wird nicht nur 'die naturwissenschaftlichen und technischen Kenntnisse seiner Zeit' beherrschen, sondern 'auch mit den Sachverhalten der Gesellschaftswissenschaften sowie mit den Leistungen der Literatur und Kunst vertraut sein'. Schließlich wird er 'durch regelmäßige Übungen auch den Anforderungen der Körperkultur und des Sports genügen'.[7]

„In der *ersten* Etappe, bis 1975/80, sollen die materiell-technische Basis des Kommunismus geschaffen, die Arbeitszeit gesenkt sowie stufenweise bestimmte Güter kostenlos verteilt werden. In der *zweiten* Etappe werden dann die beiden Formen des gesellschaftlichen Eigentums endgültig zu einer einheitlichen Eigentumsform verschmelzen, die wesentlichen Unterschiede zwischen Stadt und Land überwunden und mehr als die Hälfte des gesellschaftlichen Konsumtionsfonds kostenlos verteilt werden. Die Arbeitszeit wird auf vier bis fünf Stunden pro Tag gesenkt sein. In der *dritten* Etappe wird schließlich der Aufbau der kommunistischen Gesellschaft vollendet, ein Überfluß an materiellen und geistigen Gütern erreicht sein und der Grundsatz 'Jeder nach seinen Fähigkeiten, jedem nach seinen Bedürfnissen' verwirklicht sein; die Arbeit wird zum ersten Lebensbedürfnis für alle Menschen, der Unterschied zwischen geistiger und körperlicher Arbeit verschwunden sein, und 'es wird keine Zwischenschicht der Intelligenz mehr geben, da alle Werktätigen Intellektuelle geworden sind'. Dabei wird 'die zweite Etappe weniger Zeit als die erste, und die dritte Etappe noch weniger als die zweite beanspruchen'. Somit wird 'noch im 20. Jahrhundert in einem gewaltigen Teil unseres Planeten eine entwickelte kommunistische Gesellschaft entstehen'.

Auch das neue Parteiprogramm sieht vor, den kommunistischen Aufbau 'kontinuierlich in mehreren Etappen' zu vollenden. Bis 1980 soll 'in der UdSSR die kommunistische Gesellschaft im wesentlichen aufgebaut' sein. Vollendet wird der Aufbau der kommunistischen Gesellschaft 'in der nachfolgenden Periode'. Der letzte Satz des Parteiprogramms lautet: 'DIE PARTEI VERKÜNDET FEIERLICH: DIE HEUTIGE GENERATION DER SOWJETMENSCHEN WIRD IM KOMMUNISMUS LEBEN!'

Der Weltsieg des Kommunismus

Die bisher geschilderten Merkmale der zukünftigen kommunistischen Gesellschaft sollen für die Sowjetunion gelten bzw. für die übrigen Ostblockstaaten, die später – allerdings in derselben geschichtlichen Epoche – den Kommunismus erreichen werden. Was die übrigen Staaten der Welt anlangt, so glauben die Sowjetideologen, daß sie sich früher oder später ebenfalls in gleicher Richtung entwickeln werden. Die wesentlichen Grundzüge der zukünftigen kommunistischen Gesellschaft sind 'für alle Länder unumgänglich und allgemeinverbindlich'. Die einzelnen kommunistischen Länder würden nach sowjetischer Auffassung in eine 'kommunistische Weltgesellschaft' hinüberwachsen und damit 'die Verschmelzung der Völker' verwirklichen.

Mit dem Sieg des Kommunismus im Weltmaßstab sollen selbst die geringsten Anlässe zu Feindschaft und Zwietracht, zu Isolierung, Egoismus und nationaler Entfremdung der Vergangenheit angehören. Wirtschaft und Kultur werden sich sogar so weit annähern, daß schließlich eine einheitliche internationale Kultur und, zu einem späteren Zeitpunkt, auch eine einheitliche Weltsprache entstehen werden."[8]

„Und nach dem Sieg des Kommunismus?

Was aber wird geschehen, wenn die kommunistische Idealgesellschaft verwirklicht ist? Wie soll die Entwicklung weitergehen, wenn alle Menschen in Kommunepalästen wohnen, nur noch wenige Stunden freudig arbeiten und umsonst versorgt werden; wenn keine wesentlichen Konflikte zwischen den Menschen und Völkern mehr bestehen, wenn alle Menschen sich nur noch durch gute Charaktereigenschaften auszeichnen, Staat, Gerichte, Gefängnisse und Rechtswesen abgestorben sind und das Familienleben die höchste Blüte erreicht hat? Was dann? Welche Triebkräfte würden wirksam sein, wenn einmal der kommunistische Idealzustand geschaffen ist?

Selbst wenn die Menschen die Höhen des Kommunismus erklommen haben, werden sie nicht stehenbleiben. Die Menschen werden sich auch nach Erreichung des Kommunismus nicht zufriedengeben. Sie werden nicht der passiven Beschaulichkeit verfallen, sondern auch weiterhin zu aktiver Tätigkeit, schöpferischer Arbeit und kühnem Überwinden aller Hindernisse angespornt sein. Die wachsenden Bedürfnisse der Menschen in der kommunistischen Gesellschaft, das Anwachsen der Bevölkerung und die Entwicklung der materiellen und geistigen Güter würden dann als Triebkräfte für den ununterbrochenen Fortschritt wirken. Das Leben wird die Menschen immer wieder vor neue Probleme stellen, 'deren Lösung schöpferische Anstrengungen von jeder neuen Generation fordern wird'. Vor allem für die Wissenschaft wird es, laut Professor W.A. Obrutschew, eine Fülle von neuen Problemen geben, darunter, alle Naturkatastrophen vorauszusehen und abzuwenden, alle Naturkräfte dem Menschen dienstbar zu machen, alle ungünstigen Gebiete, vielleicht auch den Meeresgrund, für das Leben zu erschließen, die Lebenszeit der Menschen auf durchschnittlich 150 bis 200 Jahre zu verlängern, Alter und Ermüdung zu besiegen 'und zu lernen, den Menschen bei frühzeitigem oder vorzeitigem Tod das Leben wiederzugeben'.

Nach sowjetischer Auffassung gibt es im Kommunismus keine Grenze für das Streben der Menschen, sich die Kräfte der Natur dienstbar zu machen und die Formen der gesellschaftlichen Selbstverwaltung zu vervollkommnen. Auf dem Wege zu den Höhen der kommunistischen Zivilisation werden die Menschen immer wieder ungewöhnliche Willens- und Geistesstärke, schöpferischen Elan, Mut und Tatkraft hervorbringen."[9]

Welche Triebkräfte stehen hinter der fanatisch-revolutionären Marxschen Utopie?

Der dritte Text – „Welche Triebkräfte stehen hinter der fanatisch-revolutionären Marxschen Utopie" – ist von Franz Borkenau verfaßt und seiner Auswahl aus den Schriften von Karl Marx vorangestellt. Der Leser achte auf die Verwendung von Ausdrücken wie: Weltdrama, Harmonie, Paradies der Unschuld, Sündenfall, Verderbnis, erlösender Umschlag, das neue Paradies, die uralten Paradies-Erwartungen, Rettung der Menschheit, das Reich der Fülle, Posaunenstoß.

„So erhebt sich zum Schluß die Grundfrage: Welches sind die Triebkräfte und Denkmotive, die hinter der fanatisch-revolutionären Utopie stehen? Ist es doch schließlich sie, die auf dem Umweg über den russischen Kommunismus von dem gesamten Lebenswerk Marx' weitaus am stärksten gewirkt hat! Weder bei Hegel noch bei den utopischen Sozialisten noch gar bei den englischen Ökonomen sind ihre Wurzeln zu finden. Sie liegen jedoch nahe genug, obgleich Marx sich des Zusammenhangs offenkundig nicht bewußt war.

Die Marxsche Utopie stellt ein Weltdrama dar, das deutlich in fünf Akte gegliedert ist. Es beginnt mit dem 'Urkommunismus', einer Zeit völliger gesellschaftlicher Harmonie, allerdings auch größter Abhängigkeit des Menschen von der Natur. Diesem ersten primitiven Paradies der Unschuld folgt, nach Engels' von Marx gutgeheißener Schrift über den 'Ursprung der Familie, des Privateigentums und des Staates', in irgendeiner nicht sehr klaren Art der Sündenfall: die Einführung des Privateigentums. Mit ihm kommt die Ungleichheit, der Staat, die Religion, die Familie; es ist der Beginn der Verderbnis. Akt drei bringt den Höhepunkt dieser Verderbnis, den Kapitalismus; Akt vier den erlösenden Umschlag, die proletarische Revolution; Akt fünf das neue Paradies, den Kommunismus, der 'auf höherer Ebene' das erste Paradies, die Unschuld des Urkommunismus reproduziert.

Hier läßt sich nun plötzlich der wirkliche Sinn des Marxschen Begriffes eines 'wissenschaftlichen Sozialismus' klar erfassen. Der Begriff der Unschuld und der Rückkehr zur Unschuld, des ersten und des zweiten Paradieses und ihrer Trennung durch einen tiefen Verfall (der aber zugleich die Voraussetzungen der Erlösung schafft) sind religiösen Charakters. Marx wäre zwar ohne Zweifel in furchtbare Erbitterung geraten, wenn man ihn auf seine fast unveränderte Übernahme einer jüdisch-christlichen Grundkonzeption hingewiesen hätte; es bleibt jedoch Tatsache, daß weder sein ursprüngliches noch sein künftiges Paradies das mindeste mit irgendeiner Praxis oder gar Wissenschaft zu tun haben; 'Praxis' und 'Wissenschaft' sind bei Marx nur in den Zwischengliedern, im Grunde nur im dritten Akt des Dramas, nur in unbestimmten Ausstrahlungen auch im zweiten und vierten Akt eingeschaltet. Marx selbst meinte mit seinem Begriff des wissenschaftlichen Sozialismus nichts anderes als die Ersetzung der sozialistischen Utopie durch einen 'wissenschaftlichen' Nachweis, dessen unmittelbarer praktischer Sinn die Sicherung der fanatisch-revolutionären gegenüber jeder milderen Entwicklungsperspektive war; in Wirklichkeit hat jedoch der Begriff des 'wissenschaftlichen Sozialismus' einen viel weiteren Sinn: er stellt einen Versuch dar, die uralten Paradies-Erwartungen, die durch die moderne Wissenschaft entwertet wurden, in einer neuen historisch-dialektischen Ableitung eben mit den Mitteln der Wissenschaft wiederherzustellen. Damit erweist sich die Marxsche Utopie als ein besonders extremer Fall der modernen wissenschaftlichen Utopie, als ein besonders unmittelbarer Glaube daran, daß 'Technik und Wissenschaft' ein Paradies auf Erden schaffen werden.

Die religiösen Ursprünge der diesseitigen Paradies-Utopie, die auch bei Marx durch 'Technik und Wissenschaft' nur ganz dünn verdeckt sind, liegen bei den an Technik und Wissenschaft weniger interessierten Vorgängern offen zutage, vor allem aber bei Fichte. Wir sprechen hier nicht an erster Stelle von seinem 'geschlossenen Handelsstaat', obwohl es natürlich nicht belanglos ist, daß Fichte der erste deutsche Sozialist war. Entscheidend sind aber seine 'Betrachtungen über das gegenwärtige Zeitalter' von 1805, die das Marxsche Fünf-Akte-Schema vorwegnehmen, wobei Fichte, zum Unterschied von Marx, die Fünf-Akte-Teilung ausdrücklich zur Grundlage seines ganzen Arguments macht: Akt I Stand der Unschuld; Akt II Sündenfall, Auftreten des Lasters, in der Form des materiellen Egoismus; Akt III (die Gegenwart) 'Stand der vollendeten Sündhaftigkeit'; Akt IV Umkehr aus moralischer Erkenntnis und damit Erlösung; Akt V neuer Stand der Unschuld, doch diesmal auf der höheren Grundlage voller moralischer Einsicht. Wo Fichte den moralischen, dort nimmt Marx den ökonomischen Faktor zum Leitfaden. Doch ist Marx' Konstruktion so stark moralisch und anderseits Fichtes Begriff der Sünde so stark privatwirtschaftlich gefärbt, daß der Unterschied noch geringer ist, als er bei schematischer Darstellung erscheint.

Bei Fichte ist der religiöse Ausgangspunkt in dem Begriff der Sündhaftigkeit ausdrücklich gegeben, wie ja überhaupt seine ganze Konstruktion von den Vorstellungen der Brüdergemeinde, in der er erzogen wurde, durchdrungen ist. Ähnlich liegt es bei Rousseau, der genau das gleiche fünfaktige Drama vorträgt, dabei übrigens noch die Marx abhanden gekommene Einsicht hat, daß das neue Paradies nicht ein technisches Paradies, sondern nur eine Rückkehr zum seligen Naturzustand des ersten Paradieses sein kann: ins Optimistische gewendeter Calvinismus, der die gesamte Kulturwelt als verderbt betrachtet, aber, entgegen der strengen calvinischen Lehre, an die Rettung der Menschheit als Ganzes glaubt. Von dort führt die Linie zurück zu den unzähligen kommunistischen Sekten des Reformationszeitalters und des Mittelalters, die allesamt die gleiche Vorstellung von der Rückkehr zum urkommunistischen Paradies und die gleiche Auffassung von den dazwischenliegenden Phasen der Verderbnis haben, welche im Augenblick ihrer bösartigsten Aufgipfelung in die Errettung des Menschengeschlechtes umschlägt. Diese Sektenlehren ihrerseits haben ihre Wurzel in der alttestamentlichen Prophetie. Jenes Reich der Fülle und der durch keinen Zwang beeinträchtigten Liebe, das Marx so fanatisch prophezeit, hat nichts mit wirklicher Wissenschaft, um so mehr aber mit der Rettung des 'Restes' der Guten bei Jesaia zu tun, in dessen Endparadies bekanntlich der Löwe neben dem Lamme ruht und ein kleines Kind sie beide führen wird. Die Urheber der fünfaktigen Weltdeutungen seit dem Mittelalter hatten mit wenigen Ausnahmen aus den neutestamentlichen Quellen geschöpft, die allesamt (einschließlich der von den Schwärmern am meisten benützten

Apokalypse Johannis) ihrem gewaltgläubigen Grundstandpunkt wenig gemäß sind. Die ungeheure Wucht der Marxschen Prophetie beruht nicht zuletzt darauf, daß er, obgleich ganz unbewußt, durchaus auf die alttestamentlichen Urquellen zurückgeht, die die Prophetie noch nicht in christlich-jenseitiger, sondern in diesseitiger, 'chiliastischer'* Form besitzen und denen es (nicht allerdings bei Jesaias) auch an gewaltsamen Elementen keineswegs fehlt. Marx' sehr radikaler Bruch mit dem Judentum seiner Zeit, weit entfernt, zu einer rein empirischen Auffassung der Wirklichkeit zu führen, hat bei ihm nur, ihm selbst völlig unbewußt, den Zugang zu den allerältesten alttestamentarischen Traditionen freigelegt. Das wäre freilich geschichtlich belanglos gewesen, wäre dem nicht eine ganz gleichartige, nur noch unsicher tastende Strömung in der sich entchristlichenden Welt der europäischen Intellektuellen entgegengekommen. (Daß sich der Sozialismus in der englischen Arbeiterbewegung erst sehr spät und auch dann nur in sehr besonderen Formen durchgesetzt hat, beruht so gut wie ausschließlich darauf, daß diese Entchristlichung in England viel langsamer und weniger radikal vordrang als auf dem Kontinent, weswegen das Bedürfnis nach einem irdischen Paradies viel schwächer blieb.)

Warum mußte der großartige Versuch einer Vereinigung von Theorie und Praxis in einem solchen atavistischen Rückfall in Frühformen religiösen Erlebens, in einer totalen und totalitären Utopie enden? Dafür wird man mit Recht die Zeit verantwortlich machen, doch nur in einem sehr speziellen Sinne – ist doch nicht die ganze Periode jenem Atavismus anheimgefallen, sondern nur bestimmte Denkrichtungen und politische Bewegungen! Die Ursache wird man in jenem Immanentismus suchen müssen, den Marx von Hegel übernahm und auf den Kopf, d.h. auf die Füße, stellte. Hegel hatte gelehrt, daß es im Kosmos letzten Endes nichts Neues gibt, sondern nur Selbstentfaltung der Idee von Stufe zu Stufe; Marx hatte an Stelle der Hegelschen Idee die Gesellschaft gesetzt, doch an Hegels Lehre, daß immer bloß die vorhergehende Stufe die nächste unausweichlich bestimmt, unverändert festgehalten. Dadurch aber wurde er zum Opfer genau desjenigen Prozesses, den er selbst am tiefsten analysiert hatte – der Verdinglichung. Denn was bedeutet es, wenn wir, Marx' eigener Forderung entsprechend, vom Fetischismus der Dinge auf die hinter ihnen stehenden menschlichen Beziehungen zurückgehen? Daß diese Beziehungen selbst jedes Zuges von Liebe, von menschlicher Solidarität entbehren. Diesen Zustand hatte schon im 17. Jahrhundert Hobbes ausgesprochen, als er erklärte, der Mensch sei dem Menschen ein Wolf. In seiner Analyse der kapitalistischen Gesellschaft setzt Marx in gewissem Sinne Hobbes' Lehre nur in die Sprache der politischen Ökonomie um. Wie soll er aber von ihr ausgehend den Weg zur Wiederherstellung menschlicher Solidarität finden, während er in dem

---

* Chiliasmus: Erwartung des Tausendjährigen Reiches (Christi) auf Erden.

Hegelschen Immanentismus befangen bleibt, demzufolge die nächste geschichtliche Phase immer schon in der vorhergehenden enthalten ist? Marx strebt zur und spricht von der Wiederherstellung menschlicher Solidarität, doch was er praktisch bei seiner Umschlagstheorie erhält, ist nur die Kollektivisierung der Entmenschlichung: der Glaube an den Terror, in utopischem Fanatismus von der Erwartung des Verschwindens aller konkreten gesellschaftlichen Ordnungen düster entflammt; die Wiederkehr also des Glaubens der Wiedertäufer von Münster, des revolutionären Schwärmertums. Wo immer das von Hobbes so früh formulierte Prinzip der Feindschaft zwischen Mensch und Mensch als Ausgangspunkt akzeptiert wird, gibt es keinen anderen Ausweg. Darum eben spielt der Marxismus, in der Theorie Marxens wie in der Praxis der marxistischen Richtungen, eine schicksalhafte Rolle in unserer Zeit. Marx' Lehre ist der Posaunenstoß, der die Totalkrise aller höheren gesellschaftlichen Daseinsformen, ja der menschlichen Existenz als Ganzer ankündigt, in der wir stehen."[1)

Drei Aussagen Rudolf Steiners zum sozialistischen Experiment in Rußland und zur Zeitsituation

Zu dem sozialistischen Experiment in Rußland hat sich Rudolf Steiner immer wieder von den verschiedensten Gesichtspunkten aus geäußert. In den folgenden Ausführungen vom 15.6.1919 wird begründet, warum der Anfang des Experiments als gescheitert betrachtet werden könne: Lenin habe es versäumt, ein Geistesleben frei auf sich selbst zu stellen. Ohne ein solches freies Geistesleben, so heißt es, verknöchere man für das übrige soziale Leben bürokratisch in die Unmöglichkeit hinein. Rudolf Steiners Darstellung ist in eine große Perspektive hineingestellt: in den bevorstehenden großen Geisteskampf zwischen Orient und Okzident mit ihren Gegensätzen geistiger und seelischer Art. Es wird auf die elementarische innere Unruhe verwiesen, die über die Menschheit der ganzen Erde gekommen ist, und es wird darauf aufmerksam gemacht, daß der Erzieher der Gegenwart es nötig hat, in die großen Kulturströmungen der Gegenwart einzudringen.

„In einem der Vorträge, die ich hier in der letzten Zeit gehalten habe, habe ich darauf aufmerksam gemacht, daß in der Gegenwart Erziehungs- und Unterrichtswesen nicht bloß verlangt eine gewisse hergebrachte Art von didaktisch-pädagogischen, wie man sie so nennt, Erkenntnissen und Fertigkeiten, sondern daß für den Erzieher und Unterrichter der Gegenwart vor allen Dingen nötig ist, einzudringen in die großen Kulturströmungen der Gegenwart. Der Erzieher hat es ja mit der heranwachsenden Menschheit zu tun. Diese heranwachsende Menschheit wird noch an viel andere Fragen herantreten müssen und wird in sie hineinversetzt werden müssen, als diejenigen waren, die schon in der verflossenen Zeit bis zur Gegenwart erlebt worden sind. Und es ist eine Notwendigkeit, daß der Erzieher und Unterrichter, indem er sich mit der heranwachsenden Menschheit zu beschäftigen hat, etwas ahnt von dem Zeitalter und seinem Charakter, worin eben die heutige junge Generation der Menschheit hineinwächst."[1]

„.... der Kampf, den die Menschheit ausgefochten hat, weist er denn nicht klar und deutlich darauf hin, daß in dieser Menschheit einfach kulturhistorisch, man möchte sagen anthropologisch-historisch, eine Unruhe lag, welche die Menschheit fast über das ganze Erdenrund hin ergriff? Frägt man da oder dort: Was haben die Leute deutlich getan oder gedacht im Jahre 1914? –, so zerflattern die Urteile. Man muß da eben sehen auf die elementarische innere Unruhe, die über die Menschheit der ganzen Erde gekommen ist. Und diese innere Unruhe, die sich deutlich im Grunde genommen heute schon ausspricht, hat sich zunächst ausgelebt, man möchte sagen, in dem physischen Waffenkampf. Dieser physische Waffenkampf war physischer als früher die Kriege. Denn wieviel rein Maschinelles, wieviel rein Mechanisches hat Anteil gehabt an diesem Waffenkampf. Aber wie dieser Waffenkampf ein solcher war, daß man ihn mit nichts in der bisherigen Geschichte vergleichen kann, so wird er gefolgt sein von einem Geisteskampf, der ebenfalls mit nichts in der Geschichte sich wird vergleichen lassen. Der äußerste physische Waffenkampf auf der einen Seite wird gefolgt sein von einem Geisteskampf, der auch ein Äußerstes darstellen wird von dem, was die Menschheit bisher in der geschichtlichen Entwickelung erlebt hat. Man wird sehen, daß an diesem Geisteskampf die ganze Erde teilnehmen wird, und daß in diesem Geisteskampf Orient und Okzident mit Gegensätzen geistiger und seelischer Art stehen werden, wie sie noch nie dagewesen sind.

Die Dinge kündigen sich stets durch allerlei Symptome an, deren Bedeutung man nicht immer kräftig genug einschätzt. Vieles wird davon abhängen, wie die anglo-amerikanische Welt, als Okzident-Welt, gegenüber der orientalischen Welt in der Zukunft sich verhalten wird. Denn nicht so leicht, wie es mit Mittel- und Osteuropa physisch, wird die anglo-amerikanische Welt als Okzident mit dem Orient geistig fertig werden. Daß Indien heute halb verhungert ist, daß das halbverhungerte Indien nach einer Neugestaltung aller menschlichen Verhältnisse schreit, das bedeutet ein Ungeheures in der Gegenwart. Denn wenn dieses halbverhungerte Indien aufstehen wird, dann wird es durch das Vermächtnis, durch das geistige Vermächtnis urältester Zeiten, ein viel elementarerer Feind sein für den Okzident, für die anglo-amerikanische Welt, als es Mitteleuropa mit seiner materialistischen Gesinnung war.

In diesen großen Geisteskampf, für den alle sozialen und sonstigen Bestrebungen der Gegenwart nur das Vorspiel sind, gewissermaßen nur Propädeutik, in diesen Geisteskampf wächst unsere junge Generation hinein, und sie wird gerüstet sein müssen mit Kräften, von denen sich die heutige Menschheit, auch die pädagogisierende Menschheit, vielfach nichts träumen läßt."[2]

„Der Anfang des sozialistischen Experimentes in Rußland ist ja da. Er ist heute gescheitert, wie Sie wissen, kann als gescheitert betrachtet werden. Seine Verteidiger sind ja immer, wie die Leute überhaupt sind, päpstlicher als der Papst, sind immer leninischer als *Lenin*; denn Lenin weiß heute bereits ganz gut, daß er nicht weiterkommt mit dem, was er eingebrockt hat. Und warum kommt er nicht weiter? Weil er versäumt hat, ein Geistesleben frei auf sich selbst zu stellen. Will man mit dem sozialen Leben so weit gehen, wie Lenin gegangen ist, so braucht man daneben ein freies Geistesleben, sonst verknöchert man für das übrige soziale Leben bürokratisch in die Unmöglichkeit hinein. Heute ist bereits durch das russische Experiment bewiesen, daß das Geistesleben frei sein muß. Aber verstehen muß man eine solche Tatsache. Und wenn man in Mitteleuropa die Notwendigkeit der Emanzipation des Geisteslebens, insbesondere des Schul- und Unterrichtswesens, nicht wird verstehen wollen, dann wird ein sehr schlimmer Geisteskrieg kommen zwischen Orient und Okzident.

Heute müssen die Engländer, die in ihrer Politik verhältnismäßig leicht mit Mitteleuropa fertig geworden sind, das versäumt hat, über historische Möglichkeiten und Impulse nachzudenken, heute müssen die Engländer sich fragen: Wie werden wir mit Indien fertig? – Das braucht nicht unsere Sorge zu sein, aber es wird in der nächsten Zeit eine sehr bedeutsame Sorge der anglo-amerikanischen Politik sein, denn die Inder werden eine Sozialisierung verlangen, aber eine solche, von der sich die Europäer kaum etwas träumen lassen. Zunächst knurren die Magen eines ungeheuer großen Teiles des indischen Volkes, zunächst lebt in einem großen Teile dieses Volkes, geheimnisvoll unterstützt von all den Dämonen, welche die Erbschaft uralter Geistigkeit begleiten, es lebt in einem großen Teile der indischen Menschheit der Ruf: 'Los von England!' Und England ist in dem Augenblick nicht mehr England, wenn es nicht Indien hat. Aber das wird nicht ein einfacher Vorgang sein, das wird ein Vorgang sein, der sich sehr bedeutsam abspielen wird. Schläfrige Seelen werden ihn vielleicht verschlafen. Den physischen Krieg kann man nicht verschlafen, aber den Geisteskrieg zu verschlafen, das werden vielleicht Menschen doch zustande bringen; denn sie haben heute eine so starke Schlafsucht, die sogenannten Kulturmenschen, daß sie die wichtigsten Dinge verschlafen. Aber abspielen wird sich die Sache doch. Und mit all den Kräften, die im Innersten der Seelen liegen, wird der Mensch drinnenstehen in diesem Kampfe.

Der, welcher zunächst daran denken muß, daß wir solchen Zeiten entgegengehen, das muß der Erzieher und Unterrichter sein. Und aus dem Gedanken, aus der Ahnung dessen, was da kommen wird, werden die stärksten Impulse hervorgehen müssen, welche die Pädagogik, welche Erziehung und Unterricht in der nächsten Zeit brauchen. Nicht aus sophistischen Spintisiererein über pädagogische und methodische Kleinigkeiten, sondern aus der Erfassung der großen Kulturströmung der Gegenwart heraus muß das geboren werden, was einstrahlen muß in das Unterrichts- und Erziehungswesen der allernächsten Zukunft."[3)]

Ein Jahr später, 1920, ist es nur allzu klar geworden, daß die Sowjetregierung die Notwendigkeit eines freien Geisteslebens nicht eingesehen hat, ja, daß sie sich sogar in ihren Maßnahmen gegen die Entfaltung einer den gegenwärtigen Erfordernissen entsprechenden Geistigkeit wendet. In einem Vortrag vom 13. Juni 1920 zitiert Rudolf Steiner aus einem Aufsatz, der im *Baseler Vorwärts* am 2. Juni 1920 erschien und den Titel trägt: „Die Politik der Sowjetregierung auf dem Gebiet der Religion". Nur scheinbar handelt es sich dabei um einen Kampf gegen das „Opium des Volkes". In Wahrheit sollen nur in radikaler Weise die Konsequenzen aus einer populären Auffassung der Ergebnisse der modernen Wissenschaft gezogen werden. Da das eigentliche Wesen des Menschen nicht erkannt und darum das Menschliche, das in der Sittlichkeit zum Ausdruck kommt, nicht gefördert wird, müßte sich bei Verwirklichung der Absichten der Sowjetregierung die menschliche Gesellschaft über die ganze Erde hin in eine Tierherde, die nur raffiniert denken kann, verwandeln.

„Ich möchte ein paar Minuten etwas ganz anschaulich schildern. Da habe ich vor ganz kurzer Zeit in einer Zeitung den folgenden Satz gelesen: 'Die Religion, die einen phantastischen Reflex in den Köpfen der Menschen über ihre Beziehungen untereinander und zur Natur darstellt, ist dem natürlichen Untergang geweiht durch das Anwachsen und den Sieg der wissenschaftlichen, klaren, naturalistischen Auffassung von Wirklichkeit, die sich parallel mit dem planmäßigen Aufbau der neuen Gesellschaft entwickeln wird.'

Nun, nach dem, was man heute erfahren kann mit Bezug auf die schlafenden Seelen der Gegenwart, kann man sich wohl fragen: Wieviel Menschen lesen das in einem Zeitungsartikel und zucken auf wie von einer Viper gestochen, weil es das furchtbarste Symptom ist, das in solchen Sätzen angesprochen werden kann? Denn man denkt nicht, was entsteht auf der Erde, wenn das verwirklicht wird, was in den Worten liegt: 'Die Religion, die einen phantastischen Reflex in den Köpfen der Menschen über ihre Beziehungen untereinander und zur Natur darstellt, ist dem natürlichen Untergang geweiht durch das Anwachsen und den Sieg der wissenschaftlichen, klaren, naturalistischen Auffassung von Wirklichkeit, die sich parallel mit dem planmäßigen Aufbau der neuen Gesellschaft entwickeln wird.'

Das, was hier als Religion gemeint ist, ist nicht irgendein Bekenntnis, ist nicht irgendein berechtigt zu tadelndes religiöses Bekenntnis, ist nicht nur die Religion im engeren Sinn, es ist alle Sittlichkeit. Und dasjenige, was folgen würde, wenn das sich bewahrheitete, was in diesen Sätzen liegt, ist, daß die menschliche Gesellschaft über die ganze Erde hin sich verwandeln müßte in eine Tierherde, die nur raffiniert denken kann. Wenn sich nicht die

Möglichkeit findet, daß Gegenkräfte erwachen gegen dasjenige, was jetzt im Osten Europas groß wird und nach Asien hinüber sich mit rasender Schnelligkeit ausbreitet, dann ist es so, daß alle Zivilisation dem Untergang geweiht ist. Dann würden sich solche Ideale verwirklichen."[4]

Die besonders im 19. Jahrhundert herrschend werdende naturwissenschaftliche Denkungsart hat zu Unterrichtsinhalten und Erziehungsmethoden geführt, die einen besonders kompromißlosen Eingang in die sowjetische Erziehungswissenschaft gefunden haben. Vor den absehbaren sozialen Folgen einer solchen Erziehungswissenschaft warnt Rudolf Steiner nachdrücklich, indem er darauf aufmerksam macht, daß die besondere Ausprägung, die der Materialismus der letzten Jahrhunderte im Marxismus gefunden habe, zum Krankmachen der ganzen Kulturentwicklung Europas führen werde, wenn dieses materialistische Weltbild die Erziehung allein bestimmt. Der Vortrag wurde am 11. Mai 1920 vor Lehrern in Basel gehalten.

„Das kulturhistorische Werden droht beständig krank zu werden. Der Mensch muß aus seinem Lehren, aus seinem Wirken heraus dasjenige, was fortwährend im Kulturwerden krank werden will, heilen. Das ist etwas, das durchschaut werden muß. Die Geschichte enthält Niedergangskräfte, und von den Niedergangskräften darf nicht erwartet werden, daß sie die Menschheit erhalten können. Wenn der Marxismus heute davon lebt, daß alles auf wirtschaftlichen Kräften aufgebaut ist und das Geistige eine Art Überbau ist, dann beruht das ganz gründlich auf dem Materialismus der letzten Jahrhunderte. Denn was würde aus diesen rein wirtschaftlichen Produktionskräften, wenn sie sich, ohne daß von dem Menschen aus eine fortwährende Verbesserung geschehen würde, selbst überlassen würden? Sie führten die Menschen nur in das Krankmachen des sozialen Lebens hinein. Trotzkiismus und Leninismus bedeutet Krankmachen der ganzen Kulturentwickelung Europas. Der Osten wird, wenn der Marxismus doch verwirklicht wird, wenn es ihm gelingt, bis in die Schule hineinzudringen, er wird ein künstliches Kranksein der europäischen Kultur; denn er rechnet damit, daß aus dem Außermenschlichen heraus allein Kultur werden könnte. Kultur kann aber nur werden, wenn der Mensch dasjenige, was im Außermenschlichen fortwährend in den Niedergang strebt, von sich aus fortwährend heilt."[5]

Russland im Umbruch

Für die zukünftige Menschheitsentwicklung ist die Frage, welchen Weg Rußland, besser gesagt das russische Volkstum, in der nächsten Zeit einschlagen wird, von entscheidender Bedeutung. Wird das Russentum aus seiner schwierigen Lage dadurch zu entkommen suchen, daß es das Heilige Rußland der Vergangenheit wieder auferstehen läßt, oder werden sich genügend Menschen durch die anthroposophisch orientierte Geisteswissenschaft zu einem Wirken impulsieren lassen, das den Erfordernissen am Ende des 20. Jahrhunderts entspricht?

Welche Erwartungen mit der Heimkehr des Alexander Solschenizyn verbunden sind, ergibt sich aus Zeitungsartikeln, die ich zitiere.

Solschenizyns Manifest/Prochanows Aufruf/ Hoffen auf ein Eingreifen des Himmels, auf ein Wunder, auf das Kommen des Messias

Von einem „Koloß" hat auch Solschenizyn gesprochen, als er im September 1990 sein Manifest in der Sowjetunion veröffentlichte, das unter dem Titel „Rußlands Weg aus der Krise" im November 1990 in deutscher Übersetzung erschien. Die ersten Sätze dieses Manifestes lauten:

„Dem Kommunismus hat seine Stunde geschlagen.

Doch der Betonkoloß ist noch nicht zusammengebrochen. Wie sollen wir uns von ihm befreien, ohne von seinen Trümmern erschlagen zu werden?"[1]

Dieses Bild greift er etwas später nochmals auf: „Noch aber hängt der granitene Koloß des KGB über uns, der uns nicht in die Zukunft entlassen will."[2]

Es seien nur einige Einzelheiten aus Solschenizyns Darstellungen gebracht und in einen weiteren Zusammenhang gestellt: „Wie lange noch müssen wir immer neue und neue Angriffswaffen entwickeln? Wozu brauchen wir eine Übersee-Kriegsflotte? Wozu Planeten erobern? Das alles verschlingt Hunderte von Milliarden jährlich. Auch damit muß augenblicklich Schluß gemacht werden. Der Kosmos kann warten."[3]

Der Kosmos kann warten. Wie stolz sind viele Menschen in der Sowjetunion auf die Leistungen ihrer Kosmonauten! Die sowjetische Weltraumstation Mir ist ein Prestigeobjekt. Sie gilt unter den Weltmächten gewissermaßen als Statussymbol. Soll es damit jetzt ein Ende haben?

Wie stark die Widerstände gegen eine Einschränkung oder gar Aufgabe der sowjetischen Raumfahrt sind, ergibt sich aus einem Artikel in *Le Monde*, der in der Ausgabe vom 21. August 1991 erschien, also zu einer Zeit, als der

Putsch in Moskau noch nicht gescheitert war. Das Scheitern wurde erst am Nachmittag desselben Tages gemeldet.

Die Überschrift des Artikels lautet: „Un appel annonciateur du coup de force" – „Ein Aufruf, der den Putsch ankündigt". Der Aufruf selber heißt: „Ein Wort ans Volk." Veröffentlicht wurde er am 23.7.1991 in der konservativen Zeitschrift *Sovietskaya Rossiya*. Zwei der zwölf Unterzeichner waren seit Sonntag, dem 18.8., Mitglieder des Notstandskomitees. Als der eigentliche Verfasser des Textes bekannte sich Alexandr Prochanow, der einem spanischen Journalisten ein Interview gewährte, das am 12.9.1991 in *El País* unter der Überschrift erschien: „La desintegración de la URSS es el delito del siglo", „Die Auflösung der UdSSR ist das Verbrechen des Jahrhunderts".

In dem in einer leidenschaftlichen Sprache abgefaßten Aufruf, auszugsweise in *Le Monde* veröffentlicht, werden die „Brüder" aufgefordert, sich gegen „die reichen, habgierigen Geldraffer, die verschlagenen Abtrünnigen, die Pharisäer" zu mobilisieren, „die die Reichtümer des Landes verschleudern, nachdem sie die Macht an sich gerissen haben, die sich vor den ausländischen Geldgebern ducken und jenseits der Meere Rat und Segen suchen, während das Haus an allen vier Ecken brennt und es nicht mehr darum geht, den Brand mit Wasser, sondern mit unseren Tränen und unserem Blut zu löschen". Den Ingenieuren wird Dank ausgesprochen, „die durch ihre Intelligenz zur Schaffung einer mächtigen Industrie beigetragen und das Vaterland instandgesetzt haben, Raumflüge durchzuführen"[4].

Der Aufruf verurteilt die Unterwerfung unter die allmächtigen Nachbarn, die Eindringlinge, und die Umwandlung des Volkes in billige Arbeitskräfte für ausländische Unternehmer. Zum Schluß sprechen sich die Unterzeichner für ein einziges unteilbares Vaterland und einen machtvollen Staat aus.

Dies also sind Auszüge aus dem Artikel in *Le Monde*. Es seien jetzt noch einige Aussagen von Alexandr Prochanow gebracht, der von der Zeitung *El País* der Wortführer der russischen imperialistischen Philosophie und Inspirator des Staatsstreichs genannt wird: „Occidente nos ha destrozado a través de Gorbachov", „Der Westen hat uns durch (oder: mit Hilfe von) Gorbatschow zerstört", erklärt er und betrachtet den Staatspräsidenten als „el líder más negativo de toda la historia rusa", als „den negativsten Führer der ganzen russischen Geschichte". „In der Führung der Geschicke Rußlands hat es niemals Verräter gegeben. Er (Gorbatschow, H.-D.F.) ist der erste."[5]

Wäre erst einmal der Rüstungsgleichstand mit den USA erreicht gewesen, dann hätte sich der sowjetische Staat erhalten lassen, weil Mittel, die bisher der Landesverteidigung gedient hatten, für die Zivilproduktion freigesetzt worden wären. Aber die Perestroika, „sechs Jahre blinder Zerstörung", die das Land in einen Abfallhaufen verwandelt haben, habe das unmöglich gemacht.

Nach Prochanows Überzeugung ringen folgende Kräfte miteinander um die Zukunft Rußlands: „Alle Republiken, die die Union verlassen, tun dies unter der Fahne nationaler Ideen, nur Rußland ist einer internationalistischen Idee verfallen."

Die russische Regierung, so Prochanow, unterdrückt die nationale russische Idee und die russischen Schriftsteller. „Si a la cabeza de Rusia permancen líderes que propaguen una filosofía proamericana", „Wenn an der Spitze Rußlands weiterhin Führer stehen werden, die eine proamerikanische Philosophie verbreiten, dann wird Rußland sich in Bruchstücke auflösen und die Idee einer euroasiatischen Kultur wird undurchführbar ('y la idea de una civilización euroasiática será irrealizable').

Wenn jedoch Jelzin oder ein anderer eine Wandlung wie Stalin durchmache, der auch als internationalistischer Führer begonnen habe, als Verteidiger des russischen Imperiums endete und auf die Weltrevolution, die ihm Lenin vermacht hatte, verzichtete, dann könne Jelzin das ganze nationale, spirituelle und politische Potential Rußlands zusammenfassen und sich in einen nationalen Führer verwandeln. Verwandele Jelzin sich in einen russischen Führer, dann könne er mit der Ukraine und mit Kasachstan in ein Gespräch eintreten."[6]

Kommen wir jetzt auf Solschenizyn zurück! Er schreibt: „Im Laufe eines Dreivierteljahrhunderts sind wir so verarmt, sind so besudelt, sind wir so müde geworden, so verzweifelt, daß viele die Hände sinken lassen, weil ihnen scheint, nur noch das Eingreifen des Himmels könne uns retten. Doch keinem wird ein Wunder beschert, der sich nicht auch selbst bemüht.

Die Sorge um das Schicksal unserer Kinder, unser Lebenswille, unsere tausendjährige Geschichte, der in uns noch lebendige Geist unserer Ahnen werden uns helfen, Kraft zu finden, all das zu überwinden."[7]

Es lassen also viele die Hände sinken, „weil ihnen scheint, nur noch das Eingreifen des Himmels könne uns retten". Das Eingreifen des Himmels wäre aber ein Wunder, das keinem beschert werde, „der sich nicht auch selbst bemüht".

Ob angesichts der unermeßlichen Schwierigkeiten viele die Einstellung werden bewahren können, daß es auf das eigene Bemühen ankommt, ist eine bange Frage an die Zukunft der Menschen im ehemaligen Sowjetreich.

In Polen hofften viele Wähler bei den Wahlen zum Staatspräsidium im Herbst 1990 ganz offensichtlich auf ein Wunder. Zuerst schien es sich nur um eine Entscheidung zwischen dem Ministerpräsidenten Tadeusz Mazowiecki und dem Führer der Solidarnosc, Lech Walesa, zu handeln. Doch dann trat als Bewerber der Exilpole Stanislaw Tyminski auf, von dem es hieß, er sei in Peru zum Millionär geworden und komme jetzt von seinen Besitzungen in Kanada, um als erfolgreicher Geschäftsmann den Polen einen Weg aus ihrer wirtschaftlich elenden Lage zu weisen. Mazowiecki erhielt nur 18,1 % der Stimmen, Tyminski 23,1 %, Walesa nicht die erhoffte absolute Mehrheit, da noch drei weitere Kandidaten Stimmen bekommen hatten. So wurde ein zweiter Wahlgang nötig, in dem sich Walesa mit 74,25 % gegen Tyminski durchsetzte, der 25,75 % der Stimmen erhielt.

Ein vorher völlig Unbekannter, dessen einzige Befähigung für das hohe Staatsamt darin zu bestehen schien, daß er im Ausland Reichtum erworben hatte, schuf also eine nicht vorhersehbare Lage, bei der es sich nicht mehr um vernunftgemäße Wählerentscheidungen handelte, sondern für einen starken Prozentsatz der Wahlberechtigten nur noch um die Erwartung eines Wunders.

Etwas Vergleichbares geschah in Albanien, wo im Juni 1991 der amerikanische Außenminister Baker als Messias empfangen wurde. Darüber berichtet die spanische Tageszeitung *El País* am 23.6.1991: „Los albaneses reciben a Baker como al mesías", „Die Albaner empfangen Baker wie den Messias" (als sei er der Messias). „Esperábamos la llegada de Baker como la llegada del mesías", „Wir erwarteten Bakers Kommen wie das Kommen des Messias."[8]

„Wir warten auf ihn" – Heimkehr und Mission des Alexander Solschenizyn

Auf den Inhalt des Artikels in der *Frankfurter Allgemeinen Zeitung* vom 20.9.1991 mit den obigen Überschriften werde ich noch eingehen. Es seien nur einige Bemerkungen vorausgeschickt, die das Umfeld kennzeichnen, in dem sich eine Rückkehr des Schriftstellers Solschenizyn nach Rußland abspielen wird.

Der Cellist Mstislaw Rostropowitsch, der 1970 Schwierigkeiten wegen seiner Unterstützung Solschenizyns bekommen hatte und dem 1978 die sowjetische Staatsbürgerschaft aberkannt worden war, der aber den Umsturz in Moskau im August 1991 miterlebt hatte, gab den Demonstranten, die gleich nach dem Scheitern des Putsches die Statue des Felix Dserschinskij, des ersten Leiters der 1917 gegründeten berüchtigten Geheimpolizei Tscheka stürzten, den Rat, den Sockel stehenzulassen. Er werde eine Solschenizyn-Statue tragen.

Solschenizyn war nach dem Erscheinen der französischen Übersetzung der ersten Teile seines Werkes über das sowjetische Gefängnis- und Arbeitslagersystem, „Der Archipel Gulag", eines Werkes, dessen Veröffentlichung die Sowjetführung zu verhindern gesucht hatte und das darum in Paris herausgebracht wurde, zuerst heftig in der sowjetischen Presse angegriffen, dann aber am 12.2.1974 verhaftet und des Landesverrats beschuldigt worden. Schon am folgenden Tag wurde er des Landes verwiesen, ein Gerichtsverfahren wurde wegen des internationalen Ansehens des Autors nicht gewagt. Vor kurzem war ihm die Rückkehr freigestellt und eine Aufforderung, doch nach Rußland zu kommen, nach dem Scheitern des Putsches wiederholt worden. Die Bedingung für die Rückkehr, die

Solschenizyn selbst gestellt hatte, den Vorwurf des Landesverrats als gegenstandslos zu erklären, wurde nach drei Tagen am 17.9.1991 durch eine Mitteilung des Generalstaatsanwalts erfüllt, die lautete, daß es keine Beweise für irgendein Verbrechen gäbe, das Solschenizyn begangen haben könnte.

Auf Solschenizyn, der seit Jahren streng abgeschirmt in Cavendish, Vermont/USA lebt, versucht eine Gruppe von Menschen über seine Frau Natalya einzuwirken. Diese Gruppe möchte einen Solschenizyn, der orthodoxen Kirche ergeben, prophetisch, sogar apokalyptisch, aber fern von den politischen Klüngeln und weit entfernt von den rassistischen Gruppen: „Questo clan vorrebbe un Solgenitsin devoto alla Chiesa Ortodossa, profetico, magari apocalittico, ma lontano dalle cricche politiche e lontanissimo dai gruppi razzisti."[1]

Die Verleumder, die von der Rechten und die von der Linken, heißt es im *Corriere della Sera* weiter, stehen mit angelegtem Gewehr da, jetzt wo der Bär von Cavendish seine Höhle verläßt.

Wenn es in dem am Schluß dieses Kapitels ausführlich zitierten *FAZ*-Artikel heißt, Solschenizyn sei Kritiker und Warner des Westens, dann darf dies nicht so verstanden werden, als lehne er das, was hier mit „Westen" gemeint ist, ganz und gar ab. Seine Kritik unterscheidet sich von derjenigen, die von Persönlichkeiten ausgeht, die man nationalrussische Fundamentalisten nennen könnte. Über die unvernünftige, barbarische Nachahmung verlockender Auslandseinflüsse hat er sich im September 1990 in seinem Manifest folgendermaßen ausgesprochen, dabei aber diese Einflüsse von dem „Guten, das es im Westen gibt", klar abgegrenzt. Solschenizyn wendet sich im Grunde genommen gegen das, was auch dem Papst so große Sorge bereitet.

„Aus der Schule entlassen, wächst unsere Jugend, wenn nicht im Dunstkreis der Kriminalität, so doch in unvernünftiger, barbarischer Nachahmung verlockender Auslandseinflüsse heran. Der historische 'Eiserne Vorhang' hat unser Land hervorragend vor allem Guten, das es im Westen gibt, geschützt: vor ziviler Ungezwungenheit, vor Achtung der Persönlichkeit, vor Flexibilität, privater Initiative, vor allgemeinem Wohlstand, vor segensreicher Mobilität. Doch jener Vorhang reichte nicht bis ganz auf den Boden, und dort floß die Jauche der zuchtlosen, verderbten 'Pop-Massenkultur' zu uns herein, die vulgärste Mode, das Provozieren der Öffentlichkeit; diesen Abfall saugte unsere benachteiligte Jugend begierig auf. Die westliche Jugend macht Dummheiten aus Übersättigung, unsere in Armut aufgewachsene Jugend greift gedankenlos nach diesem Zeitvertreib. Und unser Fernsehen verbreitet neuerdings diensteifrig diesen Schmutz über das ganze Land (Einwände dagegen gelten als finsterster Konservatismus). Doch es ist ganz lehrreich zu sehen, wie zu ähnlichen Erscheinungen in Israel besorgte Stimmen laut werden: 'Die hebräische Kulturrevolution ist keineswegs dazu dagewesen, damit unser Land vor dem amerikanischen Kulturimperialismus und seinen Nebenprodukten, 'dem westlichen intellektuellen Müll', kapituliert'."[2]

Bei dem Text aus der *FAZ* achte man auf folgendes: Die Ablehnung dessen, was mit „1789" gekennzeichnet wird, teilt Solschenizyn mit der katholischen Kirche.

Es heißt in der *FAZ:* „Der Westen, so seine Botschaft, benötige Rettung. Er streitet nicht ab, ein Retter zu sein." Der Retter, englisch: *the saviour,* französisch: *le sauveur,* italienisch: *il salvatore,* spanisch: *el salvador,* kann in der Form, wie sie in den vier fremden Sprachen aufgeführt ist, auch Erlöser, Heiland heißen und bezeichnet, wenn mit großen Anfangsbuchstaben geschrieben, den Christus.

Schauen wir noch einmal auf die Kapitelüberschrift „Wir warten auf ihn". Auf wen warten wir? Auf den Retter, den Erlöser.

Auf zwei weitere Sätze in dem *FAZ*-Artikel sei ausdrücklich hingewiesen: „Solschenizyn könnte den Beginn einer neuen, von ganz anderen Fragen beherrschten geistigen Konfrontation anzeigen, die zwischen den vom Kommunismus ausgebeuteten Ländern und den westlichen Staaten entstehen könnte." – „Nun erinnert er die Welt daran, daß nach dem Ende des Kommunismus in Europa eine neue und vielleicht uns allen ganz fremde Geschichte beginnt."

Hier nun die Zitate in ihrem Zusammenhang: „Solschenizyn (...) kam mit einer Mission in den Westen und kehrt mit einer neuen Mission in den Osten zurück. Ihr Name heißt Rußland. Er kehre, so erklärte er, nicht in die UdSSR, die ihn 1974 ausbürgerte, sondern nach Rußland zurück. 1990 bereits hatte er in einem – auch in Auszügen in dieser Zeitung abgedruckten – Manifest die Auflösung der Sowjetunion gefordert: eine 'Russische Union' solle entstehen.

Dahinter verbarg sich Solschenizyns Überzeugung von der politischen und kulturellen Mission des heiligen Rußland. Sie formuliert in seinem Werk Pjotr Stolypin, russischer Ministerpräsident bis 1911. Er, der intellektuelle Gegner der Parolen von 1789, ist Solschenizyns Gegenfigur zu Lenin. 'Der russische Staat', so zitiert ihn Solschenizyn einmal, 'hat sich aus seinen eigenen Wurzeln entwickelt, und es ist unmöglich, an unseren russischen Stamm eine fremde Blüte zu heften'.

Der Triumph Jelzins und die Bildung der russischen Republik werden deshalb in Wahrheit den Ausschlag zur Rückkehr gegeben haben. Der Auftrag, den Solschenizyn empfindet und mit dem er sich nun auf den Heimweg macht, erstreckt sich auf weit mehr als die Errichtung einer russischen Nation. Solschenizyn kehrt mit dem Ziel nach Moskau zurück, die moralische und intellektuelle Wandlung Rußlands anzuführen.

Dabei ist er zunächst Kritiker und Warner des Westens. Seine scharfe Kritik am westlichen Liberalismus, am exzessiven Materialismus, an dem, was er 'Dekadenz' nennt und womit er auch die systematische Zerstörung der Umwelt meint, all diese Mahnungen haben ihn schon lange im Westen unbeliebt gemacht. 'Es mutet schon tragisch-komisch an', so hat er vor Jahren erklärt, 'wie unsere Pluralisten, das sind die demokratischen Dissidenten, dem Westen ihre Beschwerden und Hoffnungen zu Füßen legen, ohne zu sehen, daß der Westen selbst kurz vor seinem Untergang steht und schon nicht mehr fähig ist, sich selbst davor zu schützen'. Der Westen, so seine Botschaft, benötige Rettung. Er streitet nicht ab, ein Retter zu sein.

Man sieht, wie sich vielschichtige westliche Befindlichkeiten und östliche Traditionszusammenhänge mit allgemeinen geschichtstheoretischen Folgerungen zum Programm einer 'religiösen Nation' zusammenschließen. Das ist, wenn man so will, Solschenizyns ethischer Fundamentalismus. Was früher von manchen als skurriler Eigensinn belächelt, von anderen als zumindest berechtigte Kritik des Westens diskutiert wurde, erscheint nun in ganz anderem Licht. Solschenizyns rigide Haltung ist, nach dem Zusammenbruch des Kommunismus, die einzige politische und intellektuelle Gegenposition, die innerhalb Europas zu den bestehenden Industrienationen eingenommen werden kann. Solschenizyn könnte den Beginn einer neuen, von ganz anderen Fragen beherrschten geistigen Konfrontation anzeigen, die zwischen den vom Kommunismus ausgebeuteten Ländern und den westlichen Staaten entstehen könnte.

Seine stärkste Absage an den Westen ist seine keineswegs abwegige Definition des Kommunismus: er sei die Konsequenz des 'radikalen rationalistischen Humanismus' von 1789. Ein West-Import, der im Osten erprobt wurde: 'Das russische Volk war sein erstes Opfer'. Daraus haben einige den Satz gemacht, das russische Volk sei gleichsam das historische Opfer des Westens geworden und habe Recht auf Wiedergutmachung. Doch Solschenizyn hat immer wieder betont, daß der gleiche Rationalismus die westlichen Nationen in den Selbstmord treibe.

Alexander Solschenizyn ist kein Demagoge, und es ist wenig gewonnen, wenn man ihn nur als Außenseiter belächelt. 'Wir warten auf ihn', äußerte vor einem Jahr mit deutlicher Anspielung auf sein philosophisches Programm 'Nowyi mir' und ergänzte an anderer Stelle: 'Das Jahr Solschenizyns wird in die Geschichte eingehen. Diese Konzentration auf einen Autor hat vielleicht noch keine Literatur erlebt und wird sie niemals sonst erleben'.

Unterdessen berufen sich die unterschiedlichsten politischen Richtungen auf den Schriftsteller, dessen Reputation gewaltig ist. Solschenizyn selber ist keiner Versuchung erlegen, direkten politischen Einfluß zu nehmen. Er wisse, so hat er einmal in einem Interview bemerkt, daß er eine 'Jahrhundertfigur' sei. Nun erinnert er die Welt daran, daß nach dem Ende des Kommunismus in Europa eine neue und vielleicht uns allen ganz fremde Geschichte beginnt."[3]

Stellen wir uns also darauf ein, daß die eigentliche Auseinandersetzung mit der Geistigkeit des russischen Volkstums erst jetzt wirklich beginnt.

„Ist dies die Wiederauferstehung des Heiligen Rußland?"

Diese Frage stellt der Verfasser eines Artikels, der am 19.9.1991 in der Tageszeitung *Le Monde* erschien, im Original „Est-ce la résurrection de la Sainte-Russie?" Aus dem Inhalt seien einige Einzelheiten gebracht, die in den Gesamtzusammenhang unserer Arbeit gehören; eine geschlossene Darstellung ist nicht beabsichtigt:

Das Leben in der Kirche in Rußland und das Leben draußen in der Welt der Zeitgeschichte sind voneinander getrennt, und nicht erst seit heute. So schreibt ein orthodoxer Theologe im *Orthodoxen Pressedienst* im Juni/August 1991: „Man fühlt sich so wohl in der Kirche, in ihrer heiteren und warmen Schönheit, daß man nicht mehr an die Geschichte denkt, die draußen in der Finsternis brandet. Die Kirche, das ist schon das Gottesreich, das wiedergefundene Paradies. Wenn also ein kleiner oder großer Dämon, der sich Stalin oder Ceausescu nennt, von den Bischöfen und Priestern verlangt, sie sollten ein wenig seine blutigen Stiefel lecken, dann tun dies auch einige, weil man dadurch das Wesentliche retten kann, das für sie die Meßfeier ist."[1]

Da etwas anderes nicht zur Verfügung steht, werden heute Katechismen und religiöse Veröffentlichungen aus dem letzten Jahrhundert neu herausgegeben, von denen einige scharf gegen den Katholizismus gerichtet sind.

Da wieder Religionsfreiheit herrscht, sieht sich das Patriarchat von Moskau durch westliche Religionsgemeinschaften und Sekten bedrängt. Die Baptisten führen Missionsfeldzüge durch. Zwischen Rom und Moskau ist eine tiefe Krise entstanden, die ihre Ursache in folgenden Vorgängen hat: Einmal werden die Uniaten, jene Christen, die die Messe nach byzantinischem Ritus feiern, den Papst aber als Oberhaupt anerkennen, immer stärker.

Es sind zum Beispiel in der Westukraine mit ihrer Hauptstadt Lemberg Ende des Jahres 1990 900 Kirchen mehr oder weniger bereitwillig den Uniaten zurückgegeben worden, 150 haben die ukrainischen Orthodoxen, die ein eigenes kirchliches Oberhaupt haben, erhalten, nur ungefähr 100 sind beim Patriarchat von Moskau verblieben.

Weiterhin hat der Vatikan drei Bischöfe des lateinischen Ritus in Rußland und Kasachstan ernannt. Aber vor allem hat das Vorhaben des Papstes Johannes Paul II., Europa für das Christentum wiederzuerobern, was die Orthodoxen als Rekatholisierung verstehen, eine tiefe Beunruhigung hervorgerufen.

„Der Versuchung, zum Monopol der russischen Kirche zurückzukehren, entspricht der Revanche-Geist gewisser katholischer Gruppen, für die die gegenwärtige Lage die Erfüllung der berühmten Prophezeiung der Jungfrau von Fatima aus dem Jahre 1917 über die 'Bekehrung' Rußlands bedeutet."[2]

Da hierüber in dem entsprechenden Kapitel Näheres ausgeführt ist, sei zum Verständnis nur kurz folgendes gesagt: Die zweite Botschaft der Jungfrau von Fatima an die Hirtenkinder lautet: „Wenn man meine Bitten erfüllt, wird Rußland sich bekehren, und es wird Friede sein. Wenn nicht, so wird Rußland seine Irrtümer in der Welt verbreiten, Kriege und Verfolgungen der Kirche hervorrufen.“[3] Da die Botschaften zwischen dem 13. Mai und dem 13. Oktober 1917 gegeben wurden, die sogenannte Oktoberrevolution aber nach dem gregorianischen Kalender erst am 7. November erfolgte (nach dem in Rußland damals noch gültigen julianischen Kalender war es der 25. Oktober), kann es sich bei der Bekehrung Rußlands nur um eine Überwindung der Kirchenspaltung von 1054, um die Anerkennung des Primats des Bischofs von Rom, also des römischen Papstes, handeln, nicht um eine Bekehrung des atheistisch gewordenen kommunistischen Rußlands. Diese wichtige Tatsache wird gewöhnlich bei der Erwähnung von Fatima nicht beachtet. Wie sehr sich der Papst der Jungfrau von Fatima verbunden weiß, ist in dem Kapitel „Papst Johannes Paul II. schaut auf das Ende des 2. Jahrtausends“ im einzelnen dargestellt.

„Es gibt ein Heil für Rußland“

Eines der großen Themen der russischen Geistesgeschichte lautet: „Rußland und Europa“. Es wurde folgende Frage erörtert: Ist Rußland eine eigene Welt, die es zu erhalten gilt, oder ist Rußland ein Teil Europas, sollte es sich eng an das übrige Europa anschließen? Für einen Anschluß traten die sogenannten „Westler“ ein, für die Bewahrung der Eigenart die Slawophilen.

Als sich die krisenhafte Lage in der Sowjetunion im Jahre 1989 immer mehr verschärfte, gab es einen Rat von einem Mann, der sich als geistiger Führer ansah und als solcher auch von Millionen angesehen wurde, vom Ayatollah Khomeini. Darüber berichtet Peter Scholl-Latour in seinem Buch „Das Schwert des Islam“:

„Wer erinnert sich noch der letzten Bilder des alten kranken Mannes, der den sowjetischen Außenminister Schewardnadse empfing? Damals hätte die Welt aufhorchen sollen. Die Botschaft Khomeinis an Michail Gorbatschow lautete: Der Kommunismus der Moskowiter sei geistlich und materiell gescheitert, und nun wäre es doch an der Zeit, daß die Sowjetunion ihr Heil im Islam suche. Eine nur realistisch anmutende Aufforderung zur Bekehrung zu Allah.“[1]

Dies ist der eine Rat: Nehmt den Islam an! Ein anderer lautet: Übernehmt die Erfahrungen der großen westlichen Industrienationen, gestaltet eure Wirtschaft nach deren Vorbild um. Ein weiterer Rat wird mit etwas leiserer Stimme gegeben: Laßt uns die Kirchenspaltung zwischen Ost und West, die endgültig 1054 vollzogen wurde, überwinden, unterstellt euch, russische orthodoxe Christen, der Autorität des Papstes, wie es auch zum Beispiel die ukrainischen Unierten getan haben.

Es gibt aber noch eine weitere Stimme, die bisher wohl nur in kleinsten Kreisen gehört worden ist. Es handelt sich um die Stimme Rudolf Steiners und um die Worte, die er in einer Ansprache am 5.6.1913 an jene Russen richtete, die als Zuhörer zu seinem Vortragszyklus „Die okkulten Grundlagen der Bhagavad Gita" nach Helsingfors (heute Helsinki) gekommen waren. Finnland war damals ein Teil des Zarenreiches, in dem zu dieser Zeit eine strenge Zensur herrschte. Eines der letzten Bücher, deren Einfuhr vor Beginn des Ersten Weltkrieges von der zaristischen Zensur verboten wurde, war Rudolf Steiners „Philosophie der Freiheit". Auch diese Tatsache gehört zur eigentlichen Geschichte unseres Jahrhunderts.

„Wenn man vergleicht mit westeuropäischen Volksseelen diese Volksseele (die russische Volksseele, H.-D.F.), dann hat man den Eindruck des Jungen, Aufstrebenden auf der einen, und des Alten, Greisenhaften auf der andern Seite. Die mitteleuropäische Kultur ist ja hereingeschoben zwischen West- und Osteuropa als eine Vermittlungskultur, welche im Grunde mißverstanden wird, wenn man sie den andern Kulturen gleichschätzt. In einer ganz eigentümlichen Weise hat diese mitteleuropäische Kultur die Aufgabe, zu wirken wie ein Herold aus alten Zeiten in spätere Zeiten. (...)

Die russische Volksseele, die Wesenheit aus der Reihe der Archangeloi, ist jung und hoffnungsfrisch, sie hat ihre Aufgabe vor sich. (...)

Viele von Euch, vielleicht die meisten, vielleicht sogar alle, fühlen in sich, wenn sie es auch vielleicht anders definieren, den Schmerz, das Leid des Getrenntseins von der Volksseele, des vorläufigen Getrenntseins von Eurer Volksseele. Viele von Euch fühlen, wenn sie es auch anders glauben, vielleicht die meisten, vielleicht alle fühlen in sich, wie sie brauchen neuen Ansporn zu Wille und Kraft. Beginnt einmal, meine lieben Freunde, das, was Ihr so als Leid fühlt des oftmals mangelnden Willens und der oftmals mangelnden Kraft, beginnt einmal, entschließt Euch dieses anzusehen als das Jungfräuliche Eures Willens."[2]

Die im folgenden verwendeten Ausdrücke *theosophische Loge* und *Zweig* seien kurz erläutert. Die Anthroposophische Gesellschaft ist in Landesgesellschaften, Arbeitszentren und Zweige gegliedert. In den Zweigen wird der Inhalt der anthroposophisch orientierten Geisteswissenschaft gemeinsam erarbeitet. Eine Loge der Theosophischen Gesellschaft entspricht einem Zweig. Was Rudolf Steiner hier Theosophie nennt, wird vor allem seit 1913, seit Begründung der Anthroposophischen Gesellschaft, von ihm anthroposophisch orientierte Geisteswissenschaft, Anthroposophie, moderne Geisteswissenschaft genannt.

„Und wie wir ja wissen, daß eine Stadt, in der eine theosophische Loge ist, nach dreißig Jahren etwas ganz anderes ist, wenn auch nur wenige dort theosophisch gewirkt haben, als eine Stadt, in der sich keine theosophische Loge befindet, so wird Euer Land ein ganz anderes werden, wenn Ihr mit innerem Verständnis empfindet, was Theosophie Euch geben kann. Ich spreche zu Euch nicht als Westeuropäer, nicht als Angehöriger dieser oder jener Nation. Ich weiß, daß das nicht der Fall ist. Aber vielleicht gerade deshalb darf ich zu Euch sagen: Es gibt ein Heil für Rußland, es gibt ein Heil, aber dieses Heil darf nicht auf falschem Wege gesucht werden. Auch nicht deshalb, weil ich die Theosophie liebe, sage ich dieses, sondern deshalb, weil die ganze Menschheitsentwickelung uns das lehren kann als die Wahrheit. Es gibt ein Heil für Rußland und dieses Heil heißt: die Theosophie. Für andere Gegenden der Erde wird Theosophie ein Vortreffliches, ein die Menschen Weiterbringendes sein. Für Rußland wird Theosophie das einzige Heil sein, dasjenige, was da sein muß, damit das russische Volkstum den Anschluß findet an seine Volksseele, damit diese Volksseele nicht zu andern Aufgaben in der Welt berufen wird als die, welche ihr vorbestimmt ist.

Mit diesen Worten möchte ich Eure neugegründeten Zweige einweihen, denn ich weiß, wie in Euren Herzen aufgeht die heilige Bedeutung dieser Worte. Dann wird in Euren Seelen jene Verbindung wirken können, die zum Heile Eures Landes notwendig ist: die Verbindung des Mysteriums von Golgatha mit dem menschlichen Verständnis dieses Mysteriums. Dann wird walten in Euren Herzen der Geist, welcher der Regenerator Eures Landes werden soll; dann wird ausstrahlen aus Euren Versammlungen dasjenige, was Euer Erdengebiet braucht."[3]

HOFFEN AUF EINEN FÜHRER, AUF EIN DRITTES REICH

Wie lang die Vorgeschichte der Bewegungen unseres Jahrhunderts war, die mit den Namen Mussolini und Hitler verbunden sind, wird dadurch zu zeigen versucht, daß der ursprüngliche Sinn des Wortes „Duce" beziehungsweise „Führer" untersucht und die mit einem Dritten Reich und einem Tausendjährigen Reich verbundenen Erwartungen charakterisiert werden. Es wird dann dargestellt, wie die Bilder eines Führers und einer neuen Epoche der Weltentwicklung, die Joachim von Floris entwickelt hatte, im 14. Jahrhundert von Cola di Rienzi und im 20. Jahrhundert von Gabriele D'Annunzio wieder aufgenommen und ins Politische verkehrt wurden und wie dadurch einem „Faschismus" der Weg bereitet wurde. Viele Ausdrücke aus der apokalyptischen Tradition verwendet Hitler in seinem Buch „Mein Kampf", das einen Kampf zum Inhalt hat, der weit über die Sphäre des Politischen hinaus in menschheitliche, ja kosmische Dimensionen hineinführt.

Joachim von Floris und das Dritte Reich des Heiligen Geistes

Errare humanum est, so lautet ein bekanntes lateinisches Sprichwort: Irren ist menschlich. Wenn ein Wesen nicht dem Irrtum unterliegt, muß es übermenschlicher Natur sein. Der Wille der Priesterkönige des alten Orients war unbedingt auszuführen, er wurde nicht in Frage gestellt; denn die Untertanen waren – wie schon geschildert – davon überzeugt, daß eine göttliche Wesenheit, wie zum Beispiel Marduk in Babylon, durch den König handelte, der sein Stellvertreter auf Erden war. In der ältesten ägyptischen Zeit galt der Pharao selbst als Gott.

Irrtumslosigkeit ist ebenfalls ein Wesenszug des verborgenen Imams, und unter bestimmten ganz genau definierten Voraussetzungen wird auch der römische Papst als unfehlbar angesehen. Die Entscheidungen eines „Führers" sollten also aus höherer Weisheit heraus getroffen worden sein. „Il Duce ha sempre ragione", sagte man in Italien während der faschistischen Ära, „Der Duce hat immer recht", und das wurde auch von Hitler gesagt: Der Führer hat immer recht. Hier wird nicht von Priesterkönig oder von Pharao gesprochen, sondern es wird das Wort „Führer" verwendet. Wie ist es zu erklären, daß immer wieder Menschen ein so großes Vertrauen zur Weisheit eines „Führers" fassen? Ist etwas Besonderes mit diesem Begriff verbunden?

Wir finden das Wort im Matthäus-Evangelium im 2. Kapitel: „Als nun Jesus geboren war, zu Bethlehem in Judäa, in den Tagen des Königs Herodes, siehe, da kamen Magier aus dem Morgenland nach Jerusalem und sprachen: 'Wo ist der neugeborene König der Juden? Wir sahen nämlich seinen Stern im Aufgang und sind gekommen, ihm zu huldigen.' Als der König Herodes dies hörte, erschrak er und ganz Jerusalem mit ihm. Er versammelte alle Hohenpriester und Schriftgelehrten des Volkes und suchte von ihnen zu erfahren, wo der Messias geboren werde. Sie sagten zu ihm: 'Zu Bethlehem in Judäa; denn so steht geschrieben durch den Propheten: 'Und du, Bethlehem, Land Juda, keineswegs bist du der geringste unter den Fürstensitzen Judas; denn aus dir wird hervorgehen ein Führer, der leiten wird mein Volk Israel.'(Mich 5,1).“[1]

Der Vers 6 lautet auf lateinisch: „Et tu Bethlehem terra Iuda, nequaquam minima es in principibus Iuda: ex te enim exiet dux, qui regat populum meum Israel.“[2]

Dort ist also vom *dux* (italienisch: *duce;* deutsch: Führer) die Rede. Wo wird nun im Zusammenhang mit unserem Thema so von einem *dux* gesprochen, daß wir etwas von den Empfindungsqualitäten spüren können, die mit der Vorstellung von einem „Führer des Dritten Reiches“ verbunden sind?

Damit kommen wir zu Joachim von Floris, der um 1130 bei Cosenza geboren wurde, etwa in der Zeit von 1178 bis 1188 Zisterzienserabt von Corazzo war und dann seinen eigenen Orden, den Florenserorden, begründete, der bis 1570 bestand. Er starb 1202 in Kalabrien. Von seinen Zeitgenossen seien hier nur Franz von Assisi (etwa 1181 bis 1226), der Begründer des Franziskanerordens, und Dominikus (um 1170–1221), der den Dominikanerorden begründete, genannt.

Joachim hatte sein Leben lang die Bibel studiert. Plötzlich, zur Stunde der Auferstehung Christi, kam ihm ein einziger großer Gedanke mit der Gewalt einer göttlichen Erleuchtung: Die Entwicklung der Menschheit erfolge in drei Weltzeiten. Das Schema der Weltgeschichte, das Joachim darlegte, sei hier in äußerster Vereinfachung gebracht, denn so hat es hauptsächlich gewirkt.

Das Erste Reich ist das Reich des Vatergottes, die Zeit von Adam bis Christus, das Zweite Reich, das Reich des Sohnes, dauert von Christus bis zum Jahre 1200, von da an bis zum Jüngsten Gericht folgt die Weltzeit des Heiligen Geistes, das Dritte Reich des Heiligen Geistes. In den 21 Generationen von Adam bis Abraham sah Joachim eine Vorbereitungszeit. Wie am eigentlichen Beginn des Ersten Reiches Abraham, Isaak und Jakob mit zwölf leiblichen Söhnen, den Patriarchen, gestanden hatten, so standen als trinitarischer Anfang des Zweiten Reiches Zacharias, Johannes und Christus als Mensch; die Apostel waren zwölf geistliche Söhne. Da, so Joachim, bestimmte Übereinstimmungen zwischen den drei Reichen bestehen, die erschlossen werden können, mußten drei Gestalten am Anfang des Dritten Reiches kommen, zwei Vorläufer und der neue *homo Christus*, der *dux novus* *de Babylone,* der neue Führer aus Babylon heraus, der zugleich *universalis pontifex novi Jerusalem,* der allgemeine Papst des Neuen Jerusalem, sein würde. Joachim erwartete einen Engelpapst, einen *papa angelico.**

In der seelisch und geistig ungeheuer bewegten Zeit nach der Jahrhundertwende von 1200 bildete sich bei vielen Menschen, die eine grundlegende Erneuerung des Reiches und der Kirche ersehnten, die Überzeugung, der *dux novus* sei der heilige Franz. Wie christusgleich Franz von Assisi erscheinen mußte, ergibt sich aus der erschütternden Tatsache, daß er auf dem Berge Alverna die Wundmale Christi empfangen hatte. Nach der Stigmatisation dichtete er den Sonnengesang. Er nahm, bildlich gesprochen, das Jesuskind in den Arm, indem er 1223 für die Kirche von Greccio die erste szenische Darstellung der Geburt Christi erbaute.

Noch einmal kurz zurück zu Joachim. Die Weltzeit des Heiligen Geistes sei gekennzeichnet durch die *spiritualis intelligentia,* die ganz und gar ein Leben im Geiste des geoffenbarten Christentums bedeute, ein Leben der Beschauung, geführt von Mönchen, die einem neuen Orden angehören.

Ein neuer Orden: *novus ordo;* dies kann auch „neue Ordnung" bedeuten. Damit ist angedeutet, warum diese Begriffe „neue Ordnung, Neuordnung, neue Weltordnung" so große Erwartungen erwecken.

Cola di Rienzi – Beschwörungen der Größe Roms, messianische Erwartungen

Es war das Jahr 1812. Die Russen hatten Moskau in Brand gesteckt und so Napoleon zum Rückzug gezwungen. In seinem Wagen, in dem er den beschwerlichen Rückweg antrat, befand sich ein Exemplar des Buches mit dem Titel „Conjuration de Nicholas, dit de Rienzi" (Verschwörung des Nikola, Rienzi genannt), gedruckt zu Paris im Jahre 1733.

Im Jahre 1837 las Richard Wagner in Blasewitz bei Dresden den Roman „Rienzi, or the Last of the Tribunes" von Edward George Bulwer-Lytton, der 1835 erschienen war. Er machte sich sofort an die Ausarbeitung eines Textbuches für die „Große tragische Oper in fünf Akten nach Bulwers gleichnamigen Roman 'Rienzi, der Letzte der Tribunen'", die am 20.10.1842 am Dresdener Hoftheater uraufgeführt wurde.

Was hat den Feldherrn Napoleon, den Schriftsteller Bulwer-Lytton (Verfasser von „The Last Days of Pompeii", „Zanoni, a Rosicrucian Tale", „A Strange Story: An Alchemical Novel") und den Komponisten Richard Wagner an Cola di Rienzi so gefesselt? Was hat den jungen Hitler an Wagners Oper so beeindruckt? Warum hat Gabriele D'Annunzio eine Biographie des Volkstribuns geschrieben? Und was hat Benito Mussolini mit den Vorgän-

---

* Diese Darstellung stützt sich auf das Buch von Alois Dempf: Sacrum Imperium. Darmstadt 1954, 7. Kapitel.

gen zu tun, die sich in Rom in der Mitte des 14. Jahrhunderts abspielten? Warum dies alles zu unserem Thema gehört, wird sich aus meiner Darstellung ergeben.

Nicola di Lorenzo, Cola di Rienzo oder Rienzi genannt, im Mai oder April 1313 in Rom geboren und dort am 8. Oktober 1354 gestorben, gehört in die von Barbara Tuchman „The Calamitous* 14th Century" bezeichnete Zeit. 1313 war Rom nicht mehr Sitz des Papsttums, dieser war 1309 nach Avignon an der Rhone verlegt worden. Dort befand sich der Papst in starker Abhängigkeit vom französischen König, so daß von der „babylonischen Gefangenschaft" der Kirche gesprochen wurde, die bis 1377 andauerte. Philipp IV., der Schöne, König von Frankreich, machte seit 1307 den Templern den Prozeß. Der Templerorden wurde 1312 aufgehoben, sein Vermögen zugunsten des Königs eingezogen. Die Entstehung des Templerordens führt uns auf den Tempelplatz in Jerusalem. Der Orden war 1119 zum Schutz der Jerusalempilger gegründet worden. Der Großmeister hatte seinen Sitz beim Templum Salomonis, und zwar in der al-Aqsa-Moschee, die von den Kreuzfahrern in eine Kirche verwandelt worden war.

Um Colas Anliegen zu verstehen, müssen wir uns die Lage vergegenwärtigen, in der sich die Stadt Rom in der ersten Hälfte des 14. Jahrhunderts befand.

Was der Verfall bedeutender Städte und Stadtkerne bedeutet, ist uns in den letzten Jahren besonders in ostmitteleuropäischen Zentren deutlich geworden. In Rom war die Situation dadurch verschlimmert, daß die öffentliche Ordnung gänzlich zusammengebrochen war. Die miteinander tödlich verfeindeten Adelsfamilien lebten in festungsartig ausgebauten Stadthäusern. Das einfache Volk schloß sich je einer Familie an, die in bestimmten Straßen für einen begrenzten Schutz sorgte. Die Orsini hatten die Milvische Brücke zerstört, so beherrschten sie den einzigen weiteren Übergang über den Tiber, die Brücke bei der Engelsburg, die zu ihrem Machtbereich gehörte. Waren Kirchendächer eingestürzt, so sorgte niemand für Reparatur. Als im Lateran-Palast ein Brand ausbrach, wurde der halbe Palast von den Flammen verzehrt; es gab keine organisierte Feuerwehr.

Der junge Cola ging zwischen den vielen Ruinen des antiken Rom umher, den Kopf erfüllt von der Lektüre antiker Klassiker. Ganze Passagen ihrer Werke kannte er auswendig. Sein Vater war Schankwirt, seine Mutter, inzwischen verstorben, war Wäscherin gewesen. Er selbst war aber überzeugt, er sei der uneheliche Sohn des Kaisers Heinrich VII., der einige Tage anonym in des Vaters Taverne gewohnt hatte. Cola, ein guter Redner, sammelte Volk auf den Plätzen um sich und beeindruckte es durch die Beschwörung der vergangenen Größe und Klagen über die gegenwärtige Demütigung Roms. 1342 wurde er in einer Gesandtschaft zum Papst nach Avignon geschickt. In eindringlichen Worten stellte er dem Papst dar, daß es

---

* *calamitous:* katastrophal, unheilvoll.

wegen der Kämpfe der Adligen weder Recht noch Ordnung gäbe. Die Stadt kenne keinen Frieden mehr.

Nach einer Verzögerung wurde er als päpstlicher Notar nach Rom zurückgeschickt. Seltsames begann: Da er es mit seiner Würde als apostolischer Notar nicht für vereinbar hielt, mit einer Gänsefeder zu schreiben, ließ er sich eine silberne Feder anfertigen, vielleicht die erste Metallfeder der Geschichte. In der Nacht zum Pfingstsonntag des Jahres 1347, vom 19. auf den 20. Mai, hörte er 20 Heilige Geist-Messen. Am nächsten Morgen trat er barhäuptig, aber voll bewaffnet aus der Kirche. Sorgfältig war ein großer Aufmarsch vorbereitet. Von hundert Söldnern geschützt, zog er zum Kapitol, begleitet von vier Fahnen, von denen nur die erste beschrieben sei: Sie war der Freiheit gewidmet, von roter Farbe – vielleicht das erste Mal in der Geschichte, daß eine rote Revolutionsfahne mitgeführt wurde –, auf der Fahne aufgestickt eine weibliche Gestalt, Roma auf zwei Löwen sitzend, die Erdkugel in einer Hand, einen Palmenzweig in der anderen, und die Aufschrift „Roma caput mundi", Rom, Hauptstadt der Welt. Cola erschien dann auf dem Balkon des Kapitols, und die vor Begeisterung tobende Menge wählte ihn zum Oberhaupt des neuen Staates. Die Volksvertretung übergab dem *uomo nuovo** alle Vollmacht, die Senatoren gaben ihre Sitze auf. Der Umschwung war ohne Gewaltanwendung geschehen. Eine weiße Taube soll über die friedliche Versammlung geschwebt sein, und dies wurde als vom Heiligen Geist gesandtes günstiges Zeichen gedeutet. Der Himmel, so meinte man, weihte den Erwählten mit Flügelschlagen.

Cola war also jetzt *capo del nuovo Stato,* Oberhaupt des neuen Staates. Nach seiner Vorstellung begann damit eine neue Ära, so daß er vom Juli an seine Sendschreiben datierte: „Im ersten Jahr der Wiederherstellung der Römischen Republik", weiter kam er nicht, denn seine Regierung dauerte nicht ganz sieben Monate, vom 20. Mai bis zum 15. Dezember 1347.

Mussolini folgte seinem Vorbild mit etwas mehr Glück: Noch drei Tage vor seinem Tode schrieb er auf eine Fotografie, die er einem Journalisten übergab: „Anno XXIII E.F. = era fascista", faschistische Ära.

Colas erste Verwaltungsmaßnahmen waren eine Neuordnung des Finanzwesens und die Wiedereinsetzung einer ordnungsgemäßen Rechtsprechung. Auch den Fürsten Pietro Colonna ließ er vor Gericht stellen und zur Haft verurteilen.

Aber die ersten Erfolge berauschten den Tribunen, der sich folgendermaßen zu nennen begann: *Redentore del Sacro Impero Romano per volontà di Cristo* = Erlöser des Heiligen Römischen Reiches nach Christi Willen.

Am 31. Juli begab er sich zur Basilika San Giovanni in Laterano. Er nahm ein rituelles Bad in jenem Porphyrsarkophag, in dem nach der Legende Kaiser Konstantin auf wunderbare Weise vom Papst Silvester von der Lepra

---

* *uomo nuovo:* neuer Mensch, neuer Mann.

geheilt worden war. Für ihn war das ein Symbol seiner neuen Macht, die ihre Stärke aus christlichen, feudalen und römischen Wurzeln beziehen mußte. Am folgenden Tag wurde er nach einem von ihm erdachten prunkvollen Ritus in den Ritterstand erhoben. Er zeigte sich in den folgenden Wochen in immer neuen, eindrucksvollen Uniformen und ritt ein weißes Pferd, ein Vorrecht, das dem Papst und Fürsten von königlichem Blut vorbehalten war. Kurz darauf ließ er sich krönen. Das Zeremoniell war dem der Dichterkrönung auf dem Kapitol und der Krönung antiker römischer Helden, die im Triumphzug durch Rom getragen wurden, nachgebildet. Nacheinander ließ er sich sechs Kronen aufsetzen, welche die Gaben des Heiligen Geistes darstellen sollten. Dann wurde ihm eine silberne Erdkugel, auf der ein Kreuz stand, mit den Worten überreicht: „Erhabener Tribun, übe Gerechtigkeit, gib uns Frieden und Freiheit".

Theoretisch hatte Cola für einen Augenblick eine höhere Stellung als der Papst und der Kaiser errungen. Damit war er aber noch nicht zufrieden. Er wagte es, sich mit Jesus Christus zu vergleichen. In einer kurzen Ansprache spielte er auf sein eigenes Alter an: 33 Jahre. Das Alter des Heilandes bei seinem Tod, ein Zeichen, so sagte er, daß auch ihm ein großes Schicksal vorbestimmt sei.

Ein Mönch, der zu seinen Anhängern gehört hatte, begann bei diesen Worten bitter zu weinen und sagte: „Heute ist unser Herr (Cola di Rienzi, H.-D.F.) vom Himmel gefallen. Hätte ich ihn doch nie so überheblich gesehen. Mit Hilfe des Heiligen Geistes hat er die Tyrannen aus der Stadt verjagt, ohne das Schwert zu ziehen, und wurde zum Tribunen gemacht, und die Städte und Herren Italiens unterwarfen sich ihm. Warum ist er also so anmaßend und dem Allerhöchsten gegenüber so undankbar? Warum will er sich mit dem Schöpfer vergleichen? Eine solche Gottlosigkeit kann er nur durch Tränen der Buße sühnen."[1]

Nach Buße war Cola aber nicht zumute. Er machte sich daran, seine großartige Idee in die Tat umzusetzen, Rom zur Hauptstadt einer *Italia Sacra*, eines heiligen Italiens, zu machen, eine italienische Bruderschaft zu gründen, deren Aufgabe darin bestehen würde, Frieden und Gerechtigkeit in der Welt zu verbreiten. Er sandte Boten mit silbernen Amtsstäben in die wichtigsten Städte Italiens und lud sie ein, zu einer Nationalversammlung nach Rom zu kommen. 25 Städte nahmen die Einladung an. Alle Italiener wurden von ihm zu römischen Ehrenbürgern gemacht.

Die Könige von England und Frankreich forderte er auf, die Kriegshandlungen – es war der sogenannte 100jährige Krieg, der von 1339 bis 1453 dauerte und erst durch das Eingreifen der Jungfrau von Orléans zugunsten Frankreichs beendet wurde – einzustellen, die der ganzen Christenheit schadeten.

Durch die Drohung, die Adligen, die sich zu einem Festmahl bei ihm eingefunden hatten, hinrichten zu lassen, gab er Anlaß zu einem Krieg, den er gegen die befestigten Stadthäuser und Burgen der Adligen nicht gewinnen konnte.

Das Volk wurde seiner müde, seiner Ausgaben, seiner Feierlichkeiten, der vielen Scharmützel, der inhaltsleeren Beredsamkeit. Was nützte ihnen ihre Freiheit? Sie hatten wenig zu essen. Voller Bedauern gedachte man der vergangenen Zeiten, so schlecht sie auch gewesen waren, der Zeiten, die in der Rückschau Zeiten des Friedens und des Wohlstands gewesen zu sein schienen. Eines Tages erhoben sich die Römer. Cola versuchte erst gar nicht, sich zu verteidigen, und verließ mit wenigen ihm treu gebliebenen Söldnern am 15. Dezember 1347 die Stadt.

In den Abruzzen fand er Zuflucht bei extrem ausgerichteten franziskanischen Spiritualen, Anhängern der Idee von einem Dritten Reich des Heiligen Geistes. 1350 zog er nach Prag und versuchte, mit Hilfe mystischer Prophezeiungen die Hilfe des Kaisers Karl IV. zu gewinnen: Ein zweiter heiliger Franz (von Assisi) als Papst werde, gemeinsam mit dem Kaiser, die Welt und die Kirche reformieren, während Rienzi, als *duce di Roma,* als die dritte Person einer Trinität auf Erden Dienst leisten werde.

Cola wurde dem Papst überstellt und kam am 1. August 1354 nach Rom zurück. Dort hatte inzwischen ein anderer Mann aus dem einfachen römischen Volk mit Namen Baroncelli versucht, das Rienzische Unternehmen zu wiederholen. Er hatte die Adligen verjagt und sich zum Stellvertreter des Kaisers ausgerufen. Der neue Papst, Innozenz IV., gewann die Überzeugung, nur Cola könnte mit dieser neuen Volksbewegung fertig werden, und schickte ihn nach Rom. Als sich die Nachricht verbreitete, der Tribun kehre zurück, verjagte das Volk Baroncelli, dem es noch am Vortage zugejubelt hatte, und begrüßte Cola als Befreier. Die römische Kavallerie hieß ihn, Ölbaumzweige schwenkend, willkommen. Das Volk grüßte ihn, als sei er, wie ein Chronist schrieb, Scipio Africanus, der römische Feldherr, der 202 v.Chr. in der Schlacht bei Zama Hannibal besiegt hatte. Wieder wurde Cola zum Kapitol geführt, wieder sprach er vom Balkon und wieder rief die Menge laut seinen Namen. Aber er war nicht mehr der Alte. Schnell verlor er das Vertrauen. Er erhob drückende Steuern, der Handel lag danieder, die Teuerung vergrößerte die Not der Armen. Bei einer der Versammlungen auf dem Kapitol übte er eine Art Selbstkritik, verurteilte die eigenen Jugendtorheiten und seinen Größenwahn. Schließlich kniete er nieder und verglich sich mit Nebukadnezar, kündigte aber auch die Rückkehr der kaiserlichen Adler, der Symbole des Römischen Weltreichs, auf die römischen Hügel an. Bald errichtete er ein Polizei-Regime, das willkürliche Verhaftungen vornahm und standrechtliche Massenhinrichtungen durchführte.

Am 8. Oktober brachen die ersten Unruhen aus. Die Bevölkerung rief: „Es lebe das Volk!" und sammelte sich am Fuße des Kapitolhügels. Der Ruf „Tod dem Verräter Cola" war zu hören. Aber Cola ließ sich nicht beeindrucken. Er wollte nicht die Glocken als Zeichen der Gefahr läuten lassen, sondern erschien als Ritter gekleidet auf dem Balkon. Allerdings kam er nicht mehr dazu, Worte an die Menge zu richten, da diese mit Steinen zu werfen begann. Erschrocken zog er sich in den Palast zurück. Das Gebäude wurde in Brand gesteckt, so daß Cola endlich einen Entschluß faßte: Er wollte auf seine Schauspielkunst vertrauen. Er rasierte sich den Bart ab, schwärzte sich das Gesicht, zog die zerrissene Kleidung eines Gärtners an, nahm eine Matratze auf den Rücken, um sich vor dem Funkenflug zu schützen, und verließ das Gebäude. Schon glaubte er sich in Sicherheit, als jemand die goldenen Armreifen, die er noch am Handgelenk trug, und die Ringe an den Fingern bemerkte. Daraufhin wurde er niedergemacht. Mit Hieb– und Stichwaffen schlug man auf den Leichnam ein, schleifte ihn nach San Marcello und hängte ihn an den Füßen an einem Balkon auf. Dort blieb die Leiche zwei Tage und Nächte hängen, immer wieder bespuckt, bis sie schließlich neben den Ruinen des Augustusmausoleums verbrannt wurde.

Machen wir einen Sprung in die Zeit einige Jahre vor dem Zweiten Weltkrieg. Ein alter Sozialist aus Bologna, Aldo Parini, der in seiner Jugend ein guter Freund von Benito Mussolini gewesen war, besucht den Duce im Palazzo Venezia. Parini bittet um Hilfe für einige alte sozialistische Kampfgefährten aus den Anfangsjahren des Jahrhunderts, die jetzt in wirtschaftlicher Not seien und von der Polizei behelligt würden, und Mussolini, der gern die Rolle eines großmütigen und großzügigen Fürsten spielt, sagt die Hilfe zu. Dann rühmt er sich der Erfolge seines Regimes. Parini hört schweigend zu. Als er aber aufgefordert wird, doch endlich in die Partei einzutreten, sagt er: „Questo tuo regime, ho paura, finirà male. Succede sempre così. Benito, morirai come Cola di Rienzo."[2] – „Dieses Dein Regime, so fürchte ich, wird übel enden. So geht das immer. Benito, Du wirst wie Cola di Rienzo sterben."

Mussolini verzieht das Gesicht, dann lacht er und schaut seine Hände an, breite, kurze Bauernhände. Darauf antwortet er: „Non porto anelli, come vedi. A me non accadrà."[3] – „Ich trage keine Ringe, wie Du siehst. Mir wird das nicht passieren."

Was ist ihm denn nun passiert? April 1945: Die deutschen Truppen in Italien vereinbaren einen Waffenstillstand mit den Alliierten. Sie wollen sich in Kriegsgefangenschaft begeben. Mussolini erfährt von den laufenden Verhandlungen nichts, wohl aber das Ergebnis. Was soll er tun? Konnte er sich auf die Bevölkerung Mailands verlassen, die ihm noch im Januar Beifall gespendet hatte? Das Volk, so erkannte er, war jetzt gegen ihn. Sollte er den Heldentod wählen oder zu fliehen versuchen? Sollte er sich im Veltlin mit wenigen Getreuen zum Kampf stellen? Auch er beschloß, wie Cola, sich auf seine schauspielerischen Fähigkeiten zu verlassen. Er wollte direkt in die Schweiz fliehen und nahm sein gesamtes Geld und jene Dokumente, mit denen er den alliierten Staatsmännern Schrecken einjagen konnte und die in einem Kriegsverbrecherprozeß nützlich gewesen wären, mit. Partisanen erkannten ihn aber auf der Straße, die am Comer See entlang nach Norden führt. Er war in einem deutschen Lastkraftwagen versteckt, trug einen schweren Mantel mit den Rangabzeichen eines deutschen Unteroffiziers und einen deutschen Stahlhelm. Seine Geliebte, Claretta Petacci, wurde mit ihm zusammen festgenommen. Am folgenden Morgen, es war der 28. April 1945, wurden beide an der Gartentür einer Villa erschossen. Geld und Dokumente verschwanden für immer. Die Leiche wurde nach Mailand gebracht und an den Füßen am Dach einer Tankstelle aufgehängt, zusammen mit den Leichen aller anderen faschistischen Größen, die auf derselben Straße auf ihrer Flucht in die Schweiz ergriffen und erschossen worden waren.

Gabriele D'Annunzio, Wegbereiter des Duce

Wie war es eigentlich dazu gekommen, daß Benito Mussolini ein solch schmähliches Ende fand, das so sehr dem Ende des Cola di Rienzi glich? Hat es vielleicht etwas damit zu tun, daß er einmal von der Wahrheit des sozialistischen Bildes der Welt überzeugt gewesen war, zu dem das erwartungsvolle Hinschauen auf eine „Revolution" gehörte? Was sollte denn umgewälzt, revolutioniert werden?

In Italien wurde vor dem Ersten Weltkrieg davon gesprochen, *un ordine nuovo,* eine neue Ordnung, müsse *il vecchio mondo,* die alte, die altgewordene Welt, ersetzen. Was war mit diesem *vecchio mondo* gemeint, und wer sollte denn den *ordine nuovo* schaffen?

Wenn wir da ins 19. Jahrhundert zurückgehen, so finden wir einen Begriff, der die Bewegung bezeichnet, die zur Einheit und Unabhängigkeit Italiens führte: *il risorgimento.* Mit diesem Wort wird aber sonst das Hauptereignis der Menschheitsentwicklung auf Erden bezeichnet – Christi Auferstehung: *il risorgimento di Cristo.*

Auf italienisch wird Christus auch *redentore,* Erlöser, genannt; so nannte sich Cola di Rienzi: *Redentore del Sacro Impero Romano.* Von *redentore* kommen wir zu dem Begriff *terre irredente: terre che ancora subiscono una dominazione straniera,* Gebiete, die noch unter Fremdherrschaft stehen, wörtlich: unerlöste Gebiete. Mit *irredentismo* bezeichnet man eine politische Bewegung, die sich zum Ziel setzt, die Gebiete des Vaterlandes zu befreien, die noch einer Fremdherrschaft unterworfen sind.

Damit werden wir zu einem der Gründe geführt, warum Italien im Ersten Weltkrieg, obgleich mit Deutschland und Österreich verbündet, doch Österreich am 23. Mai 1915 den Krieg erklärt hat: Es erstrebte Gebietserwerbungen auf Kosten Österreichs, sie betrafen die Brenner-Grenze, die Halbinsel Istrien und den größten Teil Dalmatiens. Nach dem Krieg wurden auch noch der Hafen Fiume, heute Rijeka, der Hafen der ungarischen Reichshälfte, gefordert. Da ein Großteil der öffentlichen Meinung in Italien 1914 und 1915 für die Beibehaltung der Neutralität eintrat, entstand die Frage, wie jene Kreise, die in den Krieg eingreifen, eine intervenzione wollten, die für eine Kriegserklärung erforderliche Volksstimmung schaffen konnten. Dabei spielte der Dichter und Politiker Gabriele D'Annunzio eine maßgebliche Rolle.

D'Annunzio war ein Meister der Sprache. Seine Gedichte finden auch bei heutigen Kritikern noch hohe Anerkennung, wenn das auch nicht für seine Romane gilt, bei denen Themen, Stimmung und sprachliche Gestaltung nicht mehr dem heutigen Empfinden entsprechen. Seine Sprachkunst stellte D'Annunzio in den Dienst der politischen Agitation. Er wirkte dabei nicht nur durch den Rhythmus seiner Sätze, sondern vor allem auch durch von ihm entworfene Bilder. Dafür seien zwei Beispiele angeführt, die, wenn sie auch Übersetzungen ins Deutsche sind, doch etwas von der sprachlichen Gestaltungskraft erkennen lassen.

Das erste Zitat bringt jenen Ausschnitt aus einer Rede D'Annunzios auf dem Kapitol in Rom vom 12. Mai 1915, in dem die Größe des Römischen Weltreiches zur Zeit des Oktavianus beschworen wird, der jener Kaiser Augustus war, von dem ein Gebot ausging, daß alle Welt geschätzt würde, wie es in der Übersetzung Martin Luthers heißt. Des Sieges über die Germanen, hier die Deutschen genannt, wird gedacht.

„Der König hat in seinem großen Herzen die Ermahnung Camillo Cavours vernommen: Die hohe Stunde für die savoyische Monarchie hat geschlagen! Ja, sie hat geschlagen! Geschlagen unter dem hohen Himmel, der sich, o Römer, über Eurem Pantheon wölbt, und über diesem ewigen Kapitol! Hier, wo die Plebs ihre Ratsversammlungen hielt, hier, wo jede Erweiterung der Römerherrschaft ihre Weihe empfing, wo die Konsuln die Aushebung vollzogen und den Soldateneid entgegenahmen, hier, von wo die Magistrate der Republik auszogen, um die Führung der Heere zu übernehmen und die Provinzen zu beherrschen, wo Germanicus beim Tempel der Fides die Trophäen seines Sieges über die Deutschen aufstellte, wo der triumphierende Octavian die römische Unterwerfung des gesamten Mittelmeerbeckens feierlich bestätigte, an diesem Ausgangspunkt und Zielpunkt aller Triumphe heiligen wir uns dem Vaterlande, hier feiern wir das freiwillige Opfer, hier rufen wir die Worte der Weihe und des Wunsches: Es lebe unser Krieg, es lebe Rom, es lebe Italien, es lebe das Heer und die Flotte, es lebe der König! Ruhm und Sieg!"[1)]

Im Anschluß an diese Worte läßt D'Annunzio die Glocken läuten und gibt auf dem Telegraphenamt folgenden Text an den Redakteur einer französischen Zeitung auf:

„Rom 1 Uhr, große Schlacht ist geschlagen. Soeben habe ich von der Höhe des Kapitols zu einer ungeheuren, im Delirium befindlichen Menge gesprochen. Die Glocken läuten Alarm, die Rufe des Volkes steigen zum schönsten Himmel der Welt empor. Ich bin trunken vor Wonne. Nach dem französischen Wunder ward ich Zeuge des italienischen Wunders."[2]

Das folgende Zitat enthält den Schluß der Rede in Genua vom 5. Mai 1915: „O selig jene, die mehr haben, denn desto mehr werden sie geben können, desto mehr werden sie entbrannt sein können!

Selig jene, die zwanzig Jahre einen reinen Geist, einen gestählten Körper, eine mutige Mutter haben!

Selig jene, die wartend und vertrauend ihre Kraft nicht vergeudeten, sondern sie wahrten in der Zucht des Kriegers!

Selig jene, die unfruchtbare Liebeleien verschmähten, um jungfräulich zu sein für diese erste und letzte Liebe!

Selig jene, die einen in der Brust festgewurzelten Haß sich ausreißen mit ihren eigenen Händen und dann ihr Opfer darbieten werden!

Selig jene, die zwar gestern noch gegen das Ereignis sich sträubten, nunmehr aber die tiefe Notwendigkeit stillschweigend hinnehmen werden und nicht mehr die letzten, sondern die ersten sein wollen!

Selig die Jünglinge, die nach Ruhm hungern und dürsten, denn sie werden gesättigt werden.

Selig die Barmherzigen, denn sie werden ein glänzendes Blut wegzuwischen, einen strahlenden Schmerz zu verbinden haben!

Selig, die reinen Herzens sind, selig, die mit den Siegen wiederkehren; denn sie werden das neue Antlitz Roms sehen, die wiederbekränzte Stirne Dantes, die triumphierende Schönheit Italiens."[3]

Rudolf Steiner liest den Text in einem Vortrag in Dornach am 24.12.1916 vor und bemerkt anschließend folgendes: „... nicht jeder handelt im Sinne desjenigen, dessen Geburt in der Weihenacht gefeiert wird, der in solcher Weise Seligpreisungen in die Welt hinausschreit."[4]

Der Verlauf des Krieges gegen Österreich-Ungarn war eine große Enttäuschung. Erst ein Teil der „unerlösten Gebiete", auf die Italien ein Anrecht zu haben glaubte, war im Laufe der Kampfhandlungen von italienischen Truppen erobert worden. Die in der Hitze des Krieges immer lauter erhobene Forderung Italiens nach Abtretung Dalmatiens, das damals zu Österreich gehörte, wurde von den westlichen Siegermächten in Paris abgelehnt. Dalmatien sollte zu dem neu zu gründenden Königreich der Serben, Kroaten und Slowenen gehören.

Dieses Kapitel habe ich am 30. Juni 1991 geschrieben, fünf Tage nach der slowenischen Unabhängigkeitserklärung und zwei Tage nach dem militärischen Eingreifen der jugoslawischen Volksarmee in Slowenien mit Panzern und Jagdbombern. Der Angriff der jugoslawischen Volksarmee erfolgte an jenem 28. Juni, an dem 1389 die Schlacht auf dem Amselfelde, Kosovo polje, stattgefunden hatte, in der die Serben von den Türken geschlagen wurden und damit unter deren Herrschaft gerieten. Am 28. Juni 1914, dem 525.

Jahrestag des Vidovdan, des Veitstages, dessen in Serbien immer wieder gedacht worden war, erfolgte gerade im Hinblick auf die wiederzugewinnende Freiheit des ganzen serbischen Volkes, auch jenes Teils, der noch in Bosnien und der Herzegowina unter österreichischer Herrschaft lebte, das Attentat auf den Erzherzog Franz Ferdinand in Sarajewo, der Hauptstadt Bosniens, als auslösendes Moment des Ersten Weltkrieges. Ganz bewußt wurde dieser Tag, der 28. Juni, auch im Jahre 1919 gewählt, um in jenem Saal, dem Spiegelsaal des Schlosses von Versailles, in dem am 18. Januar 1871 die Kaiserproklamation stattgefunden hatte und damit das Deutsche Reich begründet worden war, den Versailler Vertrag von den Vertretern des Deutschen Reiches unterschreiben zu lassen, das diesen Krieg verloren hatte.

Die Revision von Versailles wurde ein vorrangiges Ziel der deutschen Nachkriegspolitik und ein besonders wirkungsvolles Kampfmittel Adolf Hitlers.

Doch zurück zum Jahre 1919: Mit Freischärlern versuchte Gabriele D'Annunzio vollendete Tatsachen zu schaffen, indem er Fiume besetzte. Am 10. September 1919 war der Vertrag der Siegermächte mit Österreich in St. Germain unterzeichnet worden, der Italiens Ansprüchen nicht ganz entsprach. Wie im Deutschen Reich, begann auch in Italien sofort eine Politik des Revisionismus, eine Politik, die auf Abänderung des Vertrags zugunsten Italiens hinarbeitete. Hauptvertreter dieses politischen Wollens war D'Annunzio, der schon am 12. September mit einer Schar Freiwilliger in Fiume einrückte und dort einen Freistaat mit sozialrevolutionären Zügen errichtete. Das von ihm geprägte Wort *vittoria nostra non sarai mutilata*, auf deutsch: „Du, unser Sieg, wirst nicht verstümmelt werden", wurde von vielen aufgegriffen und wurde Leitsatz ihres Handelns.

D'Annunzio hatte diese Parole schon am 24. Oktober 1918, als die Kampfhandlungen noch gar nicht beendet waren, ausgegeben, indem er sie zur Überschrift eines Artikels im *Corriere della Sera* machte. Am 25. April 1919 führte er mit seinen Zuhörern folgendes Gespräch:

„'Noi non piú speriamo, ma vogliamo. Intendete? Vogliamo.' 'Ripetete questo verbo.' (Tutto il popolo grida: 'Vogliamo!')"[5] – „Wir hoffen nicht mehr, wir wollen. Versteht ihr? Wir wollen. Wiederholt dieses Verb. (Das ganze Volk ruft: Wir wollen!)"

Ja, was wollten denn die Menschen eigentlich? Sie wußten es selbst nicht so genau. Es mußte ihnen schon jemand sagen, was sie wollten. D'Annunzio sagte es ihnen, zum Beispiel am 4. Mai 1919 am Schluß einer Rede am Augustusmausoleum in Rom:

„Laggiú su le vie dell'Istria, su le vie della Dalmazia, che tutte sono romane, non udite la cadenza di un esercito in marcia? – I morti vanno piú presto dei vivi."[6] – „Dort drüben auf den Straßen Istriens, auf den Straßen Dalmatiens, die alle römische Straßen sind, hört ihr da nicht den Marschtritt eines Heeres? – Die Toten sind schneller als die Lebenden."

Etwas ganz Verhängnisvolles war im Gange. Es wurde die Überzeugung verbreitet, daß die Toten bestimmte Taten von den Lebenden erwarteten, Taten, die sie selbst von ihrem Totenreich aus nicht mehr vollbringen konnten, Taten, zu deren Werkzeugen sich die Lebenden machen mußten. Einige Jahre später, während der Ära des Faschismus, wurden bei feierlichen Anlässen die Namen von Toten verlesen, und alle Anwesenden antworteten laut: „Presente!" Auf deutsch: „Hier!"

Im Zusammenhang mit der Besetzung Fiumes wurde bewußt eine Stimmung verbreitet wie 1915 in den *radiose giornate di maggio,* in den strahlenden Maitagen. Was geschah nun in Fiume selbst? Darüber berichtet Ernst Nolte:

„Mit seinen 'Legionären', die ihm aus ganz Italien zuströmten, entwickelte der Dichter-Kommandant in der Stadt am Quarnaro während der 16 Monate seiner Herrschaft einen bis dahin unbekannten Stil des Lebens und des Denkens: vom Balkon des Munizipalpalastes hielt er delirierenden Massen aufpeitschende Reden, die er durch Wechselgespräche mit der Menge abwechslungsreicher und durch neuerfundene Kampfrufe wie 'A noi' oder 'Eia, Eia, Alalà' wirkungsvoller machte; die Legionäre paradierten in schwarzen Hemden hinter den kleinen spitzen Fahnen mit dem Totenkopf, den Dolch im Gürtel und einen Heilruf für den Kommandanten auf den Lippen; die Stadt erhielt eine neue Verfassung, die ein romantisches Gemisch aus mittelalterlichen und syndikalistischen Elementen war und keinen geringeren Anspruch erhob als den, gegenüber den abgelebten Welten von Paris und Moskau die Zukunft der Menschheit zu repräsentieren. Zwar war ihm die Hälfte der Bevölkerung feindlich gesinnt, aber er hielt sie durch die Todesdrohungen seiner Ausnahmegesetze in Schach; zwar rühmte er sich, die vieltausendjährige italienische Kultur gegen die Fiume umdrängenden 'Horden geschichtsloser Slawen' zu verteidigen, aber er rief dennoch die unterdrückten Völker der ganzen Welt zum Aufstand gegen die 'Raubvölker' auf, die sich in Paris zum feilschenden Konzil versammelt hätten."[7]

Aus Fiume waren auch Rufe nach einem Marsch auf Rom zu hören, aber der italienischen Regierung bereiteten andere Rufe, nämlich die Heilrufe auf Lenin, viel größere Sorgen.

Ehe wir zum Abschluß dieses Kapitels kurz auf die damaligen Zeitereignisse eingehen, sei noch eine Charakteristik der eigentümlichen Atmosphäre gegeben, die D'Annunzio umgab. Wie seine Wirkung auf seine Beherrschung aller Mittel der italienischen Sprache zurückzuführen ist, hat sich uns schon ergeben. Wer in seine Nähe kam, schien „von der Gnade angerührt zu sein", wurde „Apostel der neuen Religion", die verkündet wurde von dem „Priester des Zarathustra, dem modernen Solon, dem neuplatonischen Philosophen, dem Schöpfer einer neuen Weltordnung, die nichts anderes sein konnte als eine lyrische Ordnung, eine lyrische Ordnung im strengsten Sinn des Wortes."[8]

„Es handelt sich nicht darum", schrieb D'Annunzio am 9. November 1919, „sich um das Wohlergehen zu kümmern, sondern um die Größe. Auch der Hunger und die Zwietracht können Werkzeuge der zukünftigen Größe sein."[9]

D'Annunzios Methode ist dadurch gekennzeichnet, daß er den einfachsten Dingen geheimnisvoll klingende Namen beilegte, daß er das Bekannte, das Graue, das Banale zur Würde des Unbekannten erhob. Seine Anhänger fühlten sich in nicht recht faßbarer Weise zu Großem bestimmt. Irgendwie hing ihre Bestimmung, so schien es ihnen, mit „Rom" zusammen.

Als die sozialen Spannungen sich verschärften, es in Turin und Mailand zu Werksbesetzungen und vor allem in der Po-Ebene zu Landarbeiterstreiks kam, als Mussolini mit seinen Kampftruppen, *squadre,* den Gegenterror organisierte, die Sozialisten zurückwichen und sich so eine faschistische Ordnungsmacht zu bilden schien, glaubte D'Annunzio, als Duce den Marsch auf Rom anführen zu können. Aber Mussolini gelang es, ihn zu überspielen, und das Unternehmen, das der Dichter mit der für ihn gar nicht so wichtigen Beihilfe der Faschisten hatte durchführen wollen, geriet ganz und gar in die Hände der Faschisten und ihres Duce, zusammen mit all den Erfindungen der Dichtkunst Gabriele D'Annunzios.

Der Duce Benito Mussolini –
Ein Wiedererstehen des Römischen Weltreichs im 20. Jahrhundert?

Als dem Schmied in Dovia di Predappio, einem Ort in der Nähe von Forli in der Romagna, am 29. Juli 1883 als erstes Kind ein Sohn geboren wurde, gab der Vater, ein von revolutionärer Gesinnung durchdrungener Mann, dem Kind den Namen Benito, weil er Benito Juárez – einen vollblütigen mexikanischen Indianer, Anführer des Aufstandes gegen den österreichischen Erzherzog Maximilian, den jüngeren Bruder von Kaiser Franz Joseph I., der mit Hilfe des Kaisers Napoleon III. Kaiser von Mexiko geworden war – als Vorbild revolutionärer Tat ansah. Der Sohn des Schmiedes wuchs im Haß gegen die Kirche, das Heer, den König, die Gesetze, die Reichen, die Gebildeten auf. Nach kurzer Tätigkeit als Hilfslehrer agitierte er als Maurer in der Schweiz unter seinen Arbeitsgenossen für Gewaltanwendung, Atheismus, Klassenkampf, die „Revolution". Er suchte die Gesellschaft anderer Revolutionäre, die zum größten Teil russische Nihilisten und Anarchisten waren, bezeichnete sich als „Apostel der Gewalt" und wurde Benituschka genannt.

Als er noch Kind war, hatte er zu seiner Mutter gesagt: „Un giorno farò tremare il mondo" – „Eines Tages werde ich die Welt erbeben lassen."[1]

Wegen seiner umstürzlerischen politischen Tätigkeit wurde er 1904 aus der Schweiz und 1909 aus dem österreichischen Südtirol ausgewiesen. Ab 1910 war er Herausgeber der sozialistischen Zeitschrift *Lotta di classe* (Klassenkampf) und wurde 1912 Redakteur der führenden sozialistischen Zeitung *Avanti* (Vorwärts). Als solcher setzte er sich für radikale soziale Umgestaltungen ein. Nach Beginn des Ersten Weltkrieges wurde er Verfechter des Kriegseintritts Italiens gegen Österreich an der Seite Frankreichs und Großbritanniens, verstieß damit aber gegen die Parteilinie und wurde ausgeschlossen.

Er diente in einer Eliteeinheit von Scharfschützen, den Bersaglieri, wurde nach schwerer Verwundung aus dem Militärdienst entlassen und sammelte nach dem für Italien unbefriedigenden Ausgang des Krieges Gesinnungsgenossen, die nur die Unzufriedenheit verband, sonst kamen sie von links und von rechts, waren Anarchisten oder Konservative, Industrielle, Künstler. Auch Arturo Toscanini gehörte dazu. An der Piazza San Sepolcro (Platz zum Heiligen Grab) in Mailand wurden am 23. März 1919 die Fasci di Combattimento gegründet, ein Bund von Kämpfern, die so fest miteinander verbunden sein sollten, wie es die Ruten in dem römischen Liktorenbündel (lat.: *fasces*) waren, dem Zeichen der Amtsgewalt im alten Rom. Damit waren der Faschismus und sein Symbol geschaffen.

Auf Versammlungen wurden schwarze Hemden getragen, wie sie die Landarbeiter der Romagna als Uniform der Anarchisten übernommen hatten. Diese Schwarzhemden, lose organisiert, fochten Straßenkämpfe mit Sozialisten und Kommunisten aus. So gewann die Bewegung *(il movimento)* schnell die Unterstützung konservativer Kreise. Später rühmte sich Mussolini, die Gefahr des Bolschewismus wirksam von Italien abgewehrt zu haben. Die Regierung wurde der Krawalle und bürgerkriegsähnlichen Situationen nicht Herr, die Faschisten marschierten auf Rom und Mussolini wurde vom König telegrafisch mit der Bildung einer Regierung beauftragt.

Wegen seiner äußeren Erscheinung, seiner Redegabe, seiner Kunst des Umgangs mit Menschen wurde der Mann, der jetzt der *Duce del fascismo* genannt wurde, bald von Persönlichkeiten des öffentlichen Lebens in Europa und in den Vereinigten Staaten als Genie und Übermensch angesehen. Niemand außer ihm schien die Befähigung zu haben, das Chaos zu überwinden und Ordnung zu schaffen. Daß die italienischen Eisenbahnen jetzt pünktlich fuhren, wurde als Wunder angesehen. Die dabei verwandten Mittel kommen in der Bezeichnung der Staatsform klar zum Ausdruck: *stato totalitario*, totalitärer Staat. Was von der Bevölkerung erwartet wurde, war in diese dreigliedrige Formel gebracht: *credere – ubbidire – combattere,* glauben – gehorchen – kämpfen. Mit Menschen, die an den Duce und dessen Unfehlbarkeit, die er selbst für sich in Anspruch nahm, glaubten, die bereit waren zu gehorchen, konnte dann auch das Kämpfen beginnen.

Welches war das Ziel? Aus nationalistischen Kreisen wurde die alt-römische Idee eines mittelmeerischen Imperiums übernommen. So entstand nach und nach mit der Beschwörung vieler Bilder altrömischer Größe der Mythos von der Erneuerung des Imperium Romanum und des Mittelmeers als *mare nostrum* (unser Meer). Es begannen also die Eroberungen, zuerst an der nordafrikanischen Gegenküste. Die Besetzung von Tunis, wo sich in der Küstenebene italienische Kolonisten angesiedelt hatten, war 1881 fehlgeschlagen. Frankreich war Italien zuvorgekommen.

Auf dem Gebiet des heutigen Tunesien sind die Ruinen von Karthago. Mussolinis zweiter Vorname ist Amilcare, nach Hamilkar Barkas, dem Vater des Feldherrn Hannibal, den Scipio Africanus 202 v.Chr. bei Zama besiegt hatte. Dieser Sieg war einer der wesentlichen Voraussetzungen für den Aufstieg Roms zur Vormacht am Mittelmeer.

Das faschistische Italien überwand in langjährigen Kämpfen zwischen 1923 und 1931 den Widerstand der Senussi in Libyen, das 1911 bis 1912 im italienisch-türkischen Krieg erobert worden war, und schuf Raum für eine umfassende Siedlungstätigkeit italienischer Kolonisten. 1935 begann die Eroberung Abessiniens. Die vom Völkerbund verfügten Sanktionen umfaß-ten keine kriegswichtigen Güter, vor allem wurde kein Ölembargo verhängt. Am Abend des 9. Mai 1936 verkündete Mussolini von einem Balkon aus einer erwartungsvollen Menge von ungefähr 400.000 Menschen auf der Piazza Venezia in Rom, daß im 14. Jahr der faschistischen Ära Italien ein Imperium *(un impero)* gewonnen habe, so daß Rom wieder Hauptstadt eines Weltreichs geworden sei. Bei dieser Gelegenheit sagte einer seiner Mitarbeiter von ihm: „E come un dìo." „Come un dìo? No, no," disse un altro. „E un dìo."[2] – „Er ist wie ein Gott." „Wie ein Gott? Nein, nein", sagte ein anderer. „Er ist ein Gott."

Die Zustimmung der Bevölkerung zu seiner Politik zeigte sich zum Beispiel darin, daß Fotos von ihm, aus Zeitungen und Zeitschriften ausge-schnitten, an die Wände der Wohnstuben neben die Bilder der Madonna und des heiligen Josefs geklebt waren. Denkwürdige Aussprüche von ihm waren in Großbuchstaben in Dörfern an Hauswänden zu lesen. Was er inszenierte, bezeichnete Barzini als „das größte und längste Schauspiel, das je zu sehen war"[3] Aber es war nur ein Schauspiel, der Abstand zwischen der kaum veränderten schwierigen sozialen und politischen Wirklichkeit Italiens und der zur Schau gestellten Welt wurde immer größer. Hinter der faschistischen Fassade gähnte die Leere. Schließlich lebte Mussolini nicht mehr in Italien, sondern in einer eigenen, von ihm selbst geschaffenen Welt. Mit seiner Verhaftung am 25. Juli 1943 auf Anordnung des Königs war das große Schauspiel zu Ende.

Das Nachspiel, seine Befreiung vom Gran Sasso durch ein deutsches Sonderkommando, die Errichtung der Repùbblica Sociale Italiana in Salò/Norditalien in völliger Abhängigkeit von der deutschen Wehrmacht, seine

Flucht und sein Tod machen den Eindruck einer grausamen Desillusionierung, der Entzauberung einer mit allen Mitteln der modernen Massenpropaganda künstlich geschaffenen Welt.

Aber hatte Mussolini nicht noch einen dritten Vornamen, Andrea? Andrea! Waren Andreas und sein Bruder Simon, Petrus genannt, nicht die Erstberufenen? (Markus 1, 16–18) Hätte Mussolini, wenn schon nicht Dux, doch vielleicht Apostel sein können? Er war, wie er selbst sagte, Apostel, aber „apostolo della violenza", Apostel der Gewalt.

Die durch seine Gewaltanwendung aufgerufenen Gegengewalten, die kriegsführenden alliierten Mächte des Zweiten Weltkrieges, hochindustrialisierte moderne Staaten, machten seinen Träumen von der Erneuerung des Römischen Weltreichs ein Ende.

Moeller van den Bruck und das dritte Reich

Der amerikanische Diplomat und Historiker George Kennan hat den Ersten Weltkrieg die Urkatastrophe *(the seminal catastrophe)* unseres Jahrhunderts genannt. Dieser Krieg hat eine entscheidende Rolle im Leben einiger der Männer gespielt, mit denen wir uns in dieser Arbeit beschäftigt haben: Er hatte Bedeutung für Gabriele D'Annunzio, der mit Hilfe seiner Redekunst durch Verwendung wirkungskräftiger Bilder Stimmung für eine Kriegserklärung Italiens an Österreich-Ungarn machte; für Benito Mussolini, der sich aus einer antimilitaristischen, antinationalistischen und antiimperialistischen Haltung heraus zuerst mit aller Energie als Redakteur einer sozialistischen Zeitung dem Eintritt Italiens in den Krieg widersetzte, dann aber leidenschaftlich für den Kriegseintritt Propaganda machte, im Krieg verwundet wurde, als überzeugter Antisozialist heimkehrte und sich zu einer großen Aufgabe berufen fühlte; für Adolf Hitler, der sich bei Kriegsausbruch freiwillig meldete, in einem bayerischen Regiment als Meldegänger Dienst tat und, zeitweilig erblindet, den für ihn unfaßbaren Waffenstillstand im November 1918 im Lazarett in Pasewalk in Pommern erlebte; aber auch für Lenin, der durch die deutsche Oberste Heeresleitung, die seine Fahrt von der Schweiz durch Deutschland nach Schweden organisierte, Gelegenheit bekam, in die russischen Wirren einzugreifen, und der im November 1917 durch einen Staatsstreich der bolschewistischen Partei in St. Petersburg die ersten Voraussetzungen für die revolutionäre Umgestaltung des östlichen Riesenreiches schaffen konnte. So sind die führenden Männer des italienischen Faschismus, des deutschen Nationalsozialismus und der russischen Revolution jeweils in persönlicher Weise mit dem Ausbruch, Verlauf und Ausgang des Ersten Weltkrieges verbunden.

Wie sich in Italien aus der Enttäuschung über *la vittoria mutilata,* den verstümmelten Sieg, im italienischen Faschismus ein extremer Nationalismus mit sozialistischen Ideen verband und die Bevölkerung in eine

Stimmungslage brachte, aus der heraus die Eroberung eines Kolonialreichs in Afrika in Angriff genommen wurde, die mit dem Überfall auf Abessinien im Oktober 1935 ihren Höhepunkt erreichte, so versuchte in Deutschland die linke und rechte Intelligenz Bilder von einer Zukunft für das deutsche Volk zu entwerfen, und war sich dabei einig in der Ablehnung der Übernahme der politischen Normen des Westens, wie sie durch das neuentstandene Staatswesen, die Weimarer Republik, vollzogen wurde. Die Ablehnung galt dem, wofür der Westen zu stehen schien. Die Gegnerschaft richtete sich also gegen Liberalismus, gegen Demokratie, gegen Parlamentarismus. Carl von Ossietzky, der Herausgeber der *Weltbühne*, sah die deutsche Kultur durch seelenlosen Amerikanismus bedroht. Da der „Westen" abgelehnt wurde, war die Frage, was sich aus der deutschen Mittellage an Möglichkeiten ergab. Einige Schriftsteller sahen in der Sowjetunion einen künftigen Partner Deutschlands, so Oswald Spengler, andere waren davon überzeugt, es ließe sich eine unabhängige Mitte begründen, es gäbe für Deutschland zwischen Ost und West einen dritten Weg. Zu diesen Denkern gehörte Moeller van den Bruck, der im Dezember 1922 in Berlin einen Brief an Heinrich von Gleichen unterzeichnete, mit dem er sein Buch „Das dritte Reich" einleitete. Als Hans Schwarz im November 1930 sein Vorwort zur dritten Auflage unterschrieb, war die Neuherausgabe für das Jahr 1931 vorbereitet. Auf der Innenseite des Schutzumschlages finden wir folgende Worte:

„Das ersehnte 'Dritte Reich', das Idealreich, wird hier als drittes deutsches Reich gefordert, nicht als Erfüllung eines Parteiprogramms, sondern als nationale Selbsterfüllung nach den großen geschichtlichen Stufen des mittelalterlichen Reiches und der Schöpfung Bismarcks."[1]

Daraus ist ersichtlich, daß es nicht richtig ist, das von Moeller entworfene zukünftige Reich der Mitte so ohne weiteres als das Dritte Reich im Sinne des Joachim von Floris zu bezeichnen. Nicht alle haben es jedenfalls so verstanden, und doch: Heißt es nicht auf Seite 244: „Der deutsche Nationalismus ist Streiter für das Endreich"?

Zu Moeller nur so viel: Er wurde 1876 in Solingen geboren, sein Vater stammte aus dem Sächsischen und war als königlich-preußischer Baurat an den Niederrhein versetzt worden. Seine Mutter war Rheinländerin mit einem holländischen Namen und einer spanischen Mutter. Moeller selbst führte den Nachnamen seiner Mutter. Nach recht chaotischer Schulbildung und abgebrochenem Universitätsstudium ging der junge Mann 1902 aus Enttäuschung über Deutschland nach Paris. Dort machte er die Bekanntschaft Mereschkowskis. Mit Mereschkowski, dessen Frau und Schwägerin, die aus dem Baltikum stammten, begann er die Übersetzung sämtlicher Werke Dostojewskis ins Deutsche, wodurch er den russischen Schriftsteller überhaupt erst in Deutschland bekannt machte. Er spürte das Herannahen eines großen Krieges und als Folge eines Krieges den Ausbruch einer Weltrevolution. Von tiefer Unruhe erfaßt, beschloß er, den Deutschen einen

Weg zu sich selber zu zeigen, indem er ein umfassendes Werk über „Die Werte der Völker" schrieb. Er lernte verschiedene europäische Länder vor dem Ausbruch des Ersten Weltkrieges intim kennen: Italien, Rußland mit dem Baltikum, Dänemark, Schweden. Vom Krieg tief erschüttert und aus klarsichtiger Erkenntnis der verhängnisvollen Folgen der in Versailles vorgesehenen Neuordnung der europäischen Völkerverhältnisse gab er mit Zustimmung des Auswärtigen Amtes eine kleine Schrift vom „Recht der jungen Völker" heraus, die an den Präsidenten Wilson gerichtet war und zum Hauptinhalt hatte, daß ohne eine gründliche soziale Neugestaltung aus neuen Grenzziehungen und einer Neubegründung von Staaten nur Unheil erfließen könnte. Es war eine deutliche Warnung vor dem, was aus Deutschland werden würde, wenn die von den Weltkriegssiegern vorgesehene Neugestaltung der europäischen Landkarte durchgeführt würde. Moeller van den Bruck starb 1925 in einer schweren seelischen Krise.

Es sei jetzt erst ein Abschnitt aus dem Vorwort des Herausgebers der dritten Auflage gebracht:

„Die Parolen des dritten Reiches, vor allen anderen jene, daß wir die Revolution gewinnen müßten, haben ständig Boden erobert. Wer die politische Publizistik unserer Tage verfolgt, wird überall die Spuren von Worten Moellers finden, in Formulierungen wie: von der Kraft in Gegensätzen zu leben, in der Abkehr vom Liberalismus als dem Sterben der Völker, in der Nationalisierung des Sozialismus und Sozialisierung des Nationalismus, im revolutionären Konservativismus, in der These vom Rechte der jungen Völker. Die Nationalsozialisten nahmen den Ruf nach dem dritten Reich auf, der Bund Oberland benannte seine Zeitschrift danach, die Volkskonservativen belegten ihre Einstellung mit Zitaten Moellers, der Kreis um Zehrer in der 'Tat' hat den Geist Moellers auf sich wirken lassen."[2]

Es folgen nun einige Abschnitte aus Moeller van den Brucks Werk.

„Wir setzen an die Stelle der Parteibevormundung den Gedanken des dritten Reiches. Er ist ein alter und großer deutscher Gedanke. Er kam auf mit dem Verfalle unseres ersten Reiches. Er wurde früh mit der Erwartung eines tausendjährigen Reiches verquickt. Aber immer lebt in ihm noch ein politischer Gedanke, der sich wohl auf die Zukunft, doch nicht so sehr auf das Ende der Zeiten, als auf den Anbruch eines deutschen Zeitalters bezog, in dem das deutsche Volk erst seine Bestimmung auf der Erde erfüllen werde."[3]

„Wenn wir zu diesem Volke von einem dritten Reiche sprechen, dann müssen wir uns eine klare und kalte Rechenschaft darüber geben, daß auch nicht die geringste Gewißheit darüber besteht, die mit ihm verbunden wäre. Der Gedanke des dritten Reiches ist ein Weltanschauungsgedanke, der über die Wirklichkeit hinaushebt. Nicht zufällig sind die Vorstellungen, die schon bei dem Begriffe sich einstellen, bei dem Namen des dritten Reiches, und ebenso bei einem Buche, das von ihm den Titel empfängt, von vornherein ideologisch bloßgestellt, sind seltsam wolkig, sind gefühlvoll und entschwebend und ganz und gar jenseitig. Das deutsche Volk ist nur zu geneigt, sich Selbsttäuschungen hinzugeben. Der Gedanke des dritten Reiches könnte die größte aller Selbsttäuschungen werden, die es sich je gemacht hat. Sehr deutsch würde sein, wenn es sich auf ihn verließe, und wenn es sich bei ihm beruhigte. Es könnte an ihm zugrunde gehen.

Dies muß hier gesagt sein. Der Gedanke des dritten Reiches, von dem wir, als unserem höchsten und letzten Weltanschauungsgedanken, nicht lassen können, kann fruchtbar nur als ein Wirklichkeitsgedanke werden: wenn es gelingt, ihn dem Illusionistischen zu entrücken und ganz in das Politische einzubeziehen (...) unsere Wirklichkeit heißt: Triumph aller Völker der Welt über die deutsche Nation. Unsere Wirklichkeit heißt: Überbietung des Parlamentarismus in unserem Lande nach dem Vorbilde des Westens. Unsere Wirklichkeit heißt: Herrschaft der Parteien. Das dritte Reich, wenn es je sein wird, schwebt nicht in Wohlgefallen hernieder. Das dritte Reich, das den Unfrieden endet, wird nicht in einem Frieden erstehen, der sich weltanschaulich verwirklicht. Das dritte Reich wird ein Reich der Zusammenfassung sein, die in den europäischen Erschütterungen uns politisch gelingen muß."[4]

„Als die Revolution den Krieg überstürzte, als sie alle Hoffnungen begrub, und jeden Ausblick zu verschütten schien, da fragten wir uns nach dem Sinn der Begebenheiten. Und wir fanden ihn, mitten im Unsinn, in dem Gedanken an die Politisierung deutscher Nation, auf die es nunmehr, und nachträglich, ankommen werde."[5]

„Der Gedanke des ewigen Friedens ist freilich der Gedanke des dritten Reiches. Aber seine Verwirklichung will erkämpft, und das Reich will behauptet sein."[6]

„Der deutsche Nationalismus ist Streiter für das Endreich. Es ist immer verheißen. Und es wird niemals erfüllt. Es ist das Vollkommene, das nur im Unvollkommenen erreicht wird.

Und es ist die besondere Verheißung des deutschen Volkes, die ihm alle anderen Völker streitig machen. Sie haben im Weltkriege das Reich um des Reiches willen bekämpft, um der Weltherrschaft willen, an der wir unseren sehr materiellen Teil haben wollten, den man für einen imperialistischen Anspruch hielt. Ein jedes von ihnen möchte selber ein Reich sein, Reich und Bereich des lateinischen, des angelsächsischen, des allslavischen Gedankens. Sie haben unser materielles Reich vernichtet. Auch jetzt noch fürchten sie seinen politischen Schatten.

Aber das Reich mußten sie lassen stehn. Es gibt nur Ein Reich, wie es nur Eine Kirche gibt. Was sonst diesen Namen beansprucht, das ist Staat, oder das ist Gemeinde oder Sekte. Es gibt nur Das Reich.

Der deutsche Nationalismus kämpft für das mögliche Reich. Der deutsche Nationalist dieser Zeit ist als deutscher Mensch immer noch ein Mystiker, aber als politischer Mensch ist er Skeptiker geworden.

Er weiß, daß die Verwirklichung einer Idee immer weiter hinausgerückt wird, daß die Geistigkeit in der Wirklichkeit sehr menschlich, und dies ist sehr politisch, auszusehen pflegt, und daß Nationen die Idee, die ihnen aufgetragen ist, immer nur in dem Grade verwirklichen, in dem sie sich geschichtlich behaupten und durchsetzen.

Der deutsche Nationalist ist gefeit gegen Ideologie um der Ideologie willen. Er hat den Schwindel der großen Worte durchschaut, mit denen die Völker, die uns besiegt haben, sich eine Weltmission zuschrieben. Er hat erfahren, daß im Umkreise der Zivilisation dieser Völker, die sich mit Selbstgefälligkeit die westliche nennt, und daß mit dieser Zivilisation der Mensch nicht stieg, sondern sank.

In dieser sinkenden Welt, die heute die siegreiche ist, sucht er das Deutsche zu retten. Er sucht dessen Inbegriff in den Werten zu erhalten, die unbesiegbar blieben, weil sie unbesiegbar in sich sind. Er sucht ihnen die Dauer in der Welt zu sichern, indem er, für sie kämpfend, den Rang wiederherstellt, auf den sie ein Anrecht haben – und wir können hinzusetzen, in einem Augenblicke, in dem kein Begriff mehr in Frage gestellt erscheint, als derjenige des Europäischen, daß er zugleich für alles kämpft, was von Deutschland aus europäische Reichweite hat.

Wir denken nicht an das Europa von heute, das zu verächtlich ist, um irgendwie gewertet zu werden. Wir denken an das Europa von gestern, und an das, was sich auch aus ihm vielleicht noch einmal in ein Morgen hinüberretten wird. Und wir denken an das Deutschland aller Zeiten, an das Deutschland einer zweitausendjährigen Vergangenheit, und an das Deutschland einer ewigen Gegenwart, das im Geistigen lebt, aber im Wirklichen gesichert sein will und hier nur politisch gesichert werden kann.

Das Tier im Menschen kriecht heran. Afrika dunkelt in Europa herauf. Wir haben die Wächter zu sein an der Schwelle der Werte."[7] – Mit diesen Worten schließt das Buch.

Adolf Hitlers apokalyptisches Weltbild

In anderen Kapiteln dieser Arbeit wird zu verdeutlichen versucht, warum bestimmte Begriffe einen Bedeutungsgehalt haben, der weit über das, was Menschen im Augenblick im Bewußtsein tragen, hinausgehen kann; das gilt für *dux – duce – Führer;* das dritte Reich, das Dritte Reich; die alte Welt: *il vecchio mondo;* die Alte Welt, die Neue Welt; die neue Ordnung: *l'ordine nuovo,* die neue Weltordnung; die Stadt auf dem Hügel, das Neue Jerusalem. Ein solcher Begriff ist auch das Tausendjährige Reich, wie das Dritte Reich auch bezeichnet wurde. Was damit an Vorstellungen verbunden ist, ersehen wir aus der Offenbarung des Johannes, wo es im 20. Kapitel heißt:

„Und ich sah einen Engel niedersteigen aus dem Himmel, der hatte den Schlüssel zum Abgrund und eine große Kette in seiner Hand. Er ergriff den

Drachen, die alte Schlange, das ist der Teufel und Satan, und fesselte ihn auf tausend Jahre. Er warf ihn in den Abgrund, schloß zu und brachte ein Siegel darüber an, damit er nicht mehr die Völker verführe, bis vollendet sind die tausend Jahre. Danach muß er losgelassen werden auf eine kurze Zeit. (...) Wenn die tausend Jahre vollendet sind, wird der Satan losgelassen werden aus seinem Kerker, und er wird ausziehen, um die Völker an den vier Enden der Erde zu verführen, den Gog und den Magog, um sie zusammenzuholen zum Kampf. Ihre Zahl ist wie der Sand am Meere."[1]

Was für ein Weltbild sich Hitler erworben hatte, läßt sich an einigen Absätzen aus seinem Buch „Mein Kampf" zeigen. Hitler verwendet folgende Ausdrücke:

– das Riesenreich im Osten, Sowjetrußland, Marxismus, Bolschewismus, der Jude;

– der Erdball, die Bewohner dieses Sterns, der Totenkranz der Menschheit, vor Jahrmillionen, nach tausendjähriger Dauer, bis in fernste Zeiten, die Grundlage des Universums, Chaos, Katastrophe;

– der Himmel, das Werk des Herrn, das höchste Ebenbild des Herrn, der Arier, ein neuer Alexanderzug, Vertreibung aus dem Paradies, Himmelsstürmer, Luzifer, Teufel, Beelzebub, giftige Umarmung, internationale Schlange, Ausgeburt der Hölle, Verpestung unseres Blutes.

„Die jüdische Lehre des Marxismus lehnt das aristokratische Prinzip der Natur ab und setzt an Stelle des ewigen Vorrechtes der Kraft und Stärke die Masse der Zahl und ihr totes Gewicht. Sie leugnet so im Menschen den Wert der Person, bestreitet die Bedeutung von Volkstum und Rasse und entzieht der Menschheit damit die Voraussetzung ihres Bestehens und ihrer Kultur. Sie würde als Grundlage des Universums zum Ende jeder gedanklich für Menschen faßlichen Ordnung führen. Und so wie in diesem größten erkennbaren Organismus nur Chaos das Ergebnis der Anwendung eines solchen Gesetzes sein könnte, so auf der Erde für die Bewohner dieses Sternes nur ihr eigener Untergang.

Siegt der Jude mit Hilfe seines marxistischen Glaubensbekenntnisses über die Völker dieser Welt, dann wird seine Krone der Totenkranz der Menschheit sein, dann wird dieser Planet wieder wie einst vor Jahrmillionen menschenleer durch den Äther ziehen.

Die ewige Natur rächt unerbittlich die Übertretung ihrer Gebote.

So glaube ich heute im Sinne des allmächtigen Schöpfers zu handeln: *Indem ich mich des Juden erwehre, kämpfe ich für das Werk des Herrn.*"[2]

„Menschliche Kultur und Zivilisation sind auf diesem Erdteil unzertrennlich gebunden an das Vorhandensein des Ariers. Sein Aussterben oder Untergehen wird auf diesen Erdball wieder die dunklen Schleier einer kulturlosen Zeit senken.

Das Untergraben des Bestandes der menschlichen Kultur durch Vernichtung ihres Trägers aber erscheint in den Augen einer völkischen Weltanschauung als das fluchwürdigste Verbrechen. Wer die Hand an das höchste Ebenbild des Herrn zu legen wagt, frevelt am gütigen Schöpfer dieses Wunders und hilft mit an der Vertreibung aus dem Paradies.

Damit entspricht die völkische Weltanschauung dem innersten Wollen der Natur, da sie jenes freie Spiel der Kräfte wiederherstellt, das zu einer dauernden gegenseitigen Höherzüchtung führen muß, bis endlich dem besten Menschentum, durch den erworbenen Besitz dieser Erde, freie Bahn gegeben wird zur Betätigung auf Gebieten, die teils über, teils außer ihr liegen werden.

Wir alle ahnen, daß in ferner Zukunft Probleme an den Menschen herantreten können, zu deren Bewältigung nur eine höchste Rasse als Herrenvolk, gestützt auf die Mittel und Möglichkeiten eines ganzen Erdballs, berufen sein wird."[3]

„Würde z.B. heute die Oberfläche der Erde durch irgendein tektonisches Ereignis in Unruhe kommen und aus den Fluten des Ozeans sich ein neuer Himalaya erheben, so wäre in einer einzigen grausamen Katastrophe der Menschheit Kultur vernichtet. Kein Staat würde mehr bestehen, aufgelöst die Bande aller Ordnung, zertrümmert die Dokumente einer tausendjährigen Entwicklung, ein einziges großes, wasser- und schlammüberflutetes Leichenfeld. Allein wenn sich aus diesem Chaos des Grauens auch nur wenige Menschen einer bestimmten kulturfähigen Rasse erhalten hätten, würde, und wenn auch nach tausendjähriger Dauer, die Erde nach ihrer Beruhigung wieder Zeugnisse menschlicher, schöpferischer Kraft erhalten. Nur die Vernichtung der letzten kulturfähigen Rasse und ihrer einzelnen Träger würde die Erde endgültig veröden. Umgekehrt sehen wir selbst an Beispielen der Gegenwart, daß Staatsbildungen in ihren stammesmäßigen Anfängen bei mangelnder Genialität ihrer rassischen Träger diese nicht vor dem Untergang zu bewahren vermögen. So wie große Tierarten der Vorzeit anderen weichen mußten und restlos vergingen, so muß auch der Mensch weichen, wenn ihm eine bestimmte geistige Kraft fehlt, die ihn allein die nötigen Waffen zu seiner Selbsterhaltung finden läßt."[4]

„Das Riesenreich im Osten ist reif zum Zusammenbruch. Und das Ende der Judenherrschaft in Rußland wird auch das Ende Rußlands als Staat sein. Wir sind vom Schicksal ausersehen, Zeugen einer Katastrophe zu werden, die die gewaltigste Bestätigung für die Richtigkeit der völkischen Rassentheorie sein wird.

Unsere Aufgabe, die Mission der nationalsozialistischen Bewegung, aber ist, unser eigenes Volk zu jener politischen Einsicht zu bringen, daß es sein Zukunftsziel nicht im berauschenden Eindruck eines neuen Alexanderzuges erfüllt sieht, sondern vielmehr in der emsigen Arbeit des deutschen Pfluges, dem das Schwert nur den Boden zu geben hat."[5]

„Die Impotenz der Völker, ihr eigener Alterstod liegt aber begründet in der Aufgabe ihrer Blutsreinheit. Und diese wahrt der Jude besser als irgendein anderes Volk der Erde. Somit geht er seinen verhängnisvollen Weg weiter, so lange, bis ihm eine andere Kraft entgegentritt und in gewaltigem Ringen den Himmelsstürmer wieder zum Luzifer zurückwirft. Deutschland ist heute das nächste große Kampfziel des Bolschewismus. Es bedarf aller Kraft einer jungen missionshaften Idee, um unser Volk noch einmal emporzureißen, aus der Umstrickung dieser internationalen Schlange zu lösen und der Verpestung unseres Blutes im Innern Einhalt zu tun, auf daß die damit frei werdenden Kräfte der Nation für eine Sicherung unseres Volkstums eingesetzt werden können, welche bis in fernste Zeiten eine Wiederholung der letzten Katastrophen zu verhindern vermag. Verfolgt man aber dieses Ziel, so ist es ein Wahnsinn, sich mit einer Macht zu verbünden, die den Todfeind unserer eigenen Zukunft zum Herrn hat. Wie will man unser eigenes Volk aus den Fesseln dieser giftigen Umarmung erlösen, wenn man sich selbst in sie begibt? Wie dem deutschen Arbeiter den Bolschewismus als fluchwürdiges Menschheitsverbrechen klar machen, wenn man sich selbst mit den Organisationen dieser Ausgeburt der Hölle verbündet, sie also im großen anerkennt? Mit welchem Rechte verurteilt man dann den Angehörigen der breiten Masse ob seiner Sympathie für eine Weltanschauung, wenn die Führer des Staates selber die Vertreter dieser Weltanschauung zum Verbündeten wählen?

Der Kampf gegen die jüdische Weltbolschewisierung erfordert eine klare Einstellung zu Sowjet-Rußland. Man kann nicht den Teufel mit Beelzebub austreiben. "[6]

„Es ist daher notwendig, daß gerade die nationalsozialistische Bewegung in den Augen der übrigen Welt als Trägerin einer bestimmten politischen Absicht erkannt und festgestellt wird. *Was der Himmel auch mit uns vorhaben mag, schon am Visier soll man uns erkennen.* "[7]

Wie schwer es vielen Menschen gefallen ist, das tiefere Wesen des Nationalsozialismus zu durchschauen und zu erkennen, daß nicht nur durch den internationalen Kommunismus oder durch den Bolschewismus Gefahr drohte, geht aus folgendem Text hervor, der 1938 in Polen in der vom späteren Primas Wyszynski redigierten Zeitschrift *Ateneum Kaplanskie* erschien. Was am Nationalsozialismus erlebt wurde, wird durch Ausdrücke wie „titanischer Versuch", „die Wiedergeburt der Menschheit" gekennzeichnet.

„Das heutige Dritte Reich repräsentiert nicht nur ein bestimmtes politisches System. Es hat den titanischen Versuch zur Verwirklichung großer Ideen unternommen, die die Wiedergeburt der Menschheit erbringen sollen. Diese Ideen haben das nationale Leben mit ungewöhnlichem Elan, das staatliche System mit Spannkraft und Dynamik erfüllt ... Dank dessen ist Deutschland neben Italien zum Wortführer einer Ideologie von allgemeinmenschlicher Reichweite geworden. Durch den Widerstand gegen den inter-

nationalen Kommunismus hat es seine politische Position verstärkt ...
Durch seine antikommunistische Haltung hat der deutsche Nationalsozialismus dazu beigetragen, der Gefahr eines bolschewistischen Europa Einhalt zu gebieten. In dieser Hinsicht hat er sich um die ganze Menschheit
verdient gemacht."[8]

Hat Hitler das Judentum (er sagte: der Jude) als „den Drachen, die alte
Schlange, das ist der Teufel und Satan" (Apokalypse 20, 2; siehe oben)
angesehen? Friedrich Heer zitiert folgende Worte aus Hitlers Rede vom 30.
Januar 1939:

„Und es wird die Stunde kommen, da der böseste Weltfeind aller Zeiten
wenigstens auf ein Jahrtausend seine Rolle ausgespielt haben wird."

Und er bemerkt dazu:

„Für ein Jahrtausend schleudert Adolf Hitler als Engel der Apokalypse
den jüdischen Teufelsdrachen in den Abgrund ..."[9]

Aus dem Buch von Heer sei wegen des Ausdrucks „im Stile assyrischer
Deportationen" noch dieser Absatz gebracht: „Die NSDAP gedieh im nationalistischen Klima der Weimarer Republik. Der große Troeltsch aber machte schon darauf aufmerksam, daß die radikalen Nationalisten des
Wilhelminischen Reiches 'im Stile assyrischer Deportationen' denken."[10]

Einen Teil der von mir angeführten Zitate aus „Mein Kampf" hat Joachim
Fest verwendet, um besonders jene Wesenszüge von Hitlers Weltbild zu
charakterisieren, die darzustellen mir wichtig scheint. Fest beschreibt die
Alpträume, die Furcht und die Angst des bürgerlichen Zeitalters, in dem
Hitler aufwuchs: Es könne zu einer Revolution von links kommen, die
Deutschen würden überfremdet, eine Niederlage im Wettkampf der Völker
sei zu erwarten, die Sicherheit eines bürgerlichen Daseins ginge verloren.
Dann fährt Fest fort:

„Sein ausschweifendes Temperament, das grenzenlose Räume suchte und
sich mit Vorliebe in Eiszeitepochen bewegte, hat dieses Grundgefühl der
Angst zum Symptom einer der großen Weltkrisen erweitert, in denen
Zeitalter geboren werden oder zugrunde gehen und das Schicksal der
Menschheit auf dem Spiele steht: 'Diese Welt ist am Ende!' Er war wie behext
von der Vorstellung einer großen Weltkrankheit, von Viren, Termitenfraß
und Menschheitsgeschwüren, und wenn er sich später der Welteislehre
Hörbigers zuwandte, so überzeugte ihn daran vor allem die Rückführung
von Erdgeschichte und Menschheitsentwicklung auf gewaltige kosmische
Katastrophen. Wie fasziniert spürte er Untergänge nahen, und aus diesem
Sintflut-Aspekt seines Weltbildes leitete er seinen Berufungsglauben ab,
den missionarischen, heilsbringerischen Zug seines Bewußtseins vor der
Geschichte. Die vielfach so unbegreiflich empfundene Konsequenz, mit der
er im Krieg bis zum letztmöglichen Zeitpunkt und ungeachtet aller entgegen-
stehenden militärischen Notwendigkeiten das Vernichtungswerk gegen die

Juden fortsetzte, rührte primär nicht aus krankhaftem Starrsinn, sie war vielmehr in der Vorstellung begründet, einen Titanenkampf zu führen, der alles Tagesinteresse weit überstieg, und jene 'andere Kraft' zu sein, die, zur Rettung des Universums auserwählt, den Bösen 'wieder zum Luzifer zurückwirft'.

Die Vorstellung eines gewaltigen kosmischen Ringens beherrschte alle Thesen und Frontstellungen des Buches, und wie absurd oder phantastisch sie auch erscheinen mögen: sie verliehen seinen Deutungen metaphysischen Ernst und stellten sie vor einen düster-grandiosen Theaterprospekt: 'Wir können untergehen, vielleicht. Aber wir werden eine Welt mitnehmen. Muspilli, Weltenbrand', äußerte er einmal in einer seiner apokalyptischen Stimmungen. Zahlreich sind die Passagen in 'Mein Kampf', in denen er seinen Beschwörungen einen universellen, das Weltbild bildhaft einbeziehenden Charakter gibt. 'Die jüdische Lehre des Marxismus', so versicherte er, 'würde als Grundlage des Universums zum Ende jener gedanklich für Menschen faßlichen Ordnung führen', und gerade die Sinnlosigkeit dieser Hypothese, die eine Ideologie zum Ordnungsprinzip des Weltalls erhebt, demonstriert Hitlers unwiderstehlichen Hang, in universellen Dimensionen zu denken. Er bezog die 'Sterne', die 'Planeten', den 'Weltäther', 'Jahrmillionen' in das dramatische Geschehen mit ein, und die 'Schöpfung', der 'Erdball', das 'Himmelreich' dienten ihm als Kulisse."[11]

DIE VEREINIGTEN STAATEN – GARANTEN EINER NEUEN WELTFRIEDENSORDNUNG?

An der Diskussion darüber, ob überhaupt Anlaß besteht, die Entdeckung Amerikas zu feiern, werde ich mich nicht durch Darstellung der gegensätzlichen Standpunkte beteiligen, die Neue Welt aber doch so einbeziehen, daß die Frage, ob die Besiedlung des Kontinents die Rückkehr ins Paradies oder das Erbauen eines „Neuen Jerusalem", einer „Stadt auf dem Hügel" bedeutete, erörtert wird. Besonderer Nachdruck wird auf die religiösen Beweggründe für das Handeln der Amerikaner gelegt. Wie vielfältig die Überzeugung von einer Endzeit und einem endzeitlichen Kampf verbreitet ist, wie Ronald Reagan als Präsident unter der Wirkung solcher Bilder schwerwiegende Entscheidungen traf, wie George Bush im Golfkrieg religiöse Gefühle mobilisierte, wird unter Verwendung von Originaltexten dokumentiert. Dabei wird auch berücksichtigt, daß von vielen die zu schaffende *pax americana,* die von Amerika garantierte Weltfriedensordnung, als eine Wiederherstellung der *pax romana,* der von der römischen Weltmacht im Altertum geschaffenen *ordo,* Ordnung, angesehen wird.

Die Neue Welt

Es war der 12. Oktober 1492, als Christoph Kolumbus mit seinen drei kleinen Schiffen und 105 Mann Besatzung nach einer Überfahrt von 71 Tagen eine der Inseln erreichte, die zu der heute Bahamas genannten Inselgruppe gehört. Seinen religiösen Überzeugungen entsprechend nannte er sie San Salvador, d.h. heiliger Erlöser. Geleitet hatte ihn ein Wort des Propheten Jesaja (65, 17): „Ich will einen neuen Himmel und eine neue Erde schaffen."[1] Auf seiner dritten Reise im Jahre 1498 traf er zum ersten Mal auf die Küste des amerikanischen Festlandes im heutigen Venezuela, nachdem er vorher nur die Mittelamerika vorgelagerten Inseln erreicht hatte. Er gewann die Überzeugung, dem irdischen Paradies nahe zu sein, wie folgende Stelle aus seinem Bericht an seine königlichen Auftraggeber zeigt:

„La Sacra Escriptura testifica que Nuestro Señor hizo al Paraíso Terrenal y en él puso el árbol de la vida, y de él sale una fuente de donde resultan en este mundo cuatro ríos principales: Ganges en India, Tigris y Eufrates en ... *(im Originaltext eine leere Stelle)* los cuales apartan la sierra y hacen la Mesopotamia y van a tener en Persia, y el Nilo que nace en Etiopía y va en la mar en Alejandría."[2] – „Die Heilige Schrift bezeugt, daß unser Herr das irdische Paradies schuf und den Baum des Lebens hineinstellte und daß eine Quelle daraus entspringt, aus der in dieser Welt vier Hauptflüsse hervorgehen, der Ganges in Indien, der Tigris und der Euphrat in ... *(im Originaltext eine leere Stelle)*, die das Gebirge durchbrechen und Mesopotamien hervorbringen und in Persien einmünden, und der Nil, der in Äthiopien entspringt und bei Alexandrien ins Meer mündet."

Wie wir sehen, spricht er vom Lebensbaum und von vier Flüssen, darunter wieder Euphrat und Tigris. Einen Beweis dafür, dem Garten Eden nahe zu sein, sah er in der Tatsache, daß er nirgendwo so viel Süßwasser in der Nähe des Salzwassers vorgefunden hatte. Auch die milde Luft schien ihm ein Anzeichen dafür zu sein. Kolumbus war überzeugt vom nahen Weltende. Aber einige Ereignisse müßten, so sah er es, dem Weltende vorausgehen: Auf der Erde werde das Evangelium verkündet und die Heilige Stadt Jerusalem der Kirche zurückgegeben werden. In diesem gewaltigen geschichtlich kosmischen Drama sah er für sich eine wichtige Rolle. In einem Brief heißt es: „Gott hat mich zum Verkünder eines neuen Himmels und einer neuen Erde gemacht, von denen er in der Apokalypse des Johannes gesprochen hat, nachdem er vorher durch den Mund des Jesaja gesprochen hatte. Er hat mir den Ort gezeigt, wo ich ihn finden kann."[3]

In einem Brief, den Kolumbus am 7. Juli 1503 in Jamaica an seine königlichen Auftraggeber schreibt, heißt es: „El oro es excellentissimo, con el se hace tesoro y con el tesoro quien lo tiene, hace cuanto quiere en el mondo y llega que echa las animas al paraiso."[4] – „Das Gold ist ganz ausgezeichnet, mit ihm bildet man einen Schatz, und mit dem Schatz macht der, der ihn hat, alles, was er will in der Welt, und er gelangt dazu, die Seelen ins Paradies zu senden."

Wichtiges Material und auch einige Formulierungen in der folgenden Darstellung entnehme ich dem Kapitel „Paradis et utopie" aus Mircea Eliade: „La nostalgie des origines".

Die Kolonisierung Nord- und Südamerikas geschah unter einem eschatologischen Zeichen. Man glaubte, die Zeit zur Erneuerung der christlichen Welt sei gekommen und die wahre Erneuerung bestünde in einer Rückkehr zum irdischen Paradies oder doch in einer Art Wiederholung der in der Bibel berichteten Ereignisse. In den Augen der Engländer wurde durch die Kolonisation die Heilsgeschichte, die in den Anfangszeiten der Reformation begonnen hatte, fortgeführt und zu Ende gebracht. Der Triumphzug der wahren Religion von Ost nach West werde in dem Vordringen der Pioniere nach Westen fortgesetzt. Schon einige Zeit vorher hatten protestantische Theologen den Westen mit sittlichem und geistigem Fortschritt gleichgesetzt. Der amerikanische Theologe William Crashaw war überzeugt, daß der Gott Israels der Gott Englands sei.

Wie wir das Bild vom irdischen Paradies bei Kolumbus wiedergefunden haben, so sehen wir, wie die Bilder „Die Stadt auf dem Hügel" und „Das Erbauen von Zion" von Puritanern in Massachusetts gebraucht werden. Die späteren Leiter der Massachusetts Bay Colony überquerten auf dem Schiff Arbella den Atlantik im Frühjahr 1630. In einer Predigt, die er seinen Schiffsgenossen hielt, sprach der Leiter der neuen Gemeinde die folgenden Worte:

„Wee shall be as a Citty upon a hill, the eies of all people are uppon us, soe that if wee shall deal falsely with our god in this worke wee have undertaken and so cause him to withdrawe his present help from us, wee shall be made a story and a by-word through the world."[5] – „Wir werden mit einer Stadt auf einem Hügel verglichen werden, so daß die Augen aller Menschen auf uns gerichtet sind. Sind wir also unserem Gott untreu in diesem Werk, das wir übernommen haben, und veranlassen ihn so, uns die gegenwärtig gewährte Hilfe zu entziehen, so wird man in der ganzen Welt über uns reden und uns verspotten."

Die Überzeugung der Amerikaner von ihrer eigentlichen Berufung kann keinen besseren Ausdruck finden: Amerika habe alle Menschen etwas zu lehren, nicht durch Vorschrift, sondern durch Beispiel, nicht durch das, was es sage, sondern durch die Art, wie es lebe.

Aber wie sah das Land, das die Passagiere der Mayflower im November 1620 erreicht hatten, aus? Wie ein Augenzeuge berichtet, erblickten sie nichts als eine öde Wildnis, voller wilder Tiere und wilder Menschen. Außerdem war Winter, immer wieder herrschten Stürme, es war bitterkalt. Wie Boorstin schreibt: „Never had a Promised Land looked more unpromising."[6] – „Niemals hatte ein verheißenes Land weniger verheißungsvoll ausgesehen."

Aber innerhalb eines Zeitraums von 150 Jahren wurde dieser abweisende Landstrich in eine der blühendsten Gegenden der Welt verwandelt. Menschen hatten sich daran gemacht, Zion zu bauen. Boorstin drückt das so aus: „In the eyes of Puritans this was the peculiar opportunity of New England. Why not for once see what true orthodoxy could accomplish? Why not in one unspoiled corner of the world declare a truce on doubts, on theological bickering? Here at last men could devote their full energy to applying Christianity – not to clarifying doctrine but to building Zion."[7] – „In den Augen der Puritaner bot Neuengland gerade hierfür besondere Gelegenheit: Warum sollte man nicht einmal herausfinden, was wahre Rechtgläubigkeit bewirken konnte? Warum nicht in einem unverdorbenen Winkel der Welt die Zweifel zum Schweigen bringen, das Theologengezänk einstellen? Hier konnte der Mensch endlich seine ganze Tatkraft darauf verwenden, nicht die Kirchenlehre zu klären, sondern Zion zu bauen."

Kehren wir noch einmal zur Jahreszahl zurück, die am Anfang dieses Kapitels steht: 1492. Eine neue Welt wurde entdeckt, wenn Kolumbus auch bis zum Ende seines Lebens glaubte, die Ostküste Asiens erreicht zu haben. Aber sollte nicht eigentlich 1492 die alte Welt untergehen? Über diese Erwartung und die Unterlagen für die Berechnung unterrichtet uns Hildegard Schaeder in ihrem Buch „Moskau, das Dritte Rom":

„Dem geistlich bewegten Jahrhundert stand ein Drittes, Größtes noch bevor, der 1. September 1492. Die orthodoxe Kirche setzt bekanntlich auf Grund einer Kombination biblischer Daten die Erschaffung der Welt ins Jahr 5509 (1. Sept.). – 'Also vollendete Gott in sieben Tagen seine Werke' (Gen.II, 2); 'tausend Jahre sind vor Gott wie ein Tag' (Ps. 90,4); 'in soviel Tagen die Welt erschaffen wurde, in soviel Jahrtausenden wird sie vollendet sein' (Irenäus, 2. Jh.) – aus diesen Daten schuf Sextus Julius Africanus (3. Jh.) das welthistorische System des Mittelalters. 5509 v.Chr. plus 7000 ergibt 1491/92 n.Chr. Im Anfang des fünfzehnten Jahrhunderts sprach der Metropolit Photios vom nahen Weltende; ein interpolierter russischer Text des Pseudo-Methodius nennt in diesem Zusammenhang das Jahr 1492. Als die Krisis da war und überschritten wurde, gab der Metropolit Zosima (1491–1494), der große Feind Josephs von Volokolamsk, auf dessen Beschuldigungen im Kampf um die Sekte der Judaisierenden er später von der Metropolie zurücktrat, der Christenheit die neue Ostertafel bekannt, die man aus Rom geholt hatte, und schwelgte nun, da mit Gottes Gnade die Grenze der siebentausend Jahre erreicht sei, in christlicher Allegorie, im Gleichnis der Ersten und Letzten. Der Erste war der orthodoxe Kaiser Konstantin, der nach dem Beispiel Christi den Glauben verbreitete, der Konstantinopel baute, das ist Car'grad, das ist auch Neues Rom. Ihm folgte Vladimir von Rußland und wurde der zweite Konstantin genannt, er vernichtete die Götzen und demütigte die Feinde unter seine Füße. Nun aber in diesen letzten Jahren wie in den ersten erhöhte Gott seinen Nachfahren, den orthodoxen Autokrator – es folgen die bekannten christlichen Herrscher-Epitheta – und Großfürsten Ivan Vasilevic (er war 1462 auf Vasilij gefolgt), den neuen Kaiser (Car) Konstantin in der *neuen Konstantinstadt Moskau,* den Herrn über ganz Rußland und viele andere Länder, und hat ihn berühmt gemacht über die ganze Ökumene und die Gottlosen unter seine Füße gedemütigt. Seine Stadt Moskau schützt Gott. – Das Ende der Zeiten trat nicht ein, aber in seiner Erwartung wurde neben dem russischen Land auch die Stadt Moskau mit der Tradition aus Konstantinopel eng verknüpft. Endzeitliche Krisen wurden auch später noch, nach 1492, erwartet. ... (Anmerkung:) Am bekanntesten Peters d. Gr. und Napoleons (1812) Rolle als Antichrist. Über Kaiser Wilhelm II. als Antichrist in der Anschauung des russ. Heeres 1914 Bernheim, Mittelalterliche Zeitanschauungen I 1. Der bekannte Publizist Dmitrij Merezkovskij stellte binnen weniger Jahre zwei Inkarnationen des Antichrist fest, während des Krieges war es der europäische Imperialismus, nach der russischen Revolution die Bolschewisten, vgl. sein 'Ot vojny k revoljucii' z.B. 187 und 'Carstvo antichrista'."[8]

Das große Thema des Dritten Rom soll hier jetzt nicht weiter verfolgt werden. Wenden wir uns wieder den Menschen zu, die mit ganz bestimmten großen Erwartungen die Alte Welt verließen und mit den ersten Pionieren nicht daran zweifelten, daß das Schlußdrama der sittlichen Wiedergeburt und des allgemeinen Heils mit ihnen beginnen werde, weil sie die ersten seien, die der Sonne in ihrem Lauf nach den Paradiesgärten des Westens gefolgt waren. Der anglikanische Dichter George Herbert schrieb in *Church Militant*:

„Religion stands tip-toe in our land,

Ready to pass to the American strand."[9] – „Die Religion steht auf Zehenspitzen in unserem Land, bereit, auf den amerikanischen Strand hinüberzugehen."

Ulrich Hugwald hatte prophezeit, daß die Menschheit in Folge der Entdeckung Amerikas zu Christus, zur Natur, zum Paradies zurückkehren werde. Die volkstümlichste Idee in den englischen Kolonien in Amerika war die, daß Amerika unter allen Nationen der Erde als Ort der Wiederkunft Christi auserwählt worden sei, und daß das Tausendjährige Reich, obwohl es im wesentlichen geistiger Natur sein würde, von einer Umwandlung der Erde in ein Paradies als äußerem Zeichen einer inneren Vervollkommnung begleitet sein würde. Increase Mather, Rektor der Harvard-University von 1685–1701, schrieb, diese Erde werde in ihren Paradieseszustand zurückverwandelt werden, sobald das Reich Christi die ganze Erde erfüllt habe.

Übrigens sahen einige Pioniere in verschiedenen Gegenden Amerikas schon das Paradies. George Alsop stellte Maryland als den einzigen Ort dar, der das irdische Paradies zu sein schien. Seine Bäume, seine Pflanzen, seine Früchte, seine Blumen sprächen, so schrieb er, in Hieroglyphen von unserem adamgleichen Zustand. Ein anderer Schriftsteller entdeckte das zukünftige Eden in Georgia, einer Gegend, die sich auf dem gleichen Breitengrad wie Palästina befindet, diesem verheißenen Kanaan, das von Gott selbst bestimmt worden sei, die Mühen eines auserwählten Volkes zu segnen. Für Edward Johnson war Massachusetts der Ort, wo Gott der Herr einen neuen Himmel und eine neue Erde schaffen würde.

Es gab aber auch Pioniere, die ganz andere Erfahrungen machten. Für viele Einwanderer zeigte sich die Neue Welt als eine Einöde, die von dämonischen Wesen heimgesucht wurde. Ihr religiöser Eifer wurde aber dadurch nicht gedämpft. Die augenblicklichen widrigen Lebensumstände waren für sie eine sittliche und geistige Prüfung, die es zu bestehen galt, bevor sie das ihnen verheißene irdische Paradies erreichen konnten. Die Pioniere glaubten, in der Lage der Israeliten nach dem Durchzug durch das Rote Meer zu sein, so wie auch ihre Lebensbedingungen in Europa für sie eine Art ägyptischer Sklaverei gewesen waren. Nach der furchtbaren Prüfung in der Wüste würden sie endlich in Kanaan einziehen. Cotton Mather

schrieb, daß die Wüste, die sie durchzogen, um das gelobte Land zu erreichen, voller fliegender Feuerschlangen sei.

Aber bald brach sich ein neuer Gedanke Bahn. Das Neue Jerusalem
würde wenigstens zum Teil das Ergebnis von Arbeit sein. Jonathan Edwards,
der von 1703 bis 1758 lebte, dachte, daß man Neuengland durch Arbeit in
eine Art Paradies auf Erden verwandeln werde.

Man kann nun verfolgen, wie die Erwartung eines Tausendjährigen
Reiches nach und nach in die Vorstellung eines Fortschritts einmündet.

Aber – gab es nicht Gefahren? Zeigten sich nicht böse Mächte? Wurde die
Hoffnung der Menschen in der Neuen Welt nicht durch Einwirkungen einer
feindlichen Außenwelt bedroht? Da war doch der Kampf um die Vorherrschaft,
ausgefochten von England, Frankreich, Spanien. Wenn es für das Ringen der
europäischen Mächte um die Beherrschung der Welt jenseits des Atlantiks
auch mancherlei ökonomische Gründe gab, so wurde der Wettstreit doch durch
die Vorstellung eines endzeitlichen Ringens verschärft. Es schien alles auf
einen Kampf zwischen Gut und Böse rückführbar zu sein. Wenn sie von der
Bedrohung durch die Franzosen und Spanier redeten, so sprachen die Autoren
in den Kolonien von einer neuen babylonischen Hierarchie oder einer ägyptischen Sklaverei. Franzosen und Spanier seien Tyrannen, Sklaven des Antichrist.
Das katholische Europa wurde als eine gefallene Welt hingestellt, eine Hölle,
die den Gegenpol zum Paradies der Neuen Welt bilde. Man sagte: der Himmel
oder Europa und meinte damit: der Himmel oder die Hölle. Mancher war
überzeugt, daß die Prüfungen, welche die Pioniere in der Wüste Amerikas
durchzustehen hatten, als hauptsächliches Ziel die Erlösung des Menschen
von den fleischlichen Sünden des alten heidnischen Europa hätte.

Solange der Konflikt zwischen Gut und Böse sich in den Augen der
Pioniere in den Auseinandersetzungen zwischen Protestantismus und Ka-
tholizismus zum Ausdruck brachte, blieb England von Angriffen verschont.
Aber nach 1640 begann die Spannung zwischen den Kolonisten und dem
Mutterland größer zu werden. Manchem in den Kolonien schien die englische Reformation eine unvollkommene zu sein. Ja, schlimmer noch: Die in
England üblichen religiösen Bräuche wurden als Werk des Teufels angesehen. So trat England in den apokalyptischen Bildern der Kolonisten an die
Stelle Roms. Es bildete sich bald die Vorstellung, daß das, was auf dem Boden
der Religion geschah, etwas völlig Neues sei. Man glaubte, in die Endphase
der Geschichte einzutreten. Der Bruch mit der europäischen Vergangenheit
war vollständig. Cotton Mather erwartete in Neuengland die Rückkehr in
die Zeit des Urchristentums. Diese Zeit sei das goldene Zeitalter des
Christentums gewesen; um in diese Zeit zurückzukehren, meinte er, müßte
einer Protestant, ja Puritaner werden. Die Rückkehr in die Zeit des
Urchristentums müßte die Erde verwandeln.

Für die Puritaner war die christliche Haupttugend die Einfachheit, die
Schlichtheit. Dagegen waren für sie die Intelligenz, die Bildung, die

Gelehrsamkeit, die Höflichkeit Schöpfungen des Teufels. John Cotton schrieb, daß, je gebildeter und intelligenter jemand sei, desto mehr sei er bereit, für Satan zu arbeiten. So bildete sich nach und nach das Gefühl der Überlegenheit aus, das so charakteristisch ist für die Pioniere und die Missionare an der *frontier,* der Besiedlungsgrenze die das Grenzgebiet zwischen *wilderness* und *civilization,* zwischen Wildnis und zivilisierter Welt, bildete. Die Pioniere verkündeten ihre moralische Überlegenheit über die Engländer, wenn sie auch anerkannten, daß sie ihnen an Bildung und Kleidung unterlegen waren. Man muß wohl in der Tätigkeit der Missionare an der *frontier* den Ursprung des amerikanischen Überlegenheitsgefühls suchen, der sich ebenso in der Außenpolitik wie auch in dem von Begeisterung getragenen Bemühen zeigt, den *American way of life* überall auf der Erde zu verbreiten. Das Leben an der Grenze hat einen nicht leicht überschätzbaren Einfluß auf die gesamte Haltung der Amerikaner ausgeübt. Die großen Wälder, die Einsamkeit der unendlich scheinenden Prärien, die Freuden des Landlebens wurden als Gegensatz zu den Lastern und Sünden der Städte empfunden. Bald kam jedoch eine neue Vorstellung auf: Das amerikanische Paradies sei heimgesucht von den dämonischen Kräften, die aus den europäischen Städten gekommen seien.

So bildeten sich immer wieder Erweckungsbewegungen an der Grenze, und auch, was an solchen Bewegungen in Städten aufbrach, war eher unter den Armen zu finden als unter der wohlhabenden und gebildeten Bevölkerung.

Wie die Frage, ob die Menschheit nicht vor einem unmittelbar bevorstehenden apokalyptischen Endkampf stünde, viele Amerikaner in den achtziger und frühen neunziger Jahren dieses Jahrhunderts beschäftigte, wird in weiteren Kapiteln dargestellt.

Die Neue Weltordnung

Wann hat Präsident Bush zum ersten Mal von der Neuen Weltordnung gesprochen, und wie hat er sie gekennzeichnet? Wir erfahren darüber Näheres in einem Artikel von Theo Sommer, der am 2. August 1991 in der Wochenzeitung *Die Zeit* erschien, also am Jahrestag der Besetzung Kuwaits durch irakische Truppen. Ein Jahrestag gibt gewöhnlich Anlaß, sich zu vergegenwärtigen, was geschah und wie sich die Ereignisse inzwischen entwickelt haben.

Der Artikel trägt folgende Überschrift: „Schöne neue Welt, bloß ein Traum?", der Untertitel lautet: „Der Golfkrieg sollte eine bessere Ordnung hervorbringen. Bisher blieb es bei der alten Unordnung." Über der Überschrift stehen die Sätze: „Vor einem Jahr überfiel Saddam Hussein das Emirat Kuwait. Doch der Sieg über den Aggressor läutete keine Zeitenwende ein."[1]

Es werden also die Ausdrücke „schöne neue Welt" und „Zeitenwende" gebraucht. In dem Artikel selbst ist die Rede davon, daß Präsident Bush am 8.8.1990, als er die Entsendung amerikanischer Truppen nach Saudi-Arabien begründete, eine „neue Ära" beschworen habe, „voller Versprechen, ein Zeitalter der Freiheit, eine Zeit des Friedens für alle Völker."[2]

In einer Rede vor dem Kongreß habe Bush dann am 11. September die Neue Weltordnung als eines der Ziele der amerikanischen Politik genannt. Die ersten vier Ziele haben mit der Lage am Golf zu tun. Dann fuhr der Präsident, laut Theo Sommer, so fort: „Aus diesen bewegten Zeiten kann unser fünftes Ziel hervorgehen: eine neue Weltordnung; eine neue Ära, freier von der Bedrohung durch Terror, stärker bei der Durchsetzung der Gerechtigkeit, sicherer im Streben nach Frieden. Eine Ära, in der die Völker der Welt, Ost und West, Nord und Süd, in Harmonie leben und gedeihen können."[3]

Auch hier geht es um Gerechtigkeit, Frieden und Harmonie, wie es ebenso in anderen in dieser Arbeit zitierten Texten der Fall ist.

Bis zum 8.7.1991 habe George Bush 42mal öffentlich von der Neuen Weltordnung gesprochen, wie der *U.S. News and World Report* gezählt haben will und wie es André Fontaine am 9.8.1991 in *Le Monde* berichtet. Sein Artikel trägt die Überschrift: *Vent d'ouest,* Westwind. Er bezieht sich damit auf ein Wort von Mao Tse Tung, daß der Ostwind stärker als der Westwind geworden sei. Präsident Bush hatte am 6. März, kurz nach Einstellung der Kampfhandlungen gegen den Irak, folgendes erklärt: „Zweimal ist im Laufe dieses Jahrhunderts die Hoffnung auf einen dauerhaften Frieden aus den Schrecken des Krieges hervorgegangen. Zweimal hat es sich bisher erwiesen, daß diese Hoffnung ein ferner, für den Menschen unerreichbarer Traum war.(...) Jetzt können wir eine neue Welt vor unseren Augen entstehen sehen."[4]

Nach *U.S. News and World Report* spricht der Präsident seit einiger Zeit nicht mehr von der Neuen Weltordnung, weil sie auf der einen Seite Befürchtungen geweckt habe, auf der anderen Seite ironisiert worden sei. Auf welcher Seite Befürchtungen geweckt wurden, werden wir noch sehen; dabei wird sich auch ergeben, was denn eigentlich gefürchtet wird.

Theo Sommer stellt die Frage, ob es sich bei der Rede von der Neuen Weltordnung (die Groß- bzw. Kleinschreibung wird sofort erklärt) um die tiefe Überzeugung eines Staatsmannes handle, in der sich 200 Jahre alte amerikanische Sehnsüchte nach einer besseren Welt bündelten. Wörtlich in der *Zeit:* „Novus ordo seclorum, eine neue Ordnung der Zeiten – dieses Motto des Großsiegels der Vereinigten Staaten schmückt bis heute jede Dollarnote."[5] *Novus ordo seclorum* kann auch *Novus ordo saeculorum* geschrieben werden, wobei *saeculum* neben anderem „Menschenalter, Zeitalter, Jahrhundert, Regierungszeit", aber auch „Welt, Zeitlichkeit" bedeuten kann, übersetzt also: „Neue Welt(en)ordnung".

Zuerst wurde in den Zeitungen auf englisch *new world order* geschrieben, woraus dann der Begriff *New World Order* wurde, was als Eigenname aufgefaßt werden muß: Neue Weltordnung, nicht einfach nur der Allgemeinbegriff: eine neue Weltordnung.

Es sei nun ein Wort zu den oben angedeuteten Befürchtungen gesagt: Es gibt Kreise in der katholischen Kirche, welche die Loslösung der amerikanischen Kolonien von England und die Begründung der Vereinigten Staaten als ein Werk der Freimaurer ansehen. Sie verbinden damit die Vorstellung, daß sich dabei Mächte durchgesetzt hätten, die der katholischen Kirche feindlich gesinnt seien. Einen Beweis dafür sehen sie in der Tatsache, daß sich 15 von den 56 Unterzeichnern der amerikanischen Unabhängigkeitserklärung, The Declaration of Independence, vom 4. Juli 1776 als Freimaurer bekannt haben. Einen Beweis für den fortdauernden freimaurerischen Einfluß finden katholische Kreise auch in der Gestaltung des Großsiegels der Vereinigten Staaten (The Great Seal of the United States, siehe Abbildung), die sie als freimaurerische Symbolik erkennen. Die abgebildete Federal Reserve Note One Dollar ist heute gültig.

Wie diese Angst, es gingen von Amerika feindselige Kräfte aus, während der Golfkrise wieder auflebte, ist in dem Kapitel „Papst Johannes Paul II. spricht vom 'einzigen Gott der Christen und Mohammedaner'" behandelt. Die Furcht entsteht aus der Überzeugung, diese neue Ordnung der Welt, des Säkulums, ziele auf eine Abschaffung des geistig-geistlichen Elements, wie es durch die Kirche dargestellt wird, ab. So wendet sich der Papst, wie in dem oben genannten Kapitel genauer dargestellt wird, gegen secolarismo, gegen eine Lebenshaltung, für die es nur diese physisch-materielle Welt gibt, eine Haltung, die zur Folge habe, daß das unterdrückte Geistige sich okkulten Kräften zuwende. Das Wort Säkularisation, das die Überführung kirchlichen Besitzes in weltliche Hand bezeichnet, bedeutet auch Verweltlichung.

Dollarnote (Vorderseite)

Dollarnote (Rückseite)

Wenden wir uns nun der Besprechung des Wortes *Zeitenwende, Epoche* zu. Theo Sommer führt am Anfang seines Artikels aus, daß der amerikanische Präsident nicht daran gedacht habe, den Beginn einer neuen Epoche zu verkünden, als vor zwei Jahren in Osteuropa der Kommunismus zusammengebrochen sei. Er fährt dann fort: „Die große Zeitenwende nach dem Zweiten Weltkrieg blieb unbenannt; von einer *defining hour,* einem bestimmenden Moment der Weltgeschichte war nicht die Rede."[6]

Zu dem Wort Epoche: „(bedeutsamer) Zeitraum, Zeitabschnitt" gibt der Große Duden Band 7, „Etymologie", an, es sei im 18. Jahrhundert über das mittellateinische *epocha* aus dem griechischen *epoché* entlehnt, dessen Grundbedeutung mit „das Anhalten" wiederzugeben sei. Die heutige Verwendung des Wortes ginge von der übertragenen Bedeutung „Haltepunkt in der Zeitrechnung", der in ein Neues hinüberleite, aus.

Was für Vorstellungen verbinden sich mit dem Begriff „Schöne neue Welt, bloß ein Traum"?; denn so lautet ja die Überschrift des Artikels von Theo Sommer. *Brave New World,* übersetzt mit „Schöne Neue Welt", ist ein Roman von Aldous Huxley, der 1932 erschien. Es wird auch die Übersetzung „Wackere Neue Welt" gebraucht. „Oh brave new world that has such people in it" ruft Miranda in Shakespeares Schauspiel „The Tempest", „Der Sturm" aus.

Das materialistische Utopia, das Huxley in seinem Roman darstellt, wird in Kindlers Literatur Lexikon folgendermaßen gekennzeichnet:

„Im '7. Jahrhundert nach Ford' ist es gelungen, auf Grund einer total materialistischen Einstellung und einer nahezu perfekten Kenntnis von Wissenschaft und Technik eine stabile utopische Welt zu errichten. Menschliche Wesen werden nicht mehr geboren, sondern in Teströhren und Flaschen entwickelt. Durch exakte wissenschaftliche Vorbereitungen wird garantiert, daß sie in genau abgewogener Dosierung jene körperlichen und geistigen Eigenschaften aufweisen, die ihre vorherbestimmte Rolle im Leben erfordert, und daß sie gleichzeitig mit dieser Rolle vollkommen zufrieden sind. Ein Mißverhältnis kann sich lediglich auf Grund eines Irrtums der zuständigen Labortechniker ergeben. Krankheiten gibt es nicht mehr, und Männer und Frauen behalten ihre Jugendlichkeit und Spannkraft bis zum Tod. Glück und Zufriedenheit, wenn auch im erbärmlichsten materialistischen Sinn, sind gesichert."[7]

Diese schöne neue Welt kann Theo Sommer doch wohl nicht gemeint haben, sie wäre kein Traum: *a dream,* sondern ein Alptraum: *a nightmare.*

Als im Jahre 1984 des schrecklichen düsteren Zukunftsbildes von George Orwells „1984" gedacht und gefragt wurde, inwieweit sich die von ihm beschriebenen Entwicklungstendenzen bis zur Gegenwart fortgesetzt hätten, machten scharfe Beobachter des Zeitgeschehens darauf aufmerksam, daß wohl in die falsche Richtung geblickt werde. Man sollte lieber Huxleys „Brave New World" studieren und prüfen, ob sich nicht manche Strömungen der gegenwärtigen Zivilisation auf die Schaffung einer solchen Welt zubewegten.

Im Observer stand am 26.1.1992 auf Seite 11 folgende Überschrift: „UN can be real peacemaker in the brave new world order" – „Die Vereinten Nationen können in der schönen neuen Weltordnung wirkliche Friedensstifter sein".

Damit sind die beiden Ausdrücke *brave new world* und *new world order* zu einem einzigen neuen einprägsamen Ausdruck verbunden.

Im *Zeit*-Artikel steht noch ein in unseren Zusammenhang gehöriger bemerkenswerter Satz: „Die 'gefährliche Natter' (gemeint ist Saddam Hussein, H.-D.F.), von der vor einem Jahr so viel die Rede war, ist keineswegs zertreten."[8] Eine gefährliche Natter zertreten: ein solches Bild braucht auch der Papst; siehe das Kapitel „Papst Johannes Paul II. schaut auf das Ende des 2. Jahrtausends". Dort heißt es: „Gegen den Atheismus ruft der Papst die Hilfe jener (nämlich der Jungfrau Maria, H.-D.F.) an, 'die mit ihrem Fuß den Kopf der alten Schlange immer zertreten hat und immer zertreten wird'."

Politische Kommentatoren in England und Amerika stellten im September und Oktober 1991 die Frage, warum es George Bush nicht gelinge, das Bild zu vermitteln, er sei der rechte Mann für die Errichtung einer Neuen Weltordnung. In *The Daily Telegraph* vom 17.9.1991 wird darauf hingewiesen, daß der Präsident die beiden wichtigsten Bewegungen dieser Welt nicht verstanden habe: das Streben nach Demokratie und die Sehnsucht nach nationaler Souveränität, nach politischer Unabhängigkeit für das eigene Volk. Bush tue sich schwer, mit den Veränderungen in der Welt Schritt zu halten, heißt es in der Überschrift. Die Kritik, die Charles Krauthammer am 14. Oktober 1991 in *Time* vorbringt, fällt schärfer aus: „The man who loved dictators", lautet die Überschrift. Warum sehe die amerikanische Regierung lieber Diktatoren als Demokraten an der Macht, wird gefragt. Die Antwort lautet, für Bush sei „Ordnung" der Hauptwert der Neuen Weltordnung, und große Reiche könnten besser die Ordnung aufrecherhalten als neugeborene Demokratien. Als Beispiel wird auf Indien verwiesen: Wie stand es mit der Ordnung unter britischer Herrschaft, und wie steht es mit der Ordnung heute? Und, so fährt Krauthammer fort, Diktatoren könnten nun einmal besser für Ordnung sorgen als Demokraten. Dann wird dargestellt, was im Fall des Irak geschah. Als bei Einstellung der Kampfhandlungen die Kurden und der schiitische Süden revoltierten, hielten sich die Amerikaner zurück, und zwar im Namen der Stabilität und Einheit des irakischen Staates. Gewiß, so Krauthammer, hätte Bush es gern gesehen, wenn ein Mitglied der Baath-Partei Saddam eine Kugel in den Kopf geschossen hätte, aber, und das folgende möchte ich wörtlich zitieren, „His first choice was Saddamism without Saddam. But his second choice was Saddamism with Saddam." – „Seine erste Wahl war Saddamismus ohne Saddam, aber seine zweite Wahl war Saddamismus mit Saddam."

Diese gerade atemberaubende Kritik wurde also in einer der meistgelesenen Nachrichtenmagazine der Welt am 14. Oktober 1991 geäußert. Der Schluß lautet: „This is an age of revolution, and Bush does not much like revolutionaries." – „Wir leben in einem revolutionären Zeitalter, und Revolutionäre hat Bush nun einmal nicht gern."

Amerikanische Geschichte als Heilsgeschichte

Zu den bemerkenswerten Neuerscheinungen über die Vereinigten Staaten gehört das Buch von Peter Lösche, „Amerika in Perspektive". Ausführlich wird darin die amerikanische Ideologie dargestellt, und in dem so überschriebenen Kapitel ist auch ein längerer Abschnitt über die amerikanische Geschichte als Heilsgeschichte enthalten. Wie in einem vorhergehenden Kapitel auf die auffällige Ähnlichkeit zwischen den Lehren und Institutionen des Bolschewismus und gewissen Lehren und Einrichtungen des Christentums, aber vor allem der katholischen Kirche, hingewiesen wird, handelt es sich bei dem folgenden Text um die Entsprechungen zwischen der amerikanischen Ideologie und dem Christentum.

„Wie sehr die amerikanische Ideologie als weltliche Religion eben auch religiöse Züge trägt, drückt sich in Analogien aus, die Religions- und Sozialwissenschaftler zwischen dieser und dem Christentum hergestellt haben und die zu einem gewissen Grad auch einleuchten. Amerikanische Geschichte wird – auf einer ideologischen Ebene – als Heilsgeschichte interpretiert.

An ihrem Anfang steht gleichsam die *Heiligsprechung* der Gründungsväter, nämlich derjenigen, die den Unabhängigkeitskrieg anführten, die an der Unabhängigkeitserklärung mitgewirkt und die die Verfassung beraten und unterzeichnet haben, am bekanntesten unter ihnen Thomas Jefferson, George Washington, Benjamin Franklin, James Madison und Alexander Hamilton. Damit sind auch schon die beiden 'Heiligen Schriften' der amerikanischen Ideologie genannt, in denen ihre wesentlichen Inhalte festgelegt sind und auf die jedermann sich beruft, sei es der Demonstrant gegen die Unterdrückung von Schwarzen oder der Richter am Obersten Gerichtshof der Vereinigten Staaten, nämlich die 'Declaration of Independence' und die 'Constitution'.

Einen Einschnitt in der Heilsgeschichte stellt dann, immer dieser Interpretation folgend, der Bürgerkrieg dar. Hier wird Abraham Lincoln den heiliggesprochenen Gründungsvätern zugesellt, nämlich jener Mann, dem es gelang, die Einheit der Union zu retten. Das ihm zugewiesene Etikett 'Bewahrer der nationalen Union' verbindet die verfeindeten Parteien des Bürgerkriegs, Norden und Süden, während es eben keinen Konsens darin gab, Lincoln als Sklavenbefreier zu zelebrieren, da damit die Niederlage des Südens angesprochen worden wäre. In diesem Zusammenhang gehört dann auch die Erhebung der 'Gettysburg Address' zu einer weiteren 'Heiligen Schrift' der amerikanischen Ideologie: Lincoln hatte im November 1863 den Gefallenenfriedhof bei Gettysburg, wo eine der blutigsten Schlachten des Bürgerkriegs geschlagen worden war und wo das Blatt sich zugunsten des Nordens gewendet hatte und auf dem Opfer aus dem Norden und Süden bestattet worden waren, mit einer Rede eingeweiht, in der er die gemeinsamen freiheitlich-demokratischen Traditionen, die die ganze Nation verbanden, in den Vordergrund rückte.

Einige Autoren gehen so weit, mit Lincoln und seiner Rede von Gettysburg den Einschnitt zwischen Altem und Neuem Testament zu sehen. Folgerichtig wird Lincoln dann zum Märtyrer der amerikanischen Geschichte erhoben und mit Jesus Christus und seinem Weg verglichen. Andere biblische Übereinstimmungen werden genannt: Die Revolution, also der Unabhängigkeitskrieg, wird als endgültiger Auszug aus Ägypten in das Gelobte Land, in das Neue Jerusalem gesehen, in jene Stadt, die auf dem Hügel errichtet wird – ein Bild, das bis heute immer wieder in allen politischen Festreden auftaucht. George Washington gilt als der Moses, der sein Volk aus der Tyrannei über das Wasser führte, Gottes Auftrag ausführend. In dieser ideologischen Auslegung finden sich für die amerikanische Geschichte dann häufig biblische Bilder wie Exodus; die Amerikaner als auserwähltes Volk; Amerika, das verheißene Land; Neues Jerusalem; die Stadt auf dem Hügel; Opfertod und Wiedergeburt.

Entsprechend hat sich die amerikanische Ideologie ihre *Heiligen Stätten* geschaffen. Da steht im Zentrum der Bundeshauptstadt, umgeben von allen anderen Denkmalen, das Washington Monument, der 'Phallus' des Vaters des auserwählten Volkes, Symbol und Kraft und Fruchtbarkeit. Nicht unweit davon ist Abraham Lincoln ein griechischer Tempel errichtet, dem Bewahrer der nationalen Einheit, der bürgerlich-aristokratisch auf einem Stuhl thront, der aus jener Blockhütte in Kentucky stammen könnte, in der Lincoln geboren wurde. An den Ufern des Potomac erhebt sich für Thomas Jefferson ein klassischer Schrein, Hort der Aufklärung, in dessen Kuppelform die des Kapitols, Symbol der Volksherrschaft, sich wiederholt. Auf der anderen Seite des Flusses findet sich der Nationalfriedhof von Arlington, letzte Ruhestätte derjenigen, die für das Vaterland fielen, mit den Gräbern von John F. Kennedy und Robert Kennedy sowie dem Grabmal des unbekannten Soldaten. In die gleiche Kategorie symbolgewordener amerikanischer Geschichte gehört der bereits erwähnte Nationalfriedhof von Gettysburg, den Opfern des Bürgerkrieges beider Seiten und der Einheit der Nation gewidmet.

Wie im christlichen Kalender, so gibt es *Festtage*, die als Feiertage der 'civil religion' begangen werden. Thanksgiving im Herbst, zur Erinnerung an die Pilgerväter gefeiert, die in Plymouth, Massachusetts, gelandet waren und denen die Indianer über den ersten schweren Winter geholfen hatten, von George Washington zum Dankfest für die Errichtung der neuen Republik erklärt und von Lincoln offiziell zum nationalen Feiertag erhoben; der 4. Juli, an dem die Geburtsstunde der Republik gefeiert wird, der Tag, an dem im Jahre 1776 die Unabhängigkeitserklärung unterzeichnet und verkündet wurde; Washington's Birthday, der Geburtstag des Vaters der Republik; Lincoln's Birthday, der Geburtstag des Märtyrers und des Bewahrers der nationalen Einheit; Martin Luther King's Birthday, der Geburtstag des Mannes, der zum Symbol für die politische und soziale Emanzipation der Schwarzen wurde; Columbus Day, der Tag, an dem man die Entdeckung der Neuen Welt, des verheißenen Landes, zelebriert; Memorial Day, eine Art patriotischer Heldengedenktag, der vor allem in den Kommunen und Gemeinden begangen wird.

Aus dem Verständnis amerikanischer Geschichte als Heilsgeschichte entspringt und legitimiert sich auch das, was den *amerikanischen Missionarismus* ausmacht. Dessen Wurzeln reichen bis zur Entdeckung des Kontinents zurück, bis zu den ersten Reiseberichten etwa des Amerigo Vespucci und zu Schriften wie der des Thomas Morus über die Utopia, in denen das glückliche Leben der edlen Wilden in paradiesähnlichen Verhältnissen beschrieben wurde. Seit dieser Zeit, dann besonders in der Aufklärung und in der Romantik, galt Amerika als das Land, das die Menschen nach ihren Vorstellungen und nach Gottes Plan bewußt gestalten könnten, als eine Gesellschaft, in der man frei leben konnte, in der schließlich religiöse Toleranz galt, aus der heraus man aber auch das Reich Gottes auf Erden zu schaffen vermochte. Der Begriff 'Providence', göttliche Vorsehung, taucht als Ortsname in allen Landesteilen und in allen historischen Epochen auf, in Neuengland ebenso wie in den erst im 19. Jahrhundert besiedelten

Gebieten des Westens. Und zu feierlichen Anlässen, bei Amtseinführungen der Präsidenten allzumal, wird Gott ausdrücklich um Hilfe angerufen, um die Mission der Vereinigten Staaten erfüllen zu können. Der amerikanische Missionarismus erscheint uns Europäern zuweilen naiv, ist er doch der Traum von der Weltbeglückung, nämlich allen Völkern Demokratie, Freiheit und den American Way of Life bringen zu wollen. Darin sind auch aggressive Tendenzen verborgen, dieser Missionarismus ist in der Geschichte immer ambivalent gewesen, wie die Vernichtung amerikanischer Indianer, die Verdrängung Mexikos aus dem Südwesten unter dem Schlagwort von der 'Manifest Destiny' und letztlich auch der amerikanische Imperialismus zeigen. Immer wieder ist in der amerikanischen Geschichte der Kreuzzugsgedanke aufgetaucht, der Kreuzzug gegen das Reich des Bösen oder für die Freiheit oder für die Demokratie. Und wer zu Kreuzzügen aufbricht, glaubt einen von Gott gegebenen Auftrag zu haben, der in einem historischen Prozeß zu verwirklichen sei, an dessen Ende das Heil steht."[1]

Ronald Reagan und das „Reich des Bösen"

Im *Rheinischen Merkur* erschien am 30. August 1991 ein Artikel von Thomas Kielinger mit dem Titel „Ronald Reagans Revolution". Darin heißt es, Ronald Reagan müsse es „als außerordentliche Genugtuung empfunden haben, daß ausgerechnet im Obersten Sowjet zu Anfang dieser Woche ein Abgeordneter feststellte, das 'Reich des Bösen', vom Bush-Vorgänger am 9. März 1983 in Orlando, Florida, so apostrophiert, sei leibhaftig unter den Menschen der Sowjetunion vorhanden gewesen."[1]

Die Umstände, die zu dieser Rede in Orlando geführt haben, und den Zuhörerkreis beschreibt Reagan ziemlich ausführlich in seinen „Erinnerungen": In den Vereinigten Staaten forderte eine beträchtliche Anzahl von Menschen das „Einfrieren der Atomwaffen". Reagan nahm sich vor, zu Geistlichen zu sprechen, auf deren Stimme gehört wurde, um sie von seiner Sicht der Weltlage zu unterrichten. So sprach er am 8. März 1983 (Dies ist das richtige Datum.) in Orlando, Florida, vor dem Jahreskongreß der nationalen evangelischen Vereinigung, einer Organisation von Pastoren. Über diese Ansprache schreibt er selbst:

„Obwohl eine Menge liberaler Geister über meine Rede in Orlando hergefallen sind und behauptet haben, sie zeige, daß ich ein rhetorischer Revolverheld wäre, der ebenso leichtfertig wie gewissenlos einen Krieg mit den Sowjets provoziere, hielt ich die 'Reich des Bösen'-Rede und ähnliche mit voller Absicht so und nicht anders: Ich wollte die Sowjets daran erinnern, daß wir wußten, worauf sie aus waren.

Hier einige Auszüge aus jener Rede:

Während meiner ersten Pressekonferenz als Präsident wies ich als Antwort auf eine entsprechende Frage darauf hin, daß die Sowjet-Führer als gute Marxisten-Leninisten offen und öffentlich erklärt haben, daß die einzige Moral, die sie anerkennen, die ist, die ihre Sache voranbringt, also die Weltrevolution. Ich sollte darauf hinweisen, daß ich nur ihre Leitfigur Lenin zitiert hatte, der 1920 sagte, daß sie jede Moralität verwerfen, die sich aus übernatürlichen Ideen – das ist ihre Bezeichnung von Religion – oder Ideen herleitet, die außerhalb der Klassenkonzeption liegen. Moralität sei vollkommen den Interessen des Klassenkampfes untergeordnet. Und moralisch sei alles, was für die Zerstörung der alten, ausbeuterischen Gesellschaftsordnung und für die Vereinigung des Proletariats notwendig ist.

Nun, ich denke, die Weigerung vieler einflußreicher Leute, diesen grundlegenden Bestandteil der sowjetischen Doktrin wahrzunehmen, illustriert den historischen Unwillen, totalitäre Mächte als das zu sehen, was sie sind. Wir hatten das gleiche Phänomen in den 30er Jahren. Wir können es heute viel zu oft beobachten.

Das bedeutet nicht, daß wir uns isolieren und es ablehnen sollten, eine Verständigung mit ihnen zu suchen. (...)

Gleichzeitig muß ihnen jedoch begreiflich gemacht werden, daß wir Abstriche von unseren Prinzipien und Werten niemals zulassen werden. Wir werden unsere Freiheit niemals hergeben. Wir werden unseren Glauben an Gott niemals aufgeben. Und wir werden niemals aufhören, nach wahrem Frieden zu streben. Aber wir können uns dieser Dinge, für die Amerika steht, nicht versichern, wenn wir der sogenannten Einfrierungslösung folgen, wie sie manche vorschlagen. Die Wahrheit ist, daß ein Einfrieren zum gegenwärtigen Zeitpunkt ein sehr gefährlicher Schwindel wäre, denn es brächte nur die Illusion von Frieden. Die Wirklichkeit verlangt, daß wir Frieden durch Stärke finden müssen. (...)

Lassen Sie uns für die Errettung all jener beten, die in der totalitären Dunkelheit leben – daß sie die Freude des Wissens um Gott entdecken mögen. Aber bis sie das tun, seien wir uns bewußt, daß sie, indem sie den Vorrang des Staates predigen, seine Allmacht über den individuellen Menschen auf der Erde anstreben, der Brennpunkt des Bösen in der modernen Welt sind ...

Wenn die Geschichte irgend etwas lehrt, dann, daß treuherzige Beschwichtigungspolitik und Wunschdenken über unsere Widersacher töricht sind. Sie wären Betrug an unserer Vergangenheit und Verschwendung unserer Freiheit. Deshalb beschwöre ich Sie, sich gegen jene auszusprechen, die die Vereinigten Staaten in die militärische und moralische Minderwertigkeit treiben wollen ... Ich beschwöre Sie, in Ihren Diskussionen über den Vorschlag, die Atomwaffen einzufrieren, der Versuchung des Stolzes zu widerstehen – der Versuchung, sich freundlich über alles zu erheben und beide Seiten für gleichermaßen im Unrecht befindlich zu erklären, die Lehren der Geschichte und den aggressiven Drang eines bösen Reiches zu ignorieren, das Wettrüsten einfach ein gigantisches Mißverständnis zu nennen und sich auf diese Weise aus dem Kampf zwischen Recht und Unrecht, Gut und Böse herauszuhalten ... Ich glaube, wir werden der Herausforderung gewachsen sein. Ich glaube, daß der Kommunismus nur ein weiteres trauriges und bizarres Kapitel der Geschichte ist, dessen letzte Seiten heute geschrieben werden ...

Wie gesagt, ich wollte Andropow wissen lassen, daß wir die Sowjets als das erkannten, was sie waren, und ich glaube ehrlich, daß es funktioniert hat, auch wenn einige Leute – einschließlich Nancys – mich zu überreden versuchten, mein rhetorisches Temperament zu zügeln. Ich erwiderte Nancy, daß ich einen Grund dafür hätte, diese Dinge zu sagen: Ich wollte, daß die Russen wußten, daß ich ihr System und das, wofür es stand, durchschaut hatte."[2]

Reagan spricht also selbst von der „Reich des Bösen"-Rede. Er betont, daß er den Ausdruck ganz bewußt gebraucht habe. In einer gewissen Verkürzung wird die Hauptaussage gewöhnlich so zitiert: „The Soviet Empire is the focus of evil in the modern world."

Das Wort Fokus kann „Brennpunkt", aber auch „Herd" (einer Krankheit, eines Erdbebens, eines Aufruhrs) heißen, so daß der obige Satz folgendermaßen übersetzt werden kann: „Das Sowjetreich ist der Herd des Bösen in der heutigen Welt."

„Das Reich des Bösen" heißt auf englisch: *the Evil Empire*. Wenn davon gesprochen wird, fallen vielen Menschen die Bilder aus der Star Wars-Trilogie, den drei zusammengehörigen Filmen „Krieg der Sterne" von George Lucas ein, in denen die eine, die böse Seite, durch das *Empire* und den *(evil) emperor* dargestellt wird, die andere, die gute Seite, durch die schließlich siegreichen Rebellen. Der Titel des zweiten Films dieser Reihe, „The Empire Strikes Back", ist zu einem häufig verwendeten Ausdruck geworden. Die Laser-Waffen, mit denen in den Filmen gekämpft wird, sollten dann auch im Zusammenhang mit SDI, der Strategic Defense Initiative, entwickelt werden. Dazu schreibt Reagan:

„Zwei Wochen nach der 'Reich des Bösen'-Rede erhielt ich von den Vereinigten Stabschefs die kollektive Einschätzung, daß die Entwicklung eines Schildes gegen Atomraketen möglich sein könnte, und beschloß, meinen Traum öffentlich zu machen und die Strategische Verteidigungsinitiative anzuschieben, indem ich unsere Wissenschaftler vor die Herausforderung stellte, die gewaltigen technologischen Probleme, die sie aufwarf, zu lösen."[3]

Etwas später fährt er fort:

„In meiner Ansprache am 23. März enthüllte ich einige bis dahin geheime Erkenntnisse über die gewaltige sowjetische Aufrüstung und legte Geheimphotos vor, die den Ausbau der sowjetischen Militäranlagen auf Kuba dokumentierten. 'Ich weiß', sagte ich, 'daß Sie alle den Frieden wollen, und das will ich auch. Ich weiß außerdem, daß viele von Ihnen ernsthaft glauben, daß ein Einfrieren der Atomwaffen die Sache des Friedens befördern würde. Aber ein Stop zum gegenwärtigen Zeitpunkt würde unsere Sicherheit verringern, nicht erhöhen, und die Kriegsgefahr vergrößern, nicht verkleinern.' Ich wollte die Vereinigten Staaten nicht in einen Rüstungswettlauf treiben, sagte ich; das habe die Sowjetunion bereits getan. Unser Überleben als Nation stehe auf dem Spiel. Nach dem Aufruf an das amerikanische Volk, seinen Kongreßabgeordneten zu sagen, daß es hinter dem militärischen Modernisierungsprogramm stehe, stellte ich ihm schließlich meinen Traum von einer Strategischen Verteidigungsinitiative vor:

Lassen Sie mich eine Vision der Zukunft mit Ihnen teilen, die Hoffnung bietet. Sie besteht darin, daß wir ein Programm auf den Weg bringen, das der furchteinflößenden sowjetischen Raketendrohung mit Maßnahmen begegnet, die defensiv sind. Besinnen wir uns auf die Stärke in der Technologie, die unsere großartige industrielle Basis hervorgebracht und uns die Lebensqualität beschert hat, der wir uns heute erfreuen.

Was, wenn freie Menschen sicher in dem Wissen leben könnten, daß ihre Sicherheit nicht auf der Drohung eines sofortigen Vergeltungsschlags der USA beruht, die die Sowjets von einem Angriff abschrecken soll, sondern darauf, daß wir strategische Raketen abfangen und zerstören können, bevor sie unseren eigenen Boden oder den unserer Verbündeten erreichen?

Ich weiß, das ist eine ungeheure technische Aufgabe, die nicht vor dem Ende dieses Jahrhunderts bewältigt sein dürfte. Dennoch, die heutige Technologie ist auf einen Stand der Vervollkommnung angelangt, der es vernünftig erscheinen läßt, diese Aufgabe in Angriff zu nehmen. Es wird Jahre, vielleicht Jahrzehnte größter Anstrengungen an vielen Fronten bedürfen."[4]

Auch der Hinweis auf den Ausdruck Star Wars findet sich in Reagans „Erinnerungen". In dem Kapitel „Rüstungskontrolle" berichtet er über eine Sitzung der Vereinigten Stabschefs, in der er die Frage stellte, ob es nicht möglich sei, „eine Abwehrwaffe zu entwickeln, die Atomwaffen gleich nach dem Start aus ihren Silos abfangen und zerstören kann."[5]

Nach einer kurzen Beratungspause hätte die Antwort gelautet, „diese Idee sei es durchaus wert, weiter verfolgt zu werden."[6]

„Das war die Geburtsstunde von SDI, jenem Programm, das wenig später von einigen Mitgliedern des Kongresses und in der Presse als 'Krieg der Sterne' (Star Wars) bezeichnet werden sollte."[7]

In seinen „Erinnerungen" kommt Reagan noch einmal auf das „Reich des Bösen" zu sprechen. „Wenn die freie Welt im Sommer 1983 noch eines weiteren Beweises bedurfte, daß sie es mit einem Reich des Bösen zu tun hatte, erhielt sie ihn in der Nacht des 31. August, als ein russisches Militärflugzeug kaltblütig ein koreanisches Linienflugzeug, Flug 007, abschoß und 269 unschuldige Passagiere ermordete, einschließlich eines US-Kongreßabgeordneten und sechzig weiterer Amerikaner."[8]

Mit seinen Ansprachen wollte der amerikanische Präsident, wie er selbst schreibt und wie bereits zitiert wurde, „die Sowjets daran erinnern, daß wir wußten, worauf sie aus waren". Das Zeichen, das er ihnen geben wollte, wurde offenbar anders gedeutet, als er es selbst erwartet hatte. Darüber berichtet er:

„Drei Jahre Präsidentschaft hatten mich etwas Überraschendes über die Russen gelehrt: Viele der Männer an der Spitze der Sowjet-Hierarchie hatten aufrichtig Angst vor Amerika und den Amerikanern. Das hätte mich vielleicht nicht überraschen sollen, aber es tat es. Tatsächlich hatte ich zuerst sogar Schwierigkeiten, meine eigenen Schlußfolgerungen daraus zu akzeptieren. Ich hatte immer geglaubt, unsere Taten hätten jedermann klargemacht, daß die Amerikaner ein moralisches Volk sind, daß wir seit der Geburt unserer Nation unsere Macht ausschließlich zur Unterstützung des Guten in der Welt benutzt hatten. Nach dem Zweiten Weltkrieg, zum Beispiel, als wir allein die Atombombe besaßen, haben wir sie nicht für Eroberungen oder zum Zwecke der Vorherrschaft eingesetzt; wir haben statt dessen mit dem Marshallplan und General MacArthurs demokratischer Verwaltung von Japan großzügig die Wirtschaften unserer vormaligen Feinde wiederaufgebaut.

Wenn überhaupt jemand, dann hatten wir zahllose Gründe, auf der Hut zu sein, und zwar dem roten Bären gegenüber, der sich seit dem Tag seiner Geburt auf den Straßen Rußlands damit beschäftigte, die Demokratien der Welt zu vertilgen.

Während meiner ersten Jahre in Washington nahmen, glaube ich, viele aus der Administration als sicher an, daß die Russen es wie wir selbst für undenkbar hielten, daß die Vereinigten Staaten einen Erstschlag gegen sie führen würden. Aber je mehr Erfahrung ich im Umgang mit den Sowjet-Führern und anderen Staatschefs, die sie kannten, sammelte, desto deutlicher wurde mir, daß viele sowjetische Amtsträger uns fürchteten, und zwar nicht nur als Gegner, sondern als potentiellen Aggressor, der möglicherweise Atomwaffen auf sie abwerfen wird – *als ob es hinter dem eisernen Vorhang irgend etwas gegeben hätte, was wir haben wollten*. Deshalb – und vielleicht noch aufgrund der Unsicherheit und Paranoia, deren Wurzeln zu den Invasionen Napoleons und Hitlers zurückreichten – zielten sie mit diesem gewaltigen Arsenal von Atomwaffen auf uns.

Nun, wenn das der Fall war, verstärkte es nur noch meinen Wunsch, mit einem der obersten Sowjet-Führer unter vier Augen sprechen zu können, um ihn davon zu überzeugen, daß wir nichts Böses gegen die Sowjetunion im Schilde führten und die Russen uns nicht zu fürchten brauchten."[9]

Reagans Bild von einem Kampf zwischen Gut und Böse ist damit wohl ausreichend dokumentiert. Einer der Vorgänger Reagans im Amt des Präsidenten der USA, Richard Nixon, hat das Ringen in der Welt zwischen den beiden Polen menschlicher Lebensform (siehe das folgende Zitat von Erhard Eppler) noch durch den Gegensatz von Licht und Dunkelheit, Gott und Teufel erweitert.

Eppler schreibt:

„Von der Überzeugung, daß es das andere System eigentlich nicht geben dürfte, ist es nicht weit bis zum Kampf zwischen Gut und Böse, wobei jede Seite sich selbst mit dem Guten, die andere mit dem Bösen identifiziert. Denn das Gute ist das, was sein soll, das Böse ist das, was nicht sein soll. Was ein Recht zum Dasein hat, ist gut, was kein Recht zum Dasein hat, ist böse. Das simple Bild einer Welt, in der die Guten gegen die Bösen kämpfen müssen, hat Ronald Reagan wieder ins – ultrarechte – Licht gerückt, entworfen hat er es nicht. Kein Geringerer als Richard Nixon, den sicher nicht moralische Sensibilität um sein Amt brachte, fühlte sich als Kämpfer gegen das Böse:"[10]

Nixons Worte lauten:

„Es mag melodramatisch erscheinen, wenn man die beiden Pole menschlicher Lebensform, repräsentiert durch die Vereinigten Staaten und die Sowjetunion, gleichsetzt mit Gut und Böse, Licht und Dunkelheit, Gott und Teufel. Dennoch, wenn wir sie uns so vorstellen, wenigstens hypothetisch, kann uns dies helfen, das Ringen in der Welt besser zu verstehen."[11]

Wenn wir aber weitere Äußerungen Reagans heranziehen, die nicht seinen „Erinnerungen" entnommen sind, so offenbart sich auch bei ihm eine apokalyptische Weltsicht.

Ronald Reagan erwartet Harmagedon

„Do you feel that we are now heading, perhaps, for some kind of nuclear Armageddon?" – „Haben Sie das Gefühl, daß wir uns jetzt vielleicht auf eine Art atomares Harmagedon zubewegen?" So wurde der Präsident während einer Fernsehdebatte im Wahlkampf 1984 gefragt, worüber *Time* am 5.11.1984 berichtete. Reagan antwortete: Ja, er habe sich mit Gesprächspartnern über die biblischen Prophezeiungen unterhalten, die auf das Kommen von Harmagedon hindeuteten. Zur Beruhigung fügte er aber hinzu (Übersetzung): „Niemand weiß, ob diese Prophezeiungen bedeuten, Harmagedon werde in tausend Jahren oder übermorgen geschehen. Ich habe niemals im Ernste gesagt, wir müßten unsere Pläne auf Harmagedon ausrichten."[1]

Trotz dieser Antwort fragten sich viele Kritiker, so hieß es 1984, wie *Time* berichtete, ob der offensichtliche Glaube des Präsidenten an ein besonderes biblisches Szenario für das Ende der Welt nicht bedeute, daß er einen

Atomkrieg als ein göttliches Werkzeug betrachten könne. Es wurden elf öffentliche und private Äußerungen Reagans über ein mögliches unmittelbares Bevorstehen von Harmagedon zitiert. Eine dieser Äußerungen sei in der Form gebracht, wie sie Eppler in dem Artikel „Fatale Bereitschaft zum Ende" wiedergibt, erschienen in *Reformatio* im Mai 1984:

„In der *Süddeutschen Zeitung* vom 1. November 1983 stand zu lesen: 'Ronald Reagan hält es nach Darstellung eines Washingtoner Lobbyisten für durchaus möglich, daß sich die Welt gemäß der Offenbarung Johannes dem Jüngsten Gericht und der Entscheidungsschlacht von Harmagedon zwischen Gut und Böse nähert. Thomas Dine, Geschäftsführer eines für gute Beziehungen zwischen den USA und Israel werbenden Komitees, sagte, Reagan habe ihn am 18. Oktober empfangen und das Gespräch mit den Worten fortgesetzt: 'Wie Sie wissen, gehe ich immer wieder auf Eure alten Propheten zurück im Alten Testament und auf die Anzeichen, die Harmagedon ankünden. Ich ertappe mich dabei, daß ich mich frage, ob wir die Generation sind, die erlebt, wie das auf uns zukommt. Ich weiß nicht, ob Sie in letzter Zeit eine dieser Prophezeiungen wahrgenommen haben. Aber glauben Sie mir, sie, diese Prophezeiungen, beschreiben ganz gewiß die Zeit, die wir jetzt erleben.' Von den Evangelikalen unterscheidet sich Reagan darin, daß er sich in diesem Enddrama am Berg Harmagedon nicht nur als Opfer oder Zuschauer sieht, sondern in der aktiven Rolle des Vollstreckers des göttlichen Willens, und dies in doppelter Weise: einerseits als Akteur, der das prophezeite Ende mit herbeiführt, und andererseits als Kämpfer wider die Teufel, von denen in der Offenbarung die Rede ist. Wer so denkt, muß wohl das Unausweichliche vorbereiten. (Das berührt sich übrigens mit andern Äußerungen führender Vertreter dieser Administration, daß nämlich der 'final struggle for power' zwar nicht gewollt, aber unvermeidbar sei.)"[2]

In welcher religiösen Umwelt Reagan solche Bilder hat aufnehmen können, wird in *Time* genauer geschildert: Unter den protestantischen Kirchen in den Vereinigten Staaten gibt es einige, welche die Aussagen der Bibel ganz wörtlich nehmen, *literalists* werden sie genannt. (Das Wort ist abgeleitet von *literal* = wortgetreu, wörtlich). *Literalists* werden, so *Time*, *premillennialists* genannt, weil sie glauben, die Wiederkunft Christi werde einem Tausendjährigen Reich vorangehen: *pre* = vor, *millennial kingdom* = Tausendjähriges Reich. Die wortwörtlichste Auslegung der Bibel findet man bei den *dispensationalists*. Sie haben verwickelte Systeme ersonnen, mit deren Hilfe die Geschichte in von Gott genau festgelegte einzelne Zeitabschnitte eingeteilt wird. Reagan, so *Time*, gehört zu den Millionen, die unter dem Einfluß dieser *subculture** stehen, die durch Bibelstudienkreise, Seminare, Fernseh- und Rundfunkprediger und Bücher wirkt. So hat sich eine

---

* Mit *subculture* bezeichnet man eine Gruppe mit besonderen Verhaltensmustern, durch die sie sich von anderen gesellschaftlichen Gruppen unterscheidet.

prophetische Bewegung gebildet, die darauf hinweisen kann, daß sich nach ihrem Verständnis schon eine der großen biblischen Voraussagen erfüllt hat: Bereits zwei Generationen vor dem Entstehen des Zionismus wiesen *dispensationalists* nachdrücklich darauf hin, daß ein Auftakt zu dem Ende der Zeiten in der Rückkehr des jüdischen Volkes ins Heilige Land bestehen werde. So heißt es: „the prophetic countdown began", als Israel 1948 begründet wurde. Die Einnahme von Ostjerusalem im Jahre 1967 war ein weiteres Vorzeichen; denn jetzt war mindestens theoretisch der Wiederaufbau des Tempels an seinem ursprünglichen Ort möglich geworden, für viele *dispensationalists* eine Voraussetzung für das Kommen der Endzeit. Einige sind der Überzeugung, vor Jesu Kommen werde der Antichrist dort auf dem Tempelberg in Jerusalem sein Hauptquartier errichten.

Die Anhänger von Jerry Falwell, dem Begründer der Moral Majority genannten Bewegung, glauben, vor der großen Drangsal (siehe Matthäus 24) würden die Christen in den Himmel entrückt.

Zum Schluß der Wiedergabe des Time-Artikels seien zwei Sätze im Original gebracht: „A common version of the end is that the Soviet Union (the evil northern empire of Ezekiel 38–39) will swoop down upon Israel but be defeated. After a later battle at Armageddon, God will inaugurate the millennium."[3] – „Vielfach wird das Ende so vorgestellt, daß die Sowjetunion (das böse Nordreich nach Ezechiel 38–39) über Israel herfallen, aber besiegt werden wird. Wenn dann später eine Schlacht bei Harmagedon stattgefunden hat, wird Gott das Tausendjährige Reich heraufführen."

Wenn Reagan die Sowjetunion als *evil empire* bezeichnet hat, so hat er damit eine Vorstellung aufgenommen, die besonders unter Mitgliedern bestimmter protestantischer Kirchen in den USA verbreitet ist.

„Apocalypse Now"?

„Wail, for the day of the Lord is near; as destruction from the Almighty it will come!" (Jesaja 13, 6) – „Heulet, denn nahe ist der Tag des Herrn; wie Gewalt vom Allgewaltigen kommt er."

Was in den beiden vorhergehenden Kapiteln dargestellt wurde, bezog sich hauptsächlich auf die Jahre 1983/84. War da die Frage nach einem Endkampf und dem Kommen einer Endzeit schon vielfach gestellt und auf verschiedene Weise beantwortet worden, so verbreitete sich im Zusammenhang mit der Golfkrise und dem Golfkrieg eine geradezu apokalyptische Stimmung in den Vereinigten Staaten und – in etwas abgeschwächterer Form – auch bei uns in der Bundesrepublik. Die Überschrift dieses Artikels und das Jesaja-Wort stammen aus der *Time* vom 11. Februar 1991, dem 27. Tag des Golfkrieges. Aus dem Inhalt des Artikels sei einiges wiedergegeben.

Nach dem zu urteilen, so heißt es da, was in diesen Tagen in den christlichen Buchhandlungen Amerikas verkauft wird, handelt es sich beim

Krieg am Persischen Golf nicht um so etwas Irdisches wie die Befreiung Kuwaits, sondern um die Erfüllung biblischer Prophezeiungen hinsichtlich des nahe bevorstehenden Harmagedons.

Zum Beweis wird folgendes angeführt: Da ist einmal der Bestseller aus dem Jahre 1974 „Armageddon, Oil and the Middle East Crisis". Das Buch ist auf den neuesten Stand gebracht und wird in 1 Million Exemplaren gedruckt. Neun Exemplare wurden – wie berichtet wird – vom Weißen Haus bestellt, wo der Vorgänger von George Bush, nämlich Reagan, an die Armageddon-Theologie glaubte, wie er selbst eingestand. (Ich bringe hier eine von mir stammende etwas freie Übersetzung des englischen Textes.)

Von einem anderen Buch wurden in 14 Tagen 180.000 Exemplare verkauft. Es trägt den Titel „The Rise of Babylon" und vertritt die These, daß Saddams Absicht, das alte Babylon nachzubauen, ein Vorzeichen der Letzten Tage sei.

Es sei leicht zu verstehen, so steht es in *Time*, daß die Versuchung groß sein könne, nach Hinweisen auf die Wiederkunft Christi Ausschau zu halten, weil Saddam sich doch zum Nachfolger von Nebukadnezar erklärt habe, jenem babylonischen König, der die alten Israeliten versklavt habe. So werde also Irak mit Babylon identifiziert. (Um diese Beziehung richtig verstehen zu können, möge der Leser das 17. und 18. Kapitel der Offenbarung des Johannes nachlesen.) In Offenbarung 17, 1 heißt es: „Und es kam einer von den sieben Engeln mit den sieben Schalen und sprach zu mir: 'Komm, ich will dir das Gericht über die große Buhlerin zeigen, die an vielen Wassern sitzt!'"[1]

Auf diese Stelle bezieht sich die Überschrift eines Beitrags in der *Frankfurter Allgemeinen Zeitung* vom 4.2.1991: „*Die große Hure*. Was geht in Saddam Hussein vor? Hat er wirklich geglaubt, die Drohungen des Sicherheitsrats seien nur Bluff? Hofft er immer noch, den Krieg gegen die Supermacht Amerika gewinnen zu können? Während sich Diplomaten und Leitartikler den Kopf zerbrechen, haben die Theologen schon eine Antwort parat: Saddam ist Teil eines göttlichen Plans, der bald süße Früchte tragen wird. Der Golfkrieg, läßt der 'Lubawitscher Rebbe' Menachem Schneerson, das Oberhaupt einer jüdischen Sekte in Brooklyn, seine Anhänger wissen, sei das von den Propheten geweissagte letzte Gefecht gegen den heidnischen König Gog aus dem Lande Magog, dem der Wiederaufbau des Tempels auf dem Fuße folgen werde. Christliche Millenaristen verweisen auf das bevorstehende Ende des Jahrtausends und die Rolle, die dem Zweistromland in der Apokalypse zugedacht ist. Nach dem Fall Babylons, lesen wir dort, 'der großen Hure, die an vielen Wassern sitzt', werde der Satan für tausend Jahre in den Abgrund geworfen. Statt seiner werde Jesus mit den Märtyrern und Heiligen über die Welt herrschen. Ist dies die 'neue Weltordnung', von der auch Präsident Bush spricht?"[2]

Man beachte den Hinweis auf die „neue Weltordnung". Noch wichtiger ist aber die Aussage über Menachem Schneerson, der Lubawitscher Rebbe genannt, denn von ihm haben wir schon gehört, daß zumindest einige seiner

240

Anhänger sich die Frage gestellt haben, ob der Rebbe sich nicht in diesen Tagen als Messias offenbaren werde. (Siehe das Kapitel „I tempi sono maturi: il Messìa è in arrivo ...")

Es sei hier, wo von einem Artikel die Rede ist, der während des Golfkrieges erschien und die damaligen Endzeitstimmungen kennzeichnet, noch einmal auf die Frage der Atomwaffen zurückgekommen, die uns schon im Zusammenhang mit Reagan und seiner Auseinandersetzung mit dem „Reich des Bösen" beschäftigt hat.

Es ist der Ausdruck „Atom-Armageddon" geprägt worden. Was damit gemeint ist, kann man aus folgendem Auszug aus einem 1991 erschienenen Buch ersehen, das sich mit vielen Erscheinungsformen des Fundamentalismus auseinandersetzt:

„Aus der Friedensforschung ist bekannt, daß Menschen mit fundamentalistischen Grundhaltungen weit eher bereit sind, im persönlichen Leben und in der Politik Gewaltanwendung zu rechtfertigen, als Menschen mit dialogischer Grundhaltung. Seit dem Zweiten Weltkrieg, aber vor allem auch in den 60er Jahren wurden in verschiedenen Untersuchungen die Zusammenhänge von 'orthodoxer', also unkritischer und linientreuer Glaubenshaltung und der Bereitschaft, bewaffnete Truppen und Atombomben einzusetzen, erforscht. Dabei stellte sich heraus, daß 'orthodox' denkende – heute könnten wir sagen fundamentalistische – Gläubige stärker bereit sind, in Konfliktsituationen zu diesen Gewaltmitteln zu greifen. Von dreizehn Untersuchungen im Zweiten Weltkrieg wiesen volle zehn einen Zusammenhang zwischen 'orthodox'-christlicher Haltung und militaristischer/kriegsfreundlicher Einstellungen nach. Auf dem Primärniveau der Faktorenanalyse ergab sich, daß Religion keinen Zusammenhang mit friedlichen Einstellungen hatte. Franz Hinkelhammert hat also bestimmt recht, wenn er festhält: 'Der Fundamentalismus ist ... wohl auch die einzige, viele Menschen bewegende Ideologie, die dem Atomkrieg einen Sinn abgewinnt. Als Atom-Armageddon wird er als Hoffnungszeichen in die Sicht der Zukunft aufgenommen. Wo alles zerstört wird, da wird alles gut. Vor allem in den US-Militärapparaten dringen gerade die Fundamentalisten vor. Wo selbst Militärs Gewissensprobleme bekommen, haben sie es nicht. Derjenige, der den Atomkrieg als Hoffnungszeichen begrüßt, ist geradezu ein idealer Kandidat, um Atomwaffen zu bedienen.'"[3]

Mit Gott gegen Satan?
Die Ansprachen von George Bush und Saddam Hussein zu Beginn des Golfkrieges

Aus der Rede des Präsidenten George Bush an die amerikanische Nation vom 17.1.1991 seien einige Sätze zitiert, die in unseren Zusammenhang gehören.

„Vor uns liegt die Chance, für uns und für zukünftige Generationen eine neue Weltordnung zu formen, eine Welt, in der die Herrschaft des Gesetzes und nicht die Herrschaft des Dschungels das Verhalten der Nationen leitet. (...) Hören Sie Feldwebel J.K. Kendall. '(...) Was wir tun, ist die Zukunft der Welt für die nächsten hundert Jahre zu gestalten' (...) Wenn die Truppen ihren Auftrag beendet haben, bin ich entschlossen, sie so rasch wie möglich nach Hause zu bringen. Während unsere Streitkräfte heute abend kämpfen, sind sie und ihre Familien in unser Gebet eingeschlossen. Möge Gott jeden einzelnen von ihnen und die Koalitionsstreitkräfte an unserer Seite in der Golfregion schützen und möge Gott weiterhin unsere Nation, die Vereinigten Staaten von Amerika beschützen.“[1]

Die Rede, die Präsident Saddam Hussein an das Volk am 17.1.1991 gehalten hat, sei vollständig gebracht. Der Leser möge darauf achten, wie nachdrücklich von folgendem gesprochen wird: Auf der einen Seite: Gott ist mit uns, mit den Gläubigen, Nachfahren Mohammeds, die Fackel des Islam, das Jüngste Gericht, das teure Palästina, die Mutter aller Schlachten. Auf der Gegenseite: die Ungläubigen, der Satan Bush, der kriminelle Zionismus, die Verbrecher, die Verräter, der Wille des Satans im Weißen Haus, das Wespennest von Kriminellen in Tel Aviv.

„Oh großes irakisches Volk, oh Söhne unserer ruhmreichen Nation, oh Menschen, wo Ihr auch seid, in Eurer Entschlossenheit, dem Bösen und seinen Urhebern, den Ungläubigen, ihren Dienern und ihren Verbündeten entgegenzutreten, um 2.30 Uhr in der Nacht vom 16. auf den 17. Januar haben die Feiglinge mit ihrem Verrat angegriffen, und der Satan Bush hat sein Verbrechen begangen, er und der kriminelle Zionismus, und die große Konfrontation, die Mutter aller Schlachten hat begonnen zwischen dem Recht, das mit der Hilfe Gottes siegen wird, und dem Bösen, das mit Gottes Willen zerstört wird.

Eure wachsamen Söhne und Brüder, Nachfahren Mohammeds und der Propheten, Nachfahren der Gläubigen, die die Fackel des Islam trugen, die die Menschheit erleuchtet und geführt hat, traten ihnen festen Willens entgegen, und Gott half ihnen.

Die Verbrecher haben versagt. Fahd, der Verräter der Heiligen Stätten, Verräter der arabischen und der islamischen Nation, der hier unten genauso der Verlierer sein wird wie vor dem Jüngsten Gericht, ist leider nur ein Krimineller, ein treuloser Verräter.

Gott ist mit uns, meine Brüder, denn er ist mit den Gläubigen und wird sie unweigerlich zum Sieg führen.

Mit dem Beginn der Konfrontation und dem Widerstand der Gläubigen rückt der Tag des Heils der arabischen Nation näher, der Tag, an dem die auf der Verderbnis gebauten Throne der Verräter fallen werden, wenn der Willen des Satans im Weißen Haus und der des Wespennestes von Kriminellen in Tel Aviv zerschlagen sein wird.

Das teure Palästina und seine geduldigen und kämpfenden Söhne werden befreit, Golan und Libanon werden befreit, die Araber werden auf ihrem Boden frei sein, und die Völker werden überall dort, wo sie unterdrückt worden waren, frei sein.
Gott ist groß, Gott ist groß, Gott ist groß."[2]

„Es entstand eine Wüste, und ihr nanntet es Frieden"

Mit den obigen Worten überschreiben Marcel Pott und Renate Schimkoreit-Pott ein Kapitel über „Israel im Libanon" in ihrem Buch „Beirut – Zwischen Kreuz und Koran". Mit der Anklage „Sie schaffen eine Wüste und nennen es Frieden" protestierten amerikanische Studenten gegen die Art der Kriegsführung ihres Landes in Vietnam. Nun leitet William Pfaff in der *International Herald Tribune* vom 10.4.1991 einen Artikel mit folgenden Worten ein: „'When they make a desert they call it peace', to employ the phrase of the Roman historian Tacitus. Peace reigns in Iraq."[1] – „'Wenn sie eine Wüste schaffen, nennen sie es Frieden', um den Ausdruck des römischen Historikers Tacitus zu verwenden. Friede herrscht im Irak."

Die Worte finden sich in Tacitus' Werk „Agricola", der Biographie seines Schwiegervaters, veröffentlicht im Jahre 98 n.Chr. In dem Nachwort zu der Schrift in der Ausgabe bei Reclam heißt es, Tacitus habe kein Verständnis dafür gehabt, „daß Agricolas Eroberungs- und Unterdrückungstätigkeit in Britannien eben auch nur eine Emanation römischen Weltmachtstrebens war, die nutzlos Kräfte band und verschlang, die an anderen, wichtigeren Fronten des Reiches sinnvoller hätten eingesetzt werden können und müssen."[2]

Aus der in dem kleinen Werk wiedergegebenen Rede des Britannierkönigs Calgacus, der die britannischen Krieger zum Kampfe aufrief, sei folgende Stelle gebracht:

„Sooft ich die Gründe dieses Kriegs und unsere Not betrachte, gewinne ich das gewisse Vertrauen, der heutige Tag und eure Einmütigkeit werde der Anfang der Freiheit für ganz Britannien sein. Denn allesamt seid ihr zusammengetreten, der Knechtschaft ledig, hinter uns ist kein Land mehr und das Meer selbst ohne Sicherheit, denn dort droht uns die römische Flotte. So sind Kampf und Waffen, für die Tapferen ehrenhaft, auch für die Feigen das Sicherste.

Die früheren Schlachten, in denen mit den Römern in wechselndem Kriegsglück gekämpft wurde, hatten Hoffnung und Rückhalt an unserer Kraft, weil wir, die Edelsten von ganz Britannien und daher sein Innerstes bewohnend, ohne Ausblick auf der Knechtschaft Küsten selbst unsere Augen von der Berührung mit der Zwingherrschaft unbefleckt erhielten. Uns hier am Rande der Erde, uns letzte Söhne der Freiheit, hat gerade unsere

Entlegenheit und Verborgenheit vor der Welt bis zum heutigen Tag vertei-
digt – und alles Unbekannte gilt für großartig. Doch jetzt liegt die Grenz-
mark Britanniens offen – kein Volk weiter ist mehr hinter uns, nichts als
Wogen und Felsen und noch feindlicher die Römer; und ihrem Frevelmut
wird man vergeblich durch Fügsamkeit und Bescheidung zu entrinnen
suchen. Räuber der Welt, durchspüren sie, nachdem den alles Verwüstenden
die Länder ausgingen, nun auch das Meer – habgierig, wenn der Feind reich,
ruhmsüchtig, wenn er arm ist; nicht der Osten, nicht der Westen hat sie
gesättigt; als einziges von allen Völkern begehren sie Fülle wie Leere mit
gleicher Leidenschaft. Stehlen, Morden, Rauben heißen sie mit falscher
Bezeichnung 'Herrschaft', und wo sie Einöde schaffen, nennen sie das
'Frieden'."[3]

Der letzte Satz lautet auf lateinisch: „... ubi solitudinem faciunt, pacem
appellant."[4]

Für William Pfaff gleicht also das Verhalten der Amerikaner im Irak dem
der Römer im ersten Jahrhundert n.Chr., wie es von einem keltischen König
auf den Britischen Inseln beurteilt wurde. Es wurden auch sonst während
des Nahost-Krieges Vergleiche mit der Politik der Römer gezogen. Dazu zwei
Beispiele: „Würde George Bush unbeirrt einen punischen Siegfrieden anstreben – selbst um den Preis eines blutigen Feldzuges?"[5]

„As for counter-productivity, I fear a pyrrhic victory as much as anyone
else."[6]

Sinngemäß übersetzt: „Da man durch sein Vorgehen auch das Gegenteil
des Angestrebten erreichen kann, fürchte ich wie andere auch, ein Sieg
könnte sich als Pyrrhussieg erweisen."

Ein militärischer Erfolg, der mit großen Opfern erkauft werden mußte,
wird als Pyrrhussieg bezeichnet. Pyrrhus, Herrscher über die gebirgige
Landschaft Epirus im Nordwesten Griechenlands, stammte aus demselben
Geschlecht wie die Mutter Alexanders des Großen, sah also in Achilles
seinen Ahnherrn. Er kämpfte in Süditalien gegen die Römer, die er bei
Herakleia besiegen konnte, weil er eine Angriffswaffe einsetzte, die den
Römern noch unbekannt war und ihnen Schrecken einjagte, nämlich zwan-
zig Kriegselefanten.

In einer zweiten Schlacht, die 279 v.Chr. bei Ausculum stattfand, hatte er
so hohe Verluste, daß er ausgerufen haben soll: „Noch einen solchen Sieg und
ich bin verloren!"

Der Ausdruck „punischer Siegfrieden" bezieht sich auf den Ausgang des
dritten Krieges gegen Karthago, also des dritten punischen Krieges. Die
Stadt wurde 146 v.Chr. völlig zerstört, über die Stätte, wo Karthago gestanden hatte, wurde der Pflug hinweggeführt. Nach dem Willen der siegreichen
Römer durften dort in Zukunft niemals mehr Menschen wohnen.

Zu dem mit diesem Geschehen verbundenen Ausdruck „consecrare
Carthaginem" sei auf das Augustuskapitel verwiesen.

„Heiliger Krieg" und „gerechter Krieg"

Es war Mittwoch, der 6.2.1991, der 22. Tag des Golfkrieges. Etwas außerordentlich Bedenkliches war geschehen, worüber die *FAZ* unter der Überschrift dieses Kapitels und dem folgenden Untertitel berichtet: „Nach Saddam Hussein mobilisiert auch George Bush religiöse Emotionen":

„Muslimische Kritiker des militärischen Vorgehens der Vereinigten Staaten und ihrer Verbündeten gegen den Irak, die längst von einer christlich-muslimischen Auseinandersetzung, wenn nicht von einem Religionskrieg oder einem neuen 'Kreuzzug' des christlichen Westens gegen die islamische Welt sprechen, sehen sich durch den Aufruf von Präsident Bush zum täglichen Gebet in ihrer Auffassung bestätigt. Ebenso wie Saddam Hussein seit seiner Invasion Kuweits am 2. August habe nun auch Bush an die Gläubigen seines Landes appelliert, ohne sich mit den Religionsgemeinschaften zuvor abzusprechen, und sie um eine moralische, religiös begründete Bestätigung seines Handelns ersucht. Während Saddam Hussein behauptete, Gott auf seiner Seite zu haben, und zum islamischen 'Heiligen Krieg' ('Dschihad') gegen seine Feinde aufrief, berief sich Bush auf Gott und besteht darauf, einen 'gerechten Krieg' zu führen. Er bemüht sich um die Zustimmung der Christen, Juden und selbst der Muslime in seinem Land. Papst Johannes Paul II. betet dagegen für das Ende des Krieges und verurteilte 'die unglaubliche Gewalt und das nutzlose Gemetzel', ohne sich auf eine Seite der kriegführenden Parteien zu stellen. Die Vatikanzeitung *Osservatore Romano* warf in einem Kommentar den Alliierten vor, ein unverhältnismäßiges Maß an Gewalt bei ihren Angriffen auf den Irak einzusetzen. Es handle sich nicht nur um einen 'chirurgischen Eingriff', sondern um eine 'Spirale von Trauer und Gewalt'. Bischöfe der 55 Millionen amerikanischen Katholiken erläuterten Bush wenige Tage vor dem Beginn der alliierten Luftangriffe auf den Irak, eine amerikanische Offensive gegen den Irak werde wahrscheinlich ein Krieg sein, den man nicht moralisch nennen könne. Die Mehrheit der Gläubigen steht nach den Umfrageergebnissen jedoch hinter dem Präsidenten. Die Amerikaner gelten, nimmt man den sonntäglichen Kirchenbesuch als Maßstab, als das frömmste Volk des Westens.

Auch westliche Beobachter in der arabischen, größtenteils islamischen Welt sehen Bushs religiöse Appelle mit Sorge und befürchten, daß er die ohnehin bestehenden und wegen des Krieges am Golf verstärkten christlich-muslimischen Gegensätze weiter vertieft. Sie äußern sich besorgt über die vom amerikanischen Präsidenten begonnene Mobilisierung religiöser Gefühle. Bush hatte den vergangenen Sonntag zu einem 'nationalen Tag des Gebetes' erklärt und einige Tage zuvor in einer Rede vor Rundfunkredakteuren religiöser Sendungen den Kampf der von den Vereinigten Staaten angeführten Koalition gegen den Irak als 'gerechten Krieg' nach der auf den Kirchenlehrer Augustinus im 5. Jahrhundert zurückgehenden christlichen Lehre bezeichnet. Bei einem 'Gebetsfrühstück' einige Tage zuvor hatte er bedauert, nicht schon eher klargemacht zu haben, daß Gott 'unser Felsen und unsere Rettung' sei.

Religiöser Fundamentalismus beschränkt sich nicht auf die islamische Welt, ist vielmehr auch unter den Christen in den Vereinigten Staaten und unter den Juden in Israel verbreitet und trägt auch rassistische Züge. Der israelische Expansionismus und der Anspruch vieler Zionisten auf die besetzten Gebiete Palästinas wird nicht nur mit Sicherheitserfordernissen, sondern auch religiös, mit dem Hinweis auf das Alte Testament und den vor fast 2000 Jahren untergegangenen jüdischen Staat begründet. Saddam Hussein, der seine territorialen Ansprüche auf Kuweit auf die historisch umstrittenen Bindungen des Emirates zum Osmanischen Reich zu Beginn dieses Jahrhunderts zurückführt, beherrscht einen Staatsapparat auf der Grundlage der säkularen Ideologie der Baath-Partei. Um sich der Zustimmung der Muslime im eigenen Land und darüber hinaus zu versichern, hatte er schon in den vergangenen Jahren islamische Töne angeschlagen und sich wenige Monate vor der Invasion Kuweits von einer Konferenz muslimischer Persönlichkeiten aus zahlreichen Ländern in Bagdad gar zum 'heiligen Krieger des Islam' proklamieren lassen.

Dem 'Heiligen Islamischen Krieg', den Saddam Hussein und seine Gegner in Saudi-Arabien gegeneinander ausgerufen haben, hat Bush nun den 'gerechten Krieg' auf religiöser Grundlage entgegengesetzt. Ebenso wie der irakische Führer hat sich im vergangenen Jahr auch die saudische Führung von Hunderten nach Mekka eingeladenen Religionsgelehrten bestätigen lassen, daß sie sich mit ihrem erklärten Hilferuf an 'ungläubige' Ausländer, vor allem amerikanische Soldaten, auf dem rechten Pfade des Islam bewege. Die frommen Kritiker im eigenen Land, die an der Anwesenheit der vielen 'Ungläubigen' Anstoß nehmen, zum Schweigen zu bringen, ist der saudischen Führung allerdings nicht gelungen.

Im Westen war nach Ansicht arabischer Analytiker schon vor dem Beginn des Konflikts am Golf ein neues Feindbild entstanden: die Muslime, insbesondere die Araber, nachdem die Kommunisten, insbesondere die sowjetischen, als die traditionellen Feinde des zu Ende gegangenen Kalten Krieges ausgefallen waren."[1]

Schon in den Ansprachen, die George Bush und Saddam Hussein bei Beginn der militärischen Auseinandersetzung hielten, hatte sich jeder der Kriegführenden auf Gott berufen, Präsident Bush mit den Worten: „Möge Gott weiterhin unsere Nation, die Vereinigten Staaten von Amerika, beschützen", Saddam Hussein mit der Versicherung: „Gott ist mit uns, meine Brüder, denn er ist mit den Gläubigen und wird sie unweigerlich zum Sieg führen".

Dem Verfasser eines Leserbriefes, der am 7.3.1991 in der *FAZ* erschien, ist folgendes aufgefallen:

„Bezeichnend ist dabei die Annäherung in der gegenseitigen Beurteilung der beiden Hauptkontrahenten. Während Saddam Hussein Bush bereits seit längerem als 'Satan' charakterisiert, scheint seinem Gegenspieler der Mann aus Bagdad jetzt gewissermaßen zu einem Antichrist geraten zu sein."[2]

DIE SORGE DES PAPSTES
JOHANNES PAUL II.
AM JAHRTAUSENDENDE

Von der Art, wie der Golfkrieg geführt wurde, war der Papst tief betroffen, und er gab seiner Betroffenheit wiederholt in deutlichen Worten Ausdruck, stieß dabei aber sogar innerhalb der kirchlichen Hierarchie auf Widerspruch. In einer Reihe von Verlautbarungen brachte der Papst zum Ausdruck, mit welchen Sorgen, aber auch welchen Hoffnungen er auf das Ende des Jahrtausends hinschaue. Besondere Sorge bereitet ihm der Zustand der westliche Gesellschaften, die er durch den praktischen Materialismus, den Materialismus der Lebenshaltung, gefährdet sieht. Er verbindet sich in dem Bemühen, den Glauben an Gott zu erhalten, mit anderen Gläubigen, wie er sie besonders unter den Muslimen findet. Wie berechtigt die Sorge des Papstes wegen des immer stärker werdenden Materialismus ist, aber auch, was angesichts dieser Tatsache zu tun ist, wird anhand eines Vortrages Rudolf Steiners aus dem Jahre 1920 beleuchtet, in dem auch der Blick auf das Jahrtausendende gerichtet wird.

Der Papst wendet sich entschieden gegen den Krieg – Die deutschen Bischöfe geben eine Erklärung zum Golfkrieg ab

In der Enzyklika „Centesimus annus" vom 1. Mai 1991, auf die ich noch eingehen werde, findet sich eine der klarsten Stellungnahmen des Papstes gegen den Krieg überhaupt, der nach seiner Überzeugung in der heutigen Zeit jede Berechtigung verloren hat, weil er eine gerechte Lösung jener Probleme, die ihn ausgelöst haben, erschwert. Auf daß Frieden herrschen kann, setzt er sich für die Entwicklung als Mittel zur Beseitigung von Elend und Ausbeutung ein. Damit der Mensch nicht seine Größe in die Taten des Krieges verlegt, betont er den Friedensdienst der Kirche, den er in ihrer Verkündigung der Wahrheit über die Erschaffung der Welt und die Erlösung sieht.

Es „wird die erste und wichtigste Arbeit im Herzen des Menschen vollbracht. Die Art und Weise, wie er sich um den Aufbau seiner Zukunft bemüht, hängt von der Auffassung ab, die er von sich selbst und seiner Zielbestimmung hat. Auf dieser Ebene liegt *der spezifische und entscheidende Beitrag der Kirche für die wahre Kultur.* Sie fördert die Qualität jener menschlichen Haltungen, die die Kultur des Friedens den Modellen vorziehen, die den Menschen in der Masse erniedrigen, die Rolle seiner Initiative und seiner Freiheit verkennen und seine Größe in die Taten des Konflikts und des Krieges verlegen. Die Kirche leistet einen solchen Dienst, indem *sie die Wahrheit über die Erschaffung der Welt verkündet,* die Gott in die Hände der Menschen gelegt hat, damit sie sie durch ihre Arbeit fruchtbarer und vollkommener machen; und indem sie *die Wahrheit über die Erlösung verkündet,* durch die der Sohn Gottes alle Menschen gerettet und sie zugleich miteinander verbunden hat, indem er sie füreinander verantwortlich machte. Die Hl. Schrift spricht zu uns ständig über den tätigen Einsatz für den Bruder und konfrontiert uns mit einer Mitverantwortung, die alle Menschen umfassen soll."[1]

„Ich selber habe anläßlich des jüngsten dramatischen Krieges im Persischen Golf den Ruf wiederholt: 'Nie wieder Krieg!' Nein, nie wieder ein Krieg, der das Leben der Unschuldigen vernichtet; der töten lehrt und das Leben derer, die töten, gleichfalls zerstört; der eine Dauerspur von Zorn und Haß zurückläßt und die gerechte Lösung jener Probleme, die ihn ausgelöst haben, erschwert! Wie in den einzelnen Staaten endlich der Zeitpunkt kam, wo an die Stelle des Systems der persönlichen Rache und Vergeltung die Herrschaft des Gesetzes trat, so ist es jetzt dringend notwendig, daß in der internationalen Völkergemeinschaft ein ähnlicher Fortschritt stattfindet. Man darf nie vergessen, daß ein Krieg immer reale und schwerwiegende Ursachen hat: erlittene Ungerechtigkeit, Vereitelung berechtigter Bestrebungen, Elend und Ausbeutung verzweifelter Menschenmassen, die keine reale Möglichkeit sehen, ihre Situation auf friedlichem Weg zu verbessern. Darum heißt der andere Name für Frieden *Entwicklung.*"[2]

In der Erklärung der deutschen Bischöfe zum Golfkrieg wird die schwierige Lage des Menschen angesprochen, der in dieser Welt den Mächten des Bösen ausgesetzt ist. Besonders in der Ungerechtigkeit erkennen sie eine der Ursachen der Zwietracht in der Welt. Geradezu wie eine Antwort auf die Haltung von George Bush wirkt ihre Mahnung, den Namen Gottes nicht für den Golfkrieg in Anspruch zu nehmen. Eindrucksvoll ist ihr Hinweis darauf, daß die Krisengebiete im Nahen Osten biblisches Land sind, daß Abraham von Ur in Chaldäa, im heutigen Irak, ins heutige Israel kam, dem Ruf Gottes folgend, und daß Juden, Christen und Muslime in ihm gemeinsam den Stammvater ihres Glaubens sehen.

„Wir sind in innere Konflikte verstrickt, denen wir nicht entrinnen können. Sie machen uns deutlich, daß wir nicht in einer heilen Welt leben und unsere Welt den Mächten des Bösen ausgesetzt ist, die man weder durch Träume noch durch Bomben beseitigen kann."[3]

„Wir bitten alle Verantwortlichen, jede echte Chance zu nutzen, um die Kämpfe baldmöglichst zu beenden und sich im Dialog und in Verhandlungen um eine gerechte Lösung zu bemühen. Ein Friede in der Golfregion kann durch die Befreiung Kuweits allein nicht geschaffen werden. Immer wieder hat die Kirche den Aufbau einer Ordnung des Friedens in Freiheit und Gerechtigkeit als das weiterführende Ziel und die vorrangige Forderung einer christlichen, biblisch geprägten Ethik verkündet. (...)

Für den Irak, seine Nachbarn und den gesamten Nahen Osten gilt das Wort des Konzils: 'Um den Frieden aufzubauen, müssen vor allem die Ursachen der Zwietracht in der Welt, die zum Krieg führen, beseitigt werden, an erster Stelle die Ungerechtigkeit.' (*Gaudium et spes,* Nr.83). Zu lange haben wir mit angesehen, wie wenig in dieser Region die Menschenrechte geachtet werden, wie ungleich die Reichtümer dieser Länder verteilt sind, wie ungehemmt die Staaten ihre militärische Aufrüstung betreiben. (...)

Der Golfkrieg ist kein Religionskrieg. Der Name Gottes darf für ihn nicht in Anspruch genommen werden. Dennoch spielen in ihm wie im gesamten Nahostkonflikt religiös-politische Fragen eine große Rolle. Deshalb sind auch die Kirchen und Religionsgemeinschaften zu verstärktem Dialog und zum Aufbau von Vertrauen und Verständigung aufgerufen. Wir bitten Juden, Christen und Muslime, im gemeinsamen Zeugnis für den einen Gott, der das Heil aller Menschen will, den Frieden in der Region zu fördern und zu erleichtern."[4]

„Die Krisengebiete im Nahen Osten sind biblisches Land. Es betrifft uns in besonderer Weise, wenn dort Konflikte gewaltsam ausgetragen werden. Von Ur in Chaldäa im heutigen Irak kam Abraham, dem Ruf Gottes folgend, ins heutige Israel. In Abraham sehen Juden, Christen und Muslime gemeinsam den Stammvater ihres Glaubens. Für das alte Volk Gottes ist der Friede das Werk der Gerechtigkeit, das im Bund Gottes gründet. Wir Christen glauben, daß Gott seinen Bund des Friedens in Christus endgültig besiegelt hat: durch Christus haben wir 'Frieden mit Gott' (Röm 5,1); er ist 'unser Friede' (Eph 2, 14).

Wir sind aufgerufen, den Frieden, den Gott uns schenkt, zu bezeugen und zu leben. Dazu fordert uns die österliche Bußzeit in besonderer Weise auf. Sie mahnt uns:

– *zum Gebet* (...)

– *zur inneren Umkehr* (...)

– *zur entschiedenen Abkehr:* Kriege brechen nicht von selbst aus. Sie werden vorbereitet. Es belastet uns besonders, daß auch aus Deutschland Waffen und Technologie gesetzwidrig geliefert wurden, die zum Ausbruch der Gewalt beigetragen haben und vor allem auch Israel bedrohen. Ein solches Handeln ist zutiefst verwerflich. Man muß alle Möglichkeiten ergreifen, um solche Verbrechen künftig zu verhindern.

– *zum Dialog* (...)

– *zu tätiger Solidarität.* (...)

Bensberg, den 21. Februar 1991"[5]

„L'Anticristo fra noi, è ecologista e pacifista" – „Der Antichrist unter uns, er ist Naturschützer und Pazifist"

Der folgende Artikel erschien am 29. August 1991 im *Corriere della Sera:* „Wer war der Antichrist für den russischen Philosophen Wladimir Solowjoff? Der Kardinal Giacomo Biffi, Erzbischof von Bologna, erklärt: 'Ich möchte nicht mißverstanden werden. Aber man würde ihn heute als einen guten Menschen bezeichnen.' Folgendermaßen zählt er dessen Vorzüge auf: 'Er war ein überzeugter Spiritualist. Er glaubte an das Gute und sogar an Gott. Er war Asket, Wissenschaftler, Menschenfreund. Maßhalten, Selbstlosigkeit und tätige Hilfsbereitschaft zeichneten ihn aus.' Für eine seiner Arbeiten hatte er von der Universität Tübingen die Ehrendoktorwürde verliehen bekommen. Weiterhin hatte er das Werk 'Der offene Weg zum Frieden und allgemeinen Wohlstand' geschrieben.

Und noch mehr: Der Antichrist war, verwendet man heutige Ausdrücke, 'Pazifist und Naturschützer'. Gerade im Hinblick darauf drückt Solowjoff sich ganz präzise aus: 'Der neue Herr der Erde war vor allem ein Menschenfreund voller Mitgefühl, nicht nur ein Freund der Menschen, sondern auch der Tiere. Er war selbst Vegetarier, er verbot die Vivisektion und unterstellte die Schlachthöfe einer strengen Aufsicht; die Tierschutzvereine wurden in jeder Weise von ihm gefördert.' Kurz, wer da geglaubt hat, der Antichrist sei ein großer Schurke, muß seinen Irrtum einsehen. Warum dann aber Antichrist? Der Kardinal bezieht sich immer auf den Text von Solowjoff: 'Er war Christus nicht grundsätzlich feindlich gesinnt. Er schätzte dessen rechte Absicht und dessen hohe Lehren'. Aber Jesus Christus kam nie in seinen Ansprachen vor. Dem Antichristen paßte die Scheidung zwischen Gut und Böse, die Jesus vornahm, nicht, ihm paßte die Tatsache nicht, daß er auferstanden war. Solowjoff hat da ein großes Gleichnis gebraucht, das Biffi zur Ermahnung wieder aufnimmt. Der Unglaube der heutigen Welt erzeugt eine aussichtslose Leere. Um das Heil zu erlangen, nützt es nichts, gute Pläne und Einfälle zu haben, die der herrschenden Geisteshaltung entsprechen. Kurz gesagt, einige Werte verkehren sich in ihr Gegenteil, wenn sie ohne Glauben an das Christusmysterium erstrebt werden, denn 'die Friedensliebe, die Ehrfurcht vor der Natur, die Fähigkeit zum Dialog sind relative Werte; werden sie absolut gesetzt, so stiften sie zum Götzendienst an'.

Der Kardinal sagte, er wolle nicht mißverstanden werden. Aber sein dauernder Hinweis auf den relativen Wert des Pazifismus wirkte gewiß ein wenig seltsam, wo doch der Papst und die 'Volksbewegung' das Eingreifen der USA in der Golfregion mit deutlichen Worten verurteilt hatten. Das alles erweckte den Eindruck, den Mitgliedern der Volksbewegung würden die Ohren langgezogen, damit ein anderer höre."[1]

Im folgenden Kapitel wird über die Reaktion auf die herausfordernden Worte des Kardinals berichtet. Die in der Überschrift wiedergegebene Zurückweisung wird in dem Zeitungsartikel selbst nicht gebracht.

„I verdi: noi anticristo? Allora lo è pure il Papa" – „Die Grünen: Wir der Antichrist? Dann ist es doch auch der Papst"

Im *Corriere della Sera* vom 29. August 1991 wird auf die Ansprache des Erzbischofs Biffi eingegangen. Ich bringe die Hauptaussagen in eigener Übersetzung:

„Die Verteidigung des Friedens, die scharfe Polemik gegen den Golfkrieg, die direkt vom Papst ausging und vom Movimento popolare (von der Volksbewegung) als politische Linie übernommen wurde, wird vom Erzbischof von Bologna, dem Kardinal Giacomo Biffi, nicht geteilt. (...)

Der Kardinal hatte schon zur Zeit des Golfkrieges gezeigt, daß er die vom Vatikan eingenommene Linie ganz und gar nicht verstand, so daß es klar war, daß nicht nur bei den (italienischen, H.-D.F.) Christdemokraten, sondern auch in der (katholischen, H.-D.F.) Kirche die Meinungen geteilt waren. Gestern hat der Erzbischof noch genauer kennzeichnen wollen, was die Gestalt des Antichrist darstellt. Was dabei herauskommt, ist ein Schlaukopf, der in Wirklichkeit ein großer Schurke mit zwei Köpfen ist: einem amerikanischen Kopf und einem der neuen europäischen Linken.

Auf der einen Seite die Leere, der weit verbreitete Glaubensverlust, der nur an den großen konsummaterialistischen Supermarkt denken läßt ('che fa pensare solo al grande supermarket consumistico'), auf der anderen Seite die Welt der relativen Werte (Frieden, Ehrfurcht vor der Natur, Wohltätigkeit, auch aktiver Arbeitseinsatz, H.-D.F.), die ohne Glauben an Christus und an das Christusereignis zum Götzendienst führen ('che senza la fede in Cristo e nell'avvenimento cristiano portano all'idolatrìa').

Biffi hatte seinen Ausführungen auch eine historische Perspektive geben wollen: Solowjoff setzte sich mit Tolstoi auseinander, mit dem neuen Tolstoischen Christentum; Biffi erkennt, wieviel von Tolstoi in dieser unserer Gesellschaft am Jahrhundertende zu finden ist. So sagt der Erzbischof: 'Das Drama vieler hochgesinnter junger Menschen unserer Zeit, die zum Beispiel von der Idee der Gewaltlosigkeit und des Antimilitarismus fasziniert sind, besteht gerade darin, daß sie in gutem Glauben davon überzeugt sind, in die Schule des Christentums gegangen zu sein, und zwar in noch viel folgerichtigerer Weise, als es bisher üblich war, während sie in Wirklichkeit, ohne es zu wissen, Schüler eines hervorragenden, vornehmen, wohlmeinenden, aber radikal heidnischen Schriftstellers (gemeint ist Tolstoi, H.-D.F.) geworden sind'.

Mit der Ansprache des Kardinals waren einige 'GRÜNE' keineswegs einverstanden. Valerio Neri, der Generaldirektor des World Wildlife Fund, weist auf folgendes hin: 'Der Papst behandelt in seiner Enzyklika Centesimus annus viele Aspekte des Umweltproblems von der Zerstörung der Naturgrundlagen bis zur Erhaltung der Tierarten.' Gerade die Begegnung der christlichen Kultur mit den Lehren der Franziskaner hat viele Laien dazu geführt, die Werte der Gewaltlosigkeit und des Naturschutzes hochzuschätzen."[1]

Johannes Paul II. spricht vom „einzigen Gott der Christen und Mohammedaner"

So lautet die Überschrift eines Artikels auf der ersten Seite der Tageszeitung *Die Welt* vom 21.8.1985. Wo ist das geschehen? Im Sportstadion von Casablanca; dort sprach der Papst am 20.8.1985 zu der marokkanischen Jugend. Er war einige Jahre vorher von König Hassan eingeladen worden, als dieser ihn in Rom besuchte.

Nachdrücklich betonte der Papst, was Christentum und Islam verbindet, verschwieg aber nicht, daß der grundlegendste Unterschied in der christlichen Würdigung von Person und Werk dessen besteht, den er Jesus von Nazareth nennt. Ein Auszug aus dem Wortlaut der Ansprache sei hier gebracht. Vielleicht wird dem Leser auffallen, daß etwas für den Muslim ganz Wesentliches fehlt, worauf ich noch eingehen werde.

„Liebe Jugend Marokkos!

Gott Dank und Ehre dafür, daß ich heute unter euch sein darf. (...)

Christen und Muslime haben vieles gemeinsam als Gläubige und als Menschen. Wir leben in der gleichen Welt, die durch viele Zeichen der Hoffnung, aber auch der Angst gekennzeichnet ist. Abraham ist für uns ein gemeinsames Vorbild des Glaubens an Gott, der Unterwerfung unter seinen Willen und des Vertrauens auf seine Güte. Wir glauben an denselben Gott, den einzigen, den lebendigen, den Gott, der die Welten schafft und seine Geschöpfe zur Vollendung führt. (...)

Die Welt des 21. Jahrhunderts ist in euren Händen; sie wird so, wie ihr sie macht.

Die kommende Welt wird von der Jugend aller Länder der Erde abhängen. (...)

Die Araber des Machreq und des Maghreb (die Araber des Ostens und des Westens, das heißt Nordwestafrikas, H.-D.F.)und besonders die Muslime haben eine lange Tradition des Studiums und des Wissens, des literarischen, naturwissenschaftlichen, philosophischen. Ihr seid die Erben dieser Tradition, ihr müßt studieren, damit ihr die Welt, die Gott uns gegeben hat, erkennen und verstehen lernt, ihren Sinn entdeckt, mit Gespür für und Respekt vor der Wahrheit. (...)

Wir glauben beide an einen Gott, den einzigen Gott, der voll Gerechtigkeit und Erbarmen ist. Wir glauben an die Bedeutung des Gebets, des Fastens und des Almosengebens, der Buße und der Vergebung. Wir glauben, daß Gott am Ende der Zeiten uns ein barmherziger Richter sein wird, und hoffen, daß er nach der Auferstehung mit uns zufrieden sein wird, und wissen, daß wir in ihm unsere Erfüllung finden.

Die Loyalität verlangt aber auch, daß wir unsere Unterschiede erkennen und respektieren. Der grundlegendste Unterschied ist eindeutig unsere Würdigung von Person und Werk des Jesus von Nazaret. Ihr wißt, daß – für die Christen – dieser Jesus sie in eine intime Kenntnis des Geheimnisses Gottes eingeführt hat und in die Teilhabe seiner Kinder an seinen Gaben, wenn sie ihn als Herr und Erlöser anerkennen. (...)

So kann, davon bin ich überzeugt, eine Welt wachsen, in der die Männer und Frauen lebendigen und wirksamen Glaubens die Ehre Gottes preisen und eine menschliche Gesellschaft nach dem Willen Gottes zu bauen versuchen.

Deshalb möchte ich zum Schluß ihn persönlich anrufen:

Gott, du bist unser Schöpfer. Du bist gut und dein Erbarmen kennt keine Grenzen.

Dich preisen alle Geschöpfe. Gott, du hast den Menschen ein inneres Gesetz gegeben, nach dem wir leben müssen.

Deinen Willen zu tun, heißt, unsere Pflicht erfüllen.

Deinen Wegen zu folgen, heißt, den Frieden der Seele finden.

Dir leisten wir unseren Gehorsam.

Leite uns bei allen Initiativen, die wir auf der Erde unternehmen. Befreie uns von schlechten Neigungen, die unser Herz von deinem Willen ablenken. Erlaube nicht, daß wir deinen Namen anrufen und dabei die menschliche Unordnung rechtfertigen. Gott, du bist der einzige, wir beten dich an. Erlaube nicht, daß wir uns von dir entfernen.

Gott, du Richter aller Menschen, hilf uns, am letzten Tag unter deinen Erwählten zu sein.

Gott, Urheber der Gerechtigkeit und des Friedens, schenk uns wahre Freude und echte Liebe und eine bleibende Brüderlichkeit unter den Völkern. Mach uns reich an deinen Gaben für immer.

Amen."[1]

Die Erklärung des Zweiten Vatikanischen Konzils zu den Muslimen ist im Kapitel über „Das schwierige Verhältnis der katholischen Kirche zu den Juden" nachzulesen. Hier sei jetzt ein Artikel gebracht, der am 30.4.1991 in der FAZ veröffentlicht wurde. Er trägt den Titel „Zwiespältig zu den Muslimen":

„Es war eine von jenen Initiativen, die früher, in den ersten Jahren des Pontifikats, für Aufregung gesorgt hätten. Mitte April, zum Ende des muslimischen Fastenmonats Ramadan, schrieb Papst Johannes Paul II.

'den moslemischen Brüdern und Schwestern' einen Brief. Zuvor war es Brauch, daß zu diesem Termin der Kardinal-Präsident des 'Päpstlichen Rates für den inter-religiösen Dialog' eine Grußbotschaft sandte. Diesmal wollte es Johannes Paul II. selbst tun, 'wegen der tragischen Folgen von Konflikt und Krieg in den vergangenen Monaten im Mittleren Osten und wegen der noch andauernden Leiden von so vielen'. Mit bewegenden Worten sprach der Papst sein Mitgefühl aus, 'mit all jenen, die ihre Lieben verloren haben', und erklärte die Bereitschaft der katholischen Kirche, 'den Opfern des Krieges zu helfen und Strukturen eines dauerhaften Friedens aufzubauen'.

Doch mehr als die päpstliche Solidarität überraschte, wieviel Gemeinsames Johannes Paul II. mit dem Islam fand, religiös Gemeinsames, das die 'konkrete Grundlage für einen aufrichtigen, tiefen und dauerhaften Dialog zwischen gläubigen Katholiken und gläubigen Muslimen bilden' könnte. Schon das Fasten der anderen war dem Oberhaupt der katholischen Kirche 'ein notwendiges Beispiel des Gehorsams gegenüber Gottes Willen, der Wichtigkeit des Gebetes, der Selbstdisziplin und der asketischen Einfachheit im Gebrauch der Güter dieser Welt'. Ein Beispiel für wen? 'Für die modernen Gesellschaften'. Christen und Muslime, so der Papst, 'zeigen der Menschheit eine religiöse Alternative gegenüber den Verlockungen von Macht, Reichtum und materiellen Vergnügungen'. Denn jene, die an Gott glauben, 'die wissen, von wem sie kommen, weshalb sie auf Erden sind und zu wem sie eines Tages zurückkehren', könnten gemeinsam den Weg des Friedens gehen. Hingegen: 'Ungerechtigkeit, Unterdrückung, Aggression, Gier, Verweigerung von Dialog, von Verhandlungen und Vergebung, das Verlangen nach Vergeltung – dies sind nur einige Faktoren, welche die Menschen vom Weg abführen, den auf diesem Planeten zu gehen Gottes Wille ist.' Hier wird in religiöser Sprache ausgedrückt, daß weder der Überfall des irakischen Diktators Saddam Hussein auf Kuweit noch der amerikanische Gegen-Feldzug im Namen der Vereinten Nationen, doch im Zeichen des Krieges, die Billigung der Gläubigen, der Christen wie der Muslime, finden könne.

Die Interpretation, Johannes Paul II. wolle damit nur um gut Wetter bitten für die christlichen Minderheiten in dem arabischen Staatengürtel von Marokko bis Oman und den übrigen islamischen Staaten im Osten bis Indonesien, ist kurzsichtig. Diese christlichen Gemeinden sind immer in Gefahr, von einer muslimischen Welle hinweggespült zu werden, ob mit oder ohne Krieg. Vielmehr war dem Papst daran gelegen, das Gemeinsame der beiden Religionen hervorzuheben und damit die Gleichsetzung von Christentum und Westen, dem seiner Ansicht nach waffenstarrenden, überlegenen und überheblichen, verlockenden und demütigenden Okzident zu vermeiden. Die vatikanische Diplomatie, die für den Schutz der christlichen Minderheiten unter den Muslimen ebenso sorgen muß wie einst für die

Christen unter dem Joch des Kommunismus, hätte den Papst kaum zu solch grundsätzlichen Erklärungen gebracht, wenn er nicht von der gemeinsamen Grundlage des Religiösen und des verbindenden Glaubens, von verpflichtender Moral und verbindlichen Werten überzeugt wäre – nicht zuletzt im Gegensatz zu den 'modernen Gesellschaften' in Europa und Nordamerika.

Dabei vergißt die katholische Kirche nicht den Antagonismus, das Konkurrenzverhältnis zum Islam. Es besteht, seitdem im 7. Jahrhundert die Anhänger Mohammeds im Namen Allahs in Afrika, im 'Kleinen Asien', der heutigen Türkei, und im Zweistromland von Mesopotamien, ja selbst in Europa auf der Pyrenäen-Halbinsel all jene Provinzen eroberten, die einst die Perlen des Römischen Reiches und dann der Einen Apostolischen Kirche gewesen waren. Wer ermißt die Qualen der Amputationen, die muslimische Araber, feindliche Sarazenen den Römern und der Kirche zufügten, als sie eine blühende Kirchenprovinz nach der anderen, in Syrien und Ägypten, in Persien, Armenien und Georgien, in Mauretanien und der Cyrenaika, Kappadokien und im Heiligen Land Palästina selbst gewaltsam auflösten und die Bischöfe in die Verbannung trieben.

Das ist nicht vergessen in Rom. Im 'Annuario Pontificio', im offiziellen Päpstlichen Jahrbuch der römisch-katholischen Kirche, stehen Jahr für Jahr die Namen der einst von den Muslimen überschwemmten Bistümer, wie auf Grabsteinen eingemeißelt. Bis auf den heutigen Tag bewahrte die römische Kirche die altehrwürdigen Patriarchal-Sitze, Alexandrien in Ägypten, Antiochien in Syrien und Jerusalem, Babylon der Chaldäer und Kilikia der Armenier, mit allen verschiedenen Riten und Nationen, mit Kopten und Syrern, Melkhiten und Maroniten. Selbst und gerade zu jenen Zeiten, als dort nur Allah und sein Prophet gepriesen wurden.

Eine ganze 'Scheinkirche' mit Bistümern und Erzdiözesen, mit Bischöfen, Erzbischöfen und Patriarchen hielt die Papstkirche im Zeichen Roms am Leben, als von den Sarazenen, später von den Türken die christlichen Hierarchen aus dem Orient, Afrika und Spanien vertrieben wurden. Von Generation zu Generation erhoben Titular-Bischöfe und Titular-Erzbischöfe mit dem bis 1882 gebräuchlichen Zusatz 'in partibus infidelium' ('aus den Ländern der Ungläubigen') ihren Anspruch, mit der Fiktion bestehender Kirchenprovinzen, ob in Palästina oder in Kappadokien, Numidien, Mesopotamien oder Pisidien. Die Konzilien von Vienne in Frankreich (1311) und Trient (1551), der norditalienischen Bischofs-Reichsstadt, bekräftigten ausdrücklich und feierlich diese Praxis. Die Kreuzzüge des Mittelalters, der Seesieg der abendländischen Koalition bei Lepanto im Jahr 1571 belebten diese Hoffnungen.

Von der Anzahl her hält diese Titel- und Scheinkirche der wirklichen römisch-katholischen beinahe die Waage. Den 458 Metropolitan-, 69 Erzbischofs- und 1.951 Bischofs-Sitzen, insgesamt 2.491 Provinzen, der real existierenden Kirche kommen die 91 Metropolitan-, 91 Erzbischofs- und

1.833 Bischofs-Bezirke, insgesamt 2.015 der 'verlorenen Kirche' fast gleich. Diese Titular-Bischöfe und Erzbischöfe versehen als Auxiliare, als Hilfs-Bischöfe, in den Diözesen in aller Welt oder in der römischen Kurie Dienst. Aber ihre Namen erinnern an nie aufgegebenes Recht, an nie vergessene Vergangenheit, nicht nur in den islamisch gewordenen Völkern und Staaten. Für die ordnungsgemäße Führung und Vergabe der Titel trägt man im Vatikan unbeirrt Sorge. Vielleicht in der Hoffnung, daß der Herr die Toten eines Tages wie den Lazarus aus dem Schattenreich auferwecken würde."[2]

Hat man die beiden oben angeführten Texte, die Ansprache an die marokkanische Jugend und den *FAZ*-Artikel, aufmerksam gelesen, ist man nicht mehr überrascht, „wieviel Gemeinsames Johannes Paul II. mit dem Islam fand, religiös Gemeinsames, das noch 'die konkrete Grundlage für einen aufrichtigen, tiefen und dauernden Dialog zwischen gläubigen Katholiken und gläubigen Muslimen bilden' könnte", wie es in der *FAZ* heißt.

Der Nachdruck liegt also auf „Gläubige", „gläubige Katholiken und gläubige Muslime". Da sie durch den Glauben an den einen Gott tief verbunden sind, muß es andere Menschen geben, von denen sie durch eben diesen Glauben getrennt sind, und das wird auch deutlich gemacht. Das Gegenbild sind „die modernen Gesellschaften in Europa und Nordamerika" mit ihren „Verlockungen von Macht, Reichtum und materiellen Vergnügungen". Wer weiß, so der Papst, von wem er kommt, weshalb er auf Erden ist und zu wem er eines Tages zurückkehrt, der ist auch fähig zu Frieden, arabisch: *salam,* hebräisch: *schalòm,* akkadisch: *shulmu.*

Warum nimmt der Papst diese Haltung ein? Wer ist der Gegner, gegen den er die Hilfe anderer Gläubiger sucht? Darüber bekommen wir einmal aus Artikeln im *Corriere della Sera* Aufschluß, zum anderen aus einem weiteren Artikel in der *FAZ,* aus dem ich einen Auszug bringen will.

Im *Corriere della Sera* hieß es am 2.3.1991: „Il Papa sfida l'Emilia Romagna, terra del peccato". Auf deutsch: „Der Papst fordert die Emilia Romagna, Land der Sünde, heraus".

Die Emilia Romagna mit der Hauptstadt Bologna liegt in Norditalien, im Norden begrenzt von der Lombardei und Venetien, im Süden von der Toskana.

In dem Artikel heißt es: „Der Papst hat die Bischöfe der Emilia Romagna aufgefordert, eine Missionstätigkeit aufzunehmen, um die 'stigmate di malattìa e di morte', 'die Wundmale von Krankheit und Tod', zu beseitigen, die ein Kennzeichen ihrer Gegend seien. Es sollte der Säkularisierung Einhalt geboten und verhindert werden, daß der christliche Glaube 'sozial bedeutungslos' werde. Folgende Wundmale des Todes führt der Papst auf: 'Die sinkende Geburtsziffer mit der Folge einer Überalterung der Bevölkerung und eines Bruchs zwischen den Generationen, die hohe Zahl der Ehescheidungen, die Gewöhnung an die Plage (la piaga) der Abtreibung, die das sittliche Empfinden tötet und die Bereitschaft untergräbt, das Leben in

257

jedem seiner Abschnitte zu beschützen, die hohe Zahl der Selbstmorde, die schreckliche Verbreitung der Drogen, die beunruhigende Erscheinung der vielen Tode bei Verkehrsunfällen in der Nacht von Samstag auf Sonntag, das Auftreten neuer Formen der Armut, die Ausbreitung von Krankheiten, die einen fruchtbaren Boden in Lebensweisen finden, die die Wahrheit der Person verleugnen."[3]

Für den Papst ist das Leben des satten und säkularisierten Menschen der Emilia Romagna von dem Streben nach eigenem Wohlergehen beherrscht. Da sich dieses Streben am Ende als trügerisch erweise, sei es nicht erstaunlich, daß die Zahl der Lebensverweigerungen sehr hoch sei.

Der Papst wörtlich: „Man hat den Eindruck, daß ihr eine Bevölkerung seid, die das Leben zu lieben glaubt, aber nicht weiß, welches Leben sie lieben soll. Der Mensch lebt nicht von Brot allein, nicht allein von Wohlergehen, vom Streben nach Besitz, von Ehrgeiz, von Macht, von Hedonismus (dem Streben nach Sinnenlust und Genuß, H.-D.F.), Erotizismus, illusorischem Glück."[4] In dem Artikel heißt es weiter: „Der Papst hofft, daß die Krise des Kommunismus zu einer Wiederbelebung der Religion führen werde. Der Kardinal Biffi, der den Papst zu diesem Schreiben angeregt hat, sagt am Schluß: 'Dies ist also eine günstige Zeit für eine entscheidende Neuevangelisierung unseres Landes.'"[5]

Die Emilia Romagna und die Toskana gelten als besonders „rote", d.h. kommunistische Regionen. Auch die Toskana hat der Papst als Missionsgebiet gekennzeichnet, worüber der *Corriere della Sera* am 12.3.1991 berichtet. Bei der Beschreibung der Lage in der Toskana werden noch weitere der Kirche feindselig gesonnene Strömungen aufgeführt. Die Überschrift lautet: „Il Papa: in Toscana poteri occulti e ateismo", zu deutsch: „Der Papst: In der Toskana okkulte Mächte und Atheismus."[6]

Aus der Ansprache des Papstes an die Bischöfe der Toskana sei folgendes in Übersetzung gebracht:

„In den Großstädten bemerkt man den Einfluß von Gruppen, die okkulte Kräfte anwenden, während immer mehr esoterische Riten praktiziert werden. Die Gleichgültigkeit nimmt zu, die häufig in den praktischen Atheismus (den Atheismus der Lebenshaltung, H.-D.F.) einmündet; wie fast überall, haben il secolarismo, eine nur dieser Welt zugewandte Lebenshaltung, und *il consumismo*, die Konsumorientiertheit, der Konsummaterialismus eure Kultur ganz tief beeinflußt."[7]

Der Kardinal Piovanelli von Florenz hat sich vorgenommen, die Menschen in seiner Diözese, in seinem Amtsgebiet, in brüderlichem Geiste zu evangelisieren. Der Papst sieht die Lage so, daß sich als Folge der Ausbreitung des Kommunismus eine *cultura ostile*, eine der Kirche feindselig gesonnene Kultur gebildet hat, und er stimmt mit dem Kardinal von Bologna darin überein, daß die Kirche heute mehr Autorität und Macht hat, „essendo 'crollati i sistemi decantati come avveniristici'", „nachdem die Systeme, die begeistert gefeiert wurden, weil sie der Menschheit eine bessere Zukunft zu schaffen versprachen, gescheitert sind".[8]

Der Vatikan nimmt aber nicht nur nach Seiten des Kommunismus eine scharfe Abgrenzung vor. Die Folgen des auch vom Kommunismus, jedoch nicht allein von ihm praktizierten Atheismus zu überwinden, wird eine langwierige schwere Aufgabe sein. Eine Abgrenzung, ja eine Frontstellung wird auch gegenüber dem „Amerikanismus" vollzogen, worüber der folgende Auszug unterrichtet, der dem Artikel „Widersprüchliches aus dem Vatikan" aus der *FAZ* vom 17.4.1991 entnommen ist:

„Der Papst und seine Diplomaten haben von Anfang an der 'Pax Americana' mißtraut, eine Skepsis, die sich angesichts der Nachkriegs-'Ordnung' in der Golf-Region als berechtigt herausstellt. Das Schicksal der Kurden scheint nur der erste Beweis für die Richtigkeit des päpstlichen Satzes, daß 'der Krieg kein Mittel zur Lösung von Problemen' ist. Der Krieg schafft die Ordnung des Stärkeren, und die kann zuweilen und für eine Zeitlang die stabilere, unter Umständen auch die 'gerechtere' sein, im Sinn eines von den Schwächeren akzeptierten Machtsystems. Doch die vatikanischen Vorstellungen von einer internationalen Friedensordnung, wie sie etwa der ehemalige Kardinalstaatssekretär Casaroli formuliert hat, sehen sich nicht erfüllt, weder in einem von der einzigen Weltmacht garantierten Sicherheitsystem noch in einer Hoffnungs-Utopie der Vereinten Nationen.

Die Kirche weiß seit dem Kirchenlehrer Augustinus des 4./5. Jahrhunderts, daß die 'Civitas Dei, der Gottesstaat auf Erden' nicht zu erreichen ist. Den amerikanischen Idealen einer Verbesserung der Welt und der Erziehung des Menschengeschlechts stehen die Päpste grundsätzlich kritisch gegenüber. Von manchen ist nicht vergessen, daß die amerikanische Verfassung von Freimaurern geschrieben wurde, die wenig mit der katholischen Kirche im Sinn hatten. Seit Leos XIII. strenger Epistel an den Erzbischof von Baltimore, 'Testem benevolentiae, Zeuge des Wohlwollens' vom 22. Januar 1899, gilt der 'Amerikanismus' als 'nicht billigungsmöglich' in der Kirche; damit ist vage gemeint, der 'amerikanische Weg zum Glück' sei keineswegs identisch mit christlichen Dogmen und Tugenden. Einige wenige im Vatikan gehen sogar so weit, im Sieg der amerikanischen Waffen am Golf – dem politische Einbußen folgen könnten – einen Kreuzzug der Freimaurer und einen besonders raffinierten Schachzug des Teufels gegen die Kirche zu sehen."[9]

Zu „Pax Americana", Nachkriegs-'Ordnung" und den amerikanischen Idealen einer Verbesserung der Welt findet der Leser in anderen Kapiteln dieses Buches Ausführungen.

In dem Artikel „Zwiespältig zu den Muslimen" hatte es geheißen, dem Papst sei „daran gelegen, das Gemeinsame der beiden Religionen hervorzuheben und damit die Gleichsetzung von Christentum und Westen ... zu vermeiden". Diese Gleichsetzung zu vermeiden, ist aber nicht einfach.

Darüber erfahren wir näheres aus einem Beitrag von Christian W. Troll SJ, der im November 1985 in den *Stimmen der Zeit*, der Monatszeitschrift der Jesuiten, veröffentlicht wurde und der den Titel trägt: „Der Dialog zwischen Christen und Muslimen".

„Man könnte sagen, daß der Islam in der Begegnung mit der Kirche zwischen Gefühlen der Anziehung und der Ablehnung hin und her gerissen wird: Anziehung durch ihre Einheit und Organisation, durch ihre erzieherischen und sozialen Dienste, durch ihr moralisches, politisches und diplomatisches Gewicht, das sie international hat und das der Islam zu seinen Gunsten eingesetzt wissen möchte, durch die karitativen und sozialen Leistungen vor allem der Ordensschwestern, symbolisiert in der Gestalt der Mutter Teresa, die in der islamischen Presse häufig zitiert wird. Die Ablehnung scheint jetzt viel stärker und tiefgreifender zu sein. In der islamischen Welt wird die Kirche oft mit dem Westen identifiziert und mit diesem verurteilt: Beide seien verantwortlich für die Kreuzzüge, den Kolonialismus, den Kapitalismus, den Marxismus und die weitverbreitete Zerrüttung der Familie und der Moral im allgemeinen. Dem Christentum wird eine zu idealistische Lehre vorgeworfen, die letztlich verantwortlich zu machen sei für den evidenten Sittenverfall und die Dekadenz des Westens und der verwestlichten Schichten in den islamischen Gesellschaften. Als Symptome werden genannt etwa eine ans Widernatürliche grenzende Tierliebe, speziell die Liebe zu Hunden, die auf menschliche Vereinsamung hinweise und eine Folge des Verfalls der Familie sei. Auch die Problematik des Alkoholismus, das Drogenproblem und der Sexualismus seien offensichtlich Zeichen dieses Verfalls."[10]

Wenn der Verfasser darin im einzelnen aufführt, wofür die Kirche, die „oft mit dem Westen identifiziert und mit diesem verurteilt wird", verantwortlich gemacht wird, dann fällt sofort auf, daß sie für vieles die Verantwortung aufgebürdet bekommt, gegen das sich gerade der Papst mit aller Schärfe wendet: Kapitalismus, Marxismus, Zerrüttung der Familie und der Moral, Alkoholismus, Drogenproblem, Sexualismus. Es wird also immer wieder zu prüfen sein, inwieweit die vom Papst gemachten Angebote zum Dialog aufgegriffen werden.

An den Bemühungen des Vatikans wird von islamischer Seite zum Teil scharfe Kritik geübt, und dafür gibt es einen guten Grund. Lassen wir Muhammad Salim Abdullah sprechen. Er zitiert die Erklärung des Zweiten Vaticanums zu den Muslimen* und fährt dann fort:

„Es ist nun auffällig, daß in dieser wie auch in anderen positiven kirchlichen Erklärungen der Prophet Mohammed gewissermaßen ausgespart bleibt bzw. 'unterschlagen' wird. Deshalb muß von moslemischer Seite bei aller Würdigung christlicher Bemühungen um ein neues Verständnis des

---

* Vergleiche das Kapitel „Das schwierige Verhältnis der katholischen Kirche zu den Juden".

Islam angemerkt werden, daß das islamische Credo aus zwei Artikeln besteht, die nicht isoliert betrachtet werden können: aus der Bezeugung des einen und alleinigen Gottes und aus dem Bekenntnis, daß Mohammed der Gesandte dieses einen und alleinigen Gottes ist. Von daher muß um der Redlichkeit willen gesagt werden, daß der Dialog mit dem Islam ohne eine Rehabilitierung des Propheten Mohammed auf Dauer Schaden nehmen wird. (...)

Die islamische Theologie hatte die Rehabilitierung Mohammeds durch die Christen stets als wesentliche Vorbedingung für eine weitere Annäherung bezeichnet. Mohammed war in der mittelalterlichen Literatur zumeist als 'Ketzer' und 'Gottesfeind' oder als 'Gott der Mohammedaner' dargestellt worden."[11]

Papst Johannes Paul II. schaut auf das Ende des 2. Jahrtausends

Nach dem überraschenden Tod von Johannes Paul I., der nur 34 (33) Tage, nämlich vom 26.8.1978 bis zum 28.9.1978, Papst gewesen war, wurde, und auch das war eine Überraschung, nach 456 Jahren Herrschaft italienischer Päpste wieder einmal ein Nichtitaliener gewählt, der Pole Karol Wojtyla, der sich Johannes Paul II. nannte. Schon am 4. März 1979 unterzeichnete er seine Antritts-Enzyklika „Redemptor hominis", „Der Erlöser des Menschen", die mit folgenden Worten, die einen aufhorchen lassen, beginnt: „Der Erlöser des Menschen, Jesus Christus, ist die Mitte des Kosmos und der Geschichte."[1] Die Mitte des Kosmos? Das läßt an Wojtylas Habilitationsschrift denken. Sie trägt den Titel „Die Beurteilung der Möglichkeiten, die christliche Ethik auf den Voraussetzungen des Systems von Max Scheler zu gründen". Der Philosoph Scheler, 1874–1928, hatte 1928 ein Buch mit dem Titel „Die Stellung des Menschen im Kosmos" veröffentlicht. Beim Lesen des Anfangs der Enzyklika, der hier gebracht wird, sei auf folgendes geachtet: Die Überschrift lautet „Am Ende des zweiten Jahrtausends", es heißt dann:

„Tatsächlich stehen wir jetzt schon nahe am Jahr 2000", und am Beginn des zweiten Absatzes wird davon gesprochen, daß wir „uns in gewisser Weise in der Zeit eines neuen Advents, in einer Zeit der Erwartung" befinden. Erwartet der Papst den Herrn, die Wiederkunft Christi, womöglich gegen das Jahrtausendende? Behalten wir diese Frage im Bewußtsein. Kurz nach den oben zitierten Worten führt der Papst folgendes aus:

„Ich habe dieselben Namen gewählt wie mein hochverehrter Vorgänger Johannes Paul I. Als er am 26. August 1978 dem Kardinalskollegium erklärte, sich Johannes Paul nennen zu wollen – ein Doppelname, wie er in der Papstgeschichte noch nicht vorgekommen war –, habe ich darin schon ein deutliches Vorzeichen des Segens Gottes für das neue Pontifikat gesehen.

Weil dieses aber nur 33 Tage gedauert hat, kommt es mir jetzt zu, es nicht nur fortzusetzen, sondern in gewisser Weise an seinem Beginn wieder aufzugreifen. Dies findet seine Bestätigung darin, daß ich dieselben zwei Namen gewählt habe."[2]

Obwohl das vorhergehende Pontifikat nur 33 Tage gedauert hatte, sah der neue Papst in dem Doppelnamen ein deutliches Vorzeichen des Segens Gottes. Was mußte er nun selbst erleben? Am 13. Mai 1981 um 17.19 Uhr gibt der Türke Mehmed Ali Agca auf dem Petersplatz in Rom fünf Schüsse auf den Papst ab, wobei ein Geschoß in den Unterleib eindringt, nachdem es erst den Zeigefinger der linken Hand gestreift hat. Ein zweites Geschoß verletzt den linken Ellbogen. Die Verletzungen sind lebensgefährlich, aber eine fünfeinhalbstündige Operation ist erfolgreich. Daß er überlebt hat, kommentiert der Papst so: „Une main a tiré, une autre a guidé la balle."[3] – „Eine Hand hat geschossen, eine andere hat das Geschoß geführt."

Diese andere Hand ist nach seiner Überzeugung die Hand der Jungfrau Maria gewesen, der er in besonderer Innigkeit verbunden ist. Der Jungfrau in Fatima zu danken, gelobt der wie durch ein Wunder Errettete. Ein Jahr später, also am 13. Mai 1982, vollzieht der Papst diesen Weiheakt:

„'Unter Deinen Schutz und Schirm fliehen wir, o heilige Gottesmutter!'

Mit den Worten dieses Gebetes auf den Lippen, mit denen sich die Kirche Christi seit Jahrhunderten an Dich wendet, knie ich heute an diesem Ort, den Du, Mutter, erwählt hast und in besonderer Weise liebst.

Dabei weiß ich mich mit allen Oberhirten der Kirche durch jenes besondere Band geeint, durch das wir eine Körperschaft und ein Kollegium bilden, so wie Christus die Apostel mit Petrus geeint sehen wollte.

In solcher Einheit verbunden, spreche ich die Worte dieses Weiheaktes, in den ich noch einmal die Hoffnungen und Ängste der Kirche in der Welt von heute einschließen möchte.

Vor vierzig Jahren und zehn Jahre danach hat Dein Diener, Papst Pius XII., angesichts der schmerzlichen Erfahrungen der Menschheitsfamilie die ganze Welt und vor allem jene Völker, denen Deine besondere Liebe und Sorge galt, Deinem unbefleckten Herzen anvertraut und geweiht.

Diese Welt der Menschen und Völker habe auch ich heute vor Augen, da ich die Überantwortung und Weihe, die von meinem Vorgänger auf dem Stuhl Petri vollzogen wurde, erneuern möchte: die Welt des zweiten Jahrtausends, das sich seinem Ende zuneigt, die Welt unserer Zeit, unsere heutige Welt! Die Worte des Herrn eingedenk: 'Geht zu allen Völkern und macht alle Menschen zu meinen Jüngern ... Seid gewiß: Ich bin bei euch alle Tage bis zum Ende der Welt' (Mt 28, 19–20), ist sich die Kirche auf dem Zweiten Vatikanischen Konzil ihrer Sendung in dieser Welt neu bewußt geworden.

Darum, o Mutter der Menschen und Völker, die Du 'alle ihre Leiden und Hoffnungen kennst' und mit mütterlichem Herzen an allen Kämpfen zwischen Gut und Böse, zwischen Licht und Finsternis, Anteil nimmst, die unsere heutige Welt erschüttern, höre unser Rufen, das wir unter dem Antrieb des Heiligen Geistes direkt an Dein Herz richten, und umfange mit Deiner mütterlichen und dienenden Liebe diese unsere Welt, die wir Dir anvertrauen und weihen, erfüllt von Sorge um das irdische Heil der Menschen und Völker. Vor allem überantworten und weihen wir Dir jene Menschen und Völker, die dieser Überantwortung und Weihe besonders bedürfen.

'Unter Deinen Schutz und Schirm fliehen wir, o heilige Gottesmutter!' Verschmähe nicht unser Gebet in unseren Nöten! Verschmähe es nicht! Nimm an den Akt unseres demütigen Vertrauens und unserer Überantwortung!'"[4)]

Es geschieht aber noch etwas anderes an diesem 13. Mai 1982. Bevor ich jedoch darauf eingehe, sei einiges über die Marienerscheinungen des Jahres 1917 mitgeteilt. Dazu bringe ich Auszüge aus einem Artikel der *Frankfurter Allgemeinen Zeitung* vom 12.5.1982 unter der Überschrift „Das Geheimnis von Fatima – Papst Johannes Paul II. besucht den Ort der 'Erscheinungen' Mariens – Die unveröffentlichte Botschaft":

„Was aber hat die Madonna damals, zwischen dem 13. Mai und dem 13. Oktober 1917, im dritten Jahr eines Weltkrieges, sechs Mal hintereinander getan? Sie 'erschien' drei Hirtenkindern, der zehnjährigen Lucia, dem neunjährigen Francisco und der siebenjährigen Jacinta, die auf einer Anhöhe vor dem Dorf Fatima die Schafe ihrer Familien hüteten, und vertraute den Kindern religiöse, doch keineswegs weltfremde Botschaften an. ... Am 13. Oktober 1917 wurde die letzte Erscheinung Marias von einem 'Sonnenwunder' begleitet; die etwa 50.000 bis 70.000 Personen, die aus Neugier oder Frömmigkeit an dem Ort zusammengeströmt waren oder mit dem Wunsch, sich von der Haltlosigkeit der Kindergeschichten zu überzeugen, sahen bei strömenden Regen, daß, wie es in zeitgenössischen Berichten heißt, 'die Sonne mit ungeheurer Geschwindigkeit wie ein Feuerrad um sich selbst kreise, gelbe, grüne, rote, blaue und violette Strahlenbündel werfend, die Wolken, Bäume, Felsen, Erde und die ungeheure Menge in phantastische Farben tauchten'.

Ein Universitätsprofessor aus Coimbra, José Maria Proenca de Almeida Garrett, schrieb weiter: 'Plötzlich erhob sich in der Volksmenge Geschrei, Angstrufe. Die Sonne kreiste noch immer mit der gleichen Geschwindigkeit, löste sich jedoch gleichzeitig vom Firmament und näherte sich blutrot der Erde, alles unter ihrer feurigen, ungeheuren Wucht zu zermalmen drohend.' ...

Geheimnisvoll waren auch die 'Botschaften', die damals den Hirtenkindern verkündet wurden und die das älteste Mädchen, Lucia, 24 Jahre später als Ordensschwester, niederschrieb. Lucia lebt noch heute als Schwester Maria, nun 75 Jahre alt, in einem portugiesischen Kloster. Wörtlich sagte 'die

Erscheinung' den Kindern: 'Ihr habt die Hölle gesehen, auf welche die armen Sünder zugehen (Höllenvision als 'erstes Geheimnis von Fatima') ... Wenn man das tut, was ich euch sage, werden viele Seelen gerettet und der Friede wird kommen. Der Krieg geht seinem Ende entgegen (1917), aber wenn man nicht aufhört, den Herrn zu beleidigen, wird nicht lange Zeit vergehen, bis ein neuer, noch schlimmerer beginnt ... Wenn man meine Bitten erfüllt, wird Rußland sich bekehren, und es wird Friede sein. Wenn nicht, so wird Rußland seine Irrtümer in der Welt verbreiten, Kriege und Verfolgungen der Kirche hervorrufen.' (Zweites Geheimnis von Fatima, H.-D.F.) Solche Worte können ihren Eindruck auf einen polnischen Papst, den ehemaligen Erzbischof von Krakau, kaum verfehlen.

Noch ein drittes Geheimnis sei den Kindern anvertraut worden, heißt es. Es enthalte jedoch so schreckliche Prophezeiungen für die Menschheit, so hörte man aus dem Vatikan, daß Papst Johannes XXIII., nachdem er und Kardinal Ottaviani den von Lucia verfaßten Bericht im Jahr 1960 zur Kenntnis genommen hatten, ihn nicht veröffentlichte. Es fehlt nicht an Hinweisen darauf, daß auch der jetzige Papst dieses Geheimnis kenne. Nicht zu übersehen ist, daß die Friedensappelle Johannes Pauls II. immer dringlicher werden."[5]

Am 14.5.1982 stand auf der ersten Seite der *Frankfurter Allgemeinen Zeitung:*

„*Attentatsversuch überschattet Papst-Besuch.* Genau ein Jahr nach dem Mordanschlag in Rom ist Papst Johannes Paul II. wieder Ziel eines Attentäters geworden. Mit dem Ruf 'Nieder mit dem Papst, nieder mit dem Zweiten Vatikanischen Konzil' stürzte sich am Mittwochabend um 22.30 Uhr ein 32 Jahre alter Spanier in einem Priestergewand mit einem Bajonett auf den Papst, der kurz nach einem Gebet vor dem Marienaltar auf den Stufen der Basilika von Fatima stand. Sicherheitsbeamte des Vatikan überwältigten den Mann und führten ihn ab.

Der des Attentats verdächtigte spanische Priester Juan Fernández Krohne hat sich in einem früheren Gespräch mit einem spanischen Rundfunksender als überzeugter Anhänger des konservativen Bischofs Lefèvre ausgegeben. An Lefèvre, sagte Fernández Krohne, imponiere ihm sowohl die unverfälschte katholische Lehre und Tradition wie auch die Bescheidenheit des Menschen und des Bischofs."[6]

Über den Erzbischof Levèbvre und dessen Ablehnung des Zweiten Vatikanischen Konzils ist einiges in dem Kapitel „Teufel und Satan" nachzulesen.

Gehen wir erst einmal ins Jahr 1980 zurück: Unter dem Datum vom 30.11.1980 erschien eine weitere Enzyklika mit dem lateinischen Titel „Dives in misericordia" und dem Einleitungssatz in der deutschen Übersetzung: „Gott ..., der voll Erbarmen ist (Brief an die Epheser 2, 4), wurde uns von Jesus Christus als Vater geoffenbart."[7]

Nach der Enzyklika „Laborem exercens" („Über die menschliche Arbeit")
vom 14.9.1981 unterzeichnete der Papst am 18.5.1986 den Text zu „Dominum
et vivificantem", eine Enzyklika über den Heiligen Geist im Leben der Kirche
und der Welt, so daß hiermit zu allen drei Personen der göttlichen
Dreifaltigkeit lehramtliche Aussagen vom Papst vorliegen.

Aus der letztgenannten Enzyklika bringe ich drei Auszüge. Im ersten
wendet sich der Papst an den Heiligen Geist im Blick auf das dritte
Jahrtausend:

*„Grund für das Jubiläum des Jahres 2000: Christus, 'empfangen vom
Heiligen Geist'*

*An den Heiligen Geist wenden sich Denken und Herz der Kirche am Ende
des zwanzigsten Jahrhunderts und im Blick auf das dritte Jahrtausend* seit
der Ankunft Christi in dieser Welt, während wir auf das große Jubiläum
vorausschauen, mit dem die Kirche dieses Ereignis feiern wird. Diese
Ankunft wird ja nach menschlicher Zeitrechnung als ein Ereignis festgehalten, das zur Geschichte des Menschen auf dieser Erde gehört. Die übliche
Zeitrechnung gibt die Jahre, Jahrhunderte und Jahrtausende entsprechend
ihrer Folge *vor* oder *nach* der Geburt Christi an. Zugleich aber muß man sich
dessen bewußt sein, daß dieses Ereignis für uns Christen nach dem Wort des
Apostels die '*Fülle der Zeit*' bedeutet, weil in ihm die Geschichte des
Menschen völlig vom 'Zeitmaß' Gottes durchdrungen wurde: von seiner
transzendenten Gegenwart im ewigen '*Jetzt*'. Er ist derjenige, 'der ist und der
war und der kommt'; 'das Alpha und das Omega, der Erste und der Letzte,
der Anfang und das Ende'. '*Denn Gott hat die Welt so sehr geliebt, daß er
seinen einzigen Sohn hingab,* damit jeder, der an ihn glaubt, nicht zugrunde
geht, sondern *das ewige Leben hat.*' '*Als aber die Zeit erfüllt war,* sandte Gott
seinen Sohn, geboren von einer Frau ..., damit wir die Sohnschaft erlangen.'
Und diese Fleischwerdung des Ewigen Wortes und Sohnes geschah '*durch
das Wirken des Heiligen Geistes*'."[8]

Der Text des zweiten Auszugs enthält eine Charakterisierung des Materialismus, insbesondere in der Form des dialektischen und historischen
Materialismus:

„Der Widerstand gegen den Heiligen Geist, den der heilige Paulus in der
inneren und subjektiven Dimension als Spannung, Kampf und Auflehnung
im menschlichen Herzen unterstreicht, findet leider in den verschiedenen
Geschichtsepochen und besonders in unserer modernen Zeit auch ihre
äußere Dimension, indem er sich als Inhalt der Kultur und der Zivilisation,
als *philosophisches System, als Ideologie,* als Aktions- und Bildungsprogramm
für das menschliche Verhalten konkretisiert. Dieser Widerstand findet
seinen höchsten Ausdruck im *Materialismus,* sei es in seiner theoretischen
Form, als Gedankensystem, sei es in seiner praktischen Form, als Methode
der Interpretation und Bewertung der Tatsachen sowie als Programm eines
entsprechenden Verhaltens. Das System, das diese Denkweise, Ideologie

und Praxis am meisten entwickelt und zu den äußersten praktischen Konsequenzen geführt hat, ist der dialektische und historische Materialismus, der noch immer als die Lebenssubstanz des Marxismus gilt.

Grundsätzlich und de facto *schließt* der Materialismus die *Gegenwart und das Wirken Gottes,* der Geist ist, in der Welt und vor allem im Menschen *aus;* und zwar aus dem Hauptgrund, *weil er dessen Existenz leugnet,* da er von seinem Wesen und Programm her ein atheistisches System ist. Es ist das beeindruckende Phänomen unserer Zeit, dem das II. Vatikanische Konzil einige bezeichnende Seiten gewidmet hat: der Atheismus. Wenn man auch vom Atheismus nicht auf univoke (eindeutige, H.-D.F.) Weise sprechen noch ihn ausschließlich auf die materialistische Philosophie reduzieren kann, da es verschiedene Arten von Atheismus gibt und man vielleicht sagen kann, daß dieser Begriff oft in einem mehrdeutigen Sinn gebraucht wird, so ist doch sicher, daß *ein wirklicher und echter Materialismus,* verstanden als Theorie, die die Wirklichkeit erklärt, und angewandt als Grundprinzip des persönlichen und gesellschaftlichen Handelns, einen *atheistischen Charakter hat. Der Horizont der Werte und Zielsetzungen des Handelns,* den dieser aufweist, ist eng mit der Interpretation der Gesamtwirklichkeit als 'Materie' verbunden. Wenn er auch manchmal, wie zum Beispiel im Bereich der Kultur und der Moral, von 'Geist' und von 'Fragen des Geistes' spricht, dann tut er das nur, insofern er gewisse Fakten als Folgeerscheinungen (Phänomene) der Materie betrachtet, die nach diesem System die einzige und ausschließliche Seinsweise darstellt. Daraus folgt, daß nach einer solchen Interpretation die Religion nur als eine 'idealistische Illusion' verstanden werden kann, die es in der nach den jeweiligen Orten und geschichtlichen Umständen geeignetsten Weise und mit den jeweils brauchbarsten Mitteln zu bekämpfen gilt, um sie aus der Gesellschaft und aus dem Herzen des Menschen selbst auszureißen."[9]

In den folgenden Abschnitten spricht der Papst von den „Zeichen des Todes", von den dunklen Schatten der materialistischen Zivilisation, aber auch von der Möglichkeit eines neuen Rufes nach dem Geist, der lebendig mache:

„In der paulinischen Gegenüberstellung von 'Geist' und 'Fleisch' ist auch der Gegensatz zwischen 'Leben' und 'Tod' enthalten. Ein schwerwiegendes Problem, zu dem sofort zu sagen ist, daß der Materialismus als Gedankensystem in allen seinen Formen die *Annahme des Todes* als endgültigen *Endes der menschlichen Existenz* bedeutet. Alles, was materiell ist, ist vergänglich, und deswegen ist der menschliche Körper (sofern 'animalisch') sterblich. Wenn der Mensch in seinem Wesen nur 'Fleisch' ist, bleibt der Tod für ihn unüberwindliche Grenze und endgültiges Ende. So kann man verstehen, wie man sagen kann, daß das menschliche Leben ausschließlich ein 'Sein zum Sterben' ist.

Man muß hinzufügen, daß am Horizont der heutigen Zivilisation – besonders in der technisch-wissenschaftlich am höchsten entwickelten – die Zeichen und Hinweise auf den Tod besonders häufig anzutreffen sind. Es genügt an den Rüstungswettlauf und an die darin enthaltene Gefahr einer nuklearen Selbstzerstörung zu denken. Andererseits ist die schwierige Lage in weiten Gebieten auf unserem Planeten, die von Not und Hungertod gekennzeichnet sind, allen immer bewußter geworden. Es geht dabei nicht nur um wirtschaftliche, sondern auch und vor allem um ethische Probleme. Aber am Horizont unserer Zeit verdichten sich noch finsterere 'Zeichen des Todes': Es hat sich die Sitte verbreitet – die an einigen Orten fast eine Institution zu werden droht –, den menschlichen Wesen, noch bevor sie geboren werden oder bevor sie zur natürlichen Grenze des Todes gelangt sind, das Leben zu nehmen. Ferner sind trotz vieler ehrlicher Anstrengungen für den Frieden neue Kriege ausgebrochen und im Gange, die Hunderttausenden von Menschen das Leben oder die Gesundheit rauben. Und wie könnte man die Attentate auf das menschliche Leben von seiten des Terrorismus vergessen, der auch auf internationaler Ebene organisiert ist?

Dies ist leider nur ein partieller und unvollständiger Überblick über das Bild *des Todes,* das sich in *unserer Epoche* darbietet, während wir uns immer mehr dem Ende des zweiten christlichen Jahrtausends nähern. Steigt nicht aus den dunklen Schatten der materialistischen Zivilisation und vor allem von jenen 'Zeichen des Todes', die im soziologisch-geschichtlichen Rahmen, in dem diese sich verwirklicht, immer zahlreicher werden, vielleicht ein neuer, mehr oder weniger bewußter Ruf nach dem Geist auf, der lebendig macht? In jedem Fall bleibt auch unabhängig vom Ausmaß der menschlichen Hoffnung oder Verzweiflung sowie der Illusionen oder der Täuschungen, die sich aus der Entwicklung der materialistischen Gedanken und Lebenssysteme ergeben, die christliche Gewißheit, daß 'der Geist weht, wo er will' und daß wir 'die Erstlingsgabe des Geistes' besitzen.“[10]

Weitere Aussagen über das Jahrtausendende von hoher lehramtlicher Verbindlichkeit finden sich 1987 in der Enzyklika „Redemptoris Mater“, „Mutter des Erlösers“ (gegeben zu Rom, bei Sankt Peter, am 25. März). Hier wird gleich am Anfang des folgenden Zitats gesagt, daß die Kirche in der Zeit voran auf die Vollendung der Geschichte zuschreite und ihrem Herrn, der komme, entgegengehe. Von der Sonne der Gerechtigkeit wird ebenfalls gesprochen.*

„Durch die Gegenwart Christi bestärkt (vgl. Mt 28,20), schreitet die Kirche in der Zeit voran auf die Vollendung der Geschichte zu und geht ihrem Herrn entgegen, der kommt. Aber auf dieser Pilgerschaft – das möchte ich sogleich hervorheben – geht sie denselben Weg, den auch die Jungfrau Maria zurückgelegt hat, die *'den Pilgerweg des Glaubens gegangen ist und ihre Verbundenheit mit dem Sohn in Treue bewahrt hat.'* ...

Der Umstand, der mich nun drängt, das Wort zu diesem Thema zu ergreifen, ist *der Blick auf das bereits nahe Jahr 2000,* in dem das zweitausendjährige

---

* Siehe dazu das Kapitel „Der Sonnengott Schamasch, Hammurabi und Saddam Hussein“.

Jubiläum der Geburt Christi unsere Augen zugleich auf seine Mutter lenkt. In den letzten Jahren sind verschiedene Stimmen laut geworden, die auf die gute Gelegenheit hinweisen, diesem Gedenken ein ähnliches Jubiläum voraufgehen zu lassen, das der Feier der Geburt Marias gewidmet ist.

In der Tat, wenn es auch nicht möglich ist, einen genauen *Zeitpunkt* für das Datum der Geburt Marias festzustellen, so ist sich die Kirche doch stets bewußt, daß *Maria vor Christus* am Horizont der *Heilsgeschichte* erschienen ist. Es ist eine Tatsache, daß beim Herannahen der endgültigen 'Fülle der Zeit', das heißt beim erlösenden Kommen des Immanuel, diejenige, die von Ewigkeit her dazu bestimmt war, seine Mutter zu sein, bereits auf der Erde lebte. Diese ihre Anwesenheit schon vor der Ankunft Christi findet jedes Jahr ihren Ausdruck in der *Adventsliturgie.* Wenn man also die Jahre, die uns am Ende des zweiten Jahrtausends nach Christus und dem Beginn des dritten näherbringen, mit jener alten geschichtlichen Erwartung des Retters vergleicht, wird es vollauf verständlich, daß wir uns in diesem Zeitabschnitt in besonderer Weise an diejenige wenden möchten, die in der 'Nacht' der adventlichen Erwartung als wahrer 'Morgenstern'*(Stella matutina)* zu leuchten begann. Bekanntlich geht dieser Stern zusammen mit der 'Morgenröte' dem Aufgang der Sonne vorauf: So ist Maria dem Kommen des Heilands voraufgegangen, dem Aufgehen der 'Sonne der Gerechtigkeit' in der Geschichte des Menschengeschlechtes.

Ihre Anwesenheit in Israel – so unauffällig, daß sie den Augen der Zeitgenossen fast verborgen blieb – leuchtete ganz hell vor dem ewigen Gott, der diese verborgene 'Tochter Zions' (Zef 3, 14; Sach 2, 14) mit dem Heilsplan verbunden hatte, der die gesamte Geschichte der Menschheit umfaßt. Wir Christen, die wissen, daß der Plan der Vorsehung der Göttlichen Dreifaltigkeit die *zentrale Wirklichkeit der Offenbarung und des Glaubens* ist, verspüren also gegen Ende des zweiten Jahrtausends zu Recht die Notwendigkeit, die einzigartige Gegenwart der Mutter Christi in der Geschichte hervorzuheben, vor allem in diesen letzten Jahren vor dem Jahr 2000."[11]

Bevor ich auf den 13. Mai 1991 und die Erklärungen des Papstes in Fatima eingehe, sei, weil es in der zeitlichen Reihenfolge vorangeht, noch auf die Enzyklika „Centesimus annus" hingewiesen. Am Schluß des Textes heißt es: „Gegeben zu Rom, bei St. Peter, am 1. Mai – Gedächtnis des hl. Josef des Arbeiters – 1991, im dreizehnten Jahr meines Pontifikates."[12]

Centesimus annus, der hundertste Jahrestag, worauf bezieht sich das? Der Text beginnt mit folgenden Worten: „Der hundertste Jahrestag der Verkündigung der Enzyklika meines ehrwürdigen Vorgängers Leo XIII., die mit den Worten Rerum novarum beginnt ..."[13] Was ist mit dem „Neuen" – „Rerum novarum" – gemeint? Diese Frage wird in dem 1. Kapitel, „Wesenszüge von Rerum novarum", beantwortet:

„Das 'Neue', auf das der Papst Bezug nahm, war alles andere als positiv. Der erste Abschnitt der Enzyklika beschreibt das 'Neue', das ihr den Namen gab, mit harten Worten: *'Der Geist der Neuerung,* welcher seit langem durch die Völker geht, mußte, nachdem er auf dem politischen Gebiete seine *verderblichen Wirkungen* entfaltet hatte, folgerichtig auch das volkswirtschaftliche Gebiet ergreifen. Viele Umstände begünstigten diese Entwicklung; die Industrie hat durch die Vervollkommnung der technischen Hilfsmittel und eine neue Produktionsweise mächtigen Aufschwung genommen; das gegenseitige Verhältnis der besitzenden Klasse und der Arbeiter hat sich wesentlich umgestaltet; das Kapital ist in den Händen einer geringen Zahl angehäuft, während die große Menge verarmt; es wächst in den Arbeitern das Selbstbewußtsein, ihre Organisation erstarkt; dazu gesellt sich der Niedergang der Sitten. Dieses alles hat den sozialen *Konflikt* wachgerufen, vor welchem wir stehen."[14]

Diese Charakteristik wurde 1891 veröffentlicht! Aus der Schilderung der sozialen Entwicklung im späten 19. Jahrhundert ist ersichtlich, daß der Sozialismus den arbeitenden Menschen einen Ausweg aus ihrer Lage zu bieten schien, da sie sich von der Kirche im Stich gelassen fühlen mußten.

Johannes Paul II. bringt klar zum Ausdruck, daß die Überzeugung von der Pflicht der Kirche, in bestimmten menschlichen Situationen, sei es auf individueller oder sozialer, nationaler und internationaler Ebene, das Wort zu ergreifen, damals noch keineswegs allgemein anerkannt war.

„Es herrschte vielmehr eine zweifache Tendenz: die eine, ausgerichtet auf diese Welt und dieses Leben, das mit dem Glauben nichts zu tun hatte; die andere, einseitig dem jenseitigen Heil zugewandt, das jedoch für das Erdenleben bedeutungslos blieb. Mit der Veröffentlichung von *Rerum novarum* verlieh der Papst der Kirche gleichsam das 'Statut des Bürgerrechtes' in der wechselvollen Wirklichkeit des öffentlichen Lebens der Menschen und der Staaten."[15]

Auf den Gesamtinhalt von „Centesimus annus" kann hier nicht eingegangen werden. Es seien nur einige in unseren Zusammenhang gehörende Sätze zitiert:

„Die theologische Dimension erweist sich sowohl für die Interpretation wie für die Lösung der heutigen Probleme des menschlichen Zusammenlebens als unabdingbar. Das gilt – um es in aller Deutlichkeit zu sagen – sowohl gegenüber der 'atheistischen' Lösung, die den Menschen seiner fundamentalen Bausteine, nämlich des Geistlichen, beraubt, als auch gegenüber den permissiven und konsumistischen Lösungen, die es unter verschiedenen Vorwänden darauf abgesehen haben, ihn von seiner Unabhängigkeit von jedem Gesetz und von Gott zu überzeugen, indem sie ihn in einen für ihn selbst und die anderen schädlichen Egoismus einsperren."[16]

Mai 1991. Auf seiner Pastoralreise nach Portugal begibt sich der Papst wieder nach Fatima. „La Madre celeste ha liberato i popoli", so stand es am 13. Mai 1991 im *Corriere della Sera,* zu deutsch: „Die himmlische Mutter hat die Völker befreit". Eine weitere Überschrift lautete in der Übersetzung:

„Der Papst dankt der Madonna und führt den Umsturz im Osten auf ihre Fürsprache zurück."[17]

Aus demselben Artikel: In der Krone, die die Statue der Madonna auf dem Haupt trägt, ist das Geschoß eingelassen, das den Papst vor zehn Jahren auf dem Petersplatz traf. Der Papst ist überzeugt, daß die Tatsache, daß von den fünf abgefeuerten Geschossen ihn nur zwei trafen und er den Einschuß überlebte, zu den Wundern von Fatima gehört. 13. Mai 1917: Erstes Erscheinen der Jungfrau von Fatima; 13. Mai 1981: Attentat.

Der Papst erinnert daran, daß vor sieben Jahren die Statue der Madonna für einige Tage von Fatima nach Rom gekommen war, und er spricht folgende Worte des Dankes: „An jenem denkwürdigen Tag, dem 25. März 1984, hast Du, Heilige Mutter, uns die Gnade erwiesen, uns in unserem Gotteshaus, der Peterskirche, zu besuchen, damit wir die Welt, die große Menschenfamilie, alle Völker Deinem unbefleckten Herzen weihen könnten. Heute bin ich unter allen diesen Brüdern zu Deinem Thron gekommen und ich sage: Dank, himmlische Mutter, dafür, daß Du mit mütterlicher Liebe die Völker zur Freiheit geführt hast."[18]

Gegen den Atheismus ruft der Papst die Hilfe der Madonna an, „die mit ihrem Fuß den Kopf der alten Schlange immer zertreten hat und immer zertreten wird".[19]

Jetzt sieht der Papst eine Bedrohung für den Glauben, die von einer Freiheit westlichen Typs kommen kann: „Geliebte Mutter, hilf uns in dieser Wüste ohne Gott, wo unsere Generation und die folgende Generation verloren scheinen, damit sie die göttlichen Quellen des eigenen Lebens endlich wiederfinden."[20]

Auch in *Le Monde* erschien am 15.5.1991 ein langer Artikel mit der Überschrift „Le pape estime qu'une nouvelle forme d'athéisme menace le monde", zu deutsch: „Der Papst ist der Ansicht, daß eine neue Form des Atheismus die Welt bedroht."[21]

Aus diesem Artikel: Der Papst erklärt Fatima zur „capitale spirituelle de l'Europe", zur „geistlichen (oder geistigen) Hauptstadt Europas". Er spricht von der neuen, aber immer noch bedrohten Freiheit für die Völker im Osten, von der Freiheit für den Menschen am Ende des 20. Jahrhunderts, der Illusion des falschen „Wohlstandes" nachzugeben oder nicht, von der Freiheit für den Gläubigen, dem neuen Ruf des Evangeliums zu folgen oder nicht. Dann nimmt der Papst das Hauptthema von „Centesimus annus" wieder auf: „Die neue Situation der Völker und der Kirche ist noch nicht gesichert. Es besteht die Gefahr, daß an die Stelle des Marxismus eine andere Form des Atheismus tritt, der, indem er die Freiheit 'vergöttert', die Wurzeln der menschlichen und christlichen Moral zu zerstören strebt."[22]

Mit den folgenden Worten, so *Le Monde*, enthüllt der Papst ein wenig das dritte Geheimnis von Fatima: Nachdem der Marxismus, oder „wissenschaftliche" Atheismus, gestürzt sei, bedrohe eine andere Form des Atheismus heute die Welt und die Kirche: der Materialismus und die sich immer mehr ausbreitende religiöse Gleichgültigkeit, der „praktische" Atheismus, der Atheismus der Lebensgestaltung, der alle Werte einebne und dadurch den Menschen und das Leben bedrohe.

Auch die Kirche spart der Papst von seiner Kritik nicht aus, sie stünde stets in Gefahr, vom Geist dieser Welt und von der Trägheit versucht zu werden.

Die portugiesischen Katholiken werden aufgefordert, den Missionsgeist aus der Zeit der Entdeckungen wiederzubeleben und sich in den Dienst einer neuen Evangelisierung Europas zu stellen.

Einige Wochen später wiederholt der Papst seine Warnung: Über den Besuch in Polen berichtet Die Welt am 4.6.1991, unter der Überschrift „Papst warnt vor Materialismus", Johannes Paul II. habe seine polnischen Landsleute davor gewarnt, nach dem Zusammenbruch des Kommunismus einen „gottlosen Staat" und eine materialistische Gesellschaft nach westlichem Muster zu schaffen. Er habe den Versuch kritisiert, westliche Standards „mechanisch zu kopieren", und die Gläubigen beschworen, im Konsum keinen Selbstzweck zu sehen.

Gehen wir noch einmal zehn Jahre zurück.

Als am Abend des 13. Mai 1981 die Nachricht vom Attentat auf den Papst verbreitet wurde und noch niemand sagen konnte, ob er den Anschlag überleben würde, war für viele Menschen das Erschrecken gerade darum so groß, weil sie nunmehr das Ende der Welt noch nähergerückt glaubten. Sie gewannen diese Überzeugung aus der sogenannten „Weissagung des Malachias", an die bei den beiden Papstwahlen des Jahres 1978 wieder erinnert worden war, z.B. in der FAZ vom 18.8.1978 auf Seite 8 in einem Artikel mit der Überschrift „De medietate lunae". Malachias, Erzbischof von Armagh in Irland seit 1134, war Reformer und förderte den Anschluß der irischen Kirche an den römischen Ritus. Er starb 1148 in Clairvaux und ist heiliggesprochen. Sein Tag ist der 3.11. Auf ihn geht die „Weissagung" nicht zurück, sie verdankt ihre hohe Wertschätzung jedoch zum Teil der Tatsache, daß sie unter dem Namen dieser bedeutenden Gestalt der katholischen Kirche verbreitet wird. Die „Weissagung" beginnt mit Papst Cölestin II. und nennt bis zum Ende der Welt 111 Päpste, die jeweils in der sogleich beschriebenen Weise gekennzeichnet werden. Die Weissagung entstand wohl zwischen dem 16.9. und dem 4.12.1590 und wurde von dem Benediktiner Arnold Wion in seinem Lignum Vitae 1595 in Venedig veröffentlicht.[23]

Da die Kennzeichnung mitunter erstaunlich gut paßt – zum Beispiel Nr. 103: Ignis ardens (brennendes Feuer) für Pius X. – nahmen viele Menschen die „Prophezeiung" ernst und benutzten sie zur Orientierung. Ich führe jetzt die Zahl und die Kennzeichnung auf, wie sie 1595 bekanntgemacht wurde, und füge den Namen des Papstes, auf den sie angewandt wurde, sowie seine Amtszeit hinzu.

106 Pastor angelicus Pius XII. (1939–1958)
107 Pastor et nauta Johannes XXIII. (1958–1963)
108 Flos florum Paul VI. (1963–1978)
109 De medietate lunae Johannes Paul I. (26.8.–28.9.1978)
110 De Labore solis Johannes Paul II. (seit 1978)
111 De gloria olivae
(112) – „In persecutione extrema Sacrae Romanae Ecclesiae sedebit Petrus Romanus qui pascet oves in multis tribulationibus: quibus transactis, civitas septicollis diruetur; et Judex tremendus judicabit populum."[24] – „Während der letzten Verfolgung, die die Heilige Römische Kirche erleiden wird, wird Petrus Romanus den Papststuhl innehaben, er wird inmitten mancherlei Drangsal die Schafe weiden. Sind die Drangsale vorüber, wird die Stadt auf den sieben Hügeln (Rom) zerstört werden und der furchtbare Richter wird das Volk richten."

Wenn also auf Johannes Paul II. noch ein einziger Papst mit der Kennzeichnung „De gloria olivae" gefolgt und dessen Amtszeit vorüber ist, beginnen nach der „Weissagung" die Ereignisse der Endzeit.

Es sei hier noch auf das Wort „Drangsal", lateinisch *tribulatio*, hingewiesen. Der Ausdruck wurde von Jesus verwendet, als er seinen Jüngern auf dem Ölberg Antwort auf ihre Frage gab: „... was ist das Zeichen für Deine Ankunft und für das Ende der Welt?" Der Gesamttext Matthäus 24, 1–31, ist in dem Kapitel „die Weissagung vom Ende und von der Wiederkunft Christi ..." gebracht.

Die Überwindung des Materialismus durch spirituelles Denken

Da wir es bei dem Phänomen des Materialismus schon seit langem nicht mehr nur mit Anschauungen vom Wesen der Welt und des Menschen zu tun haben, die von dem spirituell gesinnten Menschen als falsch angesehen werden, sondern mit einer umfassenden Lebenshaltung und Weltgestaltung, ist die Antwort auf die Frage, wie sich der Materialismus überwinden läßt, von entscheidender Bedeutung. Darüber führt Rudolf Steiner am 30. Juli 1920 folgendes aus:

„... diese Gedanken der Geisteswissenschaft sind mit dem Geistig-Seelischen gedacht, das sich erst losgerissen hat vom Gehirn. Daher müssen die Menschen streben, daß sie durch die Gedanken, die so entstanden sind, selber wieder losreißen ihr Geistig-Seelisches vom Gehirn, indem sie diese Gedanken nachdenken. Die Menschen müssen sich bemühen, die Gedanken nachzudenken, die heute noch bestehende Möglichkeit zu benützen, das Geistig-Seelische loszureißen von dem Materiellen des Gehirns. Denn es ist auf dem Wege, sich an das Materielle des Gehirns zu ketten. Die Menschen müssen sich davon losreißen. Also wir haben es nicht mit einer falschen und richtigen Anschauung zu tun, sondern mit einem Vorgang. Indem die Gedanken der anthroposophisch orientierten Geisteswissenschaft der Welt übergeben werden, rechnet man darauf, daß die Menschen, die noch fähig sind, die alten Möglichkeiten des Losreißens in sich zu handhaben, sie wirklich handhaben und die leibfreien Gedanken zu verstehen suchen, damit ihre Seelen leibfrei werden. Also es ist eine Willenssache, Anthroposophie zu verstehen; es ist etwas, was losreißen soll das Geistig-Seelische von dem Physisch-Leiblichen. Daher stehen wir nicht bloß vor der Aufgabe, eine falsche Weltanschauung zu widerlegen, sondern vor der Tatsache, daß ein großer Teil der Menschheit hineinsegeln will, bloß Materie zu werden und aus ihr heraus zu denken, zu wollen und zu empfinden, und daß wir der Welt als Realität übergeben wollen die anthroposophisch orientierte Geisteswissenschaft, damit Geist und Seele losgerissen werden von der Materie. Die Menschen sollen vor der Möglichkeit bewahrt werden, ihr Geistig-Seelisches zu verlieren, denn dieses Geistig-Seelische steht vor der Gefahr, ganz und gar in das Ahrimanische hineinzusegeln. Die Menschen stehen vor der Gefahr, das Geistig-Seelische zu verlieren und mit dem Materiellen sich zu verlieren als Menschen, wie ich es Ihnen früher schon geschildert habe, daß das Materielle verschwindet.

Also es handelt sich nicht um die Ersetzung einer alten Erkenntnis durch eine neue, sondern darum, Taterkenntnis zu gewinnen, durch welche die Seele bewahrt wird vor dem Hineinsegeln in die bloße Materialität, vor dem Hineinsegeln des Geistig-Seelischen – wodurch das Ich aufgehoben würde – in das Ahrimanische. Also nicht darum handelt es sich, den Materialismus zu widerlegen, sondern darum, die Menschheit zu bewahren davor, daß der Materialismus richtig werde; denn er ist auf dem Wege, eine Richtigkeit, nicht eine Falschheit zu sein. Wenn man von falschem Materialismus spricht, so spricht man heute gar nicht von dem, worauf es ankommt, sondern man muß sprechen davon, daß der Materialismus richtig und richtiger wird und heute in der Kultur mit jedem Tag immer richtiger und richtiger wird. Wir können es schon mit dem Beginn des 3. Jahrtausends erleben, daß die Menschheit sich so entwickelt haben wird, daß der Materialismus die richtige Anschauung ist. Nicht darum handelt es sich, den Materialismus zu widerlegen; denn er ist auf dem Marsche, richtig zu werden, sondern darum, ihn unrichtig zu machen, weil er auf dem Wege ist, eine Tatsache zu werden, weil er nicht eine falsche Theorie bloß ist."[1]

KAABA UND TEMPELBERG: HEILIGSTE
STÄTTEN DER MUSLIME UND DER JUDEN

Dieses Buch könnte auch „Der Kampf um den Tempelberg in Jerusalem"
heißen; denn diesem Geschehen sind einige Kapitel gewidmet. Es ist dabei
erst einmal zu klären, was mit „Nabel der Welt" gemeint ist; denn ein solches
Bild ist sowohl mit der Kaaba in Mekka als auch mit dem Heiligen Fels in
Jerusalem verbunden. Was die Westmauer, auch Klagemauer genannt, für
die Juden und was der Tempelplatz für die Muslime bedeutet, wie sie
heiligste Stätten für sie sind, gilt es zu verstehen. Wie tief verwurzelt und wie
berechtigt die Ängste sind, die Anhänger der anderen Religion könnten
ihnen ihr Heiligtum nehmen wollen, wird an Beispielen verdeutlicht.

Mekka und die Kaaba in der Legende und im Volksglauben

Etwa in der Mitte der Großen Moschee von Mekka befindet sich ein grob
rechteckiges Gebäude, die Kaaba, das Zentralheiligtum des Islam. Eine
schwarze Brokatdecke hängt über die vier Außenwände. Auf der Nordost-
Seite führt eine Tür ins Innere. Nahe bei der Tür ist der heilige schwarze
Stein, etwa 1,50 Meter über dem Boden, in den „Schwarzen Pfeiler" eingefügt. Früher war es ein einziger Stein aus Basalt oder Lava, heute sind
mehrere Stücke, mit Zement verkittet, in einen silbernen Ring eingefaßt.

Muhammad Salim Abdullah berichtet von folgendem wichtigen Ereignis
aus dem Leben des Propheten Mohammed:

„Etwa um das Jahr 605 n.Chr. war die Kaaba durch Feuer und heftige
Regenfälle zerstört worden. Am Wiederaufbau des bis in die graue Vorzeit
zurückreichenden Tempels beteiligten sich alle Sippen der Stadt; auch
Mohammed gehörte zu den Bauleuten. Als es nun darum ging, den ehrwürdigen Schwarzen Stein wieder an seinen Platz zu setzen, kam es unter
den Sippenältesten zum Streit darüber, wem die Ehre gebühre. Schließlich
einigte man sich darauf, daß derjenige diese wichtige Handlung vollziehen
solle, der als erster noch zu der Gruppe der Bauleute hinzukäme. In diesem
Augenblick erschien Mohammed, um seine Arbeit aufzunehmen. Ihm wurde
nun angetragen, den Schwarzen Stein zu setzen. Nach der Überlieferung
breitete Mohammed daraufhin ein Tuch aus, stellte den Stein darauf und
forderte die Sippenältesten auf, das Tuch gemeinsam hochzuheben. Dann
küßte er den Stein und setzte ihn an seinen Platz. An diesen Vorgang
erinnert noch heute das Kußritual beim Umgang um die Kaaba während der
Pilgerfahrt. Die Gläubigen berühren den Stein mit ihren Lippen und empfangen auf diese Weise symbolisch den Bruderkuß des Propheten."[1]

Die Kaaba

Der Schwarze Stein

Saddam Hussein auf Pilgerfahrt

Über einen Aspekt der vielfältigen Traditionen, die mit Mekka und der Kaaba verbunden sind, heißt es im Handwörterbuch des Islam:

„Diese Traditionen gruppieren sich um die Nabeltheorie, deren Hauptgedanken sich folgendermaßen gestalten. Die Erde hat einen Nabel, dessen Funktionen denjenigen des menschlichen Nabels parallel sind. Er bildet den Teil der Erde, der vor dem übrigen Teil derselben erschaffen wurde, und um welchen herum dieser sich ausdehnt. Er ist weiter der höchste Punkt, die Stelle, welche der ganzen Welt ihre Nahrung liefert; und er bildet die Vermittlungsstelle mit der Ober- und Unterwelt.

Dieser Nabelpunkt ist nun ursprünglich Jerusalem, dann Mekka. Nicht alle Nabeleigenschaften aber haften in gleich starkem Maße an Mekka. Sie werden im folgenden kurz zusammengefaßt. Ungefähr 40, nach andern etwa 2000 Jahre vor der Weltschöpfung war das Heiligtum eine Anschlemmung *(ghutha)* im Weltozean. Die Schöpfung fing damit an, dass von diesem Punkt als Zentrum aus die Erde ausgedehnt wurde, in der Reihenfolge, dass nach der Substanz der Erde (welche mit dem Nabelpunkt zusammenfällt) der

277

Himmel und zuletzt die Erde selber geformt wurden. Mit dieser Theorie im Einklang steht, dass Mekka im Kuran (VI, 92; XLII, 5) die Mutter der Orte *(umm al-kura)* genannt wird, und in der volkstümlichen Literatur der Nabel der Erde. (...) So wird in der Schöpfungsgeschichte gesagt, dass die Erde *unter* dem Heiligtum ausgebreitet sei. Und die halbgelehrte Kosmographie behauptet, dass die Stelle der Kaaba dem Polarstern entspricht; wie dieser der höchste Punkt am Himmel ist, so ist die Kaaba der höchste Punkt auf Erden. (...) Diese Vorstellung hängt wohl zusammen mit der Anschauung von Himmel und Erde als übereinander gestülpten Kuppeln oder Zelten, welche in der muslimischen Literatur nachweisslich vertreten ist.

Die Meinung, dass das Heiligtum die Verbindung einerseits mit dem Himmel, andrerseits mit der Unterwelt bilde, wird in bezug auf Mekka nicht so deutlich ausgesprochen wie in bezug auf Jerusalem. Es wird jedoch gesagt, dass kein Ort auf Erden dem Himmel näher sei als Mekka; und in der heidnischen Zeit soll man sich für besonders eindringliche Gebete auf dem Abu Kubais aufgestellt haben. Ob die Grube in der Kaaba wirklich als Eingang zur Unterwelt aufgefaßt worden ist, wie die entsprechenden Einrichtungen in Jerusalem und Hierapolis, mag dahingestellt bleiben.

Eine typische Unterweltseigenschaft hat Mekka jedoch gewiß: es wird als Grab bezeichnet. Nicht nur Ismail, sondern eine ganze Reihe von Propheten, deren Zahl Hunderte beträgt, soll um die Kaaba bestattet sein. Jeder Prophet gehört nach Mekka; das ist sein wesentlicher Ausgangs- und Endpunkt. Somit gehört auch Muhammad's Wesen nach Mekka, und Mekka ist sein eigentliches Grab, wie gegenüber der Tatsache, dass er in Madina begraben ist, von Theoretikern behauptet wird. (...)

Diese Theorien musste man mit der weiteren Kosmologie des Islam in Einklang bringen. Dieselbe stellt das Universum als ein Stockwerk von sieben Himmeln und sieben Erden dar. Die Kaaba ist nun nicht nur, der Nabeltheorie gemäss, im Zentrum der Erde gelegen, sondern sie bildet den Zentralpunkt des ganzen Universums. Ihre Fundamente, sowie die des Abu Kubais, liegen in der siebenten Erde und bilden eine Art Achse, welche durch alle diese Welten hindurchgeht.

Die genannten Stockwerke sind einander der Anlage nach gleich. Jedes hat ein Heiligtum in seiner Mitte, so dass, wenn das obere herunterfiel, es auf das untere, in der siebenten Welt, anlangen würde. Das höchstgelegene dieser Heiligtümer ist der Thron Gottes. Von denjenigen, welche zwischen dem Thron und der Kaaba liegen, werden zwei namhaft gemacht, das *bait mamur*, dessen Name dem Kuran (LII, 4) entnommen ist, und *al-durah*. Die jüdische Literatur kennt schon ein himmlisches Heiligtum, bei welchem die Engel als Priester fungieren. Im Islam werden diese priesterlichen Funktionen gewöhnlich durch den *tawaf** ersetzt."[2]

---

*tawaf bedeutet: die Umwanderung eines heiligen Gegenstandes.

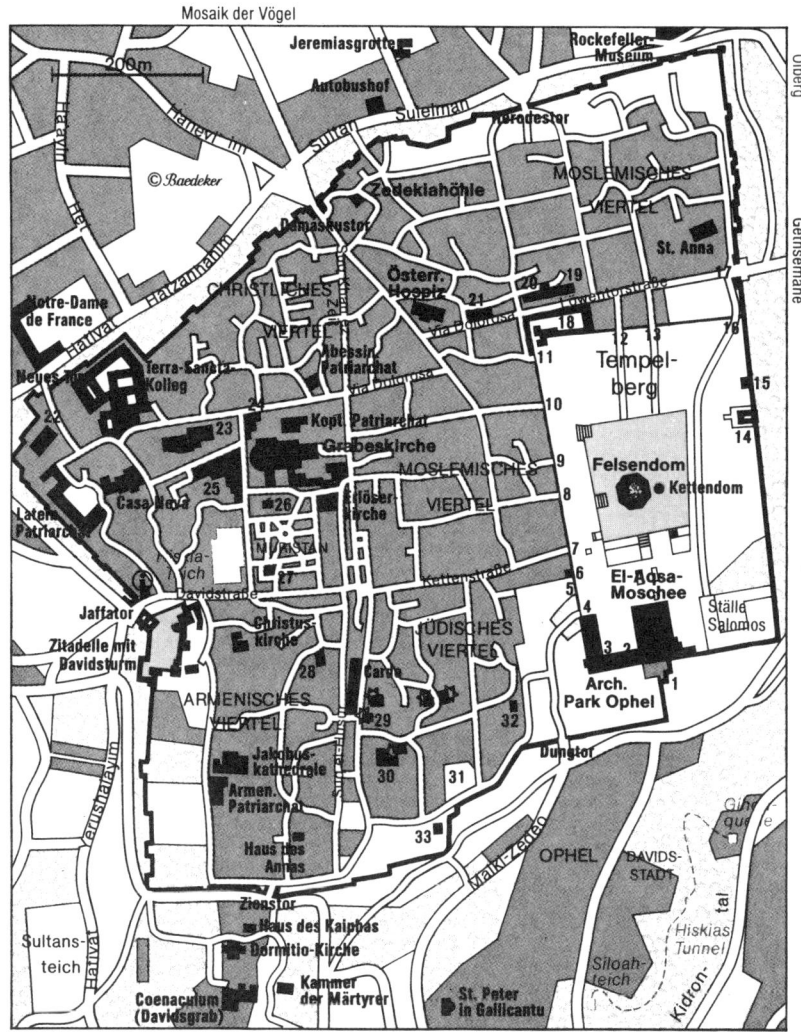

Altstadt Jerusalem

Der Salomonische Tempel aus der Sicht der Initiationswissenschaft

In einem Vortrag, der in der Adventszeit des schweren Kriegsjahres 1916 in Basel gehalten wurde, charakterisiert Rudolf Steiner die Bedeutung des Salomonischen Tempels vom Gesichtspunkt der Einweihungswissenschaft aus. Er stellt dar, daß dieser Tempel den Weltensinn in die Seele derer gießen sollte, die ihn betreten durften. Aus den Weltenweiten mit dem Geistesauge erschaut, war der Salomonische Tempel der Mittelpunktstern der Erde, der besonders hinausglänzte in die geistige Welt.

„Wie lange hat es gedauert, nachdem das Mysterium von Golgatha sich abgespielt hatte, daß der Tempel von Jerusalem, die Stätte des Friedens, zerstört worden ist? Umschlossen hat diese Stadt Jerusalem den Salomonischen Tempel. Was die Gnosis als Weisheit war, war der Salomonische Tempel als Symbolik. Dasjenige, was der Salomonische Tempel als Symbolik umschloß, enthielt alles im Bilde, was Weltengeheimnisse sind. Und es war so gemeint, daß diejenigen, die den Salomonischen Tempel betraten, in welchem die Bilder rings um sie herum waren und sich in ihrer Seele abspiegelten, etwas in ihre Seelen aufnahmen, durch das sie in wahrem Sinne erst Menschen wurden. Der Salomonische Tempel sollte den Weltensinn in die Seele derer gießen, die ihn betreten durften. Dasjenige, was der Salomonische Tempel enthielt – auf der Erde war es nicht unmittelbar enthalten; denn er enthielt alles das, was auf die Erde hereinschien an Weltengeheimnissen aus den Weiten des Kosmos.

Meine lieben Freunde, würde man einen der alten Eingeweihten gefragt haben, die Bescheid wußten über den Salomonischen Tempel, so würde die Antwort auf die Frage: Warum ist der Salomonische Tempel erbaut worden? – etwa so gelautet haben: Damit auf der Erde hier ein Zeichen ist, auf das diejenigen Mächte hinschauen, welche die Seelen geleiten, die den Weg suchen in irdische Leiber. – Fassen wir das recht. Denken wir uns, daß diese alten Eingeweihten des Salomonischen Tempels wußten, wenn sie die Menschen nach allen Sternenzeichen in die irdischen Leiber herunter- geleiten, dann müssen besondere Seelen zu denjenigen Leibern geführt werden, welche in der Lage sind, die großen Symbole des Salomonischen Tempels in sich gespiegelt zu erhalten.

Natürlich war dies ein Anlaß, in Hochmut zu verfallen. Wenn dies nicht in Demut, mit Essäerdemut aufgenommen wurde, so war es ein Anlaß, um in Pharisäerweisheit zu verfallen! Aber dieses war schon der Fall: Das Erdenauge schaut hinauf zum Himmel und erblickt Sterne. Das Geistesauge derjenigen, welche die Seelen aus Weltenweiten hereinführten auf die Erde, schaute herunter und erblickte den Salomonischen Tempel mit seinen Symbolen. Er war ihnen ein Stern, durch dessen Licht sie die Seelen geleiten konnten in solche Leiber, die den Sinn des Salomonischen Tempels würden aufnehmen können. Er war der Mittelpunktstern der Erde, der besonders hinausglänzte in die geistige Höhe."[1)

Der Heilige Fels im Felsendom in Jerusalem als Nabel der Welt

Der Salomonische Tempel umschloß den Heiligen Fels, der im folgenden aus der jüdischen Tradition stammenden Text der Grundstein genannt wird, an dessen Stelle die Grundlage der Welt ist. In diesem Text ist vom „Nabel" die Rede, und über den Nabelpunkt Mekka haben wir schon Näheres erfahren. Es ist auffällig, daß das Wort „Mittelpunkt" sechsmal gebraucht wird, der Mittelpunkt, immer genauer gekennzeichnet wird, daß all dies sich auf den Salomonischen Tempel bezieht und daß Rudolf Steiner diesen Tempel den Mittelpunktstern der Erde nennt.

„So, wie sich der Nabel im Mittelpunkt eines Menschen befindet, so befindet sich das Land Israel im Mittelpunkt der Welt, wie geschrieben

Der Heilige Fels

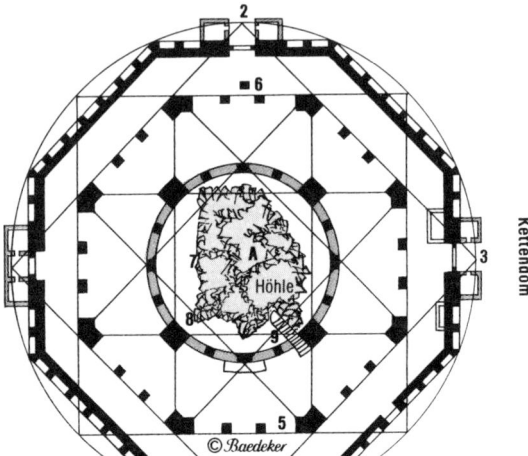

Felsendom

A **Heiliger Felsen** (El-Sachra)

1 Westtor
(Bab el-Gharb)
2 Tor zum Paradies
(Bab el-Dschenneh)
3 Davids Tor des Gerichts
(Bab el-Silsileh)
4 Südtor
(Bab el-Qibleh)
5 Gebetsnische
(Mihrab)
6 Platte, die das Grab
Salomos bedeckt haben und
in die Mohammed zwölf
Nägel aus Gold geschlagen
haben soll
7 Fingerabdrücke des Erzengels
Gabriel, der bei der Himmelfahrt
Mohammeds den Felsen zurück-
gehalten haben soll
8 Fußabdruck eines Propheten
9 Treppe zum 'Brunnen der Seelen'
(Bir el-Arwa)

⊢ 10 m ⊣

steht: 'Das wohnt auf dem Nabel der Erde' (Ezech 38, 12), und es ist die
Grundlage der Welt. Jerusalem befindet sich im Mittelpunkt des Landes
Israel, der Tempel befindet sich im Mittelpunkt Jerusalems, das Aller-
heiligste ist im Mittelpunkt des Tempels, die Bundeslade befindet sich im
Mittelpunkt des Allerheiligsten, und der Grundstein befindet sich vor der
Bundeslade, und an seiner Stelle ist die Grundlage der Welt."[1]

Eine Beschreibung des Heiligen Fels, arabisch *sakhra,* und einen Teil der
mit ihm verknüpften Überlieferungen bringt der folgende Auszug aus einem
längeren Artikel über den Felsendom, arabisch *kubbat al-sakhra,* aus dem
„Handwörterbuch des Islam".

„Der Felsblock, der 56 Fuß lang und 42 Fuß breit ist (fast 18 m lang und
13,25 m breit, H.-D.F.), hat eine fast halbkreisförmige Gestalt; der leicht-
gewölbte Abhang liegt nach Osten, der höhere senkrecht abfallende Teil
nach Westen. Geologisch ist er ein Stück aus einer der härteren grauen
Gesteinsschichten der Hochebene um Jerusalem; seit alters her ist er so
ziemlich in seinem rohen unbehauenen Zustande belassen worden. Bei dem
Besuch dieses heiligen Ortes hat der fromme Pilger sorgfältig darauf zu
achten, daß der *sakhra* zu seiner Rechten liegt, so daß er den Weg um die
heilige Reliquie entgegengesetzt der Umschreitung der Kaaba vollführt. Ibn
Abd Rabbihi berichtet: 'Wenn du nun den Sakhra betrittst, so verrichte dein
Gebet in seinen drei Ecken, bete auch auf der Steinplatte, die an Herrlichkeit
dem Felsen selbst gleichkommt, denn sie liegt über einem Tor zu den Toren
des Paradieses'. Diese Steinplatte ist ein Teil des Marmorbelages nahe bei
dem *BAb al-djanna;* nach der Meinung mancher Gläubigen bezeichnet sie die
Stelle, wo der Prophet Elias im Gebet niederkniete. Nach der Meinung

anderer deckt sie das Grab Salomons *(kabr Sulaiman)*. Alle aber stimmen darin überein, daß sie ursprünglich zum Paradies gehörte, und so wird sie allgemein die Steinplatte des Paradieses *(balatat al-djanna)* genannt. Nach einer besonderen Tradition trieb Muhammad in diese Platte 19 goldne Nägel, die von Zeit zu Zeit einer nach dem anderen herausfallen sollen. Wenn alle herausgefallen sind, ist das Ende der Welt gekommen. Dem Teufel gelang es beinahe, sie zu entfernen, aber der Engel Gabriel trat gerade noch zur rechten Zeit dazwischen. Heutzutage sind noch drei Nägel an ihrem Platz, während einer schon ein wenig eingesunken ist. Mit demütigem und langsamem Schritt betritt daher der fromme Pilger diese heilige Stelle, damit er nicht durch Loslösung eines der Nägel den Tag des Gerichts beschleunigt.

Auf einem abgebrochenen Stück einer Marmorsäule südwestlich vom Sakhra unter einem roh bearbeiteten Schrein, der auch Haare vom Bart des Propheten enthält, kann man das KADam *Muhammad* (d.h. die Fußspur Muhammads) sehen, die er zurückließ in der Nacht, als er auf seinem Burak zum Himmel emporstieg. Während der Kreuzzüge, als die Christen die Kubbat al-Sakhra in Besitz hatten, war diese Spur als die Fußspur Jesu bekannt. Das runde Loch in der Mitte des Felsens bezeichnet die Stelle, wo der Leib des Propheten bei seinem Wege aufwärts hindurchdrang. Und nahebei wird sogar der Sattel des Burak in Gestalt mehrerer Marmorstücke

Die Westmauer im späten 19. Jahrhundert

283

Blick auf die Klagemauer

gezeigt. Auch wird auf der Westseite des Felsens der Eindruck der Handfläche Gabriels gezeigt, d.h. die Stelle, wo er den Felsen hinunterdrückte, als
dieser sich zugleich mit Muhammad erheben wollte."[2]

Der Kampf um den Tempelberg in Jerusalem –
Westmauer (Klagemauer) und Tempelplatz

Diese Fotografie aus dem späten 19. Jahrhundert zeigt die Westmauer
mit der schmalen Gasse, die allein den Gläubigen bis 1967 Zugang bot. Auf
diesem zweiten Bilde ist ein Teil des weiten Platzes vor der Westmauer zu
sehen. Zeitlich dazwischen liegt der Sechstagekrieg vom Jahre 1967, wobei
die sechs Tage nicht so sehr die Kriegsdauer bezeichnen, als an die sechs
Schöpfungstage erinnern sollen; denn durch diesen Krieg wurde für die

Israelis die Welt geschaffen, in der sie seitdem leben, die Welt von Samaria, Judäa und Ostjerusalem. Es ist eine eigentümliche Tatsache, daß der 1948 gegründete Staat Israel bis 1967 nur Gebiete umfaßte, die gar nicht den alten Israeliten gehört hatten: die Küstenebene war das Land der Philister, die Wüste Negev das der Edomiter, Galiläa galt als heidnisch.*

Als die Kämpfe im Juni 1967 noch nicht ganz beendet waren, blies der oberste Militärgeistliche der israelischen Armee den Schofar, das Widderhorn, in der schmalen Gasse vor der Westmauer. 1931 war den Juden das Blasen des Widderhorns an der Westmauer verboten worden. Seit 1948 hatte kein Jude dort mehr beten dürfen. Dabei ist die Westmauer die heiligste Stätte der Juden. Wie der Bürgermeister von Jerusalem Teddy Kollek in seinem Werk „Spaziergänge durch Jerusalem" (Stuttgart 1990, S.21) schreibt, war doch die Westmauer die westliche Umfassungsmauer des Herodianischen Tempelbezirkes. Der Tempel des Herodes, der zweite Tempel, war 70 n.Chr. zerstört worden. Von Teddy Kollek stammt auch folgende Darstellung, die seinem Buch „Ein Leben für Jerusalem" entnommen ist. Der Zustand an der Westmauer sollte nicht bleiben wie bisher. Viel Raum sollte davor geschaffen werden. Er sagt darüber:

„Das schwierigste Problem stand uns jedoch noch bevor – die Gestaltung des Platzes vor der Westmauer. Wir haben uns bemüht, den Namen 'Klagemauer' abzuschaffen. Ich weiß nicht, seit wann man im Englischen anfing, von *western wall* zu sprechen – im Hebräischen jedenfalls hat es immer 'Westmauer' geheißen. Eigentlich sollte jetzt, da die Mauer uns seit zweitausend Jahren zum erstenmal wieder gehört, auch das althergebrachte Klagen aufhören, wiewohl viele Juden glauben, daß die Trauer erst dann aufhört, wenn der Tempel wiederaufgebaut ist. Übrigens erhalte ich durchschnittlich dreißig bis vierzig Briefe im Jahr, meist von christlichen Fundamentalisten verschiedenster Konfessionen, in denen wir dringlichst aufgefordert werden, den Tempel wiederaufzubauen, da das als Voraussetzung für die Wiederkehr Christi gilt. Bei Pressekonferenzen werde ich oft gefragt, ob wir vorhaben, den Tempel wieder aufzubauen. Für gewöhnlich antworte ich, daß jüdischer Tradition gemäß der Tempel bereits existiert und sich beim Erscheinen des Messias vom Himmel herabsenken und seinen rechtmäßigen Platz einnehmen wird – und bis dahin muß man sich eben gedulden.

Die Westmauer (eigentlich die westliche Umfassungsmauer des Herodianischen Tempelbezirks) ist über 365 Meter lang, von denen nur ein sehr kleiner Teil (rund dreißig Meter) zu sehen war und während der letzten tausend Jahre als Gebetsstätte diente. Dieser Teil wurde 1967 auf über sechzig Meter verbreitert, als wir das Gebiet säuberten und Abtritte und andere Baulichkeiten abrissen, die direkt an die Mauer angebaut worden waren. Gleichzeitig gruben wir auch 1,80 Meter tiefer und brachten zwei weitere Reihen der monumentalen Quadersteine des Herodes zutage. Ehe das an die Mauer angrenzende Gebiet gesäubert wurde, hatte man die Mauer aus der Ferne gar nicht sehen können, und es entstand der Eindruck von wesentlich größerer Höhe, wenn man dicht davorstand und emporschaute. Auch bestand in den Tagen, als die Beter sich auf dem engen Raum davor drängten, eine wesentlich innigere Beziehung zur Mauer."[1]

Mit welcher Dramatik die Schaffung des Platzes vor der Westmauer verbunden war, berichtet Elon. Ein ganzes dichtbesiedeltes Viertel, eine kleine Moschee eingeschlossen, wurde niedergerissen. Die moslemischen Bewohner hatten nur drei Stunden Zeit, um auszuziehen.

Bei aller Freude, jetzt endlich Herr von Ostjerusalem mit seiner Altstadt und dem Tempelberg geworden zu sein, beschlich doch manchen Israeli eine dumpfe Ahnung, daß sich große neue Schwierigkeiten ergeben könnten. Dafür ist der Romanschriftsteller Amos Oz ein Zeuge, der damals in der Armee diente. Er war erfüllt vom Wunsch, „... sich wie ein Mann zu fühlen, der seine Feinde besiegt und die Stadt seiner Vorväter zurückerobert hat. Er hätte liebend gern in den allgemeinen Jubel mit eingestimmt. 'Aber hier leben Menschen. Sie sind hier *zu Hause*, und *ich* bin der Eindringling.' Wären da nur nicht diese vielen Palästinenser gewesen. 'Ich sah Feindseligkeit und Groll, Scheinheiligkeit, Angst und Erniedrigung, und ich sah, wie neues Unheil geschmiedet wurde.' Er kam sich vor wie jemand, der in verbotenes Gelände eingedrungen war, fühlte sich wie 'ein Fremder in einer fremden Stadt'."[2]

Nicht viele empfanden wie er, aber im Laufe der Zeit verband sich ein harter Nationalismus mit einem wie aus Urzeiten stammenden religiösen Fühlen und führte immer wieder zu Gefährdungen des Tempelbergs mit seinen moslemischen Heiligtümern. Jede israelische Regierung mußte für strenge Sicherheitsvorkehrungen sorgen, damit nicht von tiefen religiösen Überzeugungen erfüllte Menschen den Tempelberg zu sprengen versuchten. Darüber sei als nächstes berichtet, wieder aufgrund des Buches von Amos Elon.

Aus dem langen Kampf um den Tempelberg seien einige Ereignisse aus jüngster Zeit geschildert, aus denen die Motive der Handelnden hervorgehen, die aber auch die Größe der Gefährdung aufzeigen.

Es ist der April 1982. Ein 38jähriger Amerikaner dringt mit Waffengewalt in den Felsendom ein, wobei er einen Mann tötet und drei andere schwer verletzt. Er steigt auf den Heiligen Fels und hält sein automatisches Gewehr hoch in einer Haltung, wie sie Moses mit den Gesetzestafeln auf dem Berg Sinai auf zahlreichen Gemälden einnimmt.

Goodman, so hieß der Amerikaner, war ein sogenannter „wiedergeborener Jude". Nachdem er sich, ohne Widerstand zu leisten, hatte festnehmen lassen, sagte er aus, Jerusalem werde nicht befreit, solange der Tempelberg,

Felsendom

das Herz der Stadt, noch unter moslemischer Herrschaft stehe. Er habe den Berg befreien und König der Juden werden wollen.

1984 wurden wenige Tage vor Passah eines Nachts 28 Studenten aus Rabbinerschulen in Jerusalem am Fuße des Tempelbergs verhaftet. Sie hatten sich dadurch verdächtig gemacht, daß sie Leitern und Seile bei sich führten. Ihr Unternehmen war offenbar darauf angelegt, in die alten Gänge unterhalb des Tempelbergs einzudringen, die nach oben in die al-Aqsa-Moschee führen. Es entstand der Verdacht, daß sie auf einem improvisierten Altar ein Osterlamm opfern wollten. Dahinter steht die mystische Überzeugung, daß die Ankunft des Messias beschleunigt wird, wenn an Passah auf dem Tempelberg ein Lamm geopfert wird.

1985 wurde rechtzeitig ein Vorhaben entdeckt, das, wäre es geglückt, eine Katastrophe ausgelöst hätte. 28 angesehene fromme orthodoxe Juden wurden bei den Vorbereitungen überrascht, den Felsendom auf dem Tempelberg in die Luft zu sprengen. Sie waren sehr fachmännisch zu Werke gegangen. Von den verschiedensten Perspektiven aus hatten sie den Felsendom ausgemessen und fotografiert. Statische Berechnungen waren angestellt worden.

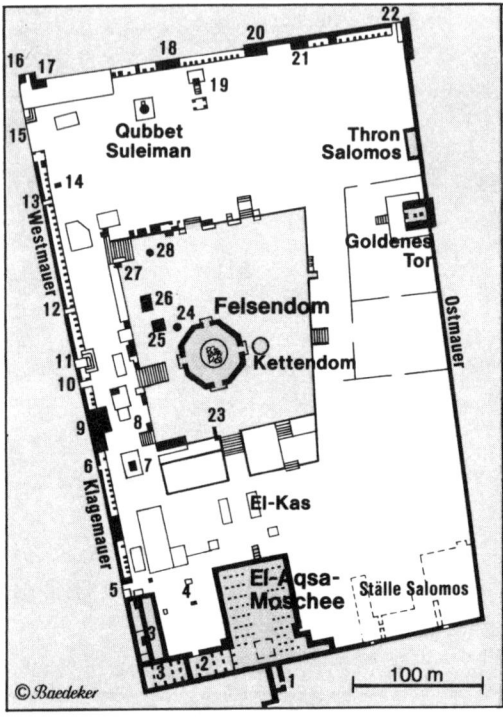

Tempelberg
(Haram esh-Sharif)

1 Doppeltor
2 Weiße Moschee
3 Islamisches Museum
4 Jussefkuppel
5 Bab el-Magharibeh
6 Bab es-Silsileh (Kettentor)
7 Qubbet Musa
8 Qaitbay-Brunnen
9 Medresse
10 Bab el-Mastarak
11 Bab el-Qattanin
12 Bab el-Hadid (Eisentor)
13 Bab en-Nadhir (Nazir)
14 Sebil Ala ed-Din el-Basir
15 Bab el-Ghawanima
16 Minarett
17 Medresse el-Malakiyeh
18 Bab el-Atim
19 Sebil es-Sultan Suleiman
20 Bab Hitta
21 Medresse el-Gahdiriyeh
22 Bab el-Asbat
23 Kanzel
24 Gebetsnische des Propheten
25 Himmelfahrtsdom
26 Hebron-Dom
27 St.-Georgs-Dom
28 Geisterdom

Wie viele Sprengladungen an welchen Stellen an den Säulen anzubringen waren, damit der Dom schlagartig in sich zusammenfalle, war aufs Genaueste berechnet. Genügend Sprengstoff, zum Teil aus Militärbeständen, war zu ihrer Verfügung.

Nach ihrer Verhaftung legten sie bereitwillig Geständnisse ab, da sie hochmotiviert waren. Sie erläuterten den Sinn ihres Unternehmens folgendermaßen: Mit der Zerstörung des moslemischen Heiligtums werde eine Ära wahrer Erlösung beginnen, die Ankunft des Messias werde beschleunigt, die Nation werde sich geistig wiedergeboren fühlen. Einer der Verschwörer gab an, eine mystische Lichterscheinung, ein plötzlicher Lichtblitz, der sein ganzes Leben veränderte, habe ihm gezeigt, was zu tun ihm aufgetragen sei.

Zum Abschluß sei Amos Elon wörtlich zitiert. Was er bringt, ist weiteres Material von der Art, wie ich es für das Reagan-Kapitel gesammelt und zusammengestellt habe.

„Die Männer, die den Tempelberg zu sprengen versuchten, waren die terroristischen Randgestalten einer weltweiten, inoffiziellen Bewegung, die fundamentalistische Juden und fundamentalistische Christen umfaßt und in dem Glauben vereint, daß das Ende aller Tage nahe ist. Für die fundamentalistischen Juden bedeutet dies die unmittelbar bevorstehende

Ankunft des Messias; für die evangelikalen Christen die Wiederkunft Christi – die nach der Überzeugung vieler sofort erfolgen wird, wenn die Juden den Tempel in Jerusalem wiederaufgebaut haben. An diesem Punkt trennen sich die beiden Richtungen; denn der evangelikalen Lehre zufolge wird der Tempel, sobald die Juden ihn wiedererbaut haben, zum drittenmal zerstört werden, und alle Juden werden zum Christentum übertreten.

Doch die unterschiedlichen Vorstellungen von dem, was als allerletztes geschehen wird, hat bisher kein Hindernis für eine eher lockere Verbindung zwischen den beiden Gruppen dargestellt. 1984 veranstaltete ein amerikanischer Evangelikaler, angeblich ein führender Physiker einer kalifornischen Universität, mehrere Tiefflüge über die Moscheen auf dem Tempelberg, um dessen tiefste Eingeweide mit Cäsiumstrahl-Magnetometern und anderen komplizierten Geräten zu durchleuchten. Er stand in engem Kontakt mit Israelis vom rechten Flügel und hielt Ausschau nach der Bundeslade, die zu Zeiten von Nebukadnezar auf dem Tempelberg vergraben worden sein soll. Außerdem kundschaftete er das Gelände aus, um sich, wie er behauptete, mit der 'strategischen' Form des Berges vertraut zu machen. Wie manche Evangelikale glaubte auch er, daß der Letzte Kampf zwischen Gut und Böse auf dem Tempelberg stattfinden wird. In diesem Kampf werden Israel und die Streitende Kirche triumphieren. (Er flog so tief, daß er die Polizei in Alarmzustand versetzte. Den Tempelberg zu überfliegen ist aus Sicherheitsgründen verboten.)"[3]

„Etwa zur selben Zeit (Anfang der achtziger Jahre, H.-D.F.) begannen amerikanische und europäische Evangelikale, jährliche Zusammenkünfte in Jerusalem abzuhalten, an denen inzwischen Tausende von Delegierten teilnehmen. Die Teilnehmer werden mit Bussen direkt vom Flughafen zum Gipfel des Ölbergs gefahren, um die berühmte Aussicht zu bewundern und sich über Megaphon sagen zu lassen, daß sie genau an der Stelle stehen, an der Jesus am Tage des Jüngsten Gerichts stehen wird. Anschließend wird Geld eingesammelt und alle begeben sich in ihre Hotels. Die zu Besuch nach Jerusalem kommenden Evangelikalen betreten grundsätzlich weder die Grabeskirche (die in ihren Augen von katholischen und griechisch-orthodoxen Dämonen belagert wird), noch besteigen sie den Tempelberg. Aber sie gehen oben auf den Mauern um die Altstadt herum. Einmal im Jahr belegen sie das riesige Kongreßzentrum in der Nähe des Hilton mit Beschlag. Begleitet von *Halleluja*-Rufen aus dem Publikum, begrüßen ihre Prediger jubelnd das neue 'strategische Zeitalter' – jene Zeitspanne, in der der Tempel wiederaufgebaut und zerstört und dann abermals auf dem Berg des Herrn aufgebaut werden soll. Aber zuerst wird es einen fürchterlichen großen Krieg zwischen den Vereinigten Staaten und der Sowjetunion geben – in Jerusalem. Dieser wird Schrecken und Zerstörung über die ganze Welt bringen. Aber der böse König des Nordens (damit ist Rußland gemeint, wo der Thron Satans steht) wird vernichtet werden. Gott selbst wird in seiner

Macht und Herrlichkeit kommen, ihn mit einem Blitzstrahl töten und das Jüngste Gericht abhalten. Dieser Botschaft liegt, genau wie den apokalyptischen Reden fundamentalistischer Juden, eine Pol-Pot-Logik zugrunde: Das reale Jerusalem muß brennen und vergehen, auf daß sich aus seiner Asche und seinem Staub das ideale, von den Übeln der Vergangenheit gereinigte Jerusalem erheben kann."[4]

Das Massaker auf dem Tempelberg am 8. Oktober 1990

„A Time Bomb at the City's Heart" – „Eine Zeitbombe im Herzen der Stadt", lautete eine Überschrift in Newsweek vom 22.10.1990. „In Jerusalem", so schreibt der frühere stellvertretende Bürgermeister Meron Benvenisti, „violence courts violence in a perpetual magic circle". – „In Jerusalem beschwört in einem ununterbrochenen magischen Kreis eine Gewalttat eine weitere herauf." „In ihrem (Jerusalems) Herzen tickt mit einer Zerstörungskraft von apokalyptischen Ausmaßen eine Zeitbombe in Gestalt des Tempelbergs" – Englischer Originaltext: „And at its heart, a time bomb with a destructive force of apocalyptic dimensions is ticking in the form of the Temple Mount."[1]

Aus dem Artikel bringe ich jene Aussagen, die in den Gesamtzusammenhang dieser Arbeit gehören: Orthodoxe Rabbis vertreten im allgemeinen die Überzeugung, daß ein dritter Tempel erst errichtet werden wird, wenn der Messias kommt. Bis dahin sollten die Juden nicht auf den Tempelplatz gehen, denn sie könnten auf die Stelle treten, wo das Allerheiligste des zerstörten Tempels sich unter dem Pflaster befindet. Aber bei dem stärker werdenden jüdischen Ultranationalismus hält man sich nicht mehr an diese Regelung. „Die Treuen vom Tempelberg" glauben, das Kommen des Messias könnte dadurch schneller herbeigeführt werden, daß man jetzt einen Tempel baut. So haben sie schon einen drei Tonnen schweren Eckstein gemeißelt, ohne dabei Metallmeißel zu verwenden, weil es die Bibel so vorschreibt. Der Anführer dieser „Treuen", Gershon Solomon, erklärt: „Der Tempelberg ist unser religiöser und geistiger Mittelpunkt. Es tut uns leid, aber die Moschee (die al-Aqsa-Moschee) muß an eine andere Stelle verlegt werden."[2]

Durch islamische Gerichte ist den „Treuen" das Grundsteinlegen auf dem Tempelplatz verboten. Aber vor den Oktoberereignissen wurde es kleinen Gruppen dieser Gläubigen erlaubt, den Tempelplatz zu betreten.

Gershon Solomon hatte angekündigt, er werde während des Laubhüttenfestes, das am 8. Oktober 1990 gefeiert wurde, auf den Tempelplatz hinaufsteigen. Die Araber waren davon überzeugt, er werde dort, wo die al-Aqsa-Moschee steht, den Grundstein für den dritten Tempel legen. Als das Gerücht sich verbreitete, „Solomon kommt", erfaßte die arabische Bevölkerung eine ungeheure Erregung. Solomon und seine Anhänger wurden am Fuß des engen Weges, der vom Platz vor der Klagemauer zum Tempelplatz hinaufführt, von der Polizei zurückgewiesen und zogen ab. Es war aber, so sagte ein Zeuge der Ereignisse, als habe man einen Schalter herumgedreht: Steine wurden von der erregten Menge geworfen und schließlich eröffnete die Polizei das Feuer. Die Zahl der Opfer unter der arabischen Bevölkerung wird mit 19 Toten und 140 Verletzten angegeben.

Weil israelische Polizisten zum Teil aus nächster Nähe mit scharfer Munition, nicht etwa nur mit Tränengas und Gummigeschossen, auf die Araber geschossen hatten, wurde Israel in der Welt außerordentlich scharf kritisiert. Die Vereinten Nationen verlangten eine Untersuchung durch eine internationale Kommission, aber die israelische Regierung verweigerte eine Zusammenarbeit, und das Vorhaben wurde aufgegeben. Eine von der Regierung eingesetzte Untersuchungskommission kam nach 18 Tagen zu dem Ergebnis, daß die Polizisten sich einwandfrei verhalten hätten. Aber am 18. Juli 1991 veröffentlichte ein mit einer Untersuchung des Vorfalls beauftragter israelischer Richter das Ergebnis seiner Befragung: Die Provokation sei von der Polizei ausgegangen, befand er. Englischer Originaltext: „Police Did the Provoking on Temple Mount. Judge Finds." So berichtete die *International Herald Tribune* am 19.7.1991.[3] Der Zwischenfall habe damit begonnen, daß eine kleine Polizeieinheit versehentlich einen Tränengaskanister habe fallenlassen, der in eine Gruppe palästinensischer Frauen gerollt sei.

So hat sich also aus diesem verhältnismäßig unbedeutenden Vorfall rasch die Tragödie entwickelt, die zum Tod und zur Verletzung von Menschen geführt und die gespannte Lage im Nahen Osten noch einmal mit neuem Zündstoff aufgeladen hat.

Aus dem Geschehen am Tempelberg ergibt sich klar, wie recht jene haben, die vor menschlicher Handlung warnen, die sich vermißt, die Erlösung zu bringen, die also dem „Bedränger des Endes", wie der jüdische Ausdruck lautet, entgegentreten.*

Warnung vor der Bildung neuer Nationalstaaten

Es sei erläutert, in welcher geschichtlichen Situation der Vortrag Rudolf Steiners gehalten wurde, aus dem ich jetzt einen Auszug bringe, und welches die Motive sind, um deren Beachtung es mir geht. An dem Tage, an dem der Vortrag gehalten wurde, dem 22. Juni 1919, stimmte eine Mehrheit der Abgeordneten der deutschen Nationalversammlung für eine Annahme der alliierten Friedensbedingungen, die im Versailler Vertrag niedergelegt sind, der sechs Tage später, am 28. Juni, unterzeichnet wurde. Die Folgen des

---

* Siehe dazu das Kapitel „Einige Aussagen von Gershom Scholem über die messianische Idee im Judentum".

Ersten Weltkrieges waren noch nicht zu übersehen, die Friedensaussichten düster. Der Krieg hatte zur Zerstörung der drei mittel- und osteuropäischen Kaiserreiche geführt, des deutschen, des österreichisch-ungarischen, des russischen. Neue Nationalstaaten bildeten sich, alle wieder mit Minderheitenproblemen belastet: Estland, Lettland, Litauen, Polen, die Tschechoslowakei, das Königreich der Serben, Kroaten und Slowenen, um nur einige zu nennen. Mit großer Sorge schaute Rudolf Steiner auf diese Entwicklung und erklärte: „Die Menschen werden, wenn sie ein Staat, eine Nation werden, nicht ein Höheres, sondern sie werden ein Niedereres."

Ein weiterer zeitgeschichtlicher Aspekt wird so dargestellt: Die Phantasiekräfte sind infolge der wissenschaftlich-technisch-industriellen Entwicklung verkümmert. Aus der geistigen Welt kommen Imaginationen an den Menschen heran: Er verwandelt sie in gespenstische Bilder über die Zusammenhänge der Welt. Inspirationen kommen ihm zu: Sie verwandeln sich in wilde, animalische Emotionen, die sich im Blut ausleben wollen.

„*Herman Grimm* meint, in dem Augenblick, wo die Menschen Kriege unternehmen, werden sie zu Wilden. Die Menschen werden, wenn sie ein Staat, eine Nation werden, nicht ein Höheres, sondern sie werden ein Niedereres. Das ist das große Unglück in unserer Zeit, daß man den Staat oder die Zusammengehörigkeit höher schätzt als den einzelnen individuellen Menschen. Aber so verstrickt sind die Menschen heute in das Höherschätzen der Gemeinschaften als des Einzelnen, daß sie sich ganz wohl fühlen, entmenscht zu sein, eine Staatsschablone zu sein. Da ist es natürlich schwer, so etwas zu bilden, was das Geistesleben wirklich emanzipieren kann. Aber in unserer Zeit ist die Menschheit trotz ihres Materialismus dem Geiste näher, als man glaubt. In uns walten Inspirationen und Imaginationen. Nur verwandeln wir die Imaginationen wegen unserer mangelnden produktiven Phantasiekraft in allerlei gespenstige Bilder über die Zusammenhänge der Welt, mit denen wir die wirklichen Weltzusammenhänge verleumden. Wenn man jemandem sagt: Europa hängt soundso zusammen –, wie ich es wenige Jahre vor dem Ausbruch dieses Krieges in dem Vortragszyklus von Kristiana getan habe, wenn man die Welt so betrachtet, daß man sie mit innerer Psychologie, mit innerem Schauen beurteilt, dann betrachten es die Träumer als einen Aberglauben, und geht man daran, es ins Praktische umzusetzen, dann halten diese selben Menschen es für Utopie oder Ideologie. Aber darauf kommt es an, daß man in diesen Dingen heute klar sieht. In ihrem Sinne haben die Angehörigen der anglo-amerikanischen Welt klar gesehen, und wir haben dumpf gesehen. – Und auch die Inspirationen verwandeln sich, und zwar zu wilden animalischen Emotionen, die sich in Blut ausleben wollen. Sehen Sie hin auf das Blut, das heute fließt, sehen Sie hin, wenn die Menschen an die Wand gestellt und erschossen werden: das sind die Inspirationen, die an Menschen kommen wollen mit dem guten Willen der geistigen Welt, die von den Menschen gehaßt wird, und die sich daher in wilde animalische Triebe verwandeln. Denn wenn der Mensch dasjenige, was aus der geistigen Welt als Inspiration an ihn herankommen will, nicht aufkommen lassen will, dann verwandelt es sich in wilde Emotionen, in animalische Triebe.“[1]

DIE LETZTEN DINGE

Im abschließenden Teil der Arbeit geht es um die Darstellung dessen, was im Griechischen *eschata,* die Letzten Dinge, genannt, jedoch besser mit „die in der Endzeit zu erwartenden Vorgänge" übersetzt wird. Am Anfang stehen vier Kapitel, die als schwierig gelten können, betreffen sie doch Sachverhalte, die in dieser Form nicht allgemein bekannt und in der dabei verwendeten Sprache auch nicht leicht zugänglich sind. Um verstehen zu können, was das Lehramt der katholischen Kirche über den Tod des Menschen und die auf den Tod folgenden Vorgänge aussagt, wird der Blick auf die Aussagen über die Schöpfung und insbesondere über die Schaffung des Menschen gerichtet. Was mit Unfehlbarkeit gemeint ist, wird durch Ausführungen des kirchlichen Lehramtes dokumentiert, und es wird dann die besondere Stellung, die die Jungfrau Maria in der katholischen Kirche einnimmt, genau charakterisiert. Der Inhalt der drei mittleren Kapitel ergibt sich aus den Überschriften. Bei der Darstellung von Jerusalem als Stadt des großen Endgerichts handelt es sich um Bilder, die im Islam die Weltsicht bestimmen. Aus der Offenbarung des Johannes wird zum Abschluß das Bild von der Heiligen Stadt Jerusalem gebracht, die Johannes schaut, und dann, ganz am Schluß, mit den Worten Rudolf Steiners dargestellt, wie von seiten der Toten aus gesehen die Erde und insbesondere Jerusalem erscheinen.

„Offenbar ist der Mensch nicht einzig die Seele, sondern die Seinseinheit aus Seele und Leib" – „Der Mensch ... ist das Ziel der gesamten Schöpfung"

Diese beiden Aussagen des Thomas von Aquin seien so in den Zusammenhang unserer Arbeit gestellt, daß sich ein Ausblick auf den Ursprung der Seele und auf deren Schicksal nach dem Tode ergibt, wie es seit Jahrhunderten in der katholischen Kirche gelehrt wird und einen nicht abzuschätzenden Einfluß auf die abendländische Geistesgeschichte ausgeübt hat.

Vergegenwärtigen wir uns einmal die Aussagen des katholischen Lehramtes über die Erschaffung der Seele. Nach dem „Kleinen theologischen Wörterbuch" von Karl Rahner und Herbert Vorgrimler ist es „kirchenamtliche Lehre, daß Gott jede einzelne Seele aus dem Nichts erschafft und in eins damit mit den in der Zeugung vereinigten elterlichen Zellen zur Einheit des Menschen verbindet. Die Seele existiert nicht vor ihrer substantiellen Einheit mit dem Leib. (...) Überwiegend wird in der katholischen Theologie angenommen, daß die Beseelung im Augenblick der Vereinigung der elterlichen Zellen eintrete (nicht erst mit der Geburt und nicht beim ersten intellektuellen Akt).“[1]

Bei der Entwicklung dessen, was auch heute für den katholischen Gläubigen verbindlich ist, sind die Aussagen des Thomas von Aquin von entscheidender Bedeutung, dessen Theologie und Philosophie durch die Enzyklika Leos XIII. „Aeterni Patris“ vom 4. August 1879 als Richtschnur allen katholischen Denkens und Forschens vorgeschrieben wurde. Der 4. August ist der Tag des heiligen Dominikus, des Gründers des Dominikanerordens. Thomas von Aquin, Dominikaner, wirkte im 13. Jahrhundert, er wurde etwa 1225 geboren und starb 1274. Die Begründung des Dominikanerordens erfolgte 1215, die Bestätigung durch den Papst 1216.

Es folgen Wortlaute von Thomas von Aquin.

„[105] Im All ist einzig die geistbegabte Natur um ihrer selbst willen gemeint, alles andere aber um ihretwillen.

[106] Die höchste Stufe der gesamten Schöpfung ist die menschliche Seele, und zu ihr hin strebt die Materie wie in ihre äußerste Form. ... Der Mensch nämlich ist das Ziel der gesamten Schöpfung.

[107] Die geistige Seele kann nicht entstehen außer durch Erschaffung....

[115] Offenbar ist der Mensch nicht einzig die Seele, sondern die Seinseinheit aus Seele und Leib. Platon aber, der die Sinneswahrnehmung der Seele als Eigentum zuschrieb, konnte auch behaupten, der Mensch sei die Seele, die sich des Leibes bediene.

[116] Sofern die Seele die Wesensform des Leibes ist, hat sie nicht ein vom Sein des Leibes abgetrenntes Sein; vielmehr ist sie kraft dieses Seins dem Leibe unmittelbar verbunden.

[117] Es ist der Seele wesentlich, mit dem Leibe vereinigt zu sein.

[118] Weil die Seele nur ein Teil des menschlichen Wesens ist, darum besitzt sie die Vollkommenheit ihrer Natur nicht außer in der Vereinigung mit dem Leibe.

[119] Mit dem Leibe vereint ist die Seele, weil sie auf vollkommenere Weise ihre Natur besitzt, gottähnlicher als vom Leibe getrennt: in dem Maße nämlich ist ein Jegliches Gott ähnlich, in dem es vollkommen ist – mag auch nicht von Einer Art sein die Vollkommenheit Gottes und die Vollkommenheit der Kreatur.

[120] Darum ist unser Leib vergänglich, weil er selbst nicht vollkommen der Seele untertan ist: wäre er nämlich völlig der Seele untertan, so würde aus der Unsterblichkeit der Seele auch auf den Leib Unsterblichkeit überströmen.

[121] Die Seele bedarf des Leibes zur Erlangung ihres Zieles, sofern sie durch den Leib ihre Vollkommenheit erwirbt, sowohl im Wissen wie in der Tugend.

[122] Es ist offenbar, daß, je besser der Leib bereitet ist, ihm eine um so bessere Seele zuteil wird. ... Da unter den Menschen einige einen besser

bereiteten Leib besitzen, wird ihnen auch eine mit größerer Erkenntniskraft ausgestattete Seele zuteil."[2]

Nur wenn man diese Voraussetzungen kennt, ist die Aussage verständlich, „daß der Tod heute noch bis zur Auferstehung des Fleisches das Ende des Menschen darstelle".*

Versuchen wir das Bild vom Menschen und von der gesamten Schöpfung, das wir so haben gewinnen können, noch einmal kurz nachzuzeichnen: Thomas lehrte „[Nr.106]: Die höchste Stufe der gesamten Schöpfung ist die menschliche Seele, und zu ihr hin strebt die Materie wie in ihre äußerste Form. ... Der Mensch nämlich ist das Ziel der gesamten Schöpfung. [107] Die geistige Seele kann nicht entstehen außer durch Erschaffung."

Nach Rahner/Vorgrimler ist es „kirchenamtliche Lehre, daß Gott jede einzelne Seele aus dem Nichts erschafft und in eins damit mit den in der Zeugung vereinigten elterlichen Zellen zur Einheit des Menschen verbindet. Die Seele existiert nicht vor ihrer substantiellen Einheit mit dem Leib." Damit ist zugleich der Hintergrund gekennzeichnet, vor dem sich heute der Kampf der katholischen Kirche gegen die Empfängnisverhütung und Abtreibung abspielt. Nicht allen Mitstreitern wird die ganze Tiefe der obigen Aussagen voll bewußt sein, und doch sollte man das Wort des Thomas, „Der Mensch nämlich ist das Ziel der gesamten Schöpfung", unbedingt ernst nehmen.

Da von Schöpfung gesprochen wird, stellt sich folgendes Problem: Gilt das Weltbild der Naturwissenschaft? Dann läßt sich mit dem Anspruch, auf dem Boden der Wissenschaft zu stehen, nicht von Schöpfung sprechen. Gelten die Lehren der Kirche? Dann ist der Anspruch der Naturwissenschaft, ein verbindliches Bild der Welt zu entwerfen, nicht aufrechtzuerhalten. Diesen beiden Weltbildern sei in einem nachfolgenden Kapitel das Bild vom Weltenvergehen und Weltenentstehen, das Rudolf Steiner 1920 entwirft, gegenübergestellt.

Unfehlbarkeit

Unfehlbarkeit wird geltend gemacht für den verborgenen Imam; für den Dux, den Duce, den Führer; für das kirchliche Lehramt. „Unfehlbarkeit bedeutet die gnadenhafte Bewahrtheit des kirchlichen Lehramtes vor Irrtum bei letztverbindlich von ihm vorgetragenen Glaubenslehren."[1]

Da immer wieder Hinweise erfolgen, der jetzige Papst wolle die lehramtlichen Aussagen zur Empfängnisverhütung und Abtreibung als definierte Glaubenslehre, d.h. als Dogma, verkünden, sei dargestellt, unter welchen genau umrissenen Voraussetzungen die Verkündigung eines solchen Dogmas durch den Papst erfolgen kann.

---

* Siehe das Kapitel „Was sagt das Lehramt der katholischen Kirche über die Letzten Dinge?"

Die Definition der päpstlichen Unfehlbarkeit ist in der Konstitution Pastor Aeternus (Ewiger Hirte) enthalten, die auf dem Ersten Vatikanischen Konzil am 18. Juli 1870 angenommen wurde. Der Text lautet wie folgt:

„Von dem unfehlbaren Lehramt des römischen Papstes
Da gerade in dieser Zeit, wo die heilbringende Wirksamkeit des apostolischen Amtes so höchst notwendig ist, nicht wenige sich finden, welche der Amtsgewalt desselben entgegen sind, so halten Wir es durchaus für notwendig, den Vorzug, welchen der eingeborene Sohn Gottes mit dem höchsten Hirtenamte zu verbinden gewürdigt hat, feierlich zu verteidigen.

Im getreulichen Anschluß also an die vom Anfang des christlichen Glaubens an erhaltene Überlieferung zur Ehre Gottes, unseres Heilandes, zur Erhöhung der katholischen Religion und zum Heile der Völker, lehren Wir unter Zustimmung des heiligen Konzils und erklären endgültig, daß es von Gott geoffenbarter Glaubenssatz sei: daß der römische Papst, wenn er vom Lehrstuhle aus (ex cathedra) spricht, das ist, wenn er des Amtes als Hirt und Lehrer aller Christen waltet, und kraft seiner höchsten apostolischen Amtsgewalt endgültig entscheidet, eine Lehre über Glauben oder Sitten sei von der ganzen Kirche festzuhalten, er auf Grund des göttlichen Beistandes, der ihm im heiligen Petrus verheißen ist, sich jener Unfehlbarkeit erfreue, mit welcher der göttliche Erlöser seine Kirche bei endgültiger Entscheidung über eine Lehre in betreff des Glaubens oder der Sitten ausgerüstet haben wollte; und daß deshalb solche endgültige Entscheidungen des römischen Papstes durch sich selber, nicht aber durch die Zustimmung der Kirche unabänderlich sind.

Wenn aber jemand dieser Unserer endgültigen Entscheidung, was Gott verhüte, zu widersprechen sich anmaßen sollte, der sei ausgeschlossen (lat.: *anathema sit).“* [2]

Die Begleitumstände der entscheidenden Konzilssitzung schildert Hubert Jedin in seinem Buch „Kleine Konziliengeschichte":

„Am Montag, dem 18. Juli, wurde in der 4. Sitzung des Konzils die Konstitution Pastor Aeternus mit 533 Ja-Stimmen gegen 2 Nein-Stimmen (Fitzgerald von Little Rock und Riccio von Cajazzo) angenommen und zugleich die Vertagung des Konzils beschlossen. Während der Sitzung ging ein schweres Gewitter nieder. Anderthalb Stunden folgten sich Blitze und Donnerschläge. 'Nie habe ich eine eindrucksvollere Szene geschaut', schrieb der Times-Korrespondent Mozley. Als das Ergebnis der Abstimmung dem Papste überbracht wurde, war die Finsternis so dick, daß man einen Leuchter brachte, damit Pius IX. den Text der Bestätigungsworte lesen konnte: 'Wir definieren mit Zustimmung des Heiligen Konzils alles jenes, so wie es verlesen wurde, und bestätigen es kraft Apostolischer Autorität'.

Am Tage nach der Sitzung brach der Deutsch-Französische Krieg aus. Zwei Monate später, am 20. September, besetzten die piemontesischen Truppen die Stadt Rom. Von nun an war Pius IX. der 'Gefangene im Vatikan'.

An eine Wiederaufnahme des Konzils war vorläufig nicht zu denken, formell geschlossen ist es bis heute nicht."[3)]

Zwei Mariendogmen

Das Dogma von der päpstlichen Unfehlbarkeit wurde also 1870 definiert. Wie oft ist von den Päpsten in den inzwischen vergangenen ungefähr 120 Jahren unter den gekennzeichneten Vorbedingungen ein neues Dogma verkündet worden? Es mag überraschen, daß dies nur ein einziges Mal geschehen ist, und zwar am 1. November 1950, als Pius XII. in Rom das Dogma von der leiblichen Aufnahme Marias in den Himmel verkündete. Aus dem Schlußteil der Apostolischen Konstitution, durch die der Glaubenssatz definiert wurde, daß die Gottesmutter und Jungfrau Maria mit Leib und Seele in die himmlische Herrlichkeit aufgenommen worden sei, bringe ich folgende Abschnitte:

„Die gesamte Kirche also, in der der Geist der Wahrheit wirkt, der sie unfehlbar leitet zur vollen Erkenntnis der geoffenbarten Wahrheiten, hat ihren Glauben vielfach im Laufe der Jahrhunderte bekannt. Ferner bitten fast alle Bischöfe des Erdkreises beinahe einstimmig darum, es möge *die Wahrheit von der leiblichen Aufnahme der allerseligsten Jungfrau Maria in den Himmel* als Dogma des göttlichen und katholischen Glaubens definiert werden. – Diese Wahrheit stützt sich auf die Heilige Schrift, ist tief in die Herzen der Gläubigen eingeprägt, ist durch den Kult der Kirche seit den ältesten Zeiten gebilligt, stimmt aufs schönste mit den übrigen geoffenbarten Wahrheiten überein, wurde durch das Studium, die Wissenschaft und Weisheit der Theologen klar herausgearbeitet und ausgesprochen. – Darum glauben Wir, daß nunmehr der vom Ratschluß der göttlichen Vorsehung bestimmte Augenblick gekommen ist, diesen *einzigartigen Vorzug der Jungfrau Maria* feierlich zu verkünden.

Wir, die Wir Unser Pontifikat unter den besonderen Schutz der allerseligsten Jungfrau gestellt haben, zu der Wir in so vielen traurigen Schicksalsschlägen Unsere Zuflucht nahmen, Wir, die Wir ihrem unbefleckten Herzen das ganze Menschengeschlecht in öffentlicher Feier geweiht und ihren starken Schutz immer wieder erfahren haben, Wir vertrauen darauf, daß diese feierliche Verkündigung und Definierung ihrer leiblichen Aufnahme nicht wenig zum Segen des Menschengeschlechtes beitragen wird. Gereicht sie doch zum Ruhme der heiligsten Dreifaltigkeit, mit der die jungfräuliche Mutter in einzigartiger Weise verbunden ist. Es steht ja zu hoffen, daß alle Christgläubigen zu einer innigeren Verehrung der himmlischen Mutter angeregt werden und daß alle, die sich des christlichen Namens rühmen, sehnlichst danach verlangen, an der Einheit des mystischen Leibes Jesu Christi teilzunehmen und an Liebe zu derjenigen zuzunehmen, die gegen alle Glieder dieses erhabenen Leibes wahrhaft mütterliche Gesinnung hegt. Ebenso ist zu hoffen, daß die, die das herrliche Beispiel Mariens betrachten, mehr und mehr zu der Überzeugung kommen, wieviel das menschliche Leben wert ist, wenn es ganz und gar den Willen des himmlischen Vaters erfüllen und allen übrigen Gutes tun will. Während die *Irrgänge des Materialismus* und die *Sittenverderbnis,* die er im Gefolge hat, das Licht der Tugend zum Erlöschen zu bringen drohen, und zahlreiche Menschenleben in wilden Kämpfen vernichten, soll nun in wunderbar herrlicher Weise vor Augen geführt werden, für welch ein erhabenes Ziel unser Leib und unsere Seele bestimmt sind; es soll der Glaube an die leibliche Aufnahme Marias in den Himmel auch unseren Glauben an die zukünftige Auferstehung stärken und zu größeren Taten führen.

Wenn aber dieses große Ereignis nach Gottes Ratschluß in das Heilige Jahr fällt, das Wir jetzt feiern, dann gereicht Uns das zu besonderer Freude; so können Wir zugleich mit der Feier des großen Jubiläums die Stirn der Jungfrau und Gottesmutter mit diesem glänzenden Edelstein schmücken und Unserer innigsten Liebe zur Gottesmutter ein Denkmal, dauernder als Erz, setzen.

Nachdem wir uns nun immer wieder im Gebete an Gott gewandt und das Licht des Geistes der Wahrheit angerufen haben, verkünden, erklären und definieren Wir zur Ehre des allmächtigen Gottes, der sein ganz besonderes Wohlwollen der Jungfrau Maria geschenkt hat, zu Ehre ihres Sohnes, des unsterblichen Königs der Ewigkeit, des Siegers über Sünde und Tod, zur Mehrung des Ruhmes dieser erhabenen Mutter, zur Freude und zum Jubel der ganzen Kirche, in der Vollmacht Unseres Herrn Jesus Christus, der heiligen Apostel Petrus und Paulus und Unserer eigenen: *Es ist ein von Gott geoffenbarter Glaubenssatz, daß die unbefleckt empfangene und immer jungfräuliche Gottesmutter Maria nach Vollendung ihres irdischen Lebenslaufes mit Leib und Seele in die himmlische Herrlichkeit aufgenommen wurde.*"[1]

Auf die Sonderstellung, die Maria nach dem Glauben der katholischen Kirche unter allen Menschen einnimmt, sei noch einmal besonders hingewiesen. Die Kirche lehrt, durch den Tod werde die substantielle Einheit von Leib und Seele auseinandergelöst und der Leib der Verwesung übergeben, wodurch der Mensch als Mensch zu sein aufhöre. Maria jedoch sei mit Leib und Seele in die himmlische Herrlichkeit aufgenommen worden.

Die definierte Glaubenslehre über die Aufnahme Marias in den Himmel besagt also, „daß zur totalen Vollendung Marias nach Abschluß ihres irdischen Lebens jetzt schon ihre vollendete und verklärte Leiblichkeit gehört."[2]

Aber nicht nur dadurch, so wird gelehrt, unterscheide sich Maria von den anderen Menschen, auch beim Beginn ihrer Existenz sei etwas Außergewöhnliches geschehen: Ihre Mutter habe sie unbefleckt empfangen; das bedeute, sie sei vor der Erbsünde bewahrt geblieben. Bei Rahner/Vorgrimler wird das folgendermaßen ausgesprochen: Die „unbefleckte Empfängnis Marias darf nicht mit der Jungfrauengeburt Jesu aus Maria verwechselt und als solche beim Werden Marias selbst verstanden werden, sondern meint die definierte Glaubenslehre (d.h. das Dogma, H.-D.F.), daß Maria durch die zuvorkommende Erlösungsgnade Christi vom Anfang ihres Daseins an vor der Erbsünde bewahrt blieb und somit mit der Gnade der Rechtfertigung (als Gnade Christi) ihre Existenz begann."[3] Inwiefern die Mariendogmen zum Thema dieser Arbeit gehören, ergibt sich aus folgendem:

Für den Papst ist der Umsturz im Osten nicht von Menschen allein bewirkt. Johannes Paul II. spürt das Eingreifen von seiten des Himmels. Wie schon in einem vorigen Kapitel* geschildert, hat er in Fatima der Madonna gedankt und den Umsturz im Osten auf ihre Fürsprache zurückgeführt. So wirkungsmächtig ist also nach seiner Überzeugung die Jungfrau Maria, daß sie mit mütterlicher Liebe die Völker zur Freiheit führt.

Ein weiteres: Pius XII., der 1950 das Dogma von der leiblichen Aufnahme Marias in den Himmel verkündete, hatte, wie immer wieder, teils mit Sorge, teils mit freudiger Erwartung berichtet wurde, die Absicht, die einzigartige Stellung Marias in noch deutlicherer Weise zu kennzeichnen, indem er feierlich erklären würde, Maria sei Miterlöserin der Menschheit. Dazu ist es nicht mehr gekommen.

Auch im Islam nehmen Maria und Jesus eine Sonderstellung ein. Darüber ist folgendes Wort Mohammeds überliefert: „Jedes Kind, das geboren wird, wird vom Satan berührt, und diese Berührung läßt es schreien, ausgenommen Maryam und ihren Sohn."[4]

Was sagt das Lehramt der katholischen Kirche über die Letzten Dinge?

In diesem Kapitel geht es um eine getreue Darstellung der kirchlichen Lehre. Sie muß sich auf einen von fachlich qualifizierter Seite geschriebenen Text stützen, der mit dem von Professor Winklhofer verfaßten Artikel „Eschatologie" in dem „Handbuch theologischer Grundbegriffe" vorliegt. Einerseits werde ich ausführlich dargestellte Sachverhalte nahe an dem Wortlaut des Artikels kurz referieren, andererseits so knapp wie möglich zitieren, um dann schließlich die Aussagen über die Wiederkunft Christi, die Auferstehung der Toten, das allgemeine Gericht, das Ende der Welt und ihre Umgestaltung ungekürzt wiederzugeben.

Die Lehre von den Letzten Dingen (griech.: *eschata*) nennt man Eschatologie. Es ist katholische Auffassung, daß die Letzten Dinge eigent-

---

* Papst Johannes Paul II. schaut auf das Ende des 2. Jahrtausends.

lich Vorgänge mit der Aufgabe sind, das Reich und die Herrschaft Gottes heraufzuführen und zu vollenden. Es wird der Blick auf den Endzustand der ganzen Schöpfung gerichtet, der durch Vollendung des Zustandes aller einzelnen geistbegabten Geschöpfe herbeigeführt wird.

Es sei hier zuerst vom Schicksal des einzelnen nach Aussagen des katholischen Lehramtes gesprochen, das zwar den Tod als einen Vorgang beschreibt, in dem die substantielle Einheit von Leib und Seele auseinandergelöst, der Leib in der Folge der Verwesung überliefert wird und der Mensch als Mensch aufhört zu sein, das Wesentliche aber darin sieht, daß der Tod vor dem Tode des Herrn ein Unheilsereignis war, das Mittel, wodurch sich Satan, „der Gewalthaber über den Tod"[1], für immer des ihm verfallenen Menschen bemächtigte. Nun aber in der Zeit des Heils, so wird gelehrt, sei dem Satan bezüglich der Erwählten alle Macht genommen, wenn auch der Tod heute noch bis zur Auferstehung des Fleisches das Ende des Menschen darstelle.

Nach dem 1. Brief an die Korinther 15, 21 brauchen die Gerechten am Jüngsten Tag nicht zu sterben, sie werden einfach in die allgemeine Umwandlung einbezogen, was darauf hinweist, daß der Tod jetzt schon die Funktion hat, die Auferstehung einzuleiten. Die katholische Theologie legt großen Wert auf den Hinweis, daß der Mensch, tritt der Tod ein, keine Verdienste mehr erwerben kann. Sein Los noch zum Guten (oder Bösen) zu wenden, ist nicht mehr möglich. Unmittelbar nach dem Tod erfolgt nach Lehre der Kirche das Gericht, das das „besondere Gericht" genannt wird, weil es nur über den eben gestorbenen einzelnen Menschen ergeht. Die sofort in Kraft tretende „Vergeltung", Lohn und Strafe, ist unabänderlich.

Wie steht es um den Zustand der abgeschiedenen Seelen zwischen Tod und Auferstehung? Sie kommen mit dem Tod an ihren endgültigen Ort und in den Genuß des Lohnes und der Strafe, die sie verdienen.

„Es war Johannes' XXII. private theologische Lehre, jene Seelen schliefen zwar nicht, aber soweit sie in der Gnade Gottes hinübergingen, seien sie bis zum Jüngsten Tag weder im Fegfeuer noch im Besitz der Anschauung Gottes, sondern nur im Besitz einer natürlichen Glückseligkeit. (...) Die Bulle 'Benedictus Deus' von 1336 hat die Lehre Johannes' XXII. zurückgewiesen. Für die verstorbenen Gerechten gilt: 'Heute noch wirst du bei mir im Paradiese sein' (Lk 23, 43). Es gibt nach katholischer Lehre nur ein Zwischenstadium, und zwar nur für die Auserwählten, die im Herrn entschlafen sind, aber noch einer letzten Läuterung bedürfen, das Purgatorium."[2]

Lohn und Strafe werden von Gott verhängt, es muß ihnen also etwas wie ein Richterspruch Gottes vorausgehen, der der Seele in seiner inneren Gerechtigkeit vorbehaltlos einleuchtet.

„Die Seele erkennt in diesem Moment den Wert ihres irdischen Lebens und zieht die Summe aus all ihren Werken. Diese sind wohl noch nicht ausgelaufen; sie tragen immer noch Früchte und bringen Wirkungen hervor, aber ihr Grundcharakter, gut oder böse, liegt bereits fest. Der Urteilsspruch Gottes beim 'besonderen Gericht' ist daher unwiderruflich und unabänderlich.

Das Fegfeuer. Nicht alle, die im 'besonderen Gericht' in den Himmel eingewiesen werden, haben die Voraussetzung, auch sofort in den Himmel einzugehen. Sie müssen nach der katholischen Glaubenslehre zuvor ein Stadium der Läuterung, das Purgatorium oder, wie es im germanischen Sprachraum bezeichnet wird, das Fegfeuer, durchschreiten."[3]

„Der Begriff des Feuers findet sich in den feierlichen Lehrentscheidungen der Kirche nicht. (...) Gewiß taucht bei Innozenz IV. und Clemens VI. der Begriff des Feuers in ihren Verlautbarungen zum Fegfeuer auf, aber er läuft nur mit; er wird nicht in einem eigentlich definitorischen Sinne erwähnt."[4]

„Man darf dabei den Strafcharakter des Fegfeuers nicht überspannen. Es ist wesentlich der Ort einer Läuterung, die innerlich sogar in einer schon tief erfahrenen Vereinigung mit Gott durch die Gnade wurzelt und ohne diese nicht möglich wäre."[5]

Der Himmel. Nach Erlangung der letzten Vollkommenheit durch die Läuterung im Fegfeuer wird der Seele schon vor der Auferstehung des Fleisches der Himmel zuteil. Dieser Himmel ist sowohl ein 'Ort' wie ein Zustand."[6]

Katholische Lehre ist, daß die Seligkeit, die aus der unmittelbaren Schau Gottes erfließt, „nach Verdienst und Erwählung verschieden ist. Der Lohn des Himmels ist ungleich, aber er ist ewig und leidet keine Unterbrechung mehr.

Von den Seligen aber, die zugleich in einer beglückenden Gemeinschaft mit den Engeln leben, geht auch Hilfe für die streitende und leidende Kirche aus. Wir glauben, daß sie an den Schicksalen der Kirche auf Erden und ihrer Glieder innerlich teilnehmen. Diese Teilnahme wird auch aktiviert durch das Gebet, das die Gläubigen auf Erden an sie richten."[7]

Die Hölle. Das Gegenteil des Himmels ist die Hölle; sie besteht auch noch nach Christus fort. Sie ist der Ort und Zustand der ewigen Unvollendetheit. Die Hölle ist ein Strafzustand, der in der ewigen und endgültigen Entfernung aus der Nähe Gottes besteht. Da aber schon die Todsünde einen solchen Zustand der Ferne von Gott als Abkehr von ihm bzw. als Hinkehr zu den Geschöpfen begründet, so sieht man das innere Wesen der Hölle eben in der Todsünde selber, in der die Verdammten gestorben sind. Sie stellt den Verlust *(damnum)* des höchsten Gutes dar, ohne das der Mensch nicht glücklich zu sein vermag, schon gar nicht mehr in der Ewigkeit, wo er über diesen Verlust nicht mehr durch Ersatzgüter hinweggetäuscht werden kann. Aus diesem Verlust ergibt sich eine für uns geheimnisvolle, abgründige Qual der Seele, wenigstens da, wo dieser Verlust durch eine persönliche Sünde selber verschuldet wurde. An die Stelle der Verbundenheit mit Gott tritt eine tödliche Verbundenheit mit dem Teufel zu einem *corpus diabolicum,* wie manche Texte der Hl. Schrift vermuten lassen (1 Jo 3, 8; Röm 6, 6 ff).

Es ist aber Lehre der Kirche, daß mit dieser Qual, die aus der 'Strafe des Verlustes' entspringt, noch eine zusätzliche Strafqual *(poena sensus)* verbunden ist, die in der Hl. Schrift als 'Feuer' (Mt 5, 22; Mk 9, 43 usw.) oder 'Finsternis' (Mt 8,12) bezeichnet wird."[8]

„Festzuhalten ist die Ewigkeit der Höllenstrafe."[9]

„Die Wiederkunft Christi (Parusie). Im Mittelpunkt der 'allerletzten' Dinge steht die Wiederkunft Christi. Diese bringt den ewigen Tag Gottes, den die Herrlichkeit des Herrn erhellt (Apk. 21, 23). Es ist eine allen Christen gemeinsame Glaubenswahrheit, daß Christus wiederkommen und daß dann das Ende der Welt sein wird. Jesus hat dieses Geheimnis der Zukunft selber wiederholt so klar ausgesprochen, daß es im Glauben der Kirche keiner Entfaltung und Begründung mehr bedurfte. Mit dieser Wiederkunft ereignen sich zugleich alle Dinge, die wir mit dem Begriff des Jüngsten Tages verbinden, wie die Auferstehung des Fleisches, das 'allgemeine Gericht' und der Untergang bzw. die Erneuerung und Umgestaltung der Welt.

Diese Wiederkunft des Herrn kommt machtvoll und unerwartet. 'Wie der Blitz im Osten aufzuckt und bis zum Westen leuchtet, so wird es auch mit der Wiederkunft des Menschensohnes sein' (Mt 24, 27). Da ergreift der Herr die Herrschaft über alle Schöpfung. 'Die Herrschaft über die Welt gehört jetzt unserem Herrn und seinem Gesalbten' (Apk 11, 15). 'Mit seinem Engelsheer offenbart sich der Herr Jesus vom Himmel her in Feuerflammen' (2 Thess 1, 7). 'In großer Macht und Herrlichkeit' (Mk 13, 26) demonstriert er seine neue Gegenwart in der Welt und 'macht alles neu' (Apk 21, 5.).

Schon die Jünger fragten, wann das sein wird. Jesus lehnte eine Antwort darauf ab und gab doch Anzeichen dafür an, daß dieser Tag nahe sei. Es kann nicht behauptet werden, daß dieser Tag mit einem natürlichen Ende der Welt zusammenfalle; Christus kommt nicht, weil ein Ende sei, sondern weil er kommt, erfolgt das Ende, das der Welt bestimmt ist. Die Apostel scheinen noch für ihre Zeit mit der Parusie gerechnet zu haben. Die Naherwartung der Urkirche und die Fernerwartung der heutigen Christenheit sind nicht ganz in Einklang zu bringen. Die Anzeichen der nahen Parusie, die wir in der Schrift finden, geben keine Möglichkeit, die Länge der Zeit zwischen ihrem Auftreten und dem, was sie anzeigen, zu bestimmen. So sind der große Glaubensabfall, das Auftreten falscher Propheten (Mt 24, 4; 2 Thess 2, 3), das Faktum, daß das Evangelium auf der ganzen Welt verkündet ist (Mt 24, 14), oder die Bekehrung von ganz Israel nach Röm 11,25 solche Zeichen der 'nahen' Parusie. Dazu kommt auch das Auftreten des Antichrist, des 'Menschen der Gesetzlosigkeit', des 'Sohnes des Verderbens', 'der sich über Gott und alle Heiligen erhebt' (2 Thess 2, 3–12; vgl. 1 Jo 2, 18–22). Er hat seine Vorläufer in all jenen, die als Inhaber einer politischen Macht gegen Christus und das neue Volk Gottes angetreten sind, und eben deshalb ist damit zu rechnen, daß er nicht mit Sicherheit erkannt wird, wenn er einmal erscheint, auch wenn dann der Kampf gegen Christus und seine Gemeinde in einer bisher nicht dagewesenen Schärfe entbrannt sein wird (vgl. die Apokalypse des Johannes). Wenn der Tag Christi, der 'Tag des Zornes' (Röm 2, 5), anbricht, dann vollzieht sich die Wandlung der ganzen Schöpfung zu ihrer endgültigen Gestalt.

Die Auferstehung der Toten. Wir können dieses Ereignis, das allen Menschen gilt, die je auf Erden lebten, Christus selber als Urheber zuschreiben. Er ist 'die Auferstehung und das Leben' (Jo 11, 25). Dabei werden die Seelen aller Verstorbenen wieder mit ihrem Leibe ausgestattet. Es wird der Seele nicht irgendein Leib zuerschaffen, sondern einer, der wahrhaft der ihre ist und eine materielle oder formelle Identität mit ihrem Erdenleibe hat. Dabei werden die Leiber, die dem Menschen zugeteilt werden, je nach ewigem Lohn oder ewiger Strafe verschieden sein. Der Leib der Verdammten wird nicht 'verwandelt'. Sie werden in bezug auf das, was von der Natur ist, unversehrt wiederhergestellt werden ...'(Thomas, Contr. Gent. IV, 89); sie erhalten eine 'negative Verklärung' (M.J. Scheeben, Mysterien des Christentums, 572). Mit der Auferstehung des Fleisches wird der Mensch, der mit dem Tode aufhörte und nur mehr der Seele nach existierte, die freilich auf den Leib hingeordnet war und blieb, wieder konstituiert.

Wie dieses Ereignis der Endzeit zustande kommt, wissen wir nicht. Paulus redet davon, daß mit dem Leib ein verwesliches Samenkorn in die Erde gelegt und ein unverweslicher Leib geerntet wird (1 Kor 15, 35 ff.). Der letzte Grund der Auferstehung des Fleisches ist Gottes allmächtiger Wille: 'Gott gibt eine Gestalt, wie er will' (1 Kor 15, 38).

Dieser Leib ist nach dem Modell des Auferstehungsleibes Christi beschaffen. Deshalb wird ihm eine gewisse Vergeistigung, nämlich Unzerstörbarkeit und Unverderblichkeit, die einen nochmaligen Tod ausschließt, Klarheit, kraft deren der Leib den Glanz der vollendeten Seele an sich trägt und ihn offenbart, Beweglichkeit und Feinheit, durch die er eine absolute Gefügigkeit gegenüber der Geistseele, die ihn durchwaltet, zugeschrieben.

Das allgemeine Gericht. Die Auferstehung der Toten ist bereits ein Akt des 'allgemeinen Gerichts', da der Mensch, je nach Verdienst oder Mißverdienst, in seiner endgültigen und ewigen Gestalt wieder erweckt wird. Es steht fest, daß das 'allgemeine Gericht' nicht der Vater, sondern der Sohn, d.h. der menschgewordene Sohn, vollzieht.

Das 'allgemeine Gericht' bringt auf keinen Fall eine Apokatastasis (Wiederherstellung) der gefallenen Engel und der bereits verdammten Menschen. Es hat gegenüber dem 'besonderen Gericht' – um nur einige Momente anzusprechen – wohl die Funktion, Gericht über die Geschichte zu sein und die sozial-übernatürliche Bedeutung des einzelnen Menschen im Guten und Bösen, insofern er geschichtsbildend wirkte, aufzuzeigen. Vielleicht ist der letzte Sinn dieses Ereignisses die Unterwerfung der ganzen Schöpfung unter Christus, die Offenbarung der universalen Herrschaft Christi und die Übergabe dieser ganzen Schöpfung an den Vater durch

Christus und eben damit ihre Vollendung (1 Kor 15, 23 ff.). Das ist zugleich die absolute Überwindung Satans. Hand in Hand damit geht die große Theodizee, die Gott durch Christus vornimmt, der Aufweis des Sinnes sowie der Gottgelenktheit der Geschichte im ganzen wie jedes einzelnen Schicksals. *Das Ende der Welt und ihre Umgestaltung.* Mit der Auferstehung des Fleisches und dem 'allgemeinen Gericht' bringt ja die Wiederkunft Christi auch den Jüngsten Tag, d.h. den letzten Tag der Geschichte und der Welt in ihrer bisherigen Gestalt. Was mit ihr an diesem Tage geschieht, ist kein Untergang schlechthin, wenn es auch in der Hl. Schrift sehr eindrucksvoll in den Formen eines Untergangs beschrieben wird (Lk 21, 25; Apk 21, 1). Nach 2 Petr 3, 12 aber wird 'sich der Himmel in Feuer auflösen ... Wir aber erwarten gemäß seiner Verheißung einen neuen Himmel und eine neue Erde, worin die Gerechtigkeit ihre Stätte hat.' Diese Erwartung einer neuen Erde und eines neuen Himmels, also einer erneuerten und umgestalteten Schöpfung und der 'Wiederherstellung aller Dinge' (Apg 3, 21) gründet sowohl in der alttestamentlichen wie in der neutestamentlichen Offenbarung (vgl. Is 60–66; Apk 21–22). Die christliche Eschatologie steht bezüglich ihrer einzelnen Ereignisse, der 'Letzten' und 'Allerletzten Dinge', und deren Wirklichkeit fest."[10]

Die Weissagung vom Ende und von der Wiederkunft Christi nach dem Matthäus-Evangelium

Aus dem Matthäus-Evangelium wird die Weissagung vom Ende und von der Wiederkunft Christi wegen folgender Motive gebracht: Jesu Worte über den Tempel, Warnung vor falschen Messiassen und falschen Propheten, Überhandnehmen der Gesetzlosigkeit, Verkündigung des Evangeliums vom Reiche in der ganzen Welt, eine große Drangsal, das Kommen des Menschensohnes auf den Wolken des Himmels.

„Als Jesus den Tempel verließ und weiterging, traten seine Jünger zu ihm, um ihn hinzuweisen auf die Bauten des Tempels. Er aber sprach zu ihnen: 'Seht ihr dies alles? Wahrlich, ich sage euch: Kein Stein wird hier auf dem andern gelassen, ein jeder wird abgebrochen werden.'

Als er sich auf dem Ölberg niedersetzte, traten die Jünger zu ihm und sagten im Alleinsein mit ihm: 'Sag uns, wann wird das sein, und was ist das Zeichen für deine Ankunft und für das Ende der Welt?'

Jesus antwortete ihnen: 'Seht zu, daß euch niemand verführe! Denn viele werden unter meinem Namen kommen und sagen: Ich bin der Messias!, und sie werden viele verführen. Ihr aber werdet von Kriegen und Kriegsgerüchten hören, seht zu, laßt euch nicht schrecken; denn es 'muß so kommen' (Dan, 2,28), aber noch ist es nicht das Ende. Denn aufstehen wird

'Volk wider Volk' (2 Chron 15,6) und 'Reich wider Reich' (Is 19,2), und Hungersnöte werden sein von Ort zu Ort und Seuchen und Erdbeben. All das ist der Anfang der Wehen.

Alsdann werden sie euch der Drangsal überliefern und euch töten, und ihr werdet verhaßt sein bei allen Völkern ob meines Namens. Da 'werden viele zu Fall kommen' (Dan 11,41), einander verraten und einander hassen. Viele falsche Propheten werden aufstehen und werden viele verführen. Weil die Gesetzlosigkeit überhandnimmt, wird die Liebe der vielen erkalten. Wer aber ausharrt bis ans Ende, der wird gerettet werden. Und es wird dieses Evangelium vom Reiche verkündet werden in der ganzen Welt, zum Zeugnis für alle Völker, und dann wird kommen das Ende.

Wenn ihr nun den 'Greuel der Verwüstung', vorhergesagt durch den Propheten Daniel (9,27; 12,11), stehen seht 'an heiliger Stätte' – wer es liest, bedenke es wohl! –, dann fliehe, wer in Judäa ist, in die Berge, wer auf dem Dache ist, steige nicht herab, um etwas aus seinem Hause zu holen, und wer auf dem Felde ist, kehre nicht zurück, um seinen Mantel zu holen. Wehe den Schwangeren und Stillenden in jenen Tagen! Betet aber, daß eure Flucht nicht im Winter geschehe oder am Sabbat. Es wird nämlich dann 'eine große Dangsal sein, wie dergleichen nicht gewesen ist seit Anfang der Welt bis jetzt' (Dan 12,1) und nicht mehr sein wird. Und würden jene Tage nicht abgekürzt, würde kein Mensch gerettet werden; doch um der Auserwählten willen werden jene Tage abgekürzt werden.

Wenn dann jemand zu euch sagt: Seht, hier ist der Messias, oder: dort, so glaubt es nicht; denn es werden falsche Messiasse aufstehen und 'falsche Propheten, und sie werden große Zeichen und Wunder tun' (5 Mos 13, 1 f.), um, wenn möglich, auch die Auserwählten zu verführen. Seht, ich habe es euch vorhergesagt! Wenn sie euch also sagen: Seht, er ist in der Wüste, so geht nicht hinaus; seht, er ist in den Kammern, so glaubt es nicht! Denn wie der Blitz vom Osten ausgeht und bis zum Westen leuchtet, so wird es sein mit der Ankunft des Menschensohns. 'Wo das Aas ist, da versammeln sich die Geier' (Job 39,30).

Sogleich nach der Drangsal jener Tage wird 'die Sonne sich verfinstern und der Mond seinen Schein nicht mehr geben' (Is 13,10), 'die Sterne werden vom Himmel fallen, und die Kräfte des Himmels werden erschüttert werden' (Is 34, 4). Dann wird das Zeichen des Menschensohns am Himmel erscheinen, und 'wehklagen werden alle Stämme der Erde' (Zach 12, 10 ff.), und sie 'werden den Menschensohn kommen sehen auf den Wolken des Himmels' (Dan 7,13) mit großer Macht und Herrlichkeit. Er wird seine Engel aussenden mit lautem Posaunenschall, und sie werden 'zusammenführen seine Auserwählten von den vier Winden' (Zach 2, 6), 'von einem Ende des Himmels bis zum andern' (5 Mos 30,4)."[1]

Eine Aussage Rudolf Steiners über das Wiedererscheinen Christi im Ätherischen

Nachdem wir uns eingehend mit den Bildern von den endzeitlichen Geschehnissen, die zu unserer christlichen Überlieferung im Abendland gehören und besonders durch die katholische Kirche bewahrt sind, beschäftigt haben, nachdem wir wenigstens eine der Aussagen in den Evangelien über die Wiederkunft Christi haben auf uns wirken lassen, gilt es jetzt, sich mit einer der allerwesentlichsten Mitteilungen aus der anthroposophischen Geisteswissenschaft vertraut zu machen. Stellen wir diese Mitteilung in den Gang unserer Betrachtungen hinein.

Wir haben in groben Zügen die Entwicklung von Joachim von Floris zu Hitler und Mussolini verfolgt, also bis ungefähr in die Mitte dieses Jahrhunderts. Wir wissen, daß das Jahr 1933 das Ende jener Weimarer Republik brachte, die die Folgen des Ersten Weltkrieges bitter zu tragen hatte. Wir haben, vielleicht zu unserem Erstaunen, von den Erwartungen einer Apokalypse in den Vereinigten Staaten erfahren, wir haben uns mit der Sorge des Papstes angesichts der Zeichen des Todes in unserer Zeit vertraut gemacht. Von der elementarischen inneren Unruhe, die die Menschheit über die ganze Erde hin ergriffen hat, war die Rede, von Messias- und Mahdi-Erwartungen, vom Hoffen auf den verborgenen Imam, von der Besorgnis, es könne ein falscher Messias, ein Antichrist auftreten und nicht als solcher erkannt werden.

Liegt all diesen Erscheinungen etwas Tieferes zugrunde? Wirkt etwas aus dem Zeitenhintergrund herein?

Rudolf Steiners Darstellung gibt eine Antwort auf diese Frage. Die Menschheit befindet sich in einem gewaltigen Umbruch. Fünftausend Jahre lang, von 3101 vor bis 1899 nach Christus, schwand nach und nach die Verbindung mit geistigen Wesen, die durch eine Art Hellsehen vermittelt wurde. Die moderne, auf die physisch materielle Welt gerichtete Bewußtseinsform bildete sich; mit dem dadurch errungenen hellen Bewußtsein kann der Mensch jetzt wieder in Verbindung zu geistigen Wesen treten, und zwar durch neue Seelenfähigkeiten, durch die Ätherisches wahrgenommen werden kann. Durch Äthersehen können die Menschen hinaufwachsen zu dem in ätherischer Gestalt wiederkommenden Christus. Der Christus ist da. Wenn die Menschen ihn nicht sehen, dann darum, weil sie die Organe noch nicht ausgebildet haben, mit denen er gesehen werden kann. Denken wir da nicht an die Bilder, die mit der Verborgenheit des Imam verbunden sind?

Lesen wir jetzt den Wortlaut Rudolf Steiners so, daß uns damit Allerwichtigstes mitgeteilt wird.

„Versetzen Sie sich einmal in jene Zeit (die Zeit des Christusereignisses, H.-D.F.), dann werden Sie sich leicht sagen können: Ja, man konnte in der damaligen Zeit leben und man brauchte nichts zu wissen von dem Erscheinen des Christus Jesus auf dem physischen Plan! Man konnte auf der Erde leben, ohne dieses allerwichtigste Ereignis in sein Bewußtsein aufzunehmen.

Sollte es nicht auch heute möglich sein, daß unendlich Wichtiges vorgeht und die Menschen es nur nicht in ihr Bewußtsein aufnehmen? Könnte es nicht sein, daß unsere Zeitgenossen von dem Allerwichtigsten, was vorgeht in der Welt, jetzt vorgeht, keine Ahnung haben? So ist es! Denn Wichtigstes geht vor, doch geht es nur für den geistigen Blick wahrnehmbar vor. Es wird so viel von Übergangszeiten gesprochen; wir leben in einer solchen, und zwar in einer sehr wichtigen. Und das Wichtige ist, daß wir gerade in der Zeit leben, wo das finstere Zeitalter das Kali Yuga, das von 3101 v.Chr. bis 1899 n.Chr. dauerte, H.-D.F.) abgelaufen ist, und daß jetzt gerade ein Zeitalter beginnt, wo die Menschen neue Fähigkeiten langsam und allmählich entwickeln, wo die Seelen der Menschen allmählich anders werden.

Aber daß die meisten Menschen nichts davon bemerken, das braucht Sie nicht zu wundern, denn die meisten haben es auch nicht bemerkt, als im Beginne unserer Zeitrechnung das Christus-Ereignis vor sich ging. Im Jahre 1899 ist das Kali Yuga abgelaufen, jetzt haben wir uns in ein neues Zeitalter hineinzuleben. Und was da beginnt, das bereitet langsam die Menschen zu neuen Seelenfähigkeiten vor.

Die ersten Anzeichen von diesen neuen Seelenfähigkeiten, die werden sich in vereinzelten Seelen schon verhältnismäßig bald bemerkbar machen. Und sie werden sich deutlicher zeigen in der Mitte der dreißiger Jahre unseres Jahrhunderts, ungefähr in der Zeit zwischen 1930 und 1940. Die Jahre 1933, 1935 und 1937 werden besonders wichtig sein. Da werden sich am Menschen ganz besondere Fähigkeiten als natürliche Anlagen zeigen. In dieser Zeit werden große Veränderungen vor sich gehen und Prophezeiungen der biblischen Urkunden sich erfüllen. Da wird sich alles für die Seelen verändern, die auf der Erde weilen und auch für diejenigen, die nicht mehr im physischen Leibe sind. Gleichgültig, wo sie sind, diese Seelen, sie leben eben ganz neuen Fähigkeiten entgegen. Alles ändert sich. Das wichtigste Ereignis unserer Zeit aber ist eine tief einschneidende Änderung in den Seelenfähigkeiten der Menschen.

Das Kali Yuga ist abgelaufen, und es beginnen die Menschenseelen jetzt neue Fähigkeiten zu entwickeln, jene Fähigkeiten, welche, weil eben das Zeitalter dafür da ist, wie von selber heraustreiben werden aus den Seelen gewisse hellseherische Kräfte, jene hellseherischen Kräfte, die während des Kali Yuga eben hinuntertauchen mußten ins Unbewußte. (...)

Was eintreten kann, das wird das sein, daß die Menschen die neue Fähigkeit des Wahrnehmens im Ätherischen werden erlangen können – eine gewisse Anzahl von Menschen wenigstens zunächst –, und die andern werden immer mehr und mehr nachrücken, denn 2500 Jahre wird die

Menschheit Zeit haben, um diese Fähigkeiten immer mehr und mehr zu entwickeln. In dieser Zeit dürfen die Menschen die Gelegenheit nicht versäumen. Ein Versäumnis aber wäre ein großes Unglück, und die Menschheit müßte dann warten auf später, um das Versäumte nachzuholen, um die neue Fähigkeit noch nachträglich zu entwickeln. Es wird die Fähigkeit sein, daß die Menschen in ihrer Umgebung etwas sehen werden von dem Ätherischen, das sie normalerweise bisher nicht wahrnehmen konnten. Jetzt sieht der Mensch nur den physischen Leib des Menschen, dann aber wird er imstande sein, den Ätherleib wenigstens wie ein schattenhaftes Bild zu sehen und auch aller tieferen Ereignisse Zusammenhang im Ätherischen zu erleben. Sie werden Bilder und Ahnungen haben von Ereignissen in der geistigen Welt und erleben, daß sich solche Ereignisse in drei bis vier Tagen dann auf dem physischen Plan erfüllen. Sie werden gewisse Dinge in ätherischen Bildern sehen und dann wissen: morgen oder in einigen Tagen geschieht dieses oder jenes.

Solche Umänderungen der menschlichen Seelenfähigkeiten werden kommen. Etwas, was man als Äthersehen bezeichnen kann, wird kommen. Und was ist damit verknüpft? Nun, diejenige Wesenheit, die wir den Christus nennen, die war einmal im Fleische auf der Erde im Beginne unserer Zeitrechnung. In einem solchen physischen Leibe wird sie nicht mehr kommen, denn das war ein einmaliges Ereignis. Aber in der ätherischen Gestalt wird der Christus wiederkommen in den genannten Zeiten. Da werden die Menschen wahrnehmen lernen den Christus, indem sie durch dieses Äthersehen hinaufwachsen werden zu ihm, der nun nicht mehr heruntersteigt bis zum physischen Leib, sondern bloß bis zum Ätherleib. Die Menschen werden also hinaufwachsen müssen zu einem Wahrnehmen des Christus. Denn wahr ist der Ausspruch, den der Christus getan hat: 'Ich bin bei euch alle Tage bis ans Ende der Erdenzeiten.' Er ist da, er ist in unserer geistigen Welt, und besonders Begnadete, die können ihn immer wahrnehmen in dieser geistig-ätherischen Welt.

Derjenige, der durch solche Wahrnehmungen besonders überzeugt worden ist, war Paulus, im Ereignis von Damaskus. Als natürliche Fähigkeit aber wird dieses Äthersehen ausgebildet werden bei einzelnen Menschen. Ein Ereignis von Damaskus, ein Paulus-Ereignis zu erleben, wird mehr und mehr möglich werden den Menschen der kommenden Zeit.

So erfassen wir jetzt Geisteswissenschaft in einem ganz andern Sinn. Wir lernen, daß sie etwas ist, was uns eine ungeheure Verantwortung auferlegt, denn sie ist eine Vorbereitung auf das ganz konkrete Geschehen des Wiedererscheinens des Christus. (...)

Der Christus ist immer da, aber er ist in der geistigen Welt. Und wir können ihn erreichen, wenn wir uns in sie erheben. Und alle anthroposophische Lehre sollte sich in uns in den starken Wunsch umwandeln, dieses Ereignis an der Menschheit nicht spurlos vorübergehen zu lassen, sondern in der Zeit, die uns zur Verfügung steht, allmählich eine Menschheit heranzubilden, die reif sein möge, diese neuen Fähigkeiten in sich auszubilden und sich damit erneut mit dem Christus zu verbinden. Denn sonst müßte die Menschheit dann lange, lange warten, bis ihr wieder solch eine Gelegenheit gegeben werden könnte. Lange Zeit müßte sie warten: bis zu einer Wiederverkörperung der Erde. Ginge die Menschheit vorüber an diesem Ereignis der Wiederkunft Christi, dann würde das Anschauen des Christus im Ätherleibe auf diejenigen beschränkt werden, welche sich durch eine esoterische Schulung willig erweisen, sich zu einem solchen Erleben zu erheben. Das Große aber, daß für die allgemeine Menschheit, für alle Menschen diese Fähigkeiten errungen würden, daß dieses große Ereignis verstanden würde durch die natürlich entwickelten Fähigkeiten aller Menschen, das würde für lange, lange unmöglich.

So sehen wir, daß es schon etwas gibt in unserem Zeitalter, was das Dasein und Wirken der Geisteswissenschaft in der Welt rechtfertigt."[1]

Weltenvergehen und Weltenentstehen nach den Forschungsergebnissen Rudolf Steiners

Der Vortrag, aus dem hier ein Auszug gebracht wird, wurde am 15. November 1919 vor Zuhörern gehalten, die mit der anthroposophisch orientierten Geisteswissenschaft schon vertraut waren. Ein wesentlicher Gesichtspunkt der Ausführungen läßt sich so kennzeichnen: Die gedeihliche Weiterentwicklung von Menschheit und Erde hängt davon ab, daß die Menschenseelen in der Gegenwart für das, was der geistige Inhalt der Geisteswissenschaft ist, erglühen können. Diesem Erglühen-Können steht die Lässigkeit und Faulheit und Bequemlichkeit der Menschenseelen gegenüber, die den ersten Anstoß zum Erstarren der Erde geben würden.

„Ich las neulich eine Aufzeichnung, die ein Freund der anthroposophischen Bewegung kurz vor seinem Tode geschrieben hat. Er ist im Kriege verwundet worden und hat noch längere Zeit im Lazarett gelegen, wo er während der Operationen, die an ihm vorgenommen worden sind, manche Einblicke in die geistige Welt gewonnen hat. Die letzten Zeilen aber, die er hinterlassen hat, enthalten eine merkwürdige Stelle. Sie enthalten eine Schauung, in welcher er schildert, was er kurz vor dem Tode erlebt hat. Und zum letzten, was er erlebt hat, gehört, daß ihm alles dasjenige, was sich wie der Luftkreis ausbreitet um ihn herum wie er sich ausdrückt, 'graniten' wird, ganz dicht, steinern wird; graniten wird, wie schwerer Granit sich auf die Seele legt. Solch einen Eindruck muß man verstehen. Und man kann ihn verstehen, wenn man weiß, daß zu kämpfen ist um dasjenige, was Zukunftsweisheit ist; denn die ahrimanischen Mächte lassen sich diese Zukunftsweisheit nicht so ohne weiteres entringen. Man darf nicht glauben, daß man in wollüstigen

Visionen Weisheit erhoffen kann. Wirkliche Weisheit muß, wie ich neulich auch im öffentlichen Vortrage sagte, 'in Leiden erworben werden'. Und von jenen Leiden ist das, was ich Ihnen eben von einem Sterbenden mitgeteilt habe, eigentlich ein recht gutes Bild. Denn in dem Ringen um die Zukunftsweisheit ist eines der häufigsten Erlebnisse gerade dieses, daß die Welt um einen herum drückt, wie wenn die Luft plötzlich zu Granit erstarren würde. Man kann wissen, warum diese Dinge so sind. Man braucht ja nur zu bedenken, daß es das Bestreben der ahrimanischen Mächte ist, die Erde zum völligen Erstarren zu bringen. Sie würden ihr Spiel gewonnen haben, sobald es ihnen gelungen wäre, alles dasjenige, was Erde, Wasser, Luft ist, zum völligen Erstarren gebracht zu haben. Dann würde die Erde sich nicht wiederum zurückentwickeln können zu jener Wärme, aus der sie sich seit der Saturnzeit her entwickelt hat. Diese Wärme soll sie ja wiederum erreichen in der Vulkanzeit. Das zu verhindern, ist das Streben der ahrimanischen Mächte. Und eine wichtige Entscheidung läge schon darin, wenn in der Gegenwart die Menschenseelen etwa nicht erglühen könnten für das, was der geistige Inhalt der Geisteswissenschaft ist. Denn der erste Anstoß zum Erstarren der Erde würde dann gegeben werden von menschlichen Seelen, von der Lässigkeit und Faulheit und Bequemlichkeit der menschlichen Seelen. Wenn Sie bedenken, daß in diesem Erstarren das eigentliche Ziel der ahrimanischen Mächte liegt, dann wird es Ihnen nicht auffällig sein, daß jenes Zusammenpressen, jenes Granitenwerden des Lebens zu den Erlebnissen gehört, die im Kampfe um die Zukunftsweisheit durchgemacht werden müssen.

Bedenken Sie doch nur, daß die Menschen sich vorbereiten können in der Gegenwart, hineinzuschauen in die geistige Welt, indem sie zunächst durch ihren gesunden Menschenverstand auffassen dasjenige, was Geisteswissenschaft bringen will. Die Anstrengung, die dem Studium dargebracht wird, das durch den gesunden Menschenverstand sich leiten läßt, das kann etwas sein von dem Ringen, das dann hineinführt in das Empfangen von Schauungen aus der geistigen Welt. Da wird eben manches überwunden werden müssen. Für die heutigen Menschen wird ja die Sache auch zunächst nur deshalb so schwer, weil sie, wenn sie die Geisteswissenschaft verstehen wollen, gegen ihre eigenen granitenen Schädel kämpfen müssen. Wenn nicht diese granitene Härte des eigenen menschlichen Schädels vorhanden wäre, würde ja Geisteswissenschaft viel mehr angenommen werden in der Gegenwart. Viel gescheiter als alles philiströse Perhorreszieren der ahrimanischen Mächte wäre ein solches Bekämpfen des Ahriman, das allerdings nicht philiströs sein kann, und das in einem aufrichtigen, ehrlichen Studium geisteswissenschaftlicher Inhalte besteht. Dann würde nach und nach von den Menschen geistig dasjenige erschaut und empfunden werden, was sonst physisch über die Erde hereintreten muß: Die Erstarrung, das Granitenwerden.

So muß hingewiesen werden darauf, daß es wirklich tief wahr ist, daß die Zukunftsweisheit nur errungen werden kann unter Entbehrungen, Leiden und Schmerzen, daß sie aber zum Heile der Menschheitsentwickelung errungen werden muß im Ertragen der entsprechenden körperlichen und seelischen Leiden. Daher sollte jeder eigentlich das sich zum Grundsatze machen, daß das In-Leiden-Erringen der Weisheit ihn niemals abhalten sollte von dem Verfolgen dieser Weisheit. Was die Menschheit für das äußere Leben braucht, das ist, daß in Zukunft die Gefahr der Erdenerstarrung, des Frostigwerdens, das zuerst in der moralischen Welt eintreten würde, der Erde weggenommen werde. Das kann aber nur dadurch sein, daß die Menschen im Geiste nach und nach alles das sich vorstellen und auch innerlich empfinden und mit ihrem Willen dagegenrennen, was sonst äußerliche physische Wirklichkeit werden würde."[1]

Der zweite Auszug ist dem vorletzten Vortrag einer Reihe von insgesamt acht Vorträgen entnommen, die vom 22. August bis zum 6. September 1921 im Rahmen eines allgemeinen öffentlichen Kongresses „Kulturausblicke der anthroposophischen Bewegung" in Stuttgart gehalten wurde. Worauf es Rudolf Steiner besonders ankommt, wird am Ende des Vortrags ausgesprochen: Wir gewinnen durch eine solche Darstellung einen Einblick in den Menschenwert innerhalb des Kosmos.

„Hat man zuerst erkannt, daß das reine Denken ein Abbauen der Materie ist, überhaupt mit den ertötenden, als Rückentwickelung wirkenden Prozessen zusammenhängt, so kommt man dazu, einzusehen, wie alles, was seelisch-willenshaft auftritt, mit den Aufbauprozessen, mit den Wachstumsprozessen zusammenhängt. Die Wachstums-, die Aufbauprozesse, die Organisations- und Reproduktionsprozesse in uns dämpfen unser gewöhnliches Bewußtsein für die Tiefen der Menschenorganisation herunter, und der Wille steigt aus solchen Tiefen des Menschenwesens herauf, bis zu welchen das gewöhnliche Bewußtsein nicht hinuntergelangt. So wie das Denken im Ertötenden lebt, so lebt das Willenshafte im Wachsenden, im Gedeihenden, im Fruchtenden. Und man durchschaut dann wieder durch Intuition, wie aus dem Stoffwechsel heraus durch den Willen, der aber jetzt seine Motive im reinen Denken hat, der Stoff in der menschlichen Organisation an die Stelle hin geschoben wird, wo abgebaut werden soll. Das Denken als solches baut ab, der Wille baut auf. Er baut allerdings so auf, daß zunächst in dem Leben bis zum Tode hin das Aufbauen latent in der menschlichen Organisation bleibt. Aber es ist ein Aufbauen da. Wir leben also, indem wir es in unseren sittlichen Motiven im Sinne meiner 'Philosophie der Freiheit' zu wirklich freien, sittlichen Intuitionen bringen, ein solches Menschenleben, das aus seiner Organisation heraus willenshaft dorthin umgestaltete Materie setzt, wo Materie vernichtet worden ist. Der Mensch wird innerlich schöpferisch, innerlich aufbauend. Mit anderen

Worten: Wir sehen innerhalb des Kosmos in der menschlichen Organisation das Nichts erfüllt von Neubildung in ganz materiellem Sinne. Das heißt nichts anderes, als daß man, sofern man konsequent den Weg anthroposophischer Erkenntnis verfolgt, dahin kommt, wo innerhalb des Menschen rein sittliche Ideale weltbildend bis zu der Materialität hin auftreten.

Damit haben wir gewissermaßen entdeckt, wo die moralische Welt selber schöpferisch wird, wo etwas entsteht, was aus der menschlichen Sittlichkeit heraus seine eigene Realität verbürgt, weil sie sie in sich trägt, weil sie sie selber schafft. Und lernen wir dann durch diese Intuition die äußere Welt kennen, so stellt sich uns zunächst das mineralische Reich dar als in einem Ertötungsprozesse, in einem Vergehensprozesse begriffen, den wir in dem dem eigenen Denken entsprechenden materiellen Prozesse gut kennengelernt haben. Und wir lernen demgemäß auch erkennen, wie dieser Vergehensprozeß in sich pflanzliches, tierisches Leben mit hineinreißt. Wir blicken dann nicht auf den Wärmetod, der innerhalb gewisser Grenzen Berechtigung hat, aber etwas Einseitiges ist, sondern wir blicken auf das Verschwinden der ganzen Welt, die von Mineralität durchsetzt ist und die um uns herum ist. Diejenige Welt also, die wir als eine kausalnotwendige erkennen, erblicken wir in ihrer Vergänglichkeit, und die Welt, die wir aus den reinen moralischen Idealen aufbauen, die erkennen wir als diejenige, die nun ersteht auf dem Boden der ersterbenden anderen Welt. Mit anderen Worten: Wir erkennen jetzt, wie die moralische Weltordnung mit der physisch-kausalen Weltordnung zusammenhängt. Wir haben in dem moralisch reinen Willen im Menschenwesen etwas, das im Menschen und dadurch für die ganze Welt die Kausalität selber besiegt.

Wer ehrlich an die kausale Naturerklärung denkt, der findet innerhalb ihres eigenen Bereiches keine Stelle in der Welt, wo sie nicht gilt. Und weil sie gilt, muß es eine Macht geben, die ihre Gültigkeit vernichtet; diese Macht ist die moralische Welt. Die moralische Welt, aus der Gesamtnatur des Menschen heraus erkannt, enthält in sich die Kraft, die Naturkausalität selber zu durchbrechen, allerdings nicht durch Wunderwirkungen, sondern durch einen Entwickelungsverlauf. Denn dasjenige, was sich innerhalb des einzelnen Menschen also vernichtend für die Kausalität hinstellt, das gewinnt ja erst eine Bedeutung in Zukunftswelten. Aber wir sehen die Realität des menschlichen Willens, der seinen Bund eingeht mit dem reinen Denken. Dadurch aber gewinnen wir – und das ist die schönste Lebensfrucht anthroposophischer Wissenschaftlichkeit – einen Einblick in den Menschenwert innerhalb des Kosmos, dadurch auch gewinnen wir ein Gefühl für Menschenwürde innerhalb des Kosmos."[2]

Das Ergebnis des dritten hier wiedergegebenen Auszugs aus einem internen Vortrag vom 18. Dezember faßt Rudolf Steiner so zusammen, daß dargestellt worden sei, inwiefern dasjenige, was innerhalb der menschlichen

Haut geschieht, in Weltenvergehen und Weltenentstehen eingreift. Damit haben wir aus der anthroposophisch orientierten Geisteswissenschaft eine Schilderung, die eines der Hauptthemen dieser Arbeit zum Inhalt hat: das Zuendegehen einer Welt und das Entstehen einer neuen, bei Rudolf Steiner in engster Verbindung mit dem moralischen Verhalten des Menschen gesehen.

„Stellen wir uns einmal vor, der Mensch wird begeistert von einem hohen moralischen Ideal. Der Mensch kann sich wirklich innerlich seelisch begeistern für ein moralisches Ideal, für das Ideal des Wohlwollens, für das Ideal der Freiheit, das Ideal der Güte, der Liebe und so weiter. Er kann sich begeistern in konkreten Fällen für dasjenige, was durch diese Ideale angedeutet ist. Daß aber das, was da in der Seele als Begeisterung vor sich geht, in die Knochen oder in die Muskeln fährt, so wie Knochen oder Muskeln von der heutigen Physiologie oder heutigen Anatomie betrachtet werden, das kann sich natürlich niemand vorstellen. Aber Sie werden darauf kommen, wenn Sie nur mit sich selbst innerlich ordentlich zu Rate gehen, daß Sie sich sehr wohl vorstellen können – und es ist auch so –, daß, wenn der Mensch begeistert ist für ein hohes moralisches Ideal, dann ein Einfluß ausgeübt wird von dieser inneren Begeisterung auf den Wärmeorganismus. Und dann ist man schon im Physischen drinnen vom Seelischen aus! So daß man sagen kann, wenn wir dieses Beispiel herausgreifen: Moralische Ideale drücken sich aus durch eine Erhöhung der Wärme im Wärmeorganismus. – Der Mensch wird nicht nur seelisch wärmer, der Mensch – wenn das auch nicht so leicht mit irgendeinem physikalischen Instrument nachweisbar ist – wird wirklich durch dasjenige, was er erlebt an moralischen Idealen, innerlich wärmer. Also es wirkt anregend auf den Wärmeorganismus.
Das müssen Sie sich nun als einen konkreten Vorgang vorstellen: Begeisterung für ein moralisches Ideal: Belebung des Wärmeorganismus. – Es geht im Wärmeorganismus lebhafter zu, wenn ein moralisches Ideal die Seele durchglüht. Aber es bleibt auch für die übrige Organisation des Menschen nicht ohne Wirkung. Außer dem Wärmeorganismus, der gewissermaßen sein höchster physischer Organismus ist, hat ja der Mensch den Luftorganismus. Er atmet die Luft ein, er atmet die Luft aus; aber während des Ein- und Ausatmens ist die Luft in ihm. Sie ist allerdings innerlich in Bewegung, in Fluktuation; aber das ist auch eine Organisation, das ist ein wirklicher Luftorganismus, der in ihm lebt, geradeso wie der Wärmeorganismus. Indem nun durch ein moralisches Ideal die Wärme belebt wird, wirkt sie, weil ja die Wärme im ganzen Organismus, in allen Organismen wirksam ist, wiederum auf den Luftorganismus. Diese Wirkung auf den Luftorganismus ist aber nicht bloß eine erwärmende, sondern wenn die Wärme, welche regsam wird im Wärmeorganismus, auf den menschlichen Luftorganismus wirkt, so teilt sie ihm all dasjenige mit, was ich nicht anders

benennen kann als eine Lichtquelle. Gewissermaßen Keime des Leuchtens teilen sich dem Luftorganismus mit, so daß also moralische Ideale, die auf den Wärmeorganismus anregend wirken, im Luftorganismus Lichtquellen auslösen. Diese Lichtquellen werden für das äußere Bewußtsein, für die äußere Wahrnehmung allerdings nicht leuchtend, aber in dem menschlichen astralischen Leib erscheinen diese Lichtquellen. Sie sind zunächst gebunden, wenn ich mich dieses physikalischen Ausdruckes bedienen darf, durch die Luft selber, die der Mensch in sich trägt. Sie sind gewissermaßen noch dunkles Licht, wie ja der Pflanzenkeim auch noch nicht die ausgebildete Pflanze ist. Aber der Mensch trägt dadurch, daß er sich begeistern kann für moralische Ideale oder für moralische Vorgänge, einen Lichtquell in sich.

Als weiteren Organismus haben wir in uns den Flüssigkeitsorganismus. Indem die Wärme im Wärmeorganismus wirkt und, vom moralischen Ideal ausgehend, im Luftorganismus dasjenige auslöst, was man eine Lichtquelle nennen kann, die zunächst gebunden bleibt, verborgen bleibt, löst sich im Flüssigkeitsorganismus, weil sich alles in der menschlichen Organisation, wie gesagt, mitteilt, dasjenige aus, wovon ich gestern gesprochen habe, daß es eigentlich dem äußeren Lufttönen zugrunde liegt. Die Luft ist ja nur der Körper des Tones, sagte ich gestern, und wer etwa das Wesen des Tones in den Luftschwingungen sucht und von nichts weiter spricht, der spricht vom Tönen so, wie man vom Menschen spricht, wenn man nur vom äußeren sichtbaren Leibe spricht. Die Luft mit ihren schwingenden Wellen ist nichts anderes als der äußere Körper für den Ton. Im Menschen wird dieser Ton nicht im Luftorganismus ausgelöst, dieser geistige Ton, sondern er wird gerade im Flüssigkeitsorganismus ausgelöst durch das moralische Ideal. Also hier werden die Tonquellen ausgelöst. Und gewissermaßen als den festesten Organismus, als den, der alle übrigen Organismen stützt und trägt, betrachten wir den festen Organismus. Auch in ihm wird etwas ausgelöst, so wie in den anderen Organisationen; nur wird in dem festen Organismus dasjenige ausgelöst, was wir Lebenskeim nennen können, aber ätherischen Lebenskeim, nicht physischen Lebenskeim, wie er sich dann durch die Geburt loslöst von der menschlichen weiblichen Organisation, sondern es wird der ätherische Lebenskeim losgelöst. Das, was da als ätherischer Lebenskeim lebt, es ist ja im tiefsten Unterbewußtsein unten; schon dasjenige, was die Tonquellen sind, ja in gewissem Sinne sogar das, was Lichtquelle ist. Das ist für das gewöhnliche Bewußtsein verborgen, aber es ist im Menschen.

Stellen Sie sich alles vor, was Sie im Leben durchlebt haben an Hinwendungen Ihrer Seele an die moralischen Ideen, sei es, daß Sie diese moralischen Impulse sympathisch gefunden haben, indem Sie sie bloß als Ideen erfaßten, sei es, daß Sie sie gesehen haben an anderen, sei es, daß Sie in der Ausführung in einer gewissen Weise innerlich befriedigt sein konnten mit ihrem eigenen Tun, indem Sie dieses Tun durchglüht sein lassen von den moralischen Idealen, all das geht hinunter in die Luftorganisation als Lichtquelle, in die Flüssigkeitsorganisation als Tonquelle, in die feste Organisation als Lebensquelle. All das löst sich in einer gewissen Weise von dem, was im Menschen bewußt ist, ab. Aber der Mensch trägt es in sich. Es wird frei, wenn der Mensch seine physische Organisation mit dem Tode ablegt. Was so durch unsere moralischen Ideale, was gerade durch die reinsten Ideen in unserer Organisation ausgelöst wird, das wird zunächst nicht fruchtbar. Für das Leben zwischen Geburt und Tod fruchtbar werden eben die moralischen Ideen selber, insofern wir im Ideenleben bleiben und indem wir eine gewisse Genugtuung haben über dasjenige, was wir moralisch vollbracht haben. Das hat aber lediglich mit der Erinnerung zu tun, das hat nichts zu tun mit dem, was hinuntergedrängt wird in die Organisation dadurch, daß wir moralische Ideale sympathisch finden.

Wir sehen also hier, wie tatsächlich unsere ganze Organisation, ausgehend von unserem Wärmeorganismus, durchdrungen wird von den moralischen Idealen. Und wenn wir mit dem Tod herauslösen aus unserer physischen Organisation unseren ätherischen Leib, unseren astralischen Leib, unser Ich, dann sind wir in diesen höheren Gliedern der Menschennatur durchdrungen von Eindrücken, die wir gehabt haben. Wir waren mit unserem Ich in unserem Wärmeorganismus, indem die moralischen Ideale belebt haben unsere eigene Wärmeorganisation. Wir waren in unserem Luftorganismus, wo Lichtquellen gepflanzt worden sind, die nun nach unserem Tod in den Kosmos mit uns hinausgehen. Wir haben in unserem Flüssigkeitsorganismus den Ton angeregt, der zur Sphärenmusik wird, mit der wir hinaustönen in den Kosmos. Wir bringen Leben hinaus, indem wir durch die Pforte des Todes gehen.

Sie ahnen an dieser Stelle, was das Leben, das ausgegossen ist in der Welt, eigentlich ist. Wo liegen die Quellen des Lebens? Sie liegen in dem, was die moralischen Ideale anregt, die im Menschen begeisternd wirken. Wir kommen darauf, uns sagen zu müssen, daß, wenn wir heute uns durchglüht sein lassen von moralischen Idealen, diese Leben und Ton und Licht hinaustragen und weltenschöpferisch werden. Wir tragen das Weltenschöpferische hinaus, und der Quell des Weltenschöpferischen ist das Moralische.

Sie sehen, wir finden eine Brücke, wenn wir den ganzen Menschen betrachten, zwischen den moralischen Idealen und demjenigen, was draußen in der physischen Welt belebend, auch chemisch wirkt. Denn der Ton ist es, der chemisch wirkt, der die Stoffe zusammenbringt und auseinanderanalysiert. Und das Leuchtende in der Welt, es hat seinen Quell in den moralischen Erregungen, in den Wärmeorganismen der Menschen. Wir blicken in die Zukunft hinein, da bilden sich Weltgestalten. Und wie wir bei der Pflanze zurückgehen müssen auf den Keim, so müssen wir bei den zukünftigen Welten, die sich gestalten werden, zurückgehen auf die Keime, die als moralische Ideale in uns selber liegen.

Betrachten Sie jetzt theoretische Ideen im Gegensatz zu moralischen Idealen. Mit theoretischen Ideen, und wenn sie auch noch so bedeutsam sind, verhält es sich ganz anders. Bei theoretischen Ideen haben wir tatsächlich eine Abregung, eine Erkühlung des Wärmeorganismus zu verzeichnen. So daß wir also sagen müssen: Theoretische Ideen wirken erkältend auf den Wärmeorganismus. – Das ist der Unterschied in der Wirkung auf die menschliche Organisation. Moralische oder nach dem Moralisch-Religiösen hingeordnete Ideen, diejenigen, die uns in Begeisterung versetzen, indem sie Impulse unseres Handelns werden, sie wirken in dieser Weise welt-schöpferisch. Theoretische Ideen wirken zunächst abregend, erkältend auf den Wärmeorganismus. Dadurch, daß sie erkältend auf den Wärme-organismus wirken, wirken sie auch lähmend auf den Luftorganismus und wirken lähmend auf die Lichtquelle, auf die Lichtentstehung. Sie wirken weiter ertötend auf den Weltenton, und sie wirken auslöschend auf das Leben. Es kommt zu Ende dasjenige, was in der Vorwelt geschaffen worden ist, in unseren theoretischen Ideen. Indem wir theoretische Ideen fassen, erstirbt in ihnen ein Weltenall. Wir tragen in uns das Ersterben eines Weltenalls, wir tragen in uns das Aufgehen eines Weltenalls.

Moralische Ideale :		**Theoretische Ideen:**
wirken (H.-D.F.)		wirken (H.-D.F.)
anregend auf den Wärmeorganismus	(4)	erkältend auf den Wärmeorganismus
auslösend im Luftorganismus	(3)	lähmend auf die Lichtquellenentstehung
Lichtquellen		
auslösend im Flüssigkeitsorganismus	(2)	ertötend auf den Ton
Tonquellen		
auslösend im festen Organismus	(1)	auslöschend auf das Leben
Lebenskeime (ätherisch)		

Hier ist auch der Punkt, wo derjenige, der in die Weltengeheimnisse eingeweiht ist, nicht sprechen kann, wie heute so viele sprechen, von der Konstanz der Kraft oder der Konstanz des Stoffes. Das ist einfach nicht wahr, daß der Stoff konstant bleibt. Der Stoff vergeht bis zum Nullpunkt hin. Die Kraft vergeht bis zum Nullpunkt in unserem eigenen Organismus dadurch, daß wir theoretisch denken. Und wir wären ja nicht Menschen, wenn wir nicht theoretisch denken würden, wenn nicht das Weltenall fortwährend in uns erstürbe. Durch das Ersterben des Weltenalls sind wir eigentlich selbstbewußte Menschen, die zu Gedanken über das Weltenall kommen können. Aber indem das Weltenall sich in uns denkt, ist es schon Leiche. Der Gedanke über das Weltenall ist die Leiche des Weltenalls. Erst als Leiche wird uns das Weltenall bewußt und macht uns zum Menschen. Eine vergangene Welt also erstirbt in uns bis zum Stoff, bis zur Kraft. Und nur weil gleich wiederum eine neue aufgeht, merken wir nicht, daß der Stoff vergeht und wieder entsteht. Im Menschen wird zu Ende geführt die

Stofflichkeit durch sein theoretisches Denken; es wird neu belebt die Stofflichkeit und die Weltenkraft durch sein moralisches Denken. So greift dasjenige, was innerhalb der menschlichen Haut geschieht, in Weltenvergehen und Weltenentstehen ein. So gliedern sich zusammen Moralisches und Natürliches. Das Natürliche vergeht im Menschen; im Moralischen entsteht neues Natürliches."[3]

„Ja, wenn über die ganze Erde heraufziehen würde ein trauriges Zeitalter, in dem Millionen und aber Millionen von Menschen nur in Ungeistigkeit vergehen würden – das Geistige zu gleicher Zeit hier einschließlich des Moralischen gedacht, denn so ist es ja auch –, dann würde, wenn nur ein Dutzend Menschen mit heller moralisch-geistiger Begeisterung da wären, doch die Erde erstrahlen geistig-sonnenhaft."[4]

Jerusalem als Stadt des großen Endgerichts

In der islamischen Überlieferung gibt es eine Fülle von Bildern, die mit Jerusalem als Stadt des großen Endgerichts zu tun haben. Einen Eindruck von der darin waltenden Stimmung vermittelt der folgende Text, der dann durch das Bild von kostbaren Mauern, die die Stadt Jerusalem umgeben werden, übergeleitet zu der Schau des Johannes, des Sehers von Patmos.

„Jerusalem bedeutet für" den Muslim „den Schauplatz für" den „Tag des großen Endgerichts, die Stätte der letzten Ereignisse der Weltgeschichte, auf die alle eschatologischen Glaubensaussagen hinzielen.

Viele muslimische Legenden sind damit verbunden: 'In der Stunde des großen Gerichts werden selbst die Gebeine Mohammeds nach Jerusalem kommen.' – 'Der Ort Bait al-Mukaddas* sei gesegnet ... Wer dort lebt, ist wie ein Mujahid, ein Kämpfer für Allah. Er wird nie untergehen. Meint nicht, daß jene, die für Allah getötet wurden, gestorben sind. Sie leben bei ihrem Herrn.'

Über dem Hinnomtal erstreckt sich zum Ölberg hin der Sirat, eine schmale Brücke. Sie ist lang und glitschig, schmaler als ein Haar, schärfer als ein Schwert und schwärzer als die Nacht. Alle müssen darüber hinwegschreiten. Längs der Brücke befinden sich sieben Torbogen. Bei jedem muß der Mensch Rechenschaft über seine Taten ablegen. Die Glaubenstreuen, die als unschuldig befunden werden, erhalten von Asiya, der Frau des Pharao, und Mirjam, der Schwester des Mose, im Schatten einer Palme beim Heiligen Felsen Süßwasser vom Paradiesfluß.

'Auch wenn Mekka und Medina sich wegen der Ka'aba und des Propheten größer dünken, so werden sie doch am Tag des Gerichts nach Jerusalem

---

* Jerusalem, heute von den Arabern gewöhnlich *al-Quds* genannt, hieß früher bei arabischen Schriftstellern *Bait al-Mukkadas*.

entrückt, wo sich alle Geschöpfe vereinen. An jenem Tag wird der Heilige Fels in eine weiße Koralle umgeformt, so groß wie Himmel und Erde. Alle Moscheen, in denen man Allah angebetet hat, finden sich in Jerusalem ein, ebenso der Garten Eden.'

In Jerusalem begraben zu werden ist ein großes Privileg. Abu Hurayrah berichtet, der Prophet habe gesagt: 'Wer in Bait al Mukaddas stirbt, für den ist es, als wäre er im Paradies gestorben.' Man sagt auch, die Bewohner Jerusalems lebten in einer besonderen Nähe Gottes. 'Und Allah bereitet denen, die ihm nahestehen, keine Qualen' (Al Wasiti).

Am Tag des großen Gerichts bläst der Engel Asrafil auf dem Heiligen Felsen das Widderhorn, und alle Völker strömen zusammen: 'Am Ort Sahira auf dem Ölberg versammelt sich die Menschheit in der Stunde ihrer Auferstehung. Die Erde an dieser Stelle ist weiß, und kein Blut wurde dort je vergossen. Es ist die privilegierte Begräbnisstätte der Propheten, die als erste auferstehen.'

Selbst der Stein der Ka'aba soll nach einer alten Tradition vom Ölberg genommen und nach Mekka gebracht worden sein: 'Die Ka'aba wird als Braut kurz vor diesem schrecklichen Tag des Gerichts zu ihrem Bräutigam, dem Heiligen Felsen, nach Jerusalem kommen.'

In dieser eschatologischen Situation wird Daggal, der Feind Allahs, die ganze Welt erobern, ausgenommen Mekka, Medina und Jerusalem. In der Nähe der Heiligen Stadt erfährt er seine endgültige Niederlage. Dann bringt 'der Erzengel Gabriel das Paradies zur Rechten Allahs, die Hölle zu seiner Linken. Abraham, Mose, Jesus und Mohammed stehen auf der Treppe der Gerechtigkeit. Der Engel Radwan öffnet nun die Tore zum Himmel und Malik die Tore zur Hölle.'

Der große Tag des Gerichts wird aber erst dann anbrechen, wenn die Stadt Jerusalem von kostbaren Mauern umgeben ist: 'Von einer aus Gold und einer aus Silber, von einer aus Perlen und einer aus Hyazinth, von einer aus Emerald und einer aus Licht' (Yahya ibn Katir). Das ist ein deutlicher Hinweis auf das zukünftige Jerusalem, das Allah am Ende der Zeiten der Menschheit schenken will.

Die Muslime in der Heiligen Stadt hegen keinen Zweifel darüber, daß an dieser Mauer schon in userem Äon gebaut werden muß, in einer Welt der Fronten und Trennungen zwischen den Menschen, des Rassismus, des Krieges und der Ungerechtigkeit, in einer Welt des Hungers und der Arbeitslosigkeit, in einer Welt, wo man die Probleme mit Gewalt und Fanatismus lösen will.

Diese Mauer heißt Weisheit, Selbstbeherrschung und Liebe, Solidarität und gegenseitiges Vertrauen. Die Bewohner Jerusalems wissen, daß die Mauer von Licht nur der Allerhöchste, Allah selbst bauen kann: wenn der Mensch sich seinem Willen unterordnet in Demut und der hingabevollen Anrufung seines Namens."[1]

Johannes schaut das himmlische Jerusalem

Aus der Offenbarung des Johannes seien jene Worte aus dem 21. und 22. Kapitel gebracht, die von einem neuen Himmel und einer neuen Erde, von der Heiligen Stadt Jerusalem mit ihrer mächtigen hohen Mauer und vom Baum des Lebens handeln.

„Und ich sah einen neuen Himmel und eine neue Erde; denn der erste Himmel und die erste Erde sind vergangen, auch das Meer ist nicht mehr. Ich (...) sah die Heilige Stadt, das neue Jerusalem, herniedersteigen aus dem Himmel von Gott her, gekleidet wie eine Braut, die geschmückt ist für ihren Mann. (...)

Und es kam einer der sieben Engel, die die sieben Schalen trugen mit den letzten sieben Plagen, und sprach zu mir: 'Komm, ich will dir die Braut zeigen, die Frau des Lammes!'

Und er entrückte mich im Geist auf einen großen Berg und zeigte mir die Heilige Stadt Jerusalem, die von Gott aus dem Himmel herniederstieg in der Herrlichkeit Gottes. Ihr Lichtglanz gleicht einem kostbaren Stein, wie kristallheller Jaspis.

Sie hat eine mächtige, hohe Mauer mit zwölf Toren, und auf den Toren zwölf Engel und Namen daraufgeschrieben; dies sind die Namen der zwölf Stämme der Söhne Israels. (...)

Die zwölf Tore sind zwölf Perlen, jedes einzelne Tor aus einer einzigen Perle. Der Platz der Stadt ist lauteres Gold, klar und hell wie Kristall.

Einen Tempel sah ich nicht in ihr; denn ihr Tempel ist der Herr, Gott, der Allherrscher, und das Lamm. Die Stadt bedarf weder der Sonne noch des Mondes, daß sie scheinen in ihr; denn die Herrlichkeit Gottes erleuchtete sie, und ihre Leuchte ist das Lamm. Die Völker werden in ihrem Lichte einhergehen, und die Könige der Erde werden ihre Herrlichkeit (...) zu ihr bringen. Ihre Tore werden nicht geschlossen werden bei Tag; Nacht wird ja dort nicht mehr sein. Man wird die Herrlichkeit und Kostbarkeit der Völker zu ihr bringen. Nichts Gemeines wird eingehen in sie und niemand, der Greuel begeht und Lüge, sondern nur jene, die eingeschrieben sind im Lebensbuch des Lammes.

Und er zeigte mir einen Strom mit dem Wasser des Lebens, schimmernd wie Kristall, der vom Throne Gottes und des Lammes hervorkam. In der Mitte ihres Platzes und des Stromes zu seinen beiden Seiten steht ein Baum des Lebens, der zwölfmal Früchte trägt, jeden Monat gibt er seine Frucht, die Blätter des Baumes aber dienen zur Heilung der Völker.

Nichts Fluchbeladenes wird es mehr geben. Der Thron Gottes und des Lammes wird in ihr sein, und seine Knechte werden ihm dienen. Sie werden sein Angesicht schauen, und sein Name ist auf ihren Stirnen. Nacht wird nicht mehr sein, und man braucht nicht das Licht einer Lampe oder das Licht der Sonne; denn Gott, der Herr, wird leuchten über ihnen und sie werden herrschen in alle Ewigkeit."[1]

Jerusalem, geschaut von den Toten

Jerusalem in Bildern der islamischen Überlieferung, das himmlische Jerusalem, von Johannes geschaut, und noch einmal Jerusalem, geschaut von den Toten, nach einer Darstellung Rudolf Steiners, so schließt unsere Arbeit. Mit den ersten beiden Zeilen aus einem lateinischen Spruch, auf deutsch: „Aus Gott werden wir geboren – In Christus sterben wir", wird noch einmal das Gesamtthema aufgenommen: das Hervorgehen des Menschen aus der göttlich-geistigen Welt, sein Erdenweg zu Christus hin, seine Möglichkeit, durch Verbindung mit dem Geist, dem Heiligen Geist, die Weltenzukunft mitzugestalten. So lautet der dritte Teil des Spruches: „Per Spiritum Sanctum reviviscimus – Durch den Heiligen Geist werden wir wieder lebendig".

„Mit den Toten läßt sich nicht so über die Erde reden, wie man mit Geologen über sie redet; denn die geologischen Vorstellungen verstehen die Toten nicht. Aber sie wissen: Wenn aus dem Weltenraume herab der Orient, von Asien bis herüber tief in Rußland hinein, angeschaut wird, so erscheint die Erde wie von einem bläulichen Schein belegt, bläulich, bläulich-violettlich; so ist die Erde auf dieser Seite aus dem Weltenraume gesehen. Kommt man nach der westlichen Halbkugel, schaut man sie an, wo sie amerikanisch ist, so erscheint sie mehr oder weniger in brennendem Rot." (...)

Das sind nur zwei Farbenbestimmungen, die ich angegeben habe. Es sind natürlich außer Farben noch andere Bestimmungen, viele andere. Ich will vorläufig nur erwähnen, zwischen dem Osten und dem Westen, in der Mitte, ist die Erde mehr grünlich, nach außen hin gesehen, für unsere Gegenden zum Beispiel grünlich. So daß in der Tat damit schon eine Dreigliedrigkeit gegeben ist, die wichtige Aufschlüsse geben kann über die Art und Weise, wie der Mensch das, was er zwischen Tod und neuer Geburt schaut, für sich bestimmend machen kann, um da oder dort auf der Erde zu erscheinen. (...)

Fassen wir noch einmal ins Auge: die bläulich-violettlich glimmende Osterde, die rötlich-gelblich sprühende Westerde. Aber da kommen noch verschiedene Differenzierungen hinein. Wenn der Tote in unserem gegenwärtigen Zeitenzyklus gewisse Punkte betrachtet, dann bekommt er von der Stätte aus, die hier auf der Erde dadurch signiert ist, daß es Palästina, daß es Jerusalem ist, mitten aus dem Bläulich-Violettlichen heraus etwas von goldigem Gebilde, von goldigem Kristallgebilde zu schauen, das sich dann belebt: das ist Jerusalem, vom Geiste aus gesehen! Das ist das, was auch in der Apokalypse – indem ich von Imaginationen spreche – als 'himmlisches Jerusalem' hineinspielt. Das sind keine ausgedachten Dinge, das sind Dinge, die geschaut werden können. Geistig betrachtet, war es mit dem Mysterium von Golgatha so, wie man es bei der physischen Betrachtung erleben kann, wenn heute der Astronom sein Fernrohr in den Weltenraum hinausrichtet und dann schaut, was ihn in Verwunderung versetzt, wie zum Beispiel das Aufleuchten von Sternen. Geistig, vom Weltenall aus betrachtet, war das Ereignis von Golgatha das Aufleuchten eines Goldsternes in der blauen Erdenaura der Osthälfte der Erde. Da haben Sie die Imagination für das, was ich vorgestern am Schlusse entwickelt habe. Es handelt sich wirklich darum, daß man durch solche Imaginationen sich wiederum Vorstellungen vom Weltenall verschafft, welche die Menschenseele in den Geist dieses Weltenalls fühlend hineinstellen.

Versuchen Sie mit einem Hingestorbenen zu denken die in Goldglanz sich aufbauende Kristallgestalt des himmlischen Jerusalems innerhalb der blauvioletten Erdenaura, so wird das Sie nahebringen; denn das ist etwas, was zu den Imaginationen gehört, wohinein der Tote stirbt: Ex Deo nascimur – In Christo morimur!"[1]

Bemerkungen zur Umschrift

BEMERKUNGEN ZUR UMSCHRIFT

Die Umschrift der arabischen Namen und Begriffe erfolgt nach dem System der Deutschen Morgenländischen Gesellschaft. Die Längung (und Betonung) der Vokale wird durch einen waagerechten Strich über dem Buchstaben wiedergegeben.

ḍ = emphatisches *d*
ḏ = stimmhaftes engl. *th*
ġ = dt. Zäpfchen-*r*
ǧ = *dsch*
ḥ = starkes *h* mit Reibungsgeräusch
ḫ = hartes *ch* (in engl. Umschrift *kh*)
q = emphatisches *k*
r = Zungenspitzen-*r*
ṣ = emphatisches *s*
š = *sch*
ṭ = emphatisches *t*
ṯ = stimmloses engl. *th*
z = stimmhaftes *s*
ẓ = emphatisches stimmhaftes *s*
ʾ = Kehlkopfverschluß, Stimmein- oder -absatz
ʿ = stimmhafter, durch Verengung der Stimmritze gebildeter Reibelaut

Die Umschrift persischer Namen und Begriffe erfolgt nach demselben System, doch ist bei der Wiedergabe der Vokale und einiger Konsonanten der besonderen Aussprache des Persischen Rechnung getragen. So wird arab. kurzes *u* zu pers. *o*, arab. kurzes *i* zu *e*. Dem Persischen eigen sind die Konsonanten *č* = *tsch* und *p*. Die emphatischen Konsonanten des Arabischen werden im Persischen zwar geschrieben, in der Aussprache aber nicht unterschieden *(ṣ = s; ṭ = t; ẓ = z)*. Arab. *ṯ* wird wie *s* ausgesprochen, arab. *ḍ* = pers. *ż* (ausgesprochen wie z). Arab. *q* wird im Persischen wie deutsches Zäpfchen-*r* ausgesprochen *(Qom = pers. Ghom)*; arab. bilabiales *w* wird pers. labiodentales *v*.

Aus: Heinz Halm: Die Schia. Darmstadt 1988

ZEITTAFEL

Vor Christi Geburt

ca. 3400	Auftreten der Sumerer
ca. 3100	Anfänge der Hochkultur in Mesopotamien und Ägypten: Stadtstaaten der Sumerer
ca. 2500	Einwanderung der Akkader nach Mesopotamien: Erste historisch faßbare Semiten
ca. 2340	Erstes Großreich der Akkader (bis 2198) unter **Sargon I.** (2340–2284)
ca. 2000	Anfänge Babylons
ca. 1800	**Abraham** zieht von Ur in Chaldäa über Harran nach Kanaan
ca. 1700	Großreich der Amoriter von Babylon aus unter Hammurabi 1728–1686
1468	Schlacht bei Megiddo: Erste überlieferte Schlacht der Weltgeschichte: Feldzüge Ägyptens gegen Kanaan/Syrien
ca. 1400	Perser dringen in die Hochebene des Irans ein.
ca. 1365	Anfänge Assyriens: Altassyrisches Reich
vor 1200	Seevölkersturm: Aramäische Wanderung
ca. 1200	Philister siedeln sich in der südlichen Küstenebene Palästinas an
1125	Nebukadnezar I. (bis 1103): Kurze Machtperiode Babylons
1115	**Tiglatpilesar I.** (bis 1077): Babylonien erobert, Machtzentrum in Assur
ca. 1004	**David** König der Juden (bis 965)
1000	Jerusalem erobert: Hauptstadt, religiöses Zentrum der Juden
965	**Salomon** König der Juden (965–928)
ca. 953	1. Tempel in Jerusalem erbaut
928	Jüdisches Reich zerfallen: Israel (bis 722) – Juda (bis 586)
753	Gründung Roms (legendäres Datum)
728	Assyrien erobert Babylon
722	Israel von Assyrien vernichtet – 10 Stämme deportiert
626	Neubabylonisches Reich der Chaldäer (bis 539)
625	Mederreich (bis 550)
614	Babylon/Meder/Skythen erobern Assur und (612) Ninive: Ende Assyriens
605	**Nebukadnezar II.** (bis 562): Letzte Blüte Babylons
586	Jerusalem von Babylon erobert, Zerstörung des 1. Tempels, Babylonische Gefangenschaft (bis 539/38)
ca. 560	Auftreten des **Zarathustra** (Zoroaster)
550	Sturz des Mederreichs durch **Kyros II.** (558–529): Perserreich der Achämeniden (bis 330)

521	**Dareios I.** Großkönig (bis 486) von Persien
490	1. Perserkrieg: Niederlage der Perser bei Marathon
480	2. Perserkrieg (bis 449): Niederlagen bei Salamis (480) und Platäa (479)
334	Alexanderzug gegen Perserreich (bis 330): Siege **Alexanders,** Expansion griechischer Kultur
331	Gründung Alexandrias: Erste Alexanderstadt. Sieg Alexanders über **Dareios III.**: Babylon, Susa besetzt
330	Persepolis erobert: Alexanderreich (bis 323). Tod des Dareios III.: Ende der Achämeniden und des Perserreiches
324	Göttliche Ehrung für Alexander durch griechische Städte
323	Tod Alexanders in Babylon: Nachfolgekonflikte
264	1. Punischer Krieg (bis 241): Seesiege Roms
247	Partherreich (bis 224 n.Chr.): Neue Großmacht im Osten
218	2. Punischer Krieg (bis 201)
202	Sieg der Römer bei Zama Regia: Rom Vormacht im westlichen Mittelmeer
ca. 160	Parther erobern Medien und Iran
146	Karthago und Korinth zerstört: Rom beherrscht Mittelmeer, auch als Handelsmacht
129	Mesopotamien von Parthern erobert
46	**Caesar** Diktator (bis 44)
27	Prinzipat des **Augustus** (bis 14 n.Chr.). Das „Goldene Zeitalter" des Römischen Reiches
20	Friede Rom-Partherreich

Geburt des Jesus von Nazareth in Bethlehem
Zeitenwende
Nach Christi Geburt

14	Prinzipat des **Tiberius** (bis 37)
3. April 33	**Kreuzestod auf Golgatha**
70	Einnahme Jerusalems, Zerstörung des 2. Tempels durch **Titus**: Flucht und Deportation der Juden
116	Eroberungen des Römischen Reiches in Mesopotamien gegen Parther
132	Bar Kochba-Aufstand (bis 135) in Palästina
224	Neupersisches Reich der Sassaniden (bis 642): Kriege gegen Rom; Zoroastrismus Staatsreligion
313	Toleranzedikt von Mailand unter **Konstantin:** Christentum dominierende Religion im Westen

330	Konstantinopel Hauptstadt des Römischen Reiches. Nova Roma (= Neues Rom)
375	Hunnen zerschlagen Ostgotenreich: Völkerwanderung
391	Heidnische Kulte im Römischen Reich verboten – Christentum Staatsreligion: Bibliothek in Alexandria verbrannt
395	Endgültige Teilung des Römischen Reiches: Westrom (bis 476) – Ostrom/Byzanz (bis 1453)
433	**Attila** König der Hunnen (bis 453) Tributsoberherrschaft über weite Teile Europas
453	Tod Attilas: Abzug der westlichen Hunnen nach Osteuropa – Bulgaren
570	Geburtsjahr **Mohammeds**
622	Hedschra: Flucht Mohammeds von Mekka nach Medina – Beginn der muslimischen Zeitrechnung
632	Mohammed gestorben – Die 4 „rechtgeleiteten" Kalifen: **Abu Bakr, Omar, Othman, Ali** (bis 661)
634	Expansion des Islam: Kalifat (bis 1258)
658	Abspaltung der Schi'a (= „Partei") Alis: Schi'iten. Dagegen Mehrheitsrichtung der Sunna: Sunniten
732	Tours/Poitier: **Karl** Martell schlägt Araber/Mauren zurück
1054	Endgültiges Schisma Rom-Byzanz
1096	1. Kreuzzug (bis 1099): gegen Islam und Orthodoxie
1099	Jerusalem erobert: Massaker an Muslimen und Juden
1187	Niederlage der Kreuzfahrerstaaten gegen **Saladin:** Jerusalem von Saladin erobert
1206	Temudschin als **Dschingis Khan** Groß-Khan (bis 1227). Expansion – Mongolenreich (bis ca. 1335)
1221	Turkmenen weichen vor Mongolen aus Zentralasien nach Kleinasien aus – Osmanen
1229	**Ögödei** Groß-Khan (bis 1241)
1258	Mongolen erobern Bagdad: Ende des Kalifats
1290/1300	**Osman I.** Sultan: Osmanisches Reich (bis 1923). Expansion, in Kleinasien gegen Byzanz
1389	Schlacht auf dem Amselfeld (Kosovo polje) gegen Serben: Traumatische Niederlage der Serben
1453	Konstantinopel von Osmanen erobert: Ende von Byzanz
1492	**Kolumbus** in Amerika – drei Reisen (1492, 1493–96, 1498–1500)
1516/17	Osmanen erobern Syrien, Palästina, Ägpyten, Mekka und Medina
1534	Osmanen erobern Bagdad
1620	„Mayflower"-Siedler in Plymouth, Massachusetts
1689	**Peter I.** (der Große) Alleinherrscher in Rußland (bis 1725)

4. Juli 1776	Amerikanische Unabhängigkeitserklärung
1871	Reichsgründung: 2. Deutsches Kaiserreich (bis 1918)
1882	Anfänge des Zionismus
1897	1. Zionistischer Weltkongreß: Organisierter Zionismus
1914	Attentat von Sarajevo – Erster Weltkrieg (bis 1918)
1917	Revolution in Rußland: Februar- und Oktoberrevolution. Abdankung Nikolaus' II.; Rückkehr russischer Revolutionäre **(Lenin u.a.)** über Deutschland aus dem Schweizer Exil nach Rußland
1919	Friedensverträge von Versailles und St. Germain. Erste Zusammenstöße zwischen Juden und Arabern in Palästina: Anfänge des Nahostkonflikts. Italiener unter **Gabriele D'Annunzio** besetzen Fiume (Rijeka): Konflikt Italien – Jugoslawien
1922	Türkische Republik unter **Kemal Atatürk**. „Marsch auf Rom": Faschismus in Italien (bis 1943/45). Formelle Konstituierung der UdSSR
1929	Weltwirtschaftskrise, Weltkrise: Radikalisierung des Faschismus (Italien), Kommunismus (Sowjetunion: Stalinismus); Endkrise der Weimarer Republik (bis 1933)
1933	**Hitler** Reichskanzler: Drittes Reich (bis 1945)
1939	Zweiter Weltkrieg (bis 1945)
1942	Wannsee-Konferenz: „Endlösung" = „Holocaust": Vernichtung der europäischen Juden
1943	Alliierte Invasion in Italien: Sturz **Mussolinis:** Italien auf Seiten der Alliierten
1945	Ende des Dritten Reiches. Ende des Zweiten Weltkrieges.

Anmerkung:

Die Angaben zur Zeittafel sind mit wenigen Abweichungen aus verschiedenen Kapiteln des Buches „Geschichte im Überblick" von Imanuel Geiss entnommen.
Wie schwierig es ist, zu einer befriedigenden Festlegung der Daten der älteren Geschichte zu kommen, stellt Imanuel Geiss in seinem Buch „Geschichte griffbereit – Epochen – Die universale Dimension der Weltgeschichte" (Reinbek 1979, S.75 ff.) dar. Jeder Autor muß daher in dem Datenwirrwarr jeweils eigene Entscheidungen treffen, die nur selten ganz zufriedenstellend ausfallen können. So sei der Leser um Nachsicht gebeten, sollten ihm Unterschiede zwischen den Angaben im Text und denen in der Zeittafel auffallen.

LITERATURNACHWEISE

Die Literaturangaben beziehen sich auf das Literaturverzeichnis.

DAS ZWEISTROMLAND: WIEGE DER MENSCHHEIT
1. Observer, 31.3.1991, S.20
2. ebd., S.16
3. ebd.

Das altmesopotamische Erbe
1. Hottinger 1988, S.229
2. ebd., S.229 ff.

Der Garten Eden
1. 1 Moses 2, 7–14
2. ebd., 15–20
3. Koran, 2. Sure, Vers 30–39
4. Paret 1981, S.16
5. Balic 1990, S.37
6. FAZ, 23.01.1991, S.25

Babel und Nimrod
1. 1 Moses 10, 8–10
2. 1 Moses 11, 1–9
3. Gorion 1962, S.179 f.
4. FAZ, 19.3.1991, S.21

Erech/Uruk – Gilgamesch
1. Steiner, GA 126, 28.12.1910, S.41
2. ebd., S.42

Die Sumerer
1. Pleticha, Band 1, 1987, S.78
2. Steiner, GA 126, 28.12.1910, S.66
3. ebd., S.67 f.

Saddam Hussein und Sargon I. von Akkad
1. Oates 1986, S.42
2. Bulloch/Morris 1991, S.13

Der Sonnengott Schamasch, Hammurabi und Saddam Hussein
1. Hammurabi – Gesetzeskodex. In: Heyer 1955, S.68
2. Oates 1986, S.92
3. Heyer, 1955, S.68

Assyrische Macht, assyrische Kriegsführung
1. 1 Moses 10, 10
2. 1 Moses 10, 11
3. Pleticha, Band 1, 1987, S.85
4. Hottinger, 1988, S.230
5. Durant, Band 1, o.J., S.405 f.
6. Fuchs 1987, S.54
7. Mann/Heuß, Band 2, 1986, S.104 f.

Die zeremonielle Begehung des neuen Jahres in Babylon ...
1. Psalm 72, 1–19
2. Gray 1969, S.29
3. Steiner, GA 243, 11.8.1924, S.21 ff.

4. Gray, 1969
5. Eliade, 1966

Nebukadnezar und Marduk
1. Bulloch/Morris 1991, S.82

Der Koloß auf tönernen Füßen
1. Fischer 1978, S.82 f.
2. ebd., S.80 f.
3. ebd., S.83
4. ebd., S.84
5. ebd., S.82
6. Erdmann 1983, S.68
7. Daniel 2, 1–2
8. Daniel 2, 27–35
9. International Herald Tribune, 30.1.1991, S.6
10. FAZ, 19.2.1991, S.1
11. Die Zeit, 8.3.1991, S.1

Menetekel
1. FAZ, 20.12.1990, S.1
2. FAZ, 24.1.1991, S.1
3. Die Welt, 4.3.1991, S.1.
4. Daniel 5, 1–8
5. Daniel 5, 18–30
6. ebd., Anmerkung
7. FAZ, 20.12.90, S.1
8. Matthäus 3, 1–3

Die Babylonische Gefangenschaft
1. Pslam 137, 1–6, zitiert nach: Hertzberg 1973, S.216

Kyros und Ahura Mazda
1. Esra 1, 1–4
2. Isaias 45, 1–8
3. Weidinger 1990, S.83
4. Matthäus 1, 12
5. Daniel 10, 13
6. Daniel 12, 1
7. Aischylos: Perser, zitiert nach: Imhoff 1977, S.59

Alexander der Große
1. Plutarch, zitiert nach: Oates 1986, S.169
2. Bamm 1965, S.284
3. Kindlers Literatur Lexikon, Band 3, 1974, S.899
4. ebd., S.902 f.
5. Green 1973, S.259
6. Droysen 1955, S.15

„Es begab sich aber zu der Zeit, daß ein Gebot ...”
1. Ovid 1982, S.29 und 31
2. Virgil, zitiert nach: Stauffer 1957, S.24 f.
3. ebd., S.27
4. Zanker 1990, S.239
5. Steiner, GA 175, 10.4.1917, S.204
6. Die Schatzhöhle. In: Weidinger 1990, S.48 ff.
7. ebd., S.52
8. ebd., S.53
9. ebd., S.67

10. ebd., S.92
11. Matthäus 16, 15–16

IRAN – TURAN

Der Kampf zwischen Iran und Turan
1. Ferdinandy 1958, S.16
2. ebd., S.28
3. ebd., S.18
4. Grousset 1970, S.306 f.
5. Laaths 1953, S.163
6. Imhoff 1977, S.146 f.
7. Altheim 1955, S.106
8. ebd., S.108 f.
9. Bemmelen 1975
10. ebd., S.91

Kemal Atatürks Reformen
1. Rill 1985, S.94
2. Sure 9, 36
3. Nach: Rill, 1985, S.104
4. ebd., S.107
5. Steiner, GA 353, 19.03.1924, S. 117 f.

Warum führte Mohammed Reza Schah Pahlewi ...
1. Imhoff 1977, S.259 f.
2. ebd., S.43 f.
3. Farughy/Reverier 1979, S.54

KAMPF UM DAS HEILIGE LAND

Abrahams Auserwählung
1. 1 Moses 11, 31–12, 9
2. Epstein 1959, S.11
3. 1 Moses 15, 7
4. 1 Moses 15, 18
5. 1 Moses 17, 4–8

Abraham, Isaak, Ismael
1. Rodinson 1981, S.49 f.
2. ebd., S.52 f.
3. Gorion 1962, S.281 ff.

Philister, Palästina, Eretz Israel
1. Rienecker 1991, S.647
2. 1 Moses 32, 29
3. Schreiber/Wolffsohn 1989, S.255 f.
4. Bouman 1990, S.44 f.

Simson In Gaza
1. Richter 13, 1–5
2. Richter 16, 17
3. Richter 16, 21–30
4. Scholl-Latour 1990, S.33

David und Goliath
1. Schreiber 1990, S.63
2. 1 Samuel 17, 3–7

3. 1 Samuel 17, 38–51
4. Scholl-Latour 1990, S.33

Assad hat einen „Saladin-Komplex"
1. Tibi: Der Irak und der Golfkrieg. In: Das Parlament B7–8/91, Beilage, S.3
2. Guggenheim 1987, S.427 f.

ENDZEITERWARTUNGEN IM ISLAM

Die arabische Sprache
1. Steiner, GA 307, 15.8.1923, S.199
2. ebd., S.200
3. Azzam 1983, S.58
4. Tibi: Der Islam und das Problem der kulturellen Bewältigung sozialen Wandels. Frankfurt a.M. 1985, S.126 f.
5. Sure 13, Vers 37 und Vers 39
6. Sure 43, Vers 2–4
7. Tworuschka 1982, S.13
8. ebd., S.12
9. Bergsträßer 1989, S.147
10. Khoury 1988, S.39
11. Sure 3, Vers 20
12. Bergsträßer, 1989, S.146 f.

Mohammed warnt vor dem Gericht Gottes
1. Abdullah 1984, S.45 ff.
2. ebd., S.47
3. Sure 93, 1–11
4. Abdullah 1984, S.48 ff.
5. Hartmann 1944, S.7 f.
6. Sure 56, 1–56
7. Sure 78, 1–40
8. Abdullah 1984, S.59
9. Jockel 1981, S.107 f.

Die Besetzung der Großen Moschee in Mekka
1. Jockel 1981, S.112
2. Wensinck/Kramer 1941, S.243 f.
3. Arab News, Jidda, 5.12.1979

Der verborgene Imam
1. Corbin 1960, S.84
2. Williams 1973, S.307 f.
3. Nach: Corbin, Zürich 1964, S.42 f.
4. Halm 1988, S.46 f.
5. Nach: Corbin, Zürich 1960, S.87

Der endzeitliche Kampf zwischen Jesus und dem Antichristen
1. Sure 3, 45
2. Matthäus 24, 23 – 24. Lateinische Ausgabe
3. Matthäus 24, 23 – 24
4. 1. Brief des Johannes 2, 18. Lateinische Ausgabe
5. 1. Brief des Johannes 2, 18
6. 2. Brief des Johannes 6. Lateinische Ausgabe
7. 2. Brief des Johannes 6
8. Matthäus 21, 5

Gog und Magog
1. Ezechiel 38, 1–16

2. Ezechiel 39, 1–4
3. Offenbarung des Johannes 20, 7–8
4. Offenbarung des Johannes 20, 9–10
5. Sure 18, 93–97
6. Sure 21, 95–99
7. Nach: Wensinck/Kramer 1941, S.802

Ist der Islam eine „endzeitliche antichristliche Verführungsmacht"?
1. Baar 1980, S.188 f.
2. ebd., S.204 f.
3. ebd., S.207 ff.
4. ebd., S.210 f.
5. ebd., S.218 f.
6. ebd., S.226 f.
7. ebd., S.229 ff.
8. ebd., S.234
9. Abdullah 1984, S.25 f.
10. ebd., S.26 f.
11. ebd., S.12

MESSIASERWARTUNG IM JUDENTUM

Was ist *schalom*?
1. Sekretariat der Deutschen Bischofskonferenz 1980, S.20
2. Léon-Dufour München 1977, S.174
3. Sure 15, 45–46
4. Sure 10, 25
5. Khoury/Hagemann/Heine 1991, S.260 f.

Die Juden erwarten den Messias
1. Eberhardt 1954, S.58

Das schwierige Verhältnis der katholischen Kirche zu den Juden
1. Kühner 1980, S.358
2. Rahner/Vorgrimler 1966, S.349 f.
3. ebd., S.351 f.
4. ebd., S.357 ff.
5. Sekretariat der Deutschen Bischofskonferenz 1980, S.24 f.
6. ebd., S.27 f.

Einige Aussagen von Gershom Scholem über die messianische Idee im Judentum
1. Scholem 1970, S.121
2. ebd., S.128
3. ebd., S.135
4. ebd., S.137
5. ebd., S.138

Sabbatai Zwi, ein falscher Messias
1. Schoeps o.J., S.186

„I tempi sono maturi: il Messìa è in arrivo" ...
1. Corriere della Sera, 30.8.1991, S.11

APOKALYPTISCHES RINGEN ZWISCHEN ...

Was ist mit Apokalypse und apokalyptisch gemeint?
1. Scholem 1970, S.128
2. Maier/Schäfer 1981, S.24
3. Vondung 1988, S.11 f.

4. ebd., S.10
5. ebd., S.10 f.
6. ebd., S.13
7. ebd., S.13 f.

Der Erzengel Michael und der heilige Georg
1. Papst Johannes Paul II., Rundschreiben slavorum Apostoli, 1985, S.3
2. ebd., S.21 ff.
3. Steiner, GA 243, 11.8.1924, S.23
4. Voragino 1988, S.193
5. Offenbarung des Johannes 12, 7–9
6. ebd., 12, 12
7. Harrison 1896, S.99
8. ebd., S.100
9. ebd.
10. El País, 19.2.1991, S.17
11. ebd.
12. FAZ, 22.9.1990, Bilder und Zeiten

Beelzebub und Mammon
1. Lukas 11, 15
2. Lukas 11, 14–15
3. 2. Könige 1, 2
4. Hitler 1933, S.752; siehe dazu das Kapitel „Adolf Hitlers apokalyptisches Weltbild"
5. Matthäus 12, 22–28
6. Der Brief des Paulus an die Epheser 6, 12
7. Matthäus 6, 24

Teufel und Satan
1. Corriere della Sera, 3.4.1991, S.1
2. 1. Könige 5, 18
3. 1. Könige 11, 25
4. Weisheit 2, 24. In: Die Bibel von A–Z. O.J., S.618
5. Markus 1, 12–13
6. 1. Brief des Paulus an die Thessalonicher 2, 18
7. Brief des Paulus an die Epheser 2, 1–2
8. Brief des Paulus an die Hebräer 2, 14–16
9. Jesaja 14, 12–15
10. Fries, Band 4, 1970, S.33
11. ebd., S.34

SOZIALISMUS – KOMMUNISMUS – BOLSCHEWISMUS
Der Bolschewismus, eine atheistische Erlösungslehre
1. Brockmöller 1955, S. 174 f.

Wie sollte die zukünftige kommunistische Gesellschaft aussehen?
1. Leonhard 1962, S.271
2. ebd., S.272
3. ebd., S.272 f.
4. ebd., S.278
5. ebd., S.282
6. ebd., S.288
7. ebd., S.289 f.
8. ebd., S.291 f.
9. ebd., S.293 f.

Welche Triebkräfte stehen hinter der fanatisch-revolutionären Marxschen Utopie?
1. Borkenau 1956, S.34–37

Drei Aussagen Rudolf Steiners zum sozialistischen Experiment ...
1. Steiner, GA 192, 15.6.1919, S.184
2. ebd., S.184 ff.
3. ebd., S.202 f.
4. Steiner, GA 197, 13.6.1920, S. 61 f.
5. Steiner, GA 301, 11.5.1920, S.229 f.

RUSSLAND IM UMBRUCH

Solschenizyns Manifest/Prochanows Aufruf ...
1. Solschenizyn 1990, S.7
2. ebd., S.23
3. ebd., S.21
4. Le Monde, 21.8.1991, S.4
5. El País, 12.9.1991, S.5
6. ebd.
7. Solschenizyn, 1990, S.20
8. El País, 23.6.1991, S.3

„Wir warten auf ihn" ...
1. Corriere della Sera, 19.9.1991, S.8
2. Solschenizyn, a.a.O., S.32 f.
3. FAZ, 20.9.1991, S.33

„Ist dies die Wiederauferstehung des Heiligen Rußland?"
1. Le monde, 19.9.1991, S.1
2. ebd., S.11
3. FAZ, 12.5.1982, S.8

„Es gibt ein Heil für Rußland"
1. Scholl-Latour 1990, S.28
2. Steiner, GA 158, S.212 ff.
3. ebd., S.219

HOFFEN AUF EINEN FÜHRER, AUF EIN DRITTES REICH

Joachim von Floris und das Dritte Reich des Heiligen Geistes
1. Matthäus 2, 1–6
2. Matthäus 2, 6. Lateinische Ausgabe

Cola di Rienzi – Beschwörungen der Größe Roms, messianische Erwartungen
1. Barzini 1974, S.175 f.
2. ebd., S.184
3. ebd.

Gabriele D'Annunzio, Wegbereiter des Duce
1. D´Annunzio, zitiert nach: Steiner, GA 173, 24.12.1916, S.263
2. ebd., S.264
3. ebd., S.266 f.
4. Steiner, GA 173, 24.12.1916, S.267
5. Valeri 1967, S.36
6. ebd.
7. Nolte 1969, S.50
8. Valeri 1967, S.37
9. ebd., S.39

Der Duce Benito Mussolini ...
1. Barzini 1974, S.185
2. ebd., S.200
3. ebd., S.198

Moeller van den Bruck und das dritte Reich
1. Moeller van den Bruck 1931, Innenseite Schutzumschlag
2. ebd., S.11
3. ebd., S.6
4. ebd., S.7
5. ebd., S.8
6. ebd., S.241
7. ebd., S.244 f.

Adolf Hitlers apokalyptisches Weltbild
1. Offenbarung des Johannes 20, 1–3 und 7–8
2. Hitler 1933, S.69 f.
3. ebd., S.421 f.
4. ebd., S.432
5. ebd., S.743
6. ebd., S.751 f.
7. ebd., S.758
8. Krims 1986, S.23 f.
9. Heer 1968, S.393
10. ebd., S.568
11. Fest 1973, S.297 f.

DIE VEREINIGTEN STAATEN ...

Die Neue Welt
1. Jesaja 65, 17
2. Anzoátegui 1971, S.183
3. Eliade 1971, S.169
4. Wagner 1964, S.366
5. Boorstin 1965, S.15
6. ebd., S.11
7. ebd., S.19
8. Schaeder 1957, S.49 f.
9. Eliade 1971, S.173

Die Neue Weltordnung
1. Die Zeit, 2.8.1991, S.4
2. ebd.
3. ebd.
4. Le Monde, 9.8.1991, S.1
5. Die Zeit, 2.8.1991
6. ebd.
7. Kindlers Literatur Lexikon, Band 5. 1974, S.1620
8. Die Zeit, 2.8.1991

Amerikanische Geschichte als Heilsgeschichte
1. Lösche 1989, S.286 ff.

Ronald Reagan und das „Reich des Bösen"
1. Rheinischer Merkur, 30.8.1991, S.1
2. Reagan 1990, S.596 ff.
3. ebd., S.598 f.
4. ebd., S.601 f.
5. ebd., S.571

6. ebd., S.571 f.
7. ebd., S.572
8. ebd., S.612
9. ebd., S.618 f.
10. Eppler 1983, S.118
11. ebd.

Ronald Reagan erwartet Harmagedon
1. Time, 5.11.1984, S.50
2. Eppler 1984, Nr.3, S.175 f.
3. Time, 5.11.1984, S.50

„Apocalypse Now"?
1. Offenbarung des Johannes 17, 1
2. FAZ, 4.2.1991, S.27
3. Jäggi/David 1991, S.40 f.

Mit Gott gegen Satan? – Die Ansprachen ...
1. Krell/Kubbig 1991, S.212
2. ebd., S.213

„Es entstand eine Wüste, und ihr nanntet es Frieden"
1. International Herald Tribune, 10.04.1991, S.8
2. Tacitus: Agricola, zitiert nach: Feger 1990, S.144
3. ebd., S.45
4. ebd., S.44
5. Die Zeit, 22.2.1991, S.1
6. Observer, 17.2.1991, S.19

„Heiliger Krieg" und „gerechter Krieg"
1. FAZ, 6.2.1991, S.12
2. FAZ, 7.3.1991, S.10

DIE SORGE DES PAPSTES JOHANNES PAUL II. ...

Der Papst wendet sich entschieden gegen den Krieg ...
1. Papst Johannes Paul II., Enzyklika Centesimus annus. S.59
2. ebd., S.60
3. Sekretariat der Deutschen Bischofskonferenz 1983/1991, S.97
4. ebd., S.98 f.
5. ebd., S.99 f.

„L'Anticristo fra noi, è ecologista e pacifista" ...
1. Corriere della Sera, 28.8.91, S.1

„I verdi: noi anticristo? Allora lo è pure il Papa" ...
1. Corriere della Sera, 29.8.91, S.9

Johannes Paul II. spricht vom „einzigen Gott der Christen und Mohammedaner"
1. Aktuelle Fragen/Aus der Welt des Islam. Nr.2, Altenberge 1986, S.59 ff.
2. FAZ, 30.4.1991, S.14
3. Corriere della Sera, 2.3.1991, S.1
4. ebd.
5. ebd.
6. Corriere della Sera, 12.3.1991, S.1 und 12
7. ebd.
8. Corriere della Sera, 2.3.1991, S.1
9. FAZ, 17.4.1991, S.14

10. Stimmen der Zeit, 11/1985, S.729 f.
11. Abdullah 1984, S.22 f.

Papst Johannes Paul II. schaut auf das Ende des 2. Jahrtausends
1. Papst Johannes Paul II., Die Würde des Menschen in Christus. 1979, S.7
2. ebd., S.10
3. Le Figaro, 13.5.1991, S.10
4. Sekretariat der Deutschen Bischofskonferenz 1982, S.47 f.
5. FAZ, 12.5.1982, S.7 f.
6. FAZ, 14.5.1982, S.1
7. Papst Johannes Paul II., Der bedrohte Mensch und die Kraft des Erbarmens.
8. Papst Johannes Paul II., Enzyklika Dominum et vivificantem. S.50
9. ebd., S.58 f.
10. ebd., S.60 f.
11. Papst Johannes Paul II., Maria-Gottes Ja zum Menschen. S.8 ff.
12. Papst Johannes Paul II., Enzyklika Centesimus annus. S.69
13. ebd., S.4
14. ebd., S.8
15. ebd., S.9
16. ebd., S.63
17. Corriere della Sera, 13.5.1991
18. ebd.
19. ebd.
20. ebd.
21. Le Monde, 15.5.1991
22. ebd.
23. Nach: Brockhaus Enzyklopädie, Band 12, Wiesbaden 1971, S.32
24. Maxence 1979, S.248

Die Überwindung des Materialismus durch spirituelles Denken
1. Steiner, GA 197, 30.7.1920, S.126 f.

KAABA UND TEMPELBERG: HEILIGSTE STÄTTEN ...

Mekka und die Kaaba in der Legende und im Volksglauben
1. Khoury 1984, S.47
2. Wensinck/Kramer 1941, S.242 f.

Der Salomonische Tempel aus der Sicht der Initiationswissenschaft
1. Steiner, GA 173, 21.12.1916, S.226 f.

Der Heilige Fels im Felsendom in Jerusalem als Nabel der Welt
1. Tanhuma/Kedoshim, zitiert nach: Hertzberg 1973, S.210
2. Wensinck/Kramer 1941, S.335

Der Kampf um den Tempelberg in Jerusalem ...
1. Kollek 1986, S.359
2. Elon 1990, S.135
3. ebd., S.162 f.
4. ebd., S.165

Das Massaker auf dem Tempelberg am 8. Oktober 1990
1. Newsweek, 22.20.1990, S.16
2. ebd.
3. International Herold Tribune, 19.7.1991, S.1

Warnung vor der Bildung neuer Nationalstaaten
1. Steiner, GA 192, 22.6.1919, S.224 f.

DIE LETZTEN DINGE

„Offenbar ist der Mensch nicht einzig die Seele, ..."
1. Rahner/Vorgrimler 1961, S.215
2. Pieper 1956, S.49 ff.

Unfehlbarkeit
1. Rahner/Vorgrimler 1961, S.369
2. Schuster 1955, S.53
3. Jedin 1966, S.122 ff.

Zwei Mariendogmen
1. Schuster 1955, S.63 f.
2. Rahner/Vorgrimler 1961, S.40
3. ebd., S.369
4. Wensinck/Kramer 1941, S.422

Was sagt das Lehramt der katholischen Kirche über die Letzten Dinge?
1. Brief des Paulus an die Hebräer 2, 14
2. Fries 1970, S.364
3. ebd.
4. ebd., S.365
5. ebd.
6. ebd., S.366
7. ebd., S.366 f.
8. ebd., S.367
9. ebd.
10. ebd., S.368 ff.

Die Weissagung vom Ende und von der Wiederkunft Christi ...
1. Matthäus 24, 1–31

Eine Aussage Rudolf Steiners über das Wiedererscheinen Christi im Ätherischen
1. Steiner, GA 118, 25.1.1910, S.22 ff.

Weltenvergehen und Weltenentstehen ...
1. Steiner, GA 191, 15.11.1919, S.275 ff.
2. Steiner, GA 78, 5.9.1921, S.113 ff.
3. Steiner, GA 202, 18.12.1920, S.186 ff.
4. ebd., S.196 f.

Jerusalem als Stadt des großen Endgerichts
1. Fleckenstein/Müller 1990, S.202 f.

Johannes schaut das himmlische Jerusalem
1. Offenbarung des Johannes 21, 1–2, 9–12, 21–27, 22, 1–5

Jerusalem, geschaut von den Toten
1. Steiner, GA 181, S.172 ff.

LITERATURVERZEICHNIS

Tageszeitungen

Corriere della Sera, Mailand

Die Welt

El País, Madrid

Frankfurter Allgemeine Zeitung

International Herald Tribune, Paris

Le Figaro, Paris

Le Monde, Paris

Wochenzeitungen

Die Zeit

Newsweek, The International Newsmagazin, New York

Rheinischer Merkur

The European, London

The Observer, London

Time International, Amsterdam

Bibel- und Koran-Ausgaben

Der Koran. Übersetzung von Adel Theodor Khoury. Gütersloh 1987

Hamp, Vinzenz/Stenzel, Meinrad/Kürzinger, Josef: Die Heilige Schrift des Alten und Neuen Testaments. Wiesbaden 1977

Nestle, Eberhard (Hg.): Novum Testamentum Graece et Latine. Stuttgart 1963

Nachschlagewerke

Andresen, Carl/Denzler, Georg: dtv Wörterbuch der Kirchengeschichte. München 1982

Baedekers Allianz Reiseführer: Israel. Ostfildern-Kemnat 1991

Biedermann, Hans: Knaurs Lexikon der Symbole. München 1989

Brockhaus Enzyklopädie. Wiesbaden 1966–1974

Cornfeld, G./Botterweck, G.J. (Hg.): Die Bibel und ihre Welt. Bergisch Gladbach 1988

dtv Lexikon der Antike: Philosophie – Literatur – Wissenschaft. München 1969

dtv Lexikon der Antike: Religion – Mythologie. München 1970

Fries, Heinrich (Hg.): Handbuch theologischer Grundbegriffe. München 1970

Gerritzen, Christian (Hg.): Lexikon der Bibel. Eltville 1990

Keel, Othmar/Küchler, Max (Hg.): Herders großer Bibelatlas. Freiburg 1989

Khoury, Adel Theodor/Hagemann, Ludwig/Heine, Peter: Islam-Lexikon. Freiburg 1991

Kindlers Literatur Lexikon. Taschenbuchausgabe. München 1974

Kreiser, Klaus/Diem, Werner/Mayer, Hans Georg (Hg.): Lexikon der islamischen Welt. Stuttgart 1974

Léon-Dufour, Xavier: Wörterbuch zum Neuen Testament. München 1977

Maier, Johann/Schäfer, Peter: Kleines Lexikon des Judentums. Stuttgart 1981

New Larousse Encyclopedia of Mythology. Feltham 1973

Rahner, Karl/Vorgrimler, Herbert: Kleines theologisches Wörterbuch. Freiburg 1961

Rienecker, Fritz (Hg.): Lexikon zur Bibel. Wuppertal ²1991

Ronart, Stephan und Nandy: Lexikon der arabischen Welt. Zürich/München 1972

Stubhann, Matthias (Hg.): Die Bibel von A–Z. Erlangen o.J.

The New Enzyclopaedia Britannica. Chicago 1986

Wendt, Heinz F.: Das Fischer-Lexikon, Sprachen. Frankfurt a.m. 1961

Wensinck. A.J./Kramer, J.H. (Hg.): Handwörterbuch des Islam. Leiden 1941

Sonstige Literatur

Abdullah, Muhammad Salim/Khoury, Adel Theodor: Mohammed für Christen. Freiburg 1984

Albrecht, Michael von (Hg.): Augusteische Zeit. Stuttgart 1987

Altheim, Franz: Gesicht vom Abend und Morgen. Frankfurt a.m./Hamburg 1955

Altheim, Franz: Römische Religionsgeschichte Band I und II. Berlin 1956

Altheim, Franz: Zarathustra und Alexander. Frankfurt a.m./Hamburg 1960

Anzoátegui, Ignacio B. (Hg.): Cristóbal Colón: Los cuatro viajes del almirante y su testamento. Madrid 1971

Arkoun, Mohamed/Guellouz, Ezzedine/Frikha, Abdelaziz: Pilgerfahrt nach Mekka. Zürich/ Freiburg 1978

Azzam, Hamdy Mahmoud: Der Islam. Bergisch Gladbach 1983

Baar, Marius: Das Abendland am Scheideweg. Aßlar ⁴1980

Balic, Smail: Der Islam im europäischen Umfeld. In: Aus Politik und Zeitgeschichte. Beilage zur Wochenzeitung „Das Parlament", 25.5.1990

Bamm, Peter: Alexander oder Die Verwandlung der Welt. Zürich 1965

Bamm, Peter: Alexander der Große. Zürich 1971

Barzini, Luigi: Gli italiani. Verona 1974

Bemmelen, D.J. van: Zarathustra. Stuttgart 1975

Bergsträßer, Gotthelf: Einführung in die semitischen Sprachen. Ismaning ⁴1989

Bock, Emil: Urgeschichte. Stuttgart 1951

Bock, Emil: Moses und sein Zeitalter. Stuttgart 1952

Bock, Emil: Könige und Propheten. Stuttgart 1953

Boorstin, Daniel J.: The Americans. The Colonial Experience. Harmondsworth 1965

Borkenau, Franz (Hg.): Karl Marx. Frankfurt a.m./Hamburg 1956

Bouman, Johan: Der Koran und die Juden. Darmstadt 1990

Brockmöller, Klemens: Christentum am Morgen des Atomzeitalters. Frankfurt a.m. 1955

Bulloch, John/Morris, Harvey: Saddams Krieg. Reinbek 1991

Corbin, Henry: L'Imâm caché et la Rénovation de l'Homme en Théologie Shîite. In: Eranos-Jahrbuch 1959. Zürich 1960

Corbin, Henry: Au pays de l'Imâm caché. In: Eranos-Jahrbuch 1963. Zürich 1964

Corbin, Henry: Histoire de la philosophie islamique. 1964

Dempf, Alois: Sacrum Imperium. Darmstadt 1954

Droysen, Johann Gustav: Geschichte Alexander des Großen. München 1955

Durant, Will: Kulturgeschichte der Menschheit. Lausanne o.J.

D'Annunzio, Gabriele: La vita di Cola di Rienzo. Verona 1960

Eberhardt, Kurt (Hg.): Was glauben die andern? Berlin 1954

Eliade, Mircea: Kosmos und Geschichte. Reinbek 1966

Eliade, Mircea: La nostalgie des origines. Chicago 1969

Eliade, Mircea: Traité d'histoire des religions. Paris 1975

Elon, Amos: Jerusalem. Reinbek 1990

Ende, Werner/Steinbach, Udo (Hg.): Der Islam in der Gegenwart. München [2]1989

Eppler, Erhard: Die tödliche Utopie der Sicherheit. Reinbek 1983

Eppler, Erhard: Fatale Bereitschaft zum Ende. In: Reformatio, Mai 1984

Epstein, Isidore: Judaism. Harmondsworth 1959

Erdmann, Karl Dietrich: Der Erste Weltkrieg (Gebhardt Handbuch der deutschen Geschichte, Band 18). München [4]1983

Farughy, Amad/Reverier, Jean-Loup: Persien: Aufbruch ins Chaos? München 1979

Feger, Robert (Hg.): Tacitus: Agricola. Lateinisch-Deutsch. Stuttgart 1990

Ferdinandy, Michael de: Tschingis Khan. Hamburg 1958

Fest, Joachim: Der zerstörte Traum. Berlin 1991

Fest, Joachim: Hitler. Frankfurt a.M./Berlin/Wien 1973

Fischer, Fritz: Krieg der Illusionen. Düsseldorf 1978

Fleckenstein, Karl-Heinz/Müller, Wolfgang: Jerusalem. Freiburg 1988

Frieling, Rudolf: Bibel-Studien. Stuttgart 1963

Frieling, Rudolf: Christentum und Islam. Stuttgart 1977

Frye, Richard: Persien. Essen 1975

Fuchs, Theodor: Vom Götterstreit zum Kampf der Ideologien. Stuttgart 1987

Fuchs, Walter R.: Die Araber und ihre Welt. München/Zürich 1977

Geiss, Imanuel: Geschichte im Überblick. Reinbek 1986

Giebel, Marion (Hg.): Augustus: Res gestae/Tatenbericht. Lateinisch/Griechisch/Deutsch. Stuttgart 1986

Gorion, Micha Josef bin: Die Sagen der Juden. Frankfurt a.M. 1962

Graham, Robert: Iran. Frankfurt a.M. 1979

Grant, Michael: Das Heilige Land. Bindlach 1990

Gray, John: Near Eastern Mythology. Feltham 1969

Green, Peter: Alexander the Great. London 1973

Grousset, René: Die Steppenvölker. München 1970

Guggenheim, Willy: 30mal Israel. München [5]1987

Guillaume, Alfred: Islam. Harmondsworth 1966

Halm, Heinz: Die Schia. Darmstadt 1988

Harrison, C.G.: The Transcendental Universe. London 1896

Hartmann, Johannes: Das Geschichtsbuch. Frankfurt a.M. 1979

Hartmann, Richard: Die Religion des Islam. Berlin 1944

Heer, Friedrich: Der Glaube des Adolf Hitler. München 1968

Heidenreich, Alfred: Die Erscheinung des Christus. Dornach 1990

Herodot: Geschichten. Köln o.J.

Hertzberg, Arthur: Der Judaismus. Genf 1973

Heyer, Karl: Von Atlantis bis Rom. Kreßbronn 1955

Hinnells, John R. (Hg.): The Penguin Dictionary of Religion. Harmondsworth 1986

Hinnells, John R.: Persian Mythology. Feltham 1973

Hitler, Adolf: Mein Kampf. München [53]1933

Hottinger, Arnold: 7mal Naher Osten. München [4]1988

Imhoff, Christoph von: Iran/Persien. Heroldsberg 1977

Jäggi, Christian J./Krieger, David J.: Fundamentalismus. Zürich/Wiesbaden 1991

Jedin, Hubert: Kleine Konziliengeschichte. Freiburg [7]1966

Jockel, Rudolf (Hg.): Islamische Geisteswelt. Wiesbaden 1981

Khoury, Adel Theodor: Begegnung mit dem Islam. Freiburg 1980

Khoury, Adel Theodor: Der Islam. Freiburg 1988

Khoury, Adel Theodor: Wer war Muhammad? Freiburg 1990

Khoury, Adel Theodor: Was ist los in der islamischen Welt? Freiburg 1991

Kollek, Teddy: Ein Leben für Jerusalem. München [3]1986

Kollek, Teddy: Spaziergänge durch Jerusalem. Frankfurt a.M. 1990

Krefeld, Heinrich (Hg.): Res Romanae. Frankfurt a.M. 1968

Krell, Gert/Kubbig, Bernd W.: Krieg und Frieden am Golf. Frankfurt a.M. 1991

Krims, Adalbert: Karol Wojtyla. Köln 1986

Kroll, Gerhard: Auf den Spuren Jesu. Leipzig 1988

Kühner, Hans: Das Imperium der Päpste. Frankfurt a.M. 1980

Laaths, Erwin: Geschichte der Weltliteratur. München 1953

Leonhard, Wolfgang: Sowjetideologie heute II. Frankfurt a.M./Hamburg 1962

Lill, Rudolf: Geschichte Italiens vom 16. Jahrhundert bis zu den Anfängen des Faschismus. Darmstadt 1980

Lösche, Peter: Amerika in Perspektive. Darmstadt 1989

Löwith, Karl: Weltgeschichte und Heilsgeschehen. Stuttgart 1953

Maier, Johann: Das Judentum. Bindlach 1988

Mann, Golo/Heuß, Alfred (Hg.): Propyläen Weltgeschichte. Frankfurt a.m./Berlin 1986

Maxence, Jean-Luc: La mystérieuse prophétie de saint Malachie. Paris 1979

Mensching, Horst/Wirth, Eugen (Hg.): Fischer Länderkunde. Nordafrika, Vorderasien. Frankfurt a.M. 1977

Moeller van den Bruck: Das dritte Reich. Hamburg [3]1931

Montanelli, Indro/Gervaso, Roberto: L'Italia dei secoli d'oro. Mailand 1973

Moscati, Sabatino: Geschichte und Kultur der semitischen Völker. Stuttgart 1955

Müller, Fritz C.: Was steckt dahinter? Namen, die Begriffe wurden. Frankfurt a.m. 1969

Nickel, Rainer (Hg.): Jacobus de Voragine: Legenda aurea. Stuttgart 1988

Nirumand, Bahman (Hg.): Im Namen Allahs. Köln 1990

Nirumand, Bahman (Hg.): Sturm im Golf. Reinbek 1990

Nolte, Ernst: Die faschistischen Bewegungen. Lausanne 1969

Oates, Joan: Babylon. Herrsching 1986

Oppermann, Hans (Hg.): Römertum. Darmstadt 1962

Ovid:Metamorphoses/Verwandlungen. München 1982

Papst Johannes Paul II.: Die Würde des Menschen in Christus. Freiburg 1979

Papst Johannes Paul II.: Antrittsenzyklika Redemptor Hominis. Die Würde des Menschen in Christus. Freiburg/Basel/Wien 1979

Papst Johannes Paul II.: Der bedrohte Mensch und die Kraft des Erbarmens. Freiburg 1981

Papst Johannes Paul II.: Enzyklika Über die menschliche Arbeit. Der Wert der Arbeit und der Weg zur Gerechtigkeit. Freiburg/Basel/Wien 1981

Papst Johannes Paul II.: Enzyklika über das Erbarmen Gottes. Freiburg/Basel/Wien 1981Papst Johannes Paul II.: Rundschreiben slavorum Apostoli. Bonn 1985

Papst Johannes Paul II.: Enzyklika Dominum et vivificantem. Über den Heiligen Geist im Leben der Kirche und der Welt. Bonn 1986

Papst Johannes Paul II.: Enzyklika Mutter des Erlösers. Maria Gottes Ja zum Menschen. Freiburg/Basel/Wien 1987

Papst Johannes Paul II.: Enzyklika Centesimus annus. Seiner Heiligkeit Papst Johannes Paul II. an die verehrten Mitbrüder im Bischofsamt, den Klerus, die Ordensleute, die Gläubigen der katholischen Kirche und alle Menschen guten Willens zum hundertsten Jahrestag von Rerum novarum. Bonn 1991

Papst Johannes Paul II.: Vor neuen Herausforderungen der Menschheit. Freiburg 1991

Paret, Rudi: Der Koran, Kommentar und Konkordanz. Stuttgart [2]1981

Paret, Rudi: Der Koran, Übersetzung. Stuttgart 1979

Paret, Rudi: Mohammed und der Koran. Stuttgart [5]1980

Peterich, Eckart: Götter und Helden der Griechen. Frankfurt a.M. 1958

Pfürtner, Stephan H.: Fundamentalismus. Freiburg 1991

Pieper, Josef (Hg.): Thomas von Aquin. Frankfurt a.M./Hamburg 1956

Pleticha, Heinrich (Hg.): Weltgeschichte in 14 Bänden. Gütersloh 1987–1990

Pohl, Jan (Hg.): Die Welt des Islam. Dornach 1989

Pohl, Jan: Die schiitische Theosophie. Dornach 1991

Pott, Marcel/Schimkoreit-Pott, Renate: Beirut. Braunschweig 1985

Rahner, Karl/Vorgrimler, Herbert: Kleines Konzilskompendium. Freiburg 1966

Reagan, Ronald: Erinnerungen. Berlin 1990

Richard, Yann: Die Geschichte der Schia in Iran. Berlin 1983

Rill, Bernd: Kemal Atatürk. Reinbek 1985

Rimscha, Hans von: Geschichte Rußlands. Darmstadt 1970

Rodinson, Maxime: Die Araber. Frankfurt a.M. 1981

Rodinson, Maxime: Die Faszination des Islam. München 1985

Ruthven, Malise: Islam in the World. Harmondsworth 1985

Schaeder, Hildegard: Moskau, das Dritte Rom. Darmstadt 1957

Schoeps, Hans Joachim (Hg.): Jüdische Geisteswelt. Darmstadt/Genf o.J.

Scholem, Gershom: Über einige Grundbegriffe des Judentums. Frankfurt a.M. 1970

Scholl-Latour, Peter: Das Schwert des Islam. München 1990

Schreiber, Friedrich/Wolffsohn, Michael: Nahost. Opladen ²1989

Schreiber, Friedrich: Aufstand der Palästinenser, Die Intifada. Opladen 1990

Schuster, Hermann u.a. (Hg.): Quellenbuch zur Kirchengeschichte III. Frankfurt/Berlin/Bonn 1955

Sekretariat der Deutschen Bischofskonferenz (Hg.): Schreiben der Kongregation für die Glaubenslehre zu einigen Fragen der Eschatologie. Bonn 1979

Sekretariat der Deutschen Bischofskonferenz (Hg.): Über das Verhältnis der Kirche zum Judentum. Bonn 1980

Sekretariat der Deutschen Bischofskonferenz (Hg.): Predigten und Ansprachen von Papst Johannes Paul II. bei seiner apostolischen Reise nach Portugal. Bonn 1982

Sekretariat der Deutschen Bischofskonferenz (Hg.): Die Last der Geschichte annehmen. Bonn 1988

Sekretariat der Deutschen Bischofskonferenz (Hg.): Gerechtigkeit schafft Frieden. Erklärungen zum Golfkonflikt. Bonn 1983/1991

Solschenizyn, Alexander: Rußlands Weg aus der Krise. München 1990

Stauffer, Ethelbert: Jerusalem und Rom im Zeitalter Jesu Christi. Bern 1957

Steiner, Rudolf: Vier Mysteriendramen. GA 14, Dornach 1956

Steiner, Rudolf: Anthroposophie, ihre Erkenntniswurzeln und Lebensfrüchte. GA 78, Stuttgart 1962

Steiner, Rudolf: Das Ereignis der Christus-Erscheinung in der ätherischen Welt. GA 118, Dornach 1984

Steiner, Rudolf: Okkulte Geschichte. GA 126, Dornach 1975

Steiner, Rudolf: Der Zusammenhang des Menschen mit der elementarischen Welt. GA 158, Dornach 1968

Steiner, Rudolf: Zeitgeschichtliche Betrachtungen. Das Karma der Unwahrhaftigkeit Teil I., GA 173, Dornach 1966

Steiner, Rudolf: Bausteine zu einer Erkenntnis des Mysteriums von Golgatha. GA 175, Dornach 1982

Steiner, Rudolf: Erdensterben und Weltenleben. GA 181, Dornach 1986

Steiner, Rudolf: Soziales Verständnis aus geisteswissenschaftlicher Erkenntnis. GA 191, Dornach 1972

Steiner, Rudolf: Geisteswissenschaftliche Behandlung sozialer und pädagogischer Fragen. GA 192, Dornach 1964

Steiner, Rudolf: Gegensätze in der Menschheitsentwickelung. GA 197, Dornach 1967

Steiner, Rudolf: Die Brücke zwischen der Weltgeistigkeit und dem Physischen des Menschen. GA 202, Dornach 1980

Steiner, Rudolf: Das Initiaten-Bewußtsein. GA 243, Dornach 1969

Steiner, Rudolf: Die Erneuerung der pädagogisch-didaktischen Kunst durch Geisteswissenschaft. GA 301, Dornach 1977

Steiner, Rudolf: Gegenwärtiges Geistesleben und Erziehung. GA 307, Dornach 1973

Steiner, Rudolf: Die Geschichte der Menschheit und die Weltanschauungen der Kulturvölker. GA 353, Dornach 1988

Suchantke, Andreas (Hg.): Mitte der Erde. Stuttgart 1988

Tibi, Bassam: Die Krise des modernen Islams. München 1981

Tibi, Bassam: Vom Gottesreich zum Nationalstaat. Frankfurt a.m. 1987

Tibi, Bassam: Konfliktregion Naher Osten. München 1989

Tibi, Bassam: Der Islam und das Problem der kulturellen Bewältigung sozialen Wandels. Frankfurt a.m. [2]1991

Tibi, Bassam: Der Irak und der Golfkrieg. In: Beilage zur Wochenzeitung „Das Parlament", 8.2.1991

Tworuschka, Monika: Islam. Göttingen 1982

Valeri, Nino: Da Giolitti a Mussolini. Mailand 1967

Vondung, Klaus: Die Apokalypse in Deutschland. München 1988

Wagner, Friedrich: Die Wissenschaft und die gefährdete Welt. München 1964

Weidinger, Erich (Hg.): Die Apokryphen, Verborgene Bücher der Bibel. Augsburg 1990

Widengren, Geo (Hg.): Iranische Geisteswelt. Baden-Baden 1961

Williams, John Alden: Der Islam. Genf 1973

Wolffsohn, Michael: Israel. Opladen 1991

Zanker, Paul: Augustus und die Macht der Bilder. München [2]1990

ABBILDUNGSNACHWEIS

Titelbild:
Weihs, dpa.

Seite 13:
Aus: Horst Mensching, Eugen Wirth (Hg): Fischer Länderkunde. Nordafrika/Vorderasien. Frankfurt a.M. 1980.
Mit freundlicher Genehmigung des Fischer Taschenbuchverlages.

Seite 23:
Aus: Heinrich Pleticha: Weltgeschichte in 14 Bänden. Band 1. Gütersloh 1987.
Mit freundlicher Genehmigung des Bertelsmann Verlages.

Seite 25:
Tom Stoddard, Katz Pictures, Focus.

Seite 89, 91, 93:
Aus: Michael Wolffsohn: Israel.Opladen 1991.
Mit freundlicher Genehmigung des Verlages Leske+Budrich.

Seite 275, 276:
Aus: Mohamed Arkoun, Ezzedine Guellouz, Abdelaziz Frikha: Pilgerfahrt nach Mekka. Zürich 1988.
Mit freundlicher Genehmigung des Atlantis Verlages.

Seite 277:
Sygma.

Seite 279, 282, 288:
Aus: Baedekers Allianz Reiseführer. Israel. Ostfildern-Kemnat ⁴1990.
Mit freundlicher Genehmigung des Karl Baedeker Verlages.

Seite 284:
Scholz, dpa.

Seite 287:
Aus: Karl-Heinz Fleckenstein: Israel. Freiburg 1988.
Mit freundlicher Genehmigung des Herder Verlages.